Christoph Bergner, Matthias Weber (Hg.):

Aussiedler- und Minderheitenpolitik
in Deutschland

Bilanz und Perspektiven

Schriften des Bundesinstituts für Kultur
und Geschichte der Deutschen im östlichen Europa

Band 38

R. OLDENBOURG VERLAG MÜNCHEN 2009

AUSSIEDLER- UND MINDERHEITENPOLITIK IN DEUTSCHLAND

BILANZ UND PERSPEKTIVEN

Herausgegeben von
Christoph Bergner und Matthias Weber

R. OLDENBOURG VERLAG MÜNCHEN 2009

Redaktion:
Matthias Weber, Jens Stüben

Der Band dokumentiert die während der Tagung „Zwei Jahrzehnte Politik für Aussiedler und nationale Minderheiten – Bilanz und Perspektiven" gehaltenen Referate. Die Tagung wurde vom Beauftragten der Bundesregierung für Aussiedlerfragen und nationale Minderheiten veranstaltet. Sie fand am 3./4. September 2008 in der Akademie der Konrad-Adenauer-Stiftung, Berlin, Tiergartenstraße 35, statt.

Bibliographische Information der Deutschen Bibliothek

Die Deutsche Bibliothek verzeichnet diese Publikation in der Deutschen Nationalbibliographie; detaillierte bibliographische Daten sind im Internet über http://dnb.ddb.de abrufbar.

Satz und Layout: ISENSEE OLDENBURG
Druck und Bindung: OBK Kramm, Oldenburg

ISBN-13: 978-3-486-59017-3

Inhalt

Vorwort der Herausgeber

In Europa mussten während des 20. Jahrhunderts Millionen von Menschen ihre oft über Generationen vertrauten Wohnorte verlassen, als Flüchtlinge vor Kriegsereignissen oder Opfer von Vertreibungen, Zwangsaussiedlungen und Umsiedlungen. Die meisten dieser Bevölkerungsbewegungen waren eine direkte oder indirekte Folge des vom nationalsozialistischen Deutschland verbrecherisch begonnenen und geführten Zweiten Weltkriegs.

In den Zeiten des Kalten Krieges verschlechterten sich die Lebensbedingungen der deutschen Minderheiten in Ost-, Ostmittel- und Südosteuropa. Außer unter der sozialistischen Mangelwirtschaft mussten sie auch oft darunter leiden, dass sie ihre deutsche Sprache und Kultur nicht pflegen und weiterentwickeln durften – sie gehörten zu denen, die die Kriegsfolgen am längsten spüren mussten. Seit 1949 sind fast 4,5 Millionen Aussiedler und Spätaussiedler nach Deutschland gekommen.

Für die im östlichen Europa gebliebenen deutschen Minderheiten ebenso wie für die zu uns gekommenen Aussiedler trägt die Bundesrepublik Deutschland eine Mitverantwortung. Deshalb richtete die Bundesregierung im Jahr 1988 das Amt eines Beauftragten für Aussiedlerfragen ein. Der Aussiedlerbeauftragte wurde zum zentralen Ansprechpartner für die Anliegen all dieser Menschen.

In Deutschland leben vier anerkannte nationale Minderheiten – Dänen, Friesen, Sorben, Sinti und Roma –, die seit Jahrhunderten die Kultur und Geschichte ihrer Heimat mit gestalten. Auch die Erhaltung ihrer Eigenart und kulturellen Identität ist ein wichtiges staatliches Anliegen. Deshalb wurde das Amt des Aussiedlerbeauftragten im Jahr 2002 um die Zuständigkeit für diese vier Minderheiten erweitert.

Der zwanzigste Jahrestag der Gründung dieses Amtes war Anlass, die Situation der vor Ort gebliebenen deutschen Minderheiten, der Spätaussiedler und der vier nationalen Minderheiten in Deutschland auf einer internationalen Tagung zu betrachten, die am 3. und 4. September 2008 in Berlin stattfand. Es ging auch darum, die bislang geleistete Arbeit zu bilanzieren und zugleich in offener und kritischer Diskussion über Perspektiven und künftige Aufgaben zu sprechen. Die Ergebnisse sind in dem vorliegenden Tagungsband abgedruckt.

Außer den Ansprachen von Bundeskanzlerin Dr. Angela Merkel und Bundesinnenminister Dr. Wolfgang Schäuble sind Fachreferate von Politikern, Wissenschaftlern und anderen Kennern der Materie, insbesondere von Vertretern der deutschen Minderheiten, sowie weitere Diskussionsbeiträge aus den Bereichen der Politik und der Wissenschaft enthalten.

Der Konrad-Adenauer-Stiftung sei dafür Dank ausgesprochen, dass sie die Tagung organisatorisch in hervorragender Weise unterstützt hat. Den Autorinnen und Autoren des vorliegenden Bandes sei herzlicher Dank für ihre engagierte Mitwirkung und besonders für die zügige Bereitstellung der Druckfassungen ihrer Beiträge ausgesprochen. Dr. Jens Stüben hat in gewohnt umsichtiger Weise die Schlussredaktion dieses Bandes durchgeführt – auch hierfür sei Dank gesagt.

Berlin und Oldenburg, im Januar 2009

Dr. Christoph Bergner, MdB,
Parlamentarischer Staatssekretär,
Der Beauftragte der Bundesregierung für
Aussiedlerfragen und nationale Minderheiten

Prof. Dr. Matthias Weber,
Direktor des Bundesinstituts
für Kultur und Geschichte der
Deutschen im östlichen Europa

Bundeskanzlerin Angela Merkel

Grußansprache

20 Jahre Beauftragter der Bundesregierung für Aussiedlerfragen und nationale Minderheiten – ein langer Titel für eine langjährige Herausforderung derjenigen, die dieses Amt jeweils ausgefüllt haben. Das Jubiläum ist wahrlich ein Grund, um sich zusammenzufinden, über das Erreichte zu sprechen und auch einen Blick in die Zukunft zu wagen. Mit dem, was die jungen Leute Ihnen erzählt haben, konnte sicherlich der Bogen von der Vergangenheit in die Zukunft gespannt werden.

Ich bin heute sehr gerne hierher gekommen, um ein Grußwort zu Ihnen zu sprechen. Ich freue mich natürlich über die Anwesenheit vieler Vertreter derjenigen Gruppen, für die sich der Beauftragte einsetzt. Sie sind zum Teil von weither angereist, aus Sibirien oder aus Kasachstan. Wenn ich in die Runde blicke, dann sehe ich Vertreter deutscher Minderheiten im Ausland, Vertreter der autochthonen Minderheiten in Deutschland, Repräsentanten der Landsmannschaften und der Aussiedlerverbände sowie Experten aus Politik, Wissenschaft und Verwaltung.

Bei dieser Aufzählung spürt man schon, welch unterschiedliche Interessenlagen, Erfahrungen, Erwartungen und Probleme aufeinandertreffen. Das kennzeichnet wohl auch die Arbeit aller Beauftragten für diese Fragen, die heute, in dieser Legislaturperiode, so hervorragend von Christoph Bergner wahrgenommen wird. Ich glaube, jeder, der dieses Amt wahrgenommen hat, hat es mit seiner Charakterstärke wahrgenommen. Christoph Bergner tut es auf seine Art und in einer beeindruckenden Weise.

Was ist der Kern oder die Gemeinsamkeit all der verschiedenen Gruppen, die hier anwesend sind? Ich würde sagen: das Bekenntnis zur eigenen kulturellen Identität. Das vereint Sie, verbindet Sie und das lässt Sie trotz unterschiedlicher Lebenssituationen auch immer wieder zusammenfinden und dem Beauftragten sagen, worum es eigentlich in der Ausführung dieser Aufgabe geht. Ich glaube, es ist auch richtig und wichtig, dass wir uns immer wieder vergegenwärtigen, dass es ein ureigenes und auch ein ganz natürliches Bedürfnis ist, die eigene Sprache zu sprechen und die eigenen Traditionen, Sitten und Bräuche zu leben und zu beleben. Genau das soll auch in der Zukunft weitergeführt werden.

Richard von Weizsäcker hat dazu einmal gesagt: „Der Mensch findet zu sich selbst in seiner Kultur. Kultur ist Geschichte nicht von Ideen, sondern vom konkreten, ja einmaligen Menschen." Genau das ist es, was das Amt des Beauftragten so wichtig macht. Der Beauftragte in dieser Legislaturperiode, Christoph Bergner, ist – wie es alle Beauftragten vor ihm waren – Ansprechpartner, Mittler und Unterstützer für viele Menschen, die mit ganz besonderen Problemen und Herausforderungen leben und die ein gewisses Schutzbedürfnis haben und fragen: Wo können wir uns hinwenden mit Themen, die nicht diejenigen sind, die jeden Tag auf Seite Eins in der Zeitung stehen, die aber unser persönliches Leben betreffen?

Das gilt für die nationalen Minderheiten in Deutschland ebenso wie für die deutschen Minderheiten in Mittel- und Osteuropa, in den Gebieten der ehemaligen Sowjetunion und natürlich für diejenigen, die als Aussiedler zu uns gekommen sind. Die Existenz deutscher Volksgruppen in Osteuropa – bis hin zur Wolga und zum Kaukasus – ist Teil der europäischen Siedlungsgeschichte. Sie reicht bis ins Mittelalter zurück. Eine Sache, deren wir uns annehmen müssen, ist, sozusagen der restlichen Bevölkerung immer wieder zu verdeutlichen, dass diese europäische Siedlungsgeschichte unser aller Geschichte ist. Um die richtigen Schlussfolgerungen für die Zukunft zu ziehen, ist es auch wichtig, dass wir wieder mehr von unserer Geschichte wissen.

Wir wissen, dass die deutschen Minderheiten in Mittel- und Osteuropa vor allem während des Zweiten Weltkrieges und nach dem Zweiten Weltkrieg mit Beschwernissen zu kämpfen hatten. Wir bekennen uns in Deutschland unmissverständlich auch zur Verantwortung für diejenigen, die als Deutsche in diesen Gebieten unter den Folgewirkungen des Zweiten Weltkrieges gelitten haben – unabhängig davon, ob diese Menschen in ihrer Heimat bleiben oder nach Deutschland kommen wollen; da machen wir überhaupt keinen Unterschied. Es gehört zur freien Selbstbestimmung jedes Einzelnen, dass er diese Entscheidung selbst fällen kann.

Wenn ich das sage, sage ich auch ganz deutlich: Wir bringen damit natürlich nicht Ursache und Wirkung unserer eigenen Geschichte durcheinander. Wir haben das feste Bewusstsein der immerwährenden Verantwortung Deutschlands für die Verbrechen während des Nationalsozialismus. Das ist Teil der Staatsräson der Bundesrepublik Deutschland.

Diese besondere Verantwortung hatte die Regierung von Bundeskanzler Helmut Kohl vor Augen, als sie vor fast 20 Jahren, nämlich am 28. September 1988, das Amt des Beauftragten für Aussiedlerfragen eingerichtet hat. Dieser Schritt erfolgte – sehr vorausschauend, mit Gespür für kommende Veränderungen – in den Zeiten des politischen Wandels in den Warschauer-Pakt-Staaten. Infolge dieses Wandels und von mehr Freiheit für alle ist dann die Zahl der Aussiedler, die zu uns gekommen sind, stark gestiegen.

In dieser Situation ging es der Bundesregierung damals um zweierlei – das kann immer wieder nur als absolut richtig bewertet werden: zum einen um die Verbesserung der Lebensverhältnisse für diejenigen, die bleiben wollten – stets in Kooperation mit der jeweiligen Titularnation, wie es so schön heißt –, und zum anderen um die Bereitschaft zur Aufnahme und Integration derer, die nach Deutschland kommen wollten. Beides sind gleichrangige Aufgaben. Ich glaube, wir alle wissen: Bei der Wahrnehmung dieser Aufgaben haben die Aussiedlerbeauftragten unverzichtbare Arbeit geleistet.

Alle Aussiedlerbeauftragten – auch eine sehr schöne Tradition – waren zugleich Abgeordnete des Deutschen Bundestages. In der Regierung Kohl und in der jetzigen Regierung waren beziehungsweise sind sie auch Parlamentarische Staatssekretäre. Wir haben das aus Überzeugung so eingerichtet. Damit zeigt sich, welche Bedeutung wir diesem Amt beimessen. Die starke politische Stellung des Beauftragten spiegelt sich natürlich auch in seinen Möglichkeiten im Einsatz für die jeweiligen Gruppen wider.

Ich glaube, ich trete auch anderen Parlamentarischen Staatssekretären nicht zu nahe, wenn ich als Bundeskanzlerin sage: Diese zusätzliche Beauftragung ist etwas, wovor alle eine große Achtung haben. Wenn ein Beauftragter zu einem kommt und sagt: „Hier brennt die Hütte, hier ist etwas nicht in Ordnung", dann wissen wir, dass das eine wirklich wichtige politische Anzeige ist. Glücklicherweise erledigt Christoph Bergner die meisten Sachen unauffällig, ohne dass es dazu kommt. Sie sollen aber wissen: Wir haben immer ein offenes Ohr.

Dieses Amt lebt natürlich von den Persönlichkeiten, die es wahrnehmen. Das galt und gilt für Horst Waffenschmidt, an den wir uns alle sehr gerne erinnern, das gilt für Jochen Welt, das gilt für Hans-Peter Kemper und das gilt heute für Christoph Bergner – davon habe ich schon gesprochen. Jeder von ihnen hat die Herausforderungen der jeweiligen Zeit aufgenommen und dem Amt seinen Stempel aufgedrückt; sei es bei der ständigen Anpassung von Integrationsmaßnahmen an aktuelle Aufnahmezahlen und Erfordernisse – hier haben wir sehr viel Arbeit geleistet, die wir nicht hätten leisten können, wenn nicht auch immer sehr viele ehrenamtliche Helfer unterstützend dabei gewesen wären – oder bei der Ausarbeitung und Weiterentwicklung des Konzepts „Aussiedlerpolitik 2000".

Wenn wir heute auf zwei Jahrzehnte Politik für Aussiedler und nationale Minderheiten zurückblicken, dann sehen wir, was in dieser Zeit geleistet wurde. 4,5 Millionen Menschen sind seit 1950 als Aussiedler und Spätaussiedler zu uns gekommen, davon rund drei Millionen allein seit 1988. Ich will ausdrücklich sagen, dass diese Deutschen unser Land in vielfältiger Weise bereichert haben. Dafür an dieser Stelle ein ganz herzliches Dankeschön.

Ich finde, dies sollten wir öfters sagen, bevor wir auch von Problemen sprechen. Denn die Probleme haben in der öffentlichen Wahrnehmung immer eine große Beachtung. Das, was gut läuft, was wunderbar ist, was schön ist, gerät manchmal in den Hintergrund. Damit will ich natürlich nicht sagen, dass man verschweigen soll, dass es Integrationsaufgaben sowohl bei den Jüngeren als auch bei den Älteren gibt; jeder von uns weiß das. Dazu zählt nicht zuletzt die notwendige Sprachförderung. Auch diesbezüglich ist in den letzten 20 Jahren Unglaubliches geschehen. Es wurde auch rund eine Milliarde Euro zur Unterstützung deutscher Minderheiten in den Herkunftsgebieten der Aussiedler zur Verfügung gestellt und es wurde natürlich auch in unserem Land unglaublich viel getan, um die Integration derer zu fördern, die zu uns gekommen sind.

Wenn wir uns jetzt einmal denen widmen, die in ihren alteingesessenen Gebieten bleiben wollten, dann muss man sagen, dass durch unsere Unterstützung die Lebensumstände vor Ort in vielen Fällen deutlich verbessert werden konnten. Wir können auch sagen, dass die Zusammenarbeit mit den Titularnationen trotz aller Schwierigkeiten eine insgesamt erfreuliche Entwicklung nahm. Wir haben als Bundesregierung immer wieder versucht, zusammenzuarbeiten. Das ist nicht immer einfach gewesen; da gab es dicke Bretter zu bohren. Das wird in gewisser Weise auch so bleiben. Es gab eine Menge Skepsis gegenüber unserer Unterstützung. Wir haben immer versucht, dieses Misstrauen abzubauen, allerdings mit einem klaren Kompass, nämlich dass es unser Recht und unsere Pflicht ist, diese Minderheiten auch außerhalb Deutschlands zu unterstützen.

Hilfsmaßnahmen funktionieren besser, wenn sie in Kooperation mit den Titularnationen erfolgen. Deshalb haben wir und die deutschen Minderheiten in besonderer Weise auch davon profitiert, dass sich die politischen Verhältnisse in vielen der betroffenen Länder verändert haben. Das hat auch zu einem Rückgang der Aussiedlerzahlen in den letzten Jahren geführt. Das heißt also, manch einer sieht für sich heute auch in den Herkunftsbereichen wieder eine Perspektive. Die wirtschaftlichen Aussichten in Russland, Kasachstan und anderen Nachfolgestaaten der Sowjetunion haben sich verbessert, wenngleich wir nicht darüber hinwegsehen wollen, dass einem ab und zu auch bewusst wird, dass Deutschland ein Land ist, das recht lebenswert ist.

Insgesamt kann man sagen, dass die deutschen Minderheiten gut in das politische und soziale Leben ihrer Länder integriert sind. Allerdings muss man immer wieder darauf achten, dass keine Rückschläge erfolgen; das sind oft schleichende Prozesse. Es ist sehr wichtig, dass man ein Auge darauf hat. Denn Stillstand ist schnell auch einmal Rückschritt.

Ich will ganz deutlich sagen: Dank ihres hohen Ansehens üben die deutschen Minderheiten in anderen Nationen inzwischen auch eine wichtige Brückenfunktion im bilateralen Verhältnis Deutschlands zu diesen Ländern aus. Das will ich ausdrücklich dankend erwähnen. Die Angehörigen der deutschen Minderheiten, die zeitweise oder auch dauerhaft in ihre Herkunftsländer zurückkehren, sind natürlich auch Menschen, die eine Brücke bilden und sehr gut über unsere Länder Bescheid wissen. Man kann auch sagen, dass durch die Europäische Union und die europäische Integration vieles auf eine natürliche Weise zusammenwächst, was wir uns vor einigen Jahren noch gar nicht vorstellen konnten.

Wir sollten also zur Kenntnis nehmen, dass sich manches verbessert hat. Das darf aber nicht dazu führen, dass wir sagen: Wir schwächen die Verbundenheit mit den Deutschen in den Herkunftsgebieten der Aussiedler oder stärken diese Verbundenheit nicht mehr. Das wäre ganz falsch. Vielmehr muss diese Verbundenheit von Generation zu Generation nach vorne gebracht werden. Deshalb ist es auch so schön, dass hier junge Leute sind. Denn diese Verbundenheit zu pflegen, bleibt auch für die nächsten Jahrzehnte eine Verantwortung; das will ich ausdrücklich sagen.

Wir müssen also Brücken bauen und die Probleme sehen. Wir müssen auch immer wieder überlegen: Wo liegen die neuen Akzente? Früher war es so, dass vor allem politische Faktoren den Erhalt der deutschen Sprache und die Entfaltung der kulturellen Identität erschwert haben. Heute – das muss man ganz nüchtern feststellen – sind es oft auch demografische Gründe. Heute ist es aufgrund des Altersaufbaus und auch aufgrund des Zusammenhalts von Minderheiten oft so, dass man mehr Kraft einsetzen muss. Wir wollen das auch weiterhin tun.

Deshalb liegt auch ein Augenmerk auf der Jugend, die natürlich vor neuen Herausforderungen steht, was die berufliche Qualifizierung anbelangt – egal, ob sie hier in Deutschland oder in anderen Ländern lebt. Wir alle wissen, wie der Zusammenhalt der Familienverbände noch vor Jahrzehnten war. Es ist auch in Deutschland, zum Teil aufgrund der beruflichen Herausforderungen, längst nicht mehr so, dass eine Großfamilie zusammenlebt. Umso schwieriger ist es, der Vereinzelung vorzubeugen und die kulturelle Identität überhaupt noch pflegen zu können. Darauf müssen wir aber alle Kraft lenken.

Ich kann nur begrüßen, dass auf dieser Tagung über Fragen der kulturellen Identifikation – von der Sprache bis zur Konfessionsbindung – sehr intensiv und sehr offen gesprochen wurde. Diese Tagung ist schließlich nicht nur eine Festtagung, sondern sie ist wirklich eine Arbeitstagung. Das ist dem Thema auch angemessen. Ich glaube, das ist auch ganz im Sinne der Schwerpunkte, die Christoph Bergner als Bundesbeauftragter setzt. Lassen Sie mich nur einige Beispiele nennen: die Konzentration auf die Jugend- und Kulturarbeit, die Identifizierung und Förderung von Nachwuchsführungskräften, das Hinwirken auf die Verabschiedung des russischen föderalen Zielprogramms und die Vertretung der spezifischen Belange der Aussiedler und Spätaussiedler im Rahmen des Nationalen Integrationsplans. Letzteres ist eine ganz wichtige Aufgabe, der wir uns explizit widmen und bei der auch viele mithelfen, damit es vorangeht. Es ist uns aber durchaus bewusst, dass wir bei dieser Aufgabe noch einiges an Arbeit vor uns haben.

Christoph Bergner setzt sich seit seinem Amtsantritt im Februar 2006 auch für die deutschen Minderheiten in unseren unmittelbaren europäischen Nachbarstaaten ein. Er führt damit eine Aufgabe weiter, der sich die Bundesregierung schon seit über 50 Jahren widmet, nämlich die Förderung der deutschen Minderheit in Nordschleswig auf der Grundlage der Bonn-Kopenhagener Erklärungen. Ich glaube, wir können nicht ganz ohne Stolz heute sagen: Die Entwicklung der deutsch-dänischen Grenzlandminderheiten ist ein gelungenes Vorzeigebeispiel europäischer Minderheitenpolitik.

Minderheitenpolitik im europäischen Kontext ist ein noch nicht abschließend bearbeitetes Thema. Wenn wir hier als Bundesrepublik zusammen mit Dänemark mit gutem Beispiel vorangehen können, dann ist das auch für viele der neuen EU-Mitgliedstaaten ein Thema, das immer wieder zu Diskussionen führt. Wenn ich die Slowakei, Ungarn oder auch die baltischen Länder sehe, kann ich feststellen: Das Thema „Wie leben wir mit Minderheiten zusammen?" ist ein exemplarisches Thema, in dem sich Bekenntnis zur Identität und gleichzeitig Toleranz zeigen können und zeigen müssen.

Das Amt des einstigen Aussiedlerbeauftragten ist 2002 um die Dimension der Wahrnehmung der Interessen der anerkannten nationalen Minderheiten in Deutschland erweitert worden. Dazu zählen neben den Dänen auch die Friesen, die Sorben sowie die Sinti und Roma. Die Garantie ihrer jeweiligen kulturellen Identität ist uns ein wichtiges Anliegen. Wir gewinnen daraus natürlich auch eine zusätzliche Legitimation, zu sagen: So, wie wir mit den Minderheiten umgehen, die bei uns leben, so erwarten wir auch, dass Titularnationen mit den deutschen Minderheiten umgehen. Das heißt, wir stellen nicht nur Forderungen an andere, sondern wir zeigen auch, dass Toleranz und Teilhabe gelebte Normalität in Deutschland sind. Diese beiden Dinge gehören sehr eng zusammen.

Der Schutz und die Förderung autochthoner Minderheiten sind ein unabdingbares Wesensmerkmal unseres demokratischen Selbstverständnisses. Gerade in der Verantwortung für unsere Geschichte ist das für uns eine besondere Aufgabe, wenn wir vor allem an die Verfolgung und Ermordung deutscher Sinti und Roma durch die Nationalsozialisten denken. Als Bundesregierung werden wir zum Gedenken an diesen Völkermord in unmittelbarer Nähe zum Reichstag ein Mahnmal errichten.

Wenn wir uns auf der Welt umsehen, dann wissen wir, wie wichtig Minderheitenpolitik für den innerstaatlichen Frieden ist. Wolfgang Schäuble hat in seiner Rede zur Amtseinführung von Christoph Bergner treffend formuliert: „Die Qualität einer freiheitlichen Gesellschaft bewährt sich nicht zuletzt darin, wie mit Minderheiten umgegangen wird und wie sich Minderheiten in einer Gesellschaft fühlen."

Ich will ausdrücklich noch einmal auf dieses „Fühlen" Wert legen. Es kann ja sein – das ist auch im Gespräch mit den Titularnationen immer wieder möglich –, dass die meisten finden, alles sei in Ordnung, nur die, um die es geht, fühlen das nicht. Deshalb will ich ausdrücklich sagen: Es geht darum, dass *sie* sich gut fühlen, und nicht, dass wir oder dass andere Länder glauben, sie täten schon alles, was notwendig ist. Das ist die Grundlage des Gesprächs.

Das heißt, wir sind als Bundesrepublik daran interessiert, hier beispielhaft zu agieren. Wir nehmen auch zur Kenntnis und glauben – auch wenn das im täglichen Leben nicht jeder sofort sieht –, dass Kulturen, Sprachen und Gebräuche eine Bereicherung für das Land sind. Deshalb ist es gut, dass es viele Akteure in der Minderheitenpolitik gibt – sei es auf der Bundesebene, auf der Länderebene oder vor allen Dingen auch auf der kommunalen Ebene, denn da spielt sich natürlich das eigentliche Leben ab.

Der Beauftragte für nationale Minderheiten ist ein Mittler und Unterstützer, ein wichtiger Ansprechpartner. Ich glaube, dass wir in der Minderheitenpolitik wirklich Fortschritte erzielt haben. Ich möchte auch noch einmal auf das von Christoph

Bergner initiierte Internetportal hinweisen, das von der Föderalistischen Union Europäischer Volksgruppen betreut wird. Das ist eine moderne und wichtige Informationsquelle.

Mit dieser Fachtagung blicken wir zurück auf 20 Jahre erfolgreiche Politik. Der Erfolg ist nicht so, dass wir das Amt abschaffen können. Es bleiben noch Aufgaben. Das heißt, ich will auch für die Zukunft ein ausdrückliches Bekenntnis zu diesem Amt abgeben.

Dieses Amt kann nur ausgefüllt werden, weil es so viele Mitstreiter gibt – Mitstreiter, die in den Kommunen hier in Deutschland für die Aussiedler eintreten, ihnen eine Stimme geben, ihnen auch Informationsmöglichkeiten geben. Die Aufgabe kann nur geschafft werden, weil es viele schon langjährig in Deutschland lebende Menschen gibt, die sich für die Integration der zu uns Kommenden einsetzen und vieles dafür tun, dass diese die gleichen Chancen haben und dass Gräben und Brücken überwunden werden. Die Aufgabe kann nur geschafft werden, weil es in den nationalen Minderheiten außerhalb Deutschlands viele gibt, die immer wieder Kontakte nach Deutschland suchen. Ein herzliches Dankeschön an die Ehrenamtlichen, an die Kirchenvertreter und an all diejenigen, die ein Herz für diese Fragen haben.

Schließlich kann die Aufgabe auch nur deshalb gelingen, weil die in Deutschland lebenden Minderheiten der Meinung sind, dass Deutschland ihr Land ist, in dem sie mit ihren Kulturen und Sprachen ihren Platz finden. Das beruht immer auf Gegenseitigkeit und das beruht darauf, dass es eine innere Bereitschaft gibt, sich mit seinem jeweiligen Lebensort zu identifizieren, und dass es gleichzeitig die Bereitschaft derjenigen, die die Mehrheit bilden, gibt, dies als Bereicherung anzusehen.

Deshalb würde ich sagen: Dies ist eine wunderbare Gelegenheit, Resümee zu ziehen – das haben Sie getan – und eben auch in die Zukunft zu blicken. Sie haben in Christoph Bergner jemanden, der Ihre Probleme versteht, der Ihre Arbeit zu schätzen weiß und der leidenschaftlich für Ihre Anliegen kämpft. Ich möchte deshalb Christoph Bergner danken, Ihnen allen danken und uns allen eine gute gemeinsame Zukunft wünschen. Gemeinsam wollen wir dafür eintreten, dass wir es in einigen Jahrzehnten in ganz Europa und darüber hinaus als Selbstverständlichkeit ansehen können, dass Minderheiten einen festen, berechtigten Platz in demokratischen Gesellschaften haben.

Bundesinnenminister Wolfgang Schäuble

Zwei Jahrzehnte Politik für Aussiedler und nationale Minderheiten

Rede zur Tagungseröffnung

Am 28. September wird es 20 Jahre her sein, dass das Bundeskabinett den damaligen Parlamentarischen Staatssekretär beim Bundesminister des Innern, Dr. Horst Waffenschmidt, zum ersten Aussiedlerbeauftragten der Bundesregierung ernannte. Das war im September 1988, einem Zeitpunkt, zu dem sich wohl kaum jemand vorstellen konnte, dass reichlich ein Jahr später die Berliner Mauer fallen würde und wir im Jahr darauf die Wiedererlangung der deutschen Einheit feiern könnten. Die Schaffung des Amtes des Aussiedlerbeauftragten erfolgte also an der Schwelle tiefgreifender weltpolitischer Veränderungen. Die Berufung von Dr. Horst Waffenschmidt war eine Reaktion auf den beginnenden politischen Wandel in den ehemaligen Ostblockländern. Seit 1987 hatte die UdSSR die Zahl der Ausreisegenehmigungen für Bürger deutscher Nationalität stark erhöht. Ausreiseerleichterungen gab es auch in Polen, in Rumänien und in der Tschechoslowakei. Allein die erhöhten Aufnahmezahlen signalisierten 1988 einen Handlungsbedarf, der sich nachfolgend noch verstärken sollte, im Jahr 1990 erreichte die Aussiedleraufnahme mit fast 400.000 Zuzügen ihren absoluten Höhepunkt.

Mit den politischen Veränderungen im Osten erweiterten sich für die Bundesrepublik Deutschland auch die Hilfsmöglichkeiten für die dort lebenden Deutschen. Mussten vor 1990 humanitäre Unterstützungsleistungen wie Lebensmittelpakete, Medikamente oder Wertgutscheine für Devisenläden in einem komplizierten Verfahren und sehr diskret über karitative Verbände an die bedürftigen Adressaten geleitet werden, so öffneten sich mit dem Fall des Eisernen Vorhanges neue Spielräume für eine unmittelbare Hilfenpolitik.

Welche Konsequenzen waren aus diesen Entwicklungen zu ziehen? Die Bundesregierung hatte letztlich zu entscheiden, ob sie sich auch weiterhin zu ihrer besonderen Verantwortung für die Deutschen in den Ländern Mittelosteuropas und der Sowjetunion bekennt oder ob sie die Veränderungen in den Staaten des damaligen Ostblocks zum Anlass nimmt, sich aus diesem Aufgabengebiet, das mit den besonderen Verpflichtungen aus Artikel 116 Grundgesetz im Zusammenhang stand, unter Hinweis auf die allgemeinen weltpolitischen Veränderungen zurückzuziehen. Es hat nicht an Stimmen gefehlt, die diesen Rückzug forderten. Die besondere Hilfsbereitschaft für die Deutschen in den Ländern Osteuropas war zwar grundgesetzlich geboten, sie blieb Teil der Aufarbeitung der Folgen des Zweiten Weltkrieges und damit auch eine moralische Verpflichtung. Dessen ungeachtet war sie politisch nicht unumstritten. Manche haben damals diese nationale Solidarität als „Deutschtümelei" bezeichnet.

Aber es gab auch bei der Aufnahmebereitschaft der Bevölkerung insgesamt wachsende Probleme, zumal noch 1989/90 in einer bestimmten Phase die Übersiedler aus der damaligen DDR hinzukamen. Jüngere können sich vielleicht gar nicht mehr vorstellen, dass damals in vielen Städten und Gemeinden Turnhallen oder Gemeindehallen über Monate hinweg beschlagnahmt werden mussten zur Unterbringung von Aus- und Übersiedlern.

Ich habe immer darauf hingewiesen, dass es eine Frage nationaler Solidarität und Identität ist, sich der Verantwortung für diese Deutschen zu stellen, die unter den Folgen des deutschen Schicksals – des gemeinsamen deutschen Schicksals – mehr gelitten haben als andere.

Dieser Verantwortung dürfen wir uns nach meiner Überzeugung nicht einfach entledigen, schon gar nicht in einer Phase, wo wir das Glück hatten, die Wiedervereinigung zwischen den beiden Staaten in Deutschland auf eine friedliche Weise zu erreichen. Im Übrigen war es so, was viele völlig übersehen haben, dass wir alles daran setzen mussten, eine Torschlusspanik zu vermeiden, was gar nicht so einfach war. Es war die Politik der Bundesregierung, vertreten durch den damaligen Bundesinnenminister, dafür zu sorgen, dass das Tor offen bleibt, und es ist offen geblieben. Es ist im Zuge der europäischen Entwicklung sogar immer offener geworden.

Wir wollen nicht, dass alle Deutschen ihre angestammten Herkunftsgebiete verlassen. Was wir wollen, ist, dass alle Deutschen, wo immer sie leben, so leben können, dass sie nicht gezwungen sind, aus materiellen oder politischen Gründen ihre Heimat zu verlassen, sondern sie sollen selbst frei entscheiden können. Dieses Prinzip trägt die Aufgabe des Beauftragten für Aussiedler und nationale Minderheiten bis heute: sich sowohl für die Integration hier in unserem Land als auch für die Minderheiten in ihren angestammten Herkunftsgebieten zu engagieren. Jedenfalls ist es gut, dass wir die Entscheidungen damals so getroffen haben und dass wir uns auch mit der Berufung des Aussiedlerbeauftragten zur Solidarität mit den Deutschen im Osten bekannt haben.

Horst Waffenschmidt war der richtige Mann für diese Aufgabe – mit seiner Person, mit seinem Denken und seiner Zuversicht. Deswegen ist diese Konferenz auch ein Anlass, dieses viel zu früh verstorbenen Mannes und Freundes zu gedenken. Er hat das Amt des Aussiedlerbeauftragten von Beginn an geprägt und er hat für die Aussiedlerpolitik Maßstäbe gesetzt, die bis heute Gültigkeit behalten haben. Er hat ein Erbe geschaffen mit seiner Arbeit, dem seine Amtsnachfolger sich verpflichtet fühlten und dessen zukünftige Nutzung und Entwicklung Beratungsgegenstand auf dieser Fachkonferenz sein soll.

Im Übrigen, da ich Horst Waffenschmidt gut genug gekannt habe, kann ich Ihnen versichern, es wäre nicht in seinem Sinne, wenn wir versuchen würden, diese Konferenz zu einer Gedächtnisveranstaltung für ihn umzufunktionieren. Es wäre ganz in seinem Sinne, wenn wir diese Zusammenkunft nutzen, um über die angemessene Fortsetzung der damals begonnenen Arbeit zu beraten. Und die Aussiedlerpolitik hat in diesen 20 Jahren zu Recht wichtige Veränderungen und Ergänzungen erfahren.

Seit 2002 haben die Dänen, die Friesen, die Sorben und die deutschen Sinti und Roma im „Beauftragten für Aussiedlerfragen und nationale Minderheiten" einen Ansprechpartner auf Bundesebene. Ich begrüße Jochen Welt, den zweiten Aussiedlerbeauftragten, in dessen Amtszeit der Aufgabenbereich durch Einbeziehung der vier nationalen Minderheiten in Deutschland diese besondere Erweiterung erfahren hat.

Damit wurde die Hilfenpolitik, die bisher vor allem als Beitrag zur Stärkung des Bleibewillens in den Herkunftsgebieten gesehen wurde, Teil einer Politik, die der Förderung nationaler Minderheiten verpflichtet ist.

Ich begrüße die anwesenden Vertreter dieser vier Minderheiten in Deutschland und den Generalsekretär der Föderalistischen Union Europäischer Volksgruppen (FUEV) als Vertreter der Nichtregierungsorganisation, die sich in Europa dem Schutz und der Förderung autochthoner Minderheiten widmet.

Nach amtlicher Statistik wurden in den zwei Jahrzehnten nach 1988 ca. 3 Millionen Aussiedler, Spätaussiedler und deren Angehörige in Deutschland aufgenommen. Wir gehen außerdem von etwa 1,4 Millionen Angehörigen der deutschen Minderheiten aus, die in den Herkunftsgebieten der mittelosteuropäischen und GUS-Länder leben.

Ich begrüße sowohl die Vertreter der Landsmannschaften und Aussiedlerorganisationen als auch die Vertreter der Organisationen der deutschen Minderheiten, die von Sibirien, Zentralasien, Dänemark, Polen, Tschechien, der Slowakei, Ungarn und Rumänien hierher gekommen sind. Einige von Ihnen haben Tausende Kilometer Fahrtstrecke zurückgelegt, um hier dabei zu sein. Dies unterstreicht, wie wichtig Ihnen der Anlass unserer Zusammenkunft und der Zweck dieser Tagung ist. Seien Sie herzlich willkommen!

Für unsere Hilfenpolitik war das gute Einvernehmen mit den Regierungen der Titularnationen immer eine wichtige Voraussetzung. Es freut mich deshalb, dass ich Vertreter des russischen Ministeriums für Regionalentwicklung begrüßen kann. Die deutsch-russische Regierungskommission für Fragen der Russlanddeutschen ist die am längsten tätige gemischte Regierungskommission unserer Staaten überhaupt – seien Sie herzlich willkommen! Ebenso begrüße ich anwesende Vertreter der Botschaften der Titularnationen und offizielle Regierungsvertreter dieser Staaten. Wir dürfen es als besondere Unterstützung unseres Anliegens betrachten, dass sich namhafte und erfahrene Repräsentanten der Kirchen der Herkunftsgebiete an unserer Tagung aktiv beteiligen, ich begrüße stellvertretend Erzbischof Nossol aus Oberschlesien und Frau Pastorin Dörr aus Siebenbürgen.

Einen besonderen Gruß möchte ich an die 30 Teilnehmer der Jugend deutscher Minderheiten richten, die auf dieser Tagung die Ergebnisse ihres gemeinsamen Workshops (unterstützt vom Institut für Auslandsbeziehungen – IfA) „Herausforderungen und Auftrag für die junge Generation – Die Jugend als künftige Identitätsträger" präsentieren werden.

Die Frage, ob es in 20 Jahren noch lebendige deutsche Minderheiten in den Herkunftsgebieten geben wird, die aktiv am Aufbau ihrer Länder, aktiv an der Gestaltung des vereinten Europa mitwirken, entscheidet die heutige deutsche Jugend. Deshalb sind uns ihre Mitwirkung und ihr Beitrag so wichtig.

Aufnahme und Integration der Aussiedler in Deutschland einerseits, Hilfe und Unterstützung für die deutschen Minderheiten in den Herkunftsgebieten andererseits, das waren stets zwei Seiten der gleichen Medaille, wenn es darum geht, Solidarität mit den Deutschen zu üben, die in den Ländern Ostmittel- und Südosteuropas sowie der ehemaligen Sowjetunion ein schweres Kriegsfolgenschicksal zu tragen hatten. Deshalb freut es mich, dass die Konferenz beide Anliegen, Aussiedleraufnahme und Hilfenpolitik, gemeinsam behandelt und dass Vertreter von Landsmannschaften wie Minderheitenorganisationen hier nicht nur gemeinsam teilnehmen, sondern auch in Dialog treten können.

Die Arbeit zur Unterstützung der deutschen Minderheiten in den Herkunftsgebieten wäre ohne die Mittlerorganisationen nicht zu leisten gewesen. Ich darf deshalb stellvertretend für die dabei Engagierten die Teilnehmer der Gesellschaft für Technische Zusammenarbeit begrüßen.

Die Integration von drei Millionen Aussiedlern innerhalb von nur 20 Jahren bedeutet allein mit Blick auf die Zahl der aufgenommenen neuen deutschen Staatsbürger eine beachtliche Leistung. Drei Millionen, das ist die Bevölkerungszahl eines nicht ganz kleinen Bundeslandes, also mehr Menschen als etwa in Thüringen oder in Brandenburg leben. Die Aufnahme und bisherige Integration dieser Deutschen stellt eine Leistung dar, für die viele Beteiligte Dank verdienen.

Ich begrüße deshalb die anwesenden Vertreter von Wohlfahrtsverbänden, Kirchen und Organisationen, die sich der Integrationsaufgabe gewidmet haben, nicht zu vergessen unsere nachgeordneten Einrichtungen Bundesverwaltungsamt (BVA) und Bundesamt für Migration und Flüchtlinge (BAMF) mit ihren Präsidenten. 20 Jahre Aussiedlerbeauftragter: Jubiläen sind ein Anlass, vergangene Entwicklungen zu bilanzieren und rückblickend in das allgemeine Geschehen einzuordnen. Wenn wir hier zusammenkommen, tun wir dies aber nicht nur um uns der bisherigen Integrationserfolge zu erfreuen, sondern auch um uns den offenen Fragen zu widmen, die auf diesem Weg geblieben sind.

Diese Konferenz soll den Blick auch in die Zukunft richten. Die Verhältnisse haben sich in den vergangenen 20 Jahren erheblich verändert. Den 397.000 Aussiedleraufnahmen des Jahres 1990 stehen 5.700 im Jahr 2007 gegenüber. Die Fragen der Aussiedlerintegration sind damit jedoch noch nicht erledigt. Die kulturellen Erfahrungen, die die Angehörigen deutscher Volksgruppen, die als Aussiedler zu uns kamen, in ihren Herkunftsgebieten erworben haben, sind Bestandteil des gemeinsamen Erbes deutscher Kultur. Gerade weil sie sich im engen Kontakt mit den Völkern Osteuropas, aber auch Sibiriens und Zentralasiens entwickelt haben, tragen sie besondere Potenziale der Verständigung, die wir nutzen können, um die zivilgesellschaftlichen Brücken von Deutschland in die Herkunftsgebiete der Aussiedler zu befestigen. Integration von Aussiedlern bedeutet deshalb auch Bewahrung ihrer besonderen Prägungen und Erfahrungen, die sie als Deutsche bei der Rückkehr in die Heimat ihrer Vorfahren mitgebracht haben. Integration bedeutet gleichzeitig, seinen Platz im heutigen Deutschland finden. Hier haben wir noch längst nicht alle Aufgaben befriedigend gelöst. Ich erwähne die Defizite der beruflichen Integration unserer Spätaussiedler, die teilweise auf sprachliche Defizite, vor allem aber auf Probleme bei der Anerkennung sowjetischer Bildungsabschlüsse zurückgehen.

Die anwesenden Vertreter der Bundesländer möchte ich daran erinnern, dass wir ähnliche Probleme auch schon beim Vertrag zur Deutschen Einheit hatten. Wir könnten 20 Jahre danach ein bisschen generöser werden in der Anerkennung, zumal wir dabei vieles, was auch arbeitsmarktpolitisch heute als notwendig angesehen wird, auf diese Weise besser lösen könnten. Da gibt es Handlungsmöglichkeiten, Handlungsbedarf und Handlungsspielraum. Es gibt Versäumnisse – Christoph Bergner hat dieser Tage auch öffentlich darauf hingewiesen – und wir sollten die Gelegenheit nutzen, sie zu überwinden.

Ich denke aber auch an bestehende humanitäre Probleme durch Familientrennungen, die in der Anwendung unserer jüngeren vertriebenenrechtlichen Regelungen entstanden sind. Es wird nicht einfach sein, hier angemessene Lösungen zu finden, aber wir sollten aufbauend auf den Ergebnissen dieser Konferenz nach Lösungen suchen und, soweit es das Bundesinnenministerium betrifft, sind wir auch dazu bereit.

Etwa 1,4 Millionen Deutsche leben als Minderheit in den Herkunftsgebieten. Wir haben auch weiterhin eine besondere Verpflichtung gegenüber denen, die Trudarmee, Deportation und Zwangsarbeit erleben mussten oder wegen ihrer Volkszugehörigkeit besonderer Willkür ausgesetzt waren. Gerade eine Wohlstandsgesellschaft bewahrt sich ihre Fähigkeit zur Zukunftsbewältigung am besten, wenn sie Solidarität für Schwächere oder für diejenigen, die es schwerer hatten, nicht als eine lästige Angelegenheit wegschiebt, sondern als eine immerwährende Verpflichtung sieht. Sie haben für die Folgen der Politik des nationalsozialistischen Deutschlands besonders leiden müssen und haben deshalb auch weiterhin Anspruch auf unsere Solidarität. Wie aber soll diese Solidarität zukünftig angemessen wahrgenommen werden? Wie pflegen wir die Verbindungen zu den nachwachsenden Generationen der deutschen Volksgruppen?

Wir streiten heute nicht mehr über Grenzen. Und wir können gerade auch am Beispiel von Minderheiten sehen – nehmen Sie das deutsch-polnische Verhältnis –, was für ein Glück es ist, dass Grenzen nicht mehr trennen, sondern dass wir Grenzen öffnen, dass wir zusammenleben können und dass wir trotzdem unser kulturelles Erbe pflegen. Ob dänische Minderheit oder Sorben in Deutschland oder Schlesier in Polen, das geht und das ist der bessere Weg.

Die Herkunftsgebiete Mittelosteuropas sind Mitgliedstaaten der Europäischen Union und erhalten aus Brüssel Strukturfondsmittel. Russland und Kasachstan, zwei weitere wichtige Herkunftsländer, sind potente Wirtschaftsmächte, und auch in den meisten anderen Staaten der ehemaligen Sowjetunion, in denen deutsche Minderheiten leben, haben sich die wirtschaftlichen Verhältnisse nachhaltig konsolidiert.

Hilfenpolitik kann also nicht so fortgeschrieben werden, wie sie vor 20 Jahren begann: als Wirtschafts- und Infrastrukturhilfe zur Stärkung des Bleibewillens. Das hat an Bedeutung verloren und wird auch hoffentlich weiter an Bedeutung verlieren. Sie soll aber keinesfalls ersatzlos aufgekündigt werden. Sie muss sich vielmehr stärker als bisher den Fragen der Erhaltung der kulturellen Identität stellen. Diese Konferenz ist keine Abschlussveranstaltung, sondern soll nach sinnvoller Fortführung fragen. Wir gehen davon aus, dass Minderheitenpolitik in modernen und freiheitlich verfassten Ländern einen festen Platz hat, sowohl in der Europäischen Union als auch in Russland, Kasachstan und den anderen Nachfolgestaaten der Sowjetunion, die sich traditionell als Vielvölkerstaaten verstehen. Wenn das so ist, dann haben wir eine bleibende Verpflichtung sowohl für die vier nationalen Minderheiten in Deutschland als auch für die weitere Unterstützung der deutschen Minderheiten in den Herkunftsgebieten der Aussiedler. In dieser in die Zukunft weisenden Verpflichtung muss die erfolgreiche Arbeit der letzten 20 Jahre eine angemessene Fortsetzung finden.

Wie das erfolgen kann, dafür gibt es Beispiele: Die Situation der deutsch-dänischen Grenzlandminderheiten, denen sich Deutschland und Dänemark seit den Bonn-Kopenhagener Erklärungen von 1955 gemeinsam verpflichtet fühlen, zeigt Perspektiven und Vorteile einer auf Ausgleich und Verständigung ausgerichteten Minderheitenpolitik.

Das diesjährige Jubiläum soll deshalb Anlass sein, gemeinsam mit den Betroffenen und Fachleuten aus Politik, Wissenschaft und Gesellschaft über die künftigen Schwerpunkte zu diskutieren und die Arbeit konzeptionell weiterzuentwickeln. Unser gegenwärtiger Beauftragter für Aussiedlerfragen und nationale Minderheiten hat Thesen formuliert, die zur Diskussion anregen sollen. Sie haben sich mit eigenen Beiträgen auf die Debatte vorbereitet.

Ich wünsche Ihnen eine fruchtbare Beratung und bin gespannt auf ihre Ergebnisse. Ich sage zu, dass wir, soweit es meine Verantwortung betrifft, versuchen werden, aus diesen Ergebnissen auch konkrete Schlussfolgerungen umzusetzen. Herzlichen Dank und gutes Gelingen!

Christoph Bergner
Beauftragter der Bundesregierung für Aussiedlerfragen
und nationale Minderheiten

Thesen zur Fachtagung „Zwei Jahrzehnte Politik für Aussiedler und nationale Minderheiten – Bilanz und Perspektiven"[1]

1. Grundanliegen

Am 28. September 1988 beschloss das Bundeskabinett die Einsetzung eines Beauftragten der Bundesregierung für Aussiedlerfragen und ernannte Dr. Horst Waffenschmidt zum ersten Aussiedlerbeauftragten.

Diese Ernennung vor 20 Jahren markiert den Beginn besonderer politischer Bemühungen zur Unterstützung der Deutschen in den mittelosteuropäischen Staaten und in den Ländern der ehemaligen Sowjetunion, die durch den Fall des Eisernen Vorhanges ermöglicht wurden und als Teil der Politik der Kriegsfolgenbewältigung konzipiert waren.

Vor sechs Jahren, während der Amtszeit von Jochen Welt, übertrug man dem Aussiedlerbeauftragten außerdem die besondere Betreuung der vier autochthonen nationalen Minderheiten in Deutschland, für die der deutsche Staat im Rahmenabkommen zum Schutz nationaler Minderheiten[2] wie auch in der Sprachencharta des Europarates[3] bindende Verpflichtungen eingegangen war. Mit dieser Zuständigkeitserweiterung wurde das Aufgabenfeld des Aussiedlerbeauftragten in den Kontext allgemeiner Fragen der Minderheitenpolitik und Minderheitenförderung gerückt. Zwei Jahrzehnte nach dem Kabinettsbeschluss vom September 1988 erscheint es erforderlich, die Ergebnisse der bisherigen Aussiedler- und Minderheitenpolitik zu bilanzieren, über ihre Fortsetzung zu befinden und nach neuen Bezugspunkten zu fragen.

---

1 Die folgenden Ausführungen wurden den Referenten, Diskutanten und Teilnehmern als „Thesenpapier" im Vorfeld der Tagung „Zwei Jahrzehnte Politik für Aussiedler und nationale Minderheiten" zur Verfügung gestellt.

2 Zum „Rahmenübereinkommen" siehe unten S. 118.

3 Zur „Sprachencharta" siehe unten S. 152.

2. Aussiedlerpolitik und historische Verantwortung Deutschlands

2.1 Ausgangslage

Die Aussiedlerpolitik beansprucht innerhalb der Zuwanderungspolitik eine Sonderstellung, denn sie ist Teil des Bemühens der Bundesregierung, sich der nationalen Verantwortung Deutschlands für die Bewältigung der Folgen des Zweiten Weltkrieges zu stellen.

Bei dieser Kriegsfolgenbewältigung geht es einerseits um Versöhnung und Wiedergutmachung gegenüber den Opfern des Nationalsozialismus und der Hitlerschen Aggressionskriege. Es geht aber auch um Solidarität mit den Deutschen, die von den Folgen von Krieg und Gewaltherrschaft besonders betroffen waren.

Eine solche Solidaritätsverpflichtung besteht für die Deutschen in den Ländern Osteuropas und der ehemaligen Sowjetunion, die infolge des Krieges wegen ihrer Volkszugehörigkeit schwere Lasten zu tragen hatten. Sie gilt besonders für die Deutschen der Nachfolgestaaten der Sowjetunion, bei denen das Kriegsfolgenschicksal am längsten nachwirkte und die noch immer auf eine abschließende gesetzliche Rehabilitierung durch das russische Parlament warten.

2.2 Zukünftige Perspektiven

Aussiedlerpolitik bleibt auch zukünftig in dieser rechtlichen und politischen Tradition, deren Anfänge bis in die Zeit der Aufnahme und Integration von Heimatvertriebenen und Flüchtlingen nach Ende des Zweiten Weltkrieges zurückreichen. Sie sollte so fortgeschrieben werden, dass über sechs Jahrzehnte nach Kriegsende und zwei Jahrzehnte nach dem Zerfall des Ostblockes das Anliegen nationaler Verantwortung und Solidarität in zeitgemäßer Weise bewahrt werden kann:

♦ Die Bundesrepublik Deutschland hat in ihrer Verpflichtung zur Kriegsfolgenbewältigung immer auch den Auftrag zur Schaffung zukunftsweisender Friedensstrukturen in Europa und zur Begründung friedensstiftender Partnerschaften in der Welt gesehen. Von diesem Verständnis ausgehend können zukünftige Potentiale der Aussiedlerpolitik und der Förderung der deutschen Minderheiten in den Herkunftsgebieten nachhaltig begründet werden.

♦ So bieten die deutschen Minderheiten in Mittelosteuropa als bikulturelle Bindeglieder eigener Prägung besondere Chancen zur Entwicklung kultureller Brücken und Netzwerke innerhalb der Europäischen Union. Diese deutschen Volksgruppen haben sich im Rahmen der europäischen Siedlungsgeschichte entwickelt und sollten deshalb in den östlichen Staaten des vereinten Europa auch einen unangefochtenen Platz als nationale Minderheiten beanspruchen dürfen.

♦ Die Deutschen der Nachfolgestaaten der Sowjetunion können gemeinsam mit den Russlanddeutschen, die als Aussiedler zu uns kamen, besondere zivilgesellschaftliche Verbindungen zur Bundesrepublik Deutschland begründen und so ein wechselseitiges Verständnis fördern, das zur Entwicklung vertiefter Partnerschaftsbeziehungen beitragen kann.

♦ Die geschichtliche Verantwortung der Bundesrepublik Deutschland schließt auch die Pflege der regionalen Kulturen in den Herkunftsgebieten ein. Deutsche haben diese Gebiete seit Jahrhunderten, zum Teil seit dem Mittelalter, bewohnt und hier gemeinsam mit Angehörigen anderer Volksgruppen ein reiches und vielgestaltiges kulturelles Erbe geschaffen. Dieses ist als gemeinsames Kulturerbe Teil der deutschen und der europäischen Kultur. Seine Bewahrung, Erforschung und Weiterentwicklung in Begegnungsstätten, wissenschaftlichen Instituten, Bibliotheken und Museen verdient auch künftig eine eigenständige Förderung.

Die deutsche Bundesregierung steht damit auch zukünftig in einer besonderen Verpflichtung gegenüber den deutschen Minderheiten in den Herkunftsgebieten der Aussiedler, die sie gemeinsam mit den Regierungen der Titularnationen wahrnehmen und gestalten soll.

3. Aufnahme und Integration der Aussiedler

3.1 Bisherige Entwicklung

In den letzten 20 Jahren kamen im Rahmen der Aussiedleraufnahme ungefähr drei Millionen Menschen (ca. 800.000 aus den mittelosteuropäischen Staaten und ca. 2,2 Millionen aus den Nachfolgestaaten der Sowjetunion) in die Bundesrepublik Deutschland und wurden meist ohne nennenswerte Konflikte in unsere Gesellschaft integriert. Diese umfängliche Integration wurde durch das solidarische Handeln und die vielfältige Arbeit von Wohlfahrtsverbänden, Vertriebenenverbänden, Kirchen und durch den besonderen Einsatz kommunaler Entscheidungsträger sowie vieler engagierter Bürgerinnen und Bürger unterstützt und getragen.

Die Aufnahme dieser Aussiedler war eine kulturelle Bereicherung für die Bundesrepublik Deutschland. Als Vertreter deutscher Volksgruppen aus dem Osten haben sie ihre besonderen Erfahrungen mit Kultur und Geschichte der Herkunftsgebiete nach Deutschland gebracht und so zu Vielfalt und Breite deutschen Kulturverständnisses beigetragen.

Angesichts rückläufiger Bevölkerungsentwicklung war die Aufnahme von Millionen Aussiedlern für die Bundesrepublik Deutschland von nachweisbarem demographischem Vorteil.

Für die in Deutschland aufgenommenen Aussiedler war ihre deutsche Volksgruppenzugehörigkeit das wichtigste Integrationsmotiv in der „historischen Heimat". Von daher war es integrationspolitisch ungünstig, dass insbesondere im Hinblick auf die russlanddeutschen Spätaussiedler die Anerkennung deutscher Volksgruppenzugehörigkeit im Verlaufe der zurückliegenden 20 Jahre immer wieder Einschränkungen, Relativierungen und Infragestellungen ausgesetzt war.

3.2 Zukünftige Aufgaben und Herausforderungen

Auch zukünftig darf die Anerkennung deutscher Volkszugehörigkeit den Menschen nicht verweigert werden, deren Familien wegen eben dieser Zugehörigkeit in Mittelosteuropa oder der Sowjetunion ein schweres Kriegsfolgenschicksal erleiden mussten. Vielmehr sollte ihnen im Rahmen der Aussiedlerintegration ermöglicht werden, das Bewusstsein für die eigene Herkunft, für die Geschichte und Traditionen der eigenen Volksgruppe wachzuhalten.

Eine besondere Herausforderung bei der Integration russlanddeutscher Spätaussiedler liegt im weitgehenden Verlust ihrer deutschen Sprachkenntnis, der vor allem als Ergebnis der Repression in der früheren Sowjetunion eingetreten ist und zunehmende Relevanz für die Aussiedleraufnahme erhielt.

Dieser Sprachverlust und Schwierigkeiten bei der Anerkennung von Bildungsabschlüssen haben Probleme und Defizite besonders bei der beruflichen Integration zur Folge, zu deren Überwindung Maßnahmen nachholender Integrationsförderung erforderlich werden. Dazu gehören fachliche und sprachliche Nachqualifizierungen.

Es bleibt im Interesse einer erfolgreichen Integration notwendig und vertretbar, von Menschen, die als Aussiedler dauerhaft nach Deutschland kommen wollen, Grundkenntnisse der deutschen Sprache zu erwarten. Die geforderte Bestätigung des Aussiedlerstatus durch familiär vermittelte deutsche Sprachkenntnisse und die strenge Begrenzung der Berücksichtigung der Nachkommen im Rahmen eines gemeinsamen Aufnahmebescheides haben aber teilweise zu tragischen Familientrennungen und humanitären Härtefällen geführt, für deren Überwindung Lösungen gefunden werden müssen.

Von besonderer Bedeutung für die Integration bleiben auch zukünftig die landsmannschaftlichen Selbstorganisationen der Aussiedler, die auf der Grundlage gemeinsamer Herkunft und Prägung ein besonderes Verständnis für entstehende Probleme und Konflikte entwickeln und eine wirksame Interessenvertretung der Aussiedler wahrnehmen können. Dabei ist eine besondere Offenheit und Dialogbereitschaft der russlanddeutschen Verbände gegenüber den Menschen aus der früheren Sowjetunion wünschenswert, die auf ausländerrechtlicher Basis in Deutschland leben. Demgegenüber scheint die Idee zur Bildung eines Dachverbandes der „russischsprachigen Diaspora" in Deutschland integrationspolitisch fragwürdig und mit dem Risiko nachträglicher gesellschaftlicher Abgrenzungen verbunden.

4. Förderung der deutschen Minderheiten – Perspektiven und Erwartungen

4.1 Ausgangslage

In den zurückliegenden 20 Jahren wurden den deutschen Minderheiten in den Herkunftsgebieten der Aussiedler durch das Bundesinnenministerium Hilfen in einer Gesamthöhe von 970 Millionen Euro gewährt. Mit diesen Hilfeleistungen konnten viele Angehörige der deutschen Volksgruppen in schwierigen Notlagen wirkungsvoll unterstützt werden. Es entwickelte sich eine Infrastruktur von Begegnungsstätten und Kommunikationspunkten, die die Selbstorganisation der deutschen Minderheiten begünstigten. Darüber hinaus gelang es, die Hilfenpolitik in vertrauensvoller Zusammenarbeit mit den Titularnationen zu vollziehen.

Angesichts hoher Aussiedlerzahlen stand bei der Gestaltung der Hilfenpolitik zunächst der Gesichtspunkt der Stärkung des Bleibewillens im Vordergrund. Dies führte zu einer Betonung von humanitären Unterstützungsleistungen, Investitionen in Wohnraum und Infrastruktur sowie wirtschaftlichen Hilfen, die später durch die Förderung beruflicher Bildung ergänzt wurden.

Auch wenn sich das praktizierte Prinzip der Hilfe zur Selbsthilfe grundsätzlich bewährt hat, ist aus gegenwärtiger Sicht die Frage nach der Nachhaltigkeit der Minderheitenförderung zu stellen.

4.2 Fortschreibung

Nachhaltige Förderung ist darauf ausgerichtet, die deutschen Minderheiten dauerhaft zu befähigen, ihre Geschicke selbst in die Hand zu nehmen. Der Erhalt und die Entwicklung dieser Eigenständigkeit ist inzwischen nicht mehr in erster Linie eine Frage der Verbesserung der Lebensumstände durch materielle Unterstützung, sondern eine Frage der Förderung und Stärkung der kulturellen und sprachlichen Identität sowie der Fähigkeit zur effizienten Selbstorganisation.

Für die Erhaltung der deutschen Sprachbindung, des Volksgruppenbewusstseins und der eigenständigen deutschen Kultur in den Herkunftsgebieten bedeutete die massenhafte Übersiedlung nach Deutschland während der letzten 20 Jahre oft einen schwer zu kompensierenden Verlust identitätsstiftender und kulturerhaltender Potentiale.

Zukünftige Hilfenpolitik sollte deshalb darauf ausgerichtet sein, die Angehörigen der deutschen Minderheiten bei der Erhaltung ihrer kulturellen Identität zu unterstützen und ihnen die Möglichkeit zu geben, Kontakte und Zusammenarbeit zwischen ihren Mehrheitsgesellschaften und Deutschland zu befördern:

◆ Im Zuge einer so verstandenen Hilfenpolitik kommt der Sprachförderung und der Förderung eines deutschen Schulwesens, das an die Bedürfnisse der deutschen Minderheit anknüpft, eine zentrale Bedeutung zu. In den Regionen mit deutschen Minderheiten liegen die Chancen für vertiefte deutsche Sprachausbildung vor allem in der Erhaltung beziehungsweise Wiederbelebung von traditioneller Mehrsprachigkeit. Dabei verdient die im Auftrag der Europäischen Kommission erarbeitete Expertise zur Zukunft der Sprachlandschaft in der EU eine besondere Beachtung.[4]

◆ Da deutsche Minderheiten in den Herkunftsgebieten der Aussiedler kaum noch in geschlossenen Siedlungsstrukturen, sondern zunehmend unter Diasporabedingungen leben, ergeben sich für die Erhaltung und Pflege der kulturellen Identität besondere Herausforderungen. In diesem Zusammenhang kommt den Begegnungsstätten und Begegnungszentren, die den Angehörigen der deutschen Minderheit kulturelle Heimat bieten und Kommunikation mit der Mehrheitsgesellschaft und anderen Nationalitäten ermöglichen, eine große Bedeutung zu.

◆ Die Verbände der deutschen Minderheiten spielen in den neuen Demokratien Ost-, Ostmittel- und Südosteuropas oft eine beachtliche Rolle, sowohl bei der Pflege und Weiterentwicklung der Demokratiekultur und der Zivilgesellschaften und in der politischen Interessenvertretung als auch bei der Wahrung der kulturellen Identität und der Entfaltung kultureller Vielfalt in den jeweiligen Staaten. Hinzuweisen ist etwa auf die Bedeutung der Selbstverwaltungen der Ungarndeutschen oder des Demokratischen Forums der Deutschen in Rumänien.

◆ Die nachhaltige Entwicklung der deutschen Minderheiten in den Herkunftsgebieten bedarf der besonderen Förderung der Jugend und der Herausbildung kultureller Eliten, die die spezifischen Erfahrungen und die Geschichte der deutschen Volksgruppe überzeugend und selbstbewusst in den kulturellen Debatten ihres Landes und Europas zur Geltung bringen können. Dabei ist davon auszugehen, dass für die nachfolgenden Generationen die Zugehörigkeit zur deutschen Volksgruppe immer mehr zur Frage des freien Bekenntnisses wird.

---

4   Vgl. Europäische Kommission (Hg.): Eine lohnende Herausforderung – Wie die Mehrsprachigkeit zur Konsolidierung Europas beitragen kann – Vorschläge der von der Europäischen Kommission eingesetzten Intellektuellengruppe für den interkulturellen Dialog. Brüssel 2008.

♦ Nach dem Scheitern der kommunistischen Herrschaftsideologie in den Staaten des östlichen Europas sind die Bindekraft der Kirchen und die kulturelle Prägekraft des Christentums in vielen dieser Länder wieder neu zur Geltung gekommen. Für die Geschichte und das Selbstverständnis der deutschen Minderheiten waren konfessionelle Bindungen oft von erheblicher Bedeutung. Von daher ist es berechtigt, im Rahmen der Förderung deutscher Minderheiten auch der Unterstützung volksgruppenbezogener kirchlicher Strukturen Beachtung zu schenken.

5. Europäische Minderheitenpolitik und autochthone Minderheiten in Deutschland

Mit dem Fall des Eisernen Vorhanges und der Überwindung der staatskommunistischen Herrschaftssysteme nahmen die Menschen in den Staaten Mittelost- und Osteuropas neu errungene Freiheiten wahr, die auch Unabhängigkeitsbestrebungen und Emanzipationsansprüche von Völkern und Volksgruppen einschlossen. Diese Entwicklung erwies sich beim Zerfall der Sowjetunion und mehr noch bei der Auflösung des ehemaligen Jugoslawiens als durchaus konfliktträchtig. Umso wichtiger wurde der Gedanke der Einbindung nationaler Minderheiten in staatliche Ordnungen durch Gewährung gesicherter kultureller Autonomierechte.

Dieser Ansatz entspricht dem Selbstverständnis der Europäischen Union, die anders als die überseeischen Einwanderungsgesellschaften nicht dem Leitbild des kulturellen Schmelztiegels, sondern der Idee der Vielfalt der Völker und autochthoner Volksgruppen verpflichtet ist. Dieser Grundsatz schafft die Voraussetzungen für eine Minderheitenpolitik, die durch das Rahmenübereinkommen des Europarates zum Schutz nationaler Minderheiten und durch die Sprachencharta völkerrechtliche Absicherung erfahren hat.

Diese in der EU zu Standards gewordenen Regelungen gewähren Diskriminierungsschutz, sichern Gleichbehandlungsgrundsätze und kontrollieren die Angemessenheit der Fördermaßnahmen. Entscheidend für den Erhalt der nationalen Minderheiten bleibt aber das lebendige Bedürfnis der jeweiligen Volksgruppen nach Kulturautonomie und Bewahrung der gesellschaftlichen Eigenständigkeit.

Im Zuge der Ratifizierung des Rahmenübereinkommens des Europarates zum Schutz der nationalen Minderheiten wurden die autochthonen Minderheiten in Deutschland – Dänen, Friesen, Sorben sowie Sinti und Roma – als nationale Minderheiten anerkannt. Sie genießen entsprechende Rechte und haben Anspruch auf Schutz und Fördermaßnahmen.

Im Jahre 2002 wurde die Betreuung dieser nationalen Minderheiten in Deutschland dem Zuständigkeitsbereich des Aussiedlerbeauftragten zugeordnet. Die Erfahrungen der Förderung der deutsch-dänischen Grenzlandminderheiten auf der

Grundlage der Bonn-Kopenhagener Erklärungen aus dem Jahre 1955[5] sind von vorbildgebender Bedeutung für die Gestaltung der deutschen Minderheitenpolitik gewesen.

Die europäische Minderheitenpolitik betont die besondere Stellung der autochthonen Minderheiten, die als Teil des nationalen kulturellen Erbes des jeweiligen Staates gesehen werden. Daher ist eine Gleichstellung dieser autochthonen Minderheiten mit Migrantengruppen, die erst im Verlaufe des Zuwanderungsgeschehens der letzten Jahrzehnte Teil der Gesellschaft geworden sind (allochthone Minderheiten), unangemessen und mit der Grundidee europäischen Minderheitenverständnisses nicht vereinbar.

---

5   Zur oben genannten „Bonn-Kopenhagener Erklärung" siehe unten S. 161 und S. 215–220.

Referate

Matthias Weber

Deutsche Minderheiten in der europäischen Siedlungsgeschichte[1]

1. Rückkehr des ‚alten Europa'

Die Zahl derjeniger, die sich noch selbst an Schlesien, Pommern oder Ostpreußen vor dem Zweiten Weltkrieg, also an das ‚alte Europa', erinnern können, ist klein geworden. Man muss sich bewusst machen: Für alle, die jünger als 25 sind, ist schon die Teilung Europas bis 1989 abstrakte Geschichte. Die etwas Älteren haben sich die neuen Grenzen in Ostmittel- und Osteuropa inzwischen mehr oder weniger mühsam eingeprägt, die junge Generation ist schon mit ihnen aufgewachsen. Wenn ich in die neuen Bundesländer oder nach Tschechien reise, dann sehe ich in Helmstedt oder in Waidhaus noch die gespenstischen Grenzanlagen aus der Zeit des Kalten Krieges vor mir, dann spüre ich noch unbewusst den Eisernen Vorhang und alles Bleierne, was mit diesem Begriff jahrzehntelang verbunden war. Die europäisierten – besser globalisierten – jungen Leute aus Deutschland, Polen, Tschechien, Ungarn oder Rumänien surfen nicht nur in freiem Austausch im Internet über alle Grenzen hinweg, sie bewegen sich auch selbst als Studenten, in Wirtschaftsangelegenheiten oder einfach als Touristen in allen Richtungen völlig frei – und nehmen frühere Grenzen dabei vielfach gar nicht mehr wahr.[2]

Bis vor kurzem erntete man eher erstaunte Reaktionen, wenn man sich nach der deutschen Geschichte in Polen, im Baltikum, in Rumänien oder in Russland erkundigte. Über die Kreise der landsmannschaftlich Betroffenen und einiger Osteuropaspezialisten hinaus haben sich nur wenige für diesen Aspekt unserer Vergangenheit interessiert; aus den Medien, aber auch aus den Schulen und Universitäten war dieser Bereich fast ganz verschwunden.[3]

---

1   Zur Thematik jetzt allgemein: *Ludwig M. Eichinger, Albrecht Plewnia, Claudia Maria Riehl* (Hg.): Handbuch der deutschen Sprachminderheiten in Mittel- und Osteuropa. Tübingen 2008; vgl. ferner die zusammenfassenden Darstellungen in: Aussiedler. Informationen zur politischen Bildung 267 (2. Quartal 2000); *Hans Hecker:* Die Deutschen im Russischen Reich, in der Sowjetunion und ihren Nachfolgestaaten (Historische Landeskunde. Deutsche Geschichte im Osten 2). Köln 1994.

2   Vgl. *Karl Schlögel:* Von der nationalen Ostforschung zur integrierenden Ostmitteleuropaforschung, in: Gemeinsames Kulturerbe als Chance. Die Deutschen und ihre Nachbarn im östlichen Europa. Symposium der Beauftragten der Bundesregierung für Kultur und Medien, Berlin, 20. September 2004, S. 29–50, hier S. 29f.

3   *Gerd Stricker:* Fragen an die Geschichte der Deutschen in Rußland, in: Ders. (Hg.): Deutsche Geschichte im Osten Europas. Russland. Berlin 1997, S. 13–34, hier S. 13f.

Mit der Ankunft hunderttausender Russlanddeutscher nach 1989 war sogar nicht
selten eine kritische und zugleich von Unkenntnis geprägte Berichterstattung der
Medien verbunden. Geschichtliche Hintergründe, kulturelle Aspekte, menschliche
Schicksale oder gar positive Effekte der Aufnahme für die Bundesrepublik Deutschland wurden kaum gesehen. Vielmehr wurden die Integrationsprobleme überbetont
und das Wort „Aussiedler" viel zu häufig zusammen mit dem Begriff „Problematik" verwendet. Die offenkundigen Schwierigkeiten bei der Integration sollen nicht
klein geredet werden,[4] in der Gesamtbilanz überwiegen aber die positiven wirtschaftlichen und soziologischen Aspekte; die Bedeutung der Aussiedler für die Gesellschaft der Bundesrepublik wird oft falsch eingeschätzt.

Seit der sogenannten politischen Wende hat sich Europa allmählich verändert.
2004 und 2007 sind zehn östliche Nachbarstaaten Deutschlands der Europäischen
Union beigetreten und haben dadurch ein neues Europa, das Europa der Gegen-
wart und der Zukunft, das Europa der jungen Generation gebildet. Dadurch ist die
Mitte Europas nach Osten beziehungsweise der Osten näher zur Mitte gerückt.[5]
Wer sich in Breslau, Warschau, Brünn oder Hermannstadt aufhält und das dortige
pulsierende Leben spürt, der versteht, dass der frühere Osten dabei ist, selbst zum
Zentrum zu werden. Die frühere Einteilung in Ost und West existiert nicht mehr.
Europa ist vereint, zum ersten Mal in seiner Geschichte reichen seine Grenzen von
der Ostsee bis zum Mittelmeer, vom Atlantik bis zum Schwarzen Meer. Mit den
Ländern, die noch nicht offiziell dazu gehören, sind wir Europäer durch Partner-
schaften verbunden.

Trotzdem kehrt in dieses neue Europa – für viele überraschend – die Vergangenheit zurück. Das erweiterte Europa hat verstärkt damit begonnen, sich mit seiner
Geschichte zu befassen. Es prüft seine geschichtlichen Erinnerungsorte[6] und befindet sich auf der Suche nach einer gemeinsamen Erinnerung. Dies prägt zu einem
nicht geringen Anteil auch den gesellschaftlichen, politischen und vor allem wissenschaftlichen Diskurs nicht nur in Deutschland, sondern auch in den anderen europäischen Ländern. So ist das alte Europa im neuen Europa wieder aktuell geworden.
Es sind besonders unsere Nachbarn, die neuen Generationen, die jungen polnischen Schlesier oder die heutigen Bewohner der Sudeten, die Fragen an die Geschichte stellen.

---

4   Vgl. dazu im Beitrag von *Albert Schmid*, unten S. 67–78 sowie in der Auswahlbibliographie von *Ul-
    rich Reitemeier*, unten S. 284–286.
5   *Karl Schlögel:* Die Mitte liegt ostwärts. Europa im Übergang. München 2002.
6   Exemplarisch für zahlreiche aktuelle Forschungen zu dieser Thematik sei die Tagung „Erinne-
    rungsorte in Ostmitteleuropa. Erfahrungen der Vergangenheit und Perspektiven" genannt, an der
    Wissenschaftler aus 10 Ländern vertreten waren. Die Tagung fand im Januar 2008 im Warschauer
    Königsschloss statt; vgl. Tagungsbericht von *Peter Oliver Loew* in H-Soz-Kult, 19.02.2008,
    <http://hsozkult.geschichte.hu-berlin.de/tagungsberichte/id=1910> (abgerufen 30.10.2008).

Wer nach Schlesien, Böhmen, nach Siebenbürgen oder in die Bukowina fährt, wird zwangsläufig mit der Vergangenheit dieser Regionen und ihrem kulturellen Reichtum konfrontiert. Die Spuren des alten Europa sind – trotz der alles nivellierenden Standardisierung der Konsumgesellschaft – allenthalben zu entdecken. Auch dabei stellen sich Fragen: Warum tauchen im Reiseführer Ortsnamen zwei- oder gar dreisprachig auf? Warum trifft man Deutsche in Oberschlesien, in der Schwäbischen Türkei, in Siebenbürgen, in Karaganda oder in Sibirien? Wie kommt es, dass ausgerechnet Hermannstadt in Rumänien 2007 zur Kulturhauptstadt Europas wurde? Warum hat diese Stadt einen deutschen Bürgermeister? Wo lebten die Wolhyniendeutschen, und: Wo um alles in der Welt liegt Bessarabien?

All das sind die Spuren des ‚alten Europa‘, des Europa, das Andrzej Szczypiorski in seinem Roman „Die schöne Frau Seidenmann“[7] schildert, des „guten“ Europa, das für die verbindende Idee des Miteinanders der Völker steht, wie es Claudio Magris in seiner Biographie der Donau[8] beschreibt, die auf ihrem Weg zum Schwarzen Meer die Ufer von zehn Ländern berührt. Es ist das Europa, in dem über viele Jahrhunderte Deutsche mit Polen, Russen, Juden, Rumänen oder Ungarn, in dem Orthodoxe, Katholiken und Protestanten zusammenlebten. Es ist das Europa, das dank dieses Zusammenlebens einen unermesslichen kulturellen Reichtum geschaffen hat.

Der Italiener Magris hat die Deutschen als die „Römer Mitteleuropas“[9] bezeichnet und wollte damit sagen, dass sie in diesem alten Europa ein wichtiger, ein integraler Teil waren, keineswegs eine Randerscheinung. Wir sprechen hier tatsächlich nicht über Marginalien: Vor 1939 lebten ungefähr neun Millionen Deutsche in den historischen deutschen Ostgebieten, also in Schlesien, dem östlichen Teil Brandenburgs, in Hinterpommern und in Ostpreußen. Außerdem wohnten über achteinhalb Millionen Deutsche außerhalb der Grenzen Deutschlands, in den Siedlungsgebieten der deutschen Minderheiten in Ostmittel-, Ost- und Südosteuropa, wo sie über Jahrhunderte mit den anderen Völkern ein gemeinsames Kulturerbe hervorgebracht haben.

Wer jetzt dorthin fährt, bekommt auch eine Ahnung von dem ungeheuren Verlust,[10] den Europa im 20. Jahrhundert erlitten hat. Durch nichts wurde dieses ge-

---

7 *Andrzej Szczypiorski:* Die schöne Frau Seidenmann. Zürich 1988. In Polen konnte Szczypiorski diesen Roman wegen gesellschafts- und regimekritischer Passagen nicht veröffentlichen. Die Erstausgabe erschien deshalb 1986 unter dem Titel „Początek“ (Anfang) in dem polnischen Exilverlag Instytut Literacki (Institut Littéraire) in Paris.

8 *Claudio Magris:* Donau. Biographie eines Flusses. München, Wien 1988. Die Originalausgabe erschien 1986 unter dem Titel „Danubio“.

9 *Magris* (wie Anm. 8), S. 368.

10 Nach dem Titel des Buches von *Louis Ferdinand Helbig:* Der ungeheure Verlust. Flucht und Vertreibung in der deutschsprachigen Belletristik der Nachkriegszeit. Um den aktuellen Forschungsstand ergänzt Stuttgart [3]1996.

meinsame Kulturerbe so geschädigt und geschändet wie durch den von Hitler-
deutschland verbrecherisch begonnenen und geführten Zweiten Weltkrieg mit seiner bis dahin nicht gekannten Vernichtungsstrategie gegen Menschen und Kultur-
güter. Flucht und Vertreibung von etwa 14 Millionen Menschen aus den östlichen
Gebieten des Deutschen Reiches und den Siedlungsgebieten am Ende des Krieges
waren eines der traurigsten Kapitel in einer Abfolge von Katastrophen, die das alte
Europa unwiederbringlich ausgelöscht haben.

Seit ihrer Gründung hat die Bundesrepublik Deutschland zusätzlich 4,5 Millionen
Aussiedler aufgenommen; rund 1,5 Millionen kamen zwischen 1987 und 1992 an.
Die Vertriebenen sind ebenso wie die Aussiedler Zeugen der Jahrhunderte während-
den Geschichte der Deutschen im östlichen Europa.

Wenn soeben davon gesprochen wurde, dass die Erinnerung an das alte Europa
heute wieder stärker wird – obwohl die sogenannte Erlebnisgeneration über sechs
Jahrzehnte nach Ende des Zweiten Weltkriegs erlischt, dann muss der Blick auch
wieder auf die geschichtliche Anwesenheit der Deutschen im östlichen Europa gerichtet werden. Dies hat nichts mit Nostalgie oder gar Revisionismus zu tun. Dies ist
notwendig, weil sonst die Kenntnis von Geschichte und Kultur dieser Regionen unvollständig bleibt, weil sonst wieder falsche Geschichtsbilder entstehen können, mit
denen wir bereits reichlich versehen sind.

2. Die Deutschen in der europäischen Siedlungsgeschichte

Im Folgenden soll ein zusammenfassender Blick auf die deutsche Siedlungsgeschichte im östlichen Europa, auf die Vergangenheit der deutschen Minderheiten
und der Aussiedler geworfen werden:[11]

Dabei soll ein Zitat jenes Königs, nach dem die ungarische Stephanskrone benannt ist, am Anfang stehen, und das hinsichtlich der Bedeutung von fremden Kolonisten in der Geschichte ganz grundlegend ist – für die frühe Siedlung der Sachsen im Mittelalter ebenso wie für die Kolonisation im 18. und 19. Jahrhundert. In
den Ermahnungen an seinen Sohn Emmerich befürwortet Stephan der Heilige
(997–1038) die Kolonisation des Landes durch sogenannte Gastsiedler, denn das
seien

> „Gäste, die verschiedene Sprachen und Sitten […] mit sich bringen, die alle
> Reiche schmücken und den Wohlstand des Hofes steigern, […] schwach und
> vergänglich ist ein Reich, in dem nur eine Sprache gesprochen wird".[12]

---

11 Vgl. *Claudia Maria Riehl:* Die deutschen Sprachgebiete in Mittel- und Osteuropa, in: *Eichinger,*
     Plewnia: Handbuch (wie Anm. 1), S. 1–16, hier S. 4.
12 Vgl. *Konrad G. Gündisch:* Die deutsche Siedlung in Südosteuropa. Ein Überblick, in: Die Donau-
     schwaben. Deutsche Siedlung in Südosteuropa. Ausstellungskatalog. Sigmaringen 1987, S. 11–21;
     das Zitat im Katalog S. 66.

Land ohne Menschen war damals wertlos – ebenso wie andere waren auch die Deutschen, die über Jahrhunderte nach Osten zogen, dort willkommen. Es gab keinen deutschen „Drang nach Osten"[13] – die lokalen Herrscher und der Adel hatten vielmehr in aller Regel ein Interesse an der friedlichen Besiedlung und Bebauung ihres Landes, die sie deshalb aktiv förderten.

Die frühe Besiedlung steht im Zusammenhang mit Landesausbau und Kolonisierung, die sich im Mittelalter auf den Westen und auf den Osten Europas erstreckt haben.[14] Sie betrifft in dessen östlichem Teil das Gebiet von Böhmen, Mähren, Schlesien, Hinterpommern, Ost- und Westpreußen, die heute auf den Staatsgebieten von Tschechien, Polen und Russland liegen, sowie Gebiete in Siebenbürgen, in der Zips und im Baltikum, die heute zu Rumänien, zur Slowakei, zu Estland und Lettland gehören. Zwei Gründe lassen sich für die Siedelbewegung anführen: zum einen Bevölkerungszuwachs und fehlende wirtschaftliche Entfaltungsmöglichkeiten im Westen bei gleichzeitiger viel geringerer Bevölkerungsdichte im Osten, zum anderen aktives Anwerben und Förderung der Ansiedlung durch Herzöge und Grundherren in Polen, Ungarn und weiteren Ländern. Heinrich der Bärtige von Schlesien und seine Gemahlin, die heilige Hedwig, förderten die Ansiedlung von Kolonisten in Schlesien,[15] Geza II. von Ungarn rief im 12. Jahrhundert die Sachsen in die Zips und nach Siebenbürgen, die mit dem Herrscher Privilegien aushandelten und dadurch die Grundlage ihrer sozialen Freiheit und wirtschaftlichen Entwicklung, ihrer Selbstverwaltung und Eigenkirchlichkeit schufen. Ebenso gelang es den nach Serbien und Bosnien gerufenen Bergleuten, von den Landesherren dem sächsischen Bergrecht angepasste Freiheiten zu erwerben. In den ersten Jahrzehnten des 14. Jahrhunderts wurden die Gottscheer als Rodungs- und Wehrbauern in der Krain, im heutigen Slowenien, angesiedelt.

Eine zweite, neuzeitliche Siedlungsbewegung gab es im 18. und 19. Jahrhundert, als Folge einer nun weitgehend von oben gelenkten, planmäßigen Siedlungspolitik. Sie erstreckte sich vor allem auf den Donauraum und auf Russland.[16] Maria There-

---

13 *Hans Lemberg:* „Drang nach Osten" – Mythos und Realität, in: *Ewa Kobylińska, Andreas Lawaty, Rüdiger Stephan* (Hg.): Deutsche und Polen. 100 Schlüsselbegriffe. München, Zürich 1992, S. 22–28.

14 Problemaufriss und Literaturangaben für Ostmitteleuropa jetzt bei *Thomas Wünsch:* Deutsche und Slawen im Mittelalter. Beziehungen zu Tschechen, Polen, Südslawen und Russen. München 2008, hier insbesondere S. 8–10 u. S. 25–28; *Charles Higounet:* Die deutsche Ostsiedlung im Mittelalter. Berlin 1986. Zu den einzelnen Regionen die jeweiligen Artikel in *Harald Roth* (Hg.): Studienhandbuch östliches Europa, Band 1: Geschichte Ostmittel- und Südosteuropas. Köln, Weimar, Wien 1999.

15 *Benedykt Zientara:* Heinrich der Bärtige und seine Zeit. Politik und Gesellschaft im mittelalterlichen Schlesien (Schriften des Bundesinstituts für Kultur und Geschichte der Deutschen im östlichen Europa 17). München 2002.

16 *Detlef Brandes:* Von den Zaren adoptiert. Die deutschen Kolonisten und die Balkansiedler in Neurussland und Bessarabien (Schriften des Bundesinstituts für ostdeutsche Kultur und Geschichte 2). München 1993.

sia und Joseph II. holten Kolonisten aus Schwaben, aus der Pfalz und vom Oberrhein, die mit ihren „Ulmer Schachteln" donauabwärts fuhren. Die im 20. Jahrhundert als „Donauschwaben" bezeichneten deutschen Einwanderer ließen sich im
Ungarischen Mittelgebirge, in der „Schwäbischen Türkei", in Slawonien, Syrmien, in
der Batschka und im Banat nieder. Als Galizien 1772 nach der ersten Teilung Polens
an die Habsburger fiel und die Türken 1775 die Bukowina an Österreich abtreten
mussten, kamen auch in diese Gebiete deutsche Siedler. Nach Russland rief die Za-
rin Katharina II. im Jahr 1763 deutsche Kolonisten und sicherte ihnen ebenfalls
Vergünstigungen zu: Selbstverwaltung, Abgabenbefreiung, Religionsfreiheit und
Befreiung vom Militärdienst. Die Einwanderer ließen sich als Bauern an der unteren
Wolga, als Handwerker und Unternehmer in den neuen Schwarzmeerhäfen Odessa,
Cherson und Sewastopol nieder. Zar Alexander I. rief zur Besiedlung des 1812 er-
worbenen Bessarabien, heute in Moldawien und der Ukraine, auf; ihm folgten
wiederum Auswanderer aus Südwestdeutschland, aber auch „Weitersiedler" aus
dem Banat und der Batschka. Die letzte Siedlungswelle ging ab Mitte des 19. Jahrhunderts in die türkische Dobrudscha, heute in Rumänien und Bulgarien, in die vor
allem deutsche Siedler aus Südrussland und Bessarabien zogen.[17]

An der Wolga und in Bessarabien blühte die Wirtschaft bald auf, es entstanden
Tochtersiedlungen wie in der bereits erwähnten Dobrudscha, im Dongebiet und
nach 1880 sogar in Sibirien. Die Anstrengungen dieser Siedler bezogen sich vor allem auf den Bereich des Landesausbaus. Weite Landstriche wurden urbar gemacht;
die Verwendung effektiver Bewirtschaftungsmethoden, die Anlage neuer Kulturen
(Industriepflanzen), der Aufschwung des Bergbaus und des Hüttenwesens, die
Entwicklung des Handels und des Städtewesens ist ihnen zuzuschreiben. Am Ende
des 19. Jahrhunderts sind es drei große Staatsgebiete, in denen die deutschen Minderheiten im wesentlichen beheimatet sind: die Länder der ungarischen Krone, die
Länder der österreichischen Krone und die Länder des Zaren.

Zwischen den beiden in holzschnittartiger Vereinfachung dargestellten Siedlungs-
wellen lag ein Zeitraum von fast acht Jahrhunderten. Man muss dringend davor war-
nen, diese Geschichte zu vereinheitlichen oder gar zu verklären. Die Deutschen bildeten keine homogene Gruppe. Sie lebten in der Ständegesellschaft als Herren oder
Untertanen, waren katholische, evangelische oder reformierte Christen oder gehörten jüdischen Gemeinden an. Das war nicht nur die Zeit der kolonisatorischen, wirtschaftlichen und kulturellen Errungenschaften, es war auch die Zeit grausamer
Kriege, schwerer Epidemien, konfessioneller Spannungen und Intoleranz. Und in
einigen Gebieten, etwa im Baltikum, in das die vom Deutschen Orden organisierten
sogenannten „Litauenzüge" führten, verlief die Ansiedlung deutscher Bewohner
keineswegs friedlich und reibungsfrei.

---

17 *Riehl* (wie Anm. 7), S. 7.

Mit dem 19. Jahrhundert entstand in Europa etwas bisher nicht Gekanntes: Es ist das Erwachen des Nationalbewusstseins[18] und – am Ende des Jahrhunderts – dessen Übersteigerung im Nationalismus, der sich in den Vielvölkerstaaten zwar in unterschiedlicher Weise, aber immer gegen die Minderheiten gerichtet, äußerte. In Ungarn war es die nach 1867 einsetzende nationalistische Politik der Magyarisierung, in Russland waren es die panslawistischen Ideen, in den Kronländern der multinationalen Donaumonarchie entbrannte der Kampf zwischen den Nationalitäten: Deutsche gegen Tschechen in Böhmen und Mähren, Polen gegen Ukrainer in Galizien, orthodoxe Serben gegen katholische Kroaten und muslimische Bosnier und Kosovaren auf dem Balkan usw.[19] Der Mikrokosmos aus Deutschen, Juden, Ungarn, Rumänen, Ruthenen und Russen, der sich in Czernowitz, der Hauptstadt der Bukowina,[20] über Jahrhunderte entwickelt hatte, zerbrach – in den Erinnerungen Rose Ausländers, die wie Paul Celan dort geboren wurde, war Czernowitz jene „buntschichtige Stadt, in der sich das germanische mit dem slawischen, lateinischen und jüdischen Kulturgut durchdrang".[21] Letzlich ist die ganze Donaumonarchie an diesen Konflikten gescheitert.

Nach dem Ersten Weltkrieg entstanden dies- und jenseits der neugezogenen Grenzen neue nationale Minderheiten unter den Vorzeichen immer heftiger ausgetragener nationaler Auseinandersetzungen – Oberschlesien beispielsweise wurde nach einer von Gewaltausbrüchen begleiteten Volksabstimmung geteilt.

Im Südosten wurden einige deutsche Siedlergruppen bei der Grenzziehung der neuen Staaten auseinandergerissen, in diesen selbst wurden sie mit dem Staatsvolk der Kriegsverlierer identifiziert und oft Schikanen ausgesetzt. Ein großer Teil der Donauschwaben verblieb bei Ungarn; die Siebenbürger Sachsen, ein Teil der Banater Schwaben, die Bukowinadeutschen und die ehemals zu Russland gehörenden Bessarabiendeutschen wurden Staatsbürger Rumäniens; die Batschkadeutschen und ein Teil der Banater Schwaben kamen an Jugoslawien; die Zipser Sachsen ebenso wie die Sudetendeutschen gehörten nun zur Tschechoslowakei.

---

18 Vgl. dazu den Sammelband mit den Länderstudien von *Ulrike von Hirschhausen, Jörn Leonhard* (Hg.): Nationalismen in Europa. West- und Osteuropa im Vergleich. Göttingen 2001.

19 Weiterführende Literaturhinweise in *Matthias Weber:* Ein Modell für Europa? Nationalitätenpolitik in der Habsburgermonarchie – Österreich und Ungarn 1867–1914 im Vergleich, in: Geschichte in Wissenschaft und Unterricht 47 (1996), S. 651–672.

20 *Cécile Cordon, Helmut Kusdat* (Hg.): An der Zeiten Ränder. Czernowitz und die Bukowina. Geschichte, Literatur, Verfolgung, Exil. Wien 2002; *Harald Heppner* (Hg.): Czernowitz. Die Geschichte einer ungewöhnlichen Stadt. Köln, Weimar, Wien 2000.

21 *Rose Ausländer:* Die Nacht hat zahllose Augen. Prosa (Rose Ausländer: Werke). Frankfurt/Main 1995, hier S. 106–110 der Aufsatz „Erinnerungen an eine Stadt", das Zitat S. 106; vgl. Mythos Czernowitz. Eine Stadt im Spiegel ihrer Nationalitäten (Potsdamer Bibliothek östliches Europa). Potsdam 2008.

Die Deutschen in Russland wurden schon während des Ersten Weltkriegs vielfach als „innere Feinde" verfolgt. Die danach einsetzende neue Nationalitätenpolitik hatte zunächst zum Ziel, die Völker der Sowjetunion für den Aufbau des Sozialismus zu begeistern und brachte 1924 mit der Einrichtung der Autonomen Sozialistischen Republik der Wolgadeutschen eine anfangs verheißungsvolle Wendung. Auch in der Ukraine wurden die Kolonien der Deutschen zu Rayons zusammengefasst. Allein in der Wolgarepublik konnten bis Ende der 1930er Jahre fünf Hochschulen und elf Fachhochschulen aufgebaut, deutsche Theater und ein Staatsverlag gegründet, Zeitschriften und Zeitungen ins Leben gerufen werden. Die gleichzeitig stattfindende brutale Kollektivierungspolitik war nicht nationalistisch, sondern ideologisch motiviert.[22]

Nach der Machtübernahme der NSDAP in Deutschland wurden die Minderheiten vielfach pauschal der Kollaboration verdächtigt. Schon 1934 wurden die Deutschen in der Sowjetunion von der Öffentlichkeit unbemerkt in Listen erfasst, die nach dem deutschen Überfall auf die Sowjetunion eine Grundlage der stalinistischen Säuberungen und Deportationen wurden. Die Repressionen waren schon vor Kriegsbeginn dramatisch:[23] Wahllos der Spionage oder auswärtiger Propaganda verdächtigte Personen wurden verhaftet und in Schnellverfahren zu Deportation, Arbeitslager oder direkt zum Tode verurteilt. Dabei handelte es sich um völlig unschuldige Menschen, die Opfer einer zynischen ‚Planerfüllung' wurden, nach der jedes Verwaltungsgebiet eine bestimmte Zahl an ‚Volksfeinden' und ‚Spionen' zu verurteilen hatte. Allein in der Ukraine wurden 1937/38 über 122.000 Deutsche zum Tode und über 65.000 zu langjähriger Lagerhaft verurteilt.

Nach dem deutschen Angriff wurden die Siedlergruppen in Ost-, Ostmittel- und Südosteuropa überall mit dem kriegführenden Deutschland identifiziert. Besonders hatten wieder die Russlanddeutschen unter systematischen Verfolgungs-, ja Vernichtungsmaßnahmen des stalinschen Systems zu leiden. Bis Ende 1941 wurden knapp 800.000 Menschen deportiert, weitere 50.000 folgten in den nächsten Kriegsjahren. Die Wolgarepublik wurde liquidiert, ihre Bewohner nach Sibirien, nach Kasachstan und anderen asiatischen Sowjetrepubliken umgesiedelt.

Der Zweite Weltkrieg führte auch zum Ende einer jahrhundertealten deutschen Geschichte im Osten. Deutschland selbst machte den Anfang mit den sogenannten Umsiedlungen von etwa einer Million Menschen durch das „Hauptamt Volksdeut-

---

22 Vgl. jetzt *Victor Dönninghaus:* Minderheiten in Bedrängnis. Sowjetische Politik gegenüber Deutschen, Polen und anderen Diaspora-Nationalitäten 1917–1938 (Schriften des Bundesinstituts für Kultur und Geschichte der Deutschen im östlichen Europa 35). München 2009; zusammenfassend *Alfred Eisfeld:* Die Entwicklung in Russland und in der Sowjetunion, in: Informationen zur politischen Bildung (wie Anm. 1), S. 16–25, hier S. 20.

23 *Detlef Brandes:* Von den Verfolgungen im Ersten Weltkrieg bis zur Deportation, in: *Stricker,* Russland (wie Anm. 3), S. 131–212.

sche Mittelstelle" (VoMi) und das „Staatshauptamt des Reichskommissars für die Festigung des deutschen Volkstums" – beide Einrichtungen der SS.[24] Unter dem Schlagwort „Heim ins Reich"[25] mussten die Galizien-, Wolhynien-, Bessarabien- und Bukowinadeutschen ihre Heimat verlassen, ebenso die Deutschen aus dem von der Sowjetunion okkupierten Ostpolen, die Deutsch-Balten aus Estland und Lettland, die Deutschen aus Litauen, die Dobrudschadeutschen aus Rumänien, die Gottscheer und die Krainer aus den vom faschistischen Italien besetzten Teilen Jugoslawiens. In Jahrhunderten gewachsene Siedlergemeinschaften wurden so zerstört.

Der Vormarsch der Roten Armee, die im August 1944 Ostpreußen erreichte, löste die panikartige Flucht, später auch eine planmäßige Evakuierung aus. Nacheinander bildeten sich die Trecks der Deutschen aus dem Memelland, aus Ost- und Westpreußen sowie aus Pommern, Schlesien und aus anderen Regionen. Die Umstände von Flucht, Vertreibung und Zwangsaussiedlung aus den Ost- und Siedlungsgebieten forderten zahllose Opfer. Für jene, die nicht mehr fliehen konnten, folgte eine Zeit der Abrechnung. Sie wurden enteignet und für rechtlos erklärt. Ein Teil der aus dem Baltikum, aus Bessarabien und anderen Gebieten ins Wartheland überführten „Vertragsumsiedler", die bereits die deutsche Staatsbürgerschaft besaßen, nun aber von den Sowjets als Staatsbürger beansprucht wurden, wurde in die asiatischen Teile der Sowjetunion deportiert. All diese Vorgänge brachten millionenfach menschliche Tragödien mit sich – auch das darf nicht vergessen werden.[26]

Nach dem Krieg, nach dem Ende von Flucht und Vertreibung lebten 1950 jenseits der neuen deutschen Ostgrenzen noch über vier Millionen Deutsche entweder in ihren alten Siedlungsgebieten oder durch die stalinistischen Zwangsumsiedlungen verstreut im asiatischen Teil der Sowjetunion.

Für diese war der Krieg 1945 nicht zu Ende, sie hatten wohl am längsten unter den Folgen zu leiden. Ihr Verhältnis zum Staat hatte sich angesichts der Verfolgungen der Nachkriegszeit, in der sie pauschal als „Faschisten" denunziert worden waren, verändert. Sie fühlten sich nicht mehr heimisch. In einigen Ostblock-Staaten wurde auch die deutsche Sprache nicht mehr geduldet, sondern einer gezielten Russifizie-

---

24 *Wolfgang Benz, Hermann Graml, Hermann Weiß (Hg.)*: Enzyklopädie des Nationalsozialismus. Stuttgart 1997, S. 677 und 785.

25 *Benz* (wie Anm. 24), S. 505.

26 Vgl. jetzt *Michael Schwartz*: Ethnische „Säuberung" als Kriegsfolge: Ursachen und Verlauf der Vertreibung der deutschen Zivilbevölkerung aus Ostdeutschland und Osteuropa 1941 bis 1950, in: *Rolf Dieter Müller* (Hg.) im Auftrag des Militärgeschichtlichen Forschungsamts: Das Deutsche Reich und der Zweite Weltkrieg, Band 10, 2: Der Zusammenbruch des Deutschen Reiches 1945, Zweiter Halbband: Die Folgen des Zweiten Weltkrieges. München 2008, S. 509-656; *Wolfgang Benz* (Hg.): Die Vertreibung der Deutschen aus dem Osten. Ursachen, Ereignisse, Folgen. Aktualisierte Neuausgabe Frankfurt/Main 1995.

rung oder Polonisierung usw. ausgesetzt, das deutsche Unterrichtswesen und die Kultureinrichtungen wurden aufgelöst. Repressionen der Gläubigen durch die atheistischen Staaten bedrohten den Halt, den die kirchliche Gemeinschaft bieten konnte. Es war für Jahrzehnte oft ein Überleben unter schwierigsten Bedingungen.

Der Terror der kommunistischen Diktaturen, zunächst durch brutale Verhaftungen und Deportationen, dann, subtiler, durch ein umfassendes Überwachungs- und Denunziantennetz, nährte die Sehnsucht nach Freiheit und Sicherheit. Als sich die internationalen Beziehungen in den 1960er und 1970er Jahren zu lockern begannen, setzte eine Auswanderungsbewegung in die Bundesrepublik ein, die nach 1989 zur massenhaften Aussiedlung führte. Von der Ankunft, Aufnahme und Integration dieser Menschen wird auf der jetzt beginnenden Tagung noch die Rede sein.

3. Was bleibt?

Was bleibt von der Vergangenheit der Deutschen im östlichen Europa und von der Jahrhunderte währenden Siedlungsgeschichte der deutschen Minderheiten im neuen Europa übrig?

Man kann und muss die deutsche Geschichte im östlichen Europa zunächst im Kontext eines national übergreifenden Handlungszusammenhangs darstellen und an die mit den Deutschen verbundenen geschichtlichen Errungenschaften erinnern, an wirtschaftliche und technische Innovation, an Geistesgrößen und Nobelpreisträger. Man kann auch auf die Kunstdenkmäler und die heute noch zu bewundernden architektonischen Bauwerke verweisen, etwa auf die Marienburg in Westpreußen, die Jahrhunderthalle in Breslau oder die Kirchenburgen in Siebenbürgen, die Werke deutscher Baumeister in Russland. All das sind Dokumente deutscher Siedlungsgeschichte, die keineswegs nur für den Personenkreis der Vertriebenen, Flüchtlinge und Aussiedler identitätsstiftend sind, sondern in engem Bezug zur deutschen Kulturgeschichte stehen und insofern die gesamtdeutsche Identität betreffen.

Zu einer Überhöhung oder Idealisierung, wie sie früher nicht selten geschah, darf es nicht wieder kommen. Aber es ist erlaubt herauszustellen, dass die zum Teil bis in die Gegenwart in Polen, Ungarn, Rumänien, in Russland und anderen Staaten ansässigen deutschen Minderheiten ebenso wie die zu uns gekommenen Aussiedler über sehr lange Zeiträume ihre deutsche Kultur und Sprache gepflegt und weiterentwickelt haben. Sie sind deshalb in besonderer Weise Repräsentanten deutscher Kultur. Sie sind in besonderer Weise auch Europäer, weil sie in jahrhundertelangem Austausch mit ihren Nachbarn eine zusätzliche kulturelle Kompetenz erhalten haben und nun eine Brückenfunktion einnehmen. Die Erfahrungen, die gerade die deutschen Minderheiten und die Aussiedler im Zusammenleben mit anderen Ethnien in der Vergangenheit machen konnten – im Guten wie im Schlechten –, betreffen wichtige Voraussetzungen für die Koexistenz der Nationen im größer gewordenen, neuen Europa und weisen auf Elemente einer gemeinsamen europäischen Kultur hin. Ihre historischen und kulturellen Erfahrungen bereichern und ergänzen unsere deutsche Kulturnation und besitzen zugleich eine hochaktuelle gesamteuropäische Dimension.

Die deutschen Minderheiten und die Aussiedler sowie das Thema der „deutschen Kultur und Geschichte im östlichen Europa" sind kein exotischer Nischenbereich, dessen Betrachtung womöglich zur Disposition gestellt werden kann. Wir müssen verdeutlichen, dass die deutsche und die europäische Kultur und Geschichte ohne Einbeziehung der deutschen Geschichte im östlichen Europa unverständlich und unvollständig bleibt, dass hier eine Verantwortung, eine Zuständigkeit und eine Zukunftsaufgabe für die Bundesrepublik Deutschland auf Dauer besteht. Der Verlust der historischen deutschen Ostgebiete, Flucht, Vertreibung und spätere Aussiedlungen aus den Ost- und Siedlungsgebieten dürfen auf keinen Fall dazu führen, dass auch die Erinnerung an die Geschichte und an den kulturellen Reichtum dieser Regionen verloren geht.

So ist der Kulturparagraph des Bundesvertriebenengesetzes zu verstehen, der meist eher lapidar als ‚Paragraph 96' bezeichnet wird. Darin werden Bund und Länder verpflichtet, die Kultur und Geschichte der dort als „Vertreibungsgebiete" bezeichneten Regionen im Bewusstsein der Menschen im In- und Ausland zu bewahren.[27] Diese Aufgabe bleibt auch nach der EU-Osterweiterung aktuell; sie ist von nationaler und europäischer Bedeutung. Die Förderung der Pflege, wissenschaftlichen Aufarbeitung und Weiterentwicklung der deutschen Kultur und Geschichte im östlichen Europa obliegt dem Beauftragten der Bundesregierung für Kultur und Medien – kurz BKM. Es war ein wichtiges kulturpolitisches Signal, dass das Fördervolumen im Bereich des § 96 BVFG seit 2005 – nach einer langen Serie von drastischen Kürzungen – erstmals wieder erhöht wurde.

---

27 Die aktuell gültige Fassung von § 96 des Bundesvertriebenen und –flüchtlingsgesetzes (BVFG, § 96 „Pflege des Kulturguts der Vertriebenen und Flüchtlinge und Förderung der wissenschaftlichen Forschung") lautet nach der „Bekanntmachung der Neufassung des Bundesvertriebenengesetzes vom 03. September 1971", in: Bundesgesetzblatt, Teil I, Nr. 97, S. 1565–1589, wie folgt: „Bund und Länder haben entsprechend ihrer durch das Grundgesetz gegebenen Zuständigkeit das Kulturgut der Vertreibungsgebiete in dem Bewusstsein der Vertriebenen und Flüchtlinge, des gesamten deutschen Volkes und des Auslandes zu erhalten, Archive, Museen und Bibliotheken zu sichern, zu ergänzen und auszuwerten sowie Einrichtungen des Kunstschaffens und der Ausbildung sicherzustellen und zu fördern. Sie haben Wissenschaft und Forschung bei der Erfüllung der Aufgaben, die sich aus der Vertreibung und der Eingliederung der Vertriebenen und Flüchtlinge ergeben, sowie die Weiterentwicklung der Kulturleistungen der Vertriebenen und Flüchtlinge zu fördern. Die Bundesregierung berichtet jährlich dem Bundestag über das von ihr Veranlasste."

Der BKM entfaltet eine Vielzahl von Förderaktivitäten in den Bereichen der Breitenarbeit, der Wissenschaft, der Museen, der Denkmalerhaltung im In- und Ausland.[28] Exemplarisch möchte ich nur zwei sehr unterschiedliche Beispiele erwähnen: Als im Juni 2008 der gerade frisch renovierte mittelalterliche Kirchturm der evangelischen Stadtpfarrkirche im siebenbürgischen Bistritz in Flammen aufging, konnte aus Mitteln des § 96 kurzfristig Hilfe zugesagt werden. Auch das Dokumentationszentrum „Flucht, Vertreibung, Versöhnung", das in besonderer Weise an Flucht, Vertreibung und Integration der deutschen Vertriebenen erinnern soll, wird auf dieser Grundlage errichtet.

Es handelt sich hierbei um einen Auftrag, der sich an das Selbstverständnis einer kulturbewussten Nation richtet, um eine Aufgabe, die den Bund, aber auch die Länder fordert. Dieser Auftrag ist durch den europäischen Zusammenschluss keineswegs obsolet geworden, wie gelegentlich behauptet wird; er kann auch nicht auf unsere Nachbarn im östlichen Europa und auf die Kulturförderung durch die Europäische Union delegiert werden. Unsere Nachbarn in Polen, Tschechien, Ungarn und Rumänien erwarten, dass in Deutschland qualifizierte Einrichtungen und Ansprechpartner in Kultur und Wissenschaft zur Verfügung stehen, damit das historische Erbe im Dialog bewahrt und erforscht werden kann.

In dem 2005 geschlossenen Koalitionsvertrag findet sich neben dem „Sichtbaren Zeichen", das zur Erinnerung an Vertreibungen in Berlin errichtet werden soll, ein weiteres wichtiges Bekenntnis, das allerdings bisher kaum zitiert wurde. Hier heißt es:

> „Die Kultur der aus ihrer Heimat vertriebenen Deutschen ist ein Bestandteil des Erbes der ganzen deutschen Nation, das wir pflegen und erhalten wollen"[29].

Die Gebiete, um die es hier geht, gehören längst nicht mehr zu Deutschland, oder sie haben nie dazu gehört, ihre Bedeutung für die deutsche Kultur- und Geistesgeschichte ist aber unstrittig. Millionen von Vertriebenen und Aussiedlern wohnen in der Bundesrepublik und haben diese mit aufgebaut – ohne sie hätte Deutschland heute ein ganz anderes kulturelles, konfessionelles und wirtschaftliches Gesicht.

---

28 Jeweils aktuelle Überblicke über die Fördertätigkeit des Bundes bietet der in zweijährigem Turnus veröffentlichte „Bericht der Bundesregierung" an den Bundestag, zuletzt: „Bericht der Bundesregierung über die Maßnahmen zur Förderung der Kulturarbeit nach § 96 des Bundesvertriebenengesetzes in den Jahren 2005 und 2006". Deutscher Bundestag 16. Wahlperiode, Drucksache 16/7571 vom 11.12.2007.

29 Gemeinsam für Deutschland - Mit Mut und Menschlichkeit. Koalitionsvertrag von CDU, CSU und SPD für die 16. Wahlperiode, 11.11.2005. Hier unter der Überschrift „Migration steuern - Integration fördern", S. 138.

Die Deutschen gestalteten unter ganz unterschiedlichen Bedingungen die Geschichte des östlichen Europa über Jahrhunderte mit. Sie haben damit einen spezifischen, einzigartigen Beitrag zur deutschen Nationalgeschichte geleistet und zugleich von ihren Nachbarn kulturelle und sprachliche Kompetenzen angenommen. Flüchtlinge, Vertriebene und Aussiedler haben vielfach die Verbindungen in ihre Herkunftsgebiete aufrechterhalten und haben auch als Katalysatoren des kulturellen Austauschs in Europa gewirkt. Ihre Geschichten und ihr Erfahrungsschatz sind für das erweiterte Europa hochaktuell und müssen gesellschaftlich und politisch entsprechend kommuniziert werden. Es ist ein Anliegen des Bundesinstituts, für diese Thematik der deutschen Kultur und Geschichte zu werben, deren Aktualität und Modernität darzustellen, um gemeinsam mit anderen zu verhindern, dass es zu einem zweiten ungeheuren Verlust – dem Verlust der Erinnerung – kommt.

Jürgen Hensen

Zur Geschichte der Aussiedler- und Spätaussiedleraufnahme

Einleitung

Wenn wir heute über die Geschichte der Aussiedler- und Spätaussiedleraufnahme sprechen, dann geht es um einen Zeitraum von rund sechzig Jahren. Die erste statistische Erfassung deutscher Volkszugehöriger, die ihre Heimat im damaligen Ostblock nach Abschluss der Vertreibungsmaßnahmen verlassen haben, stammt aus dem Jahr 1950. Um die Entwicklung in diesem großen Zeitrahmen zu erschließen, wird er im Folgenden in sechs Zeitabschnitte gegliedert, die sich an der politisch-historischen Situation, an wichtigen politischen Ereignissen oder an bedeutsamen gesetzlichen oder verfahrensmäßigen Veränderungen orientieren. In diesem Sinne unterscheiden wir die Zeit von 1950 bis 1986, die durch den Eisernen Vorhang gekennzeichnet war (1.), die Ära des Umbruchs von 1987 bis 1990, in der die Grenzen geöffnet wurden (2.), die Zeit von 1990 bis 1992 mit der Einführung des vertriebenenrechtlichen Aussiedleraufnahmeverfahrens (3.), den Abschnitt von 1993 bis 1995, der durch das Inkrafttreten des Kriegsfolgenbereinigungsgesetzes geprägt ist (4.), sowie die Phasen von 1996 bis 2004 und von 2005 bis heute, in denen die Aussiedlerintegration und die sprachlichen Anforderungen immer mehr in den Vordergrund getreten sind (5. und 6.).

1. 1950 bis 1986 – Aufnahme im Zeitalter des Eisernen Vorhangs

a. Den ersten und zugleich längsten Abschnitt bildet die Epoche der Ost-West-Konfrontation. In diese Zeit fallen eine Reihe wichtiger politischer Ereignisse, die mittelbar oder auch ganz unmittelbar Auswirkungen auf den Aussiedlungsprozess hatten. Dazu gehören insbesondere der Besuch Konrad Adenauers in Moskau 1955 und die Aufnahme diplomatischer Beziehungen mit der ehemaligen Sowjetunion, die innenpolitische Entwicklung in Polen vom Posener Aufstand 1956 bis zur Entstehung und dem Wirken der Gewerkschaft Solidarność, das deutsch-sowjetische Repatriierungsabkommen von 1958, der Prager Frühling 1968, die Neue Ostpolitik mit den Verträgen von Moskau und Warschau im Jahr 1970 sowie dem deutsch-tschechischen Vertrag von 1973, der Beginn des KSZE-Prozesses 1973 mit der Schlussakte von 1975 und, in unmittelbarem Zusammenhang mit der Helsinki-Konferenz, das deutsch-polnische Ausreiseprotokoll vom 9. Oktober 1975 und schließlich in den Jahren 1985 und danach das Auftreten Michail Gorbatschows mit seiner Reformpolitik, die durch die Begriffe ‚Glasnost' und ‚Perestrojka' gekennzeichnet ist.[1] Insgesamt sind in dieser Zeit 1,34 Millionen Personen ausgesiedelt; das sind 30 Prozent aller Menschen, die die Aussiedlungsgebiete bis heute verlassen haben.

   b. Rechtliche Basisnorm für die Aufnahme in Deutschland und damit Ausdruck der Solidarität mit den von den Folgen des Zweiten Weltkriegs besonders betroffenen Menschen war und ist der Artikel 116 des Grundgesetzes. Danach werden Flüchtlinge oder Vertriebene allen anderen Deutschen gleichgestellt, wenn sie als deutsche Volkszugehörige oder als deren Ehegatten oder Abkömmlinge aufgenommen wurden.[2] Diese Verfassungsvorschrift wurde durch das Gesetz über die Angelegenheiten der Vertriebenen und Flüchtlinge (Bundesvertriebenengesetz – BVFG) vom 19. Mai 1953 konkretisiert.[3] Es umschrieb den Begriff des „Aussiedlers", stellte ihn mit den Vertriebenen und Flüchtlingen gleich und begründete einen Anspruch auf Aufnahme für die Personen, die nach Abschluss der allgemeinen Vertreibungsmaßnahmen als deutsche Staatsangehörige oder deutsche Volkszugehörige den Ostblock verlassen.[4] Als deutsche Volkszugehörige gelten dabei Personen, die sich in der Heimat zum deutschen Volkstum bekannt haben und deren Bekenntnis durch Merkmale wie Abstammung, Sprache, Erziehung und Kultur bestätigt wird.[5]

   c. Die Möglichkeit auszusiedeln hing grundsätzlich vom „Goodwill" der Herkunftsstaaten ab, der, wie im Fall Rumäniens, auch durch Geldleistungen gefördert wurde. Die Aussiedlung stand in dieser Zeit in engem Zusammenhang mit dem humanitären Anliegen der Familienzusammenführung. Mit „Familienzusammenführung" war auch die Vorschrift des damaligen § 94 BVFG übertitelt, die den Kreis der berücksichtigungsfähigen Personen festlegte. Sie stellte eine ausländerrechtliche Spezialvorschrift im Vertriebenenrecht dar.

---

1   Vgl. zur Geschichte: Bundesministerium des Innern (Hg.): Eingliederung der Vertriebenen, Flüchtlinge und Kriegsgeschädigten in der Bundesrepublik Deutschland. Bonn 1982.

2   Grundgesetz für die Bundesrepublik Deutschland (künftig: GG) vom 23.05.1949, Bundesgesetzblatt (künftig: BGBl.) Teil I, Nr. 1, S. 1ff.; siehe zum Art. 116 GG *Rudolf Dolzer, Christian Waldhoff, Karin Graßhof* (Hg.): Bonner Kommentar zum Grundgesetz. Heidelberg, Loseblattsammlung, Stand August 2008, Art. 116, S. 4ff., S. 24ff.; *Klaus Rennert,* in: *Dieter C. Umbach, Thomas Clemens:* Grundgesetz, Heidelberg 2002, Randnotiz 1ff., 11ff.; *Hans Alexy:* Rechtsfragen des Aussiedlerzuzugs, in: Neue Juristische Wochenschrift 42 (1989), S. 2850ff.; Text von Art. 116 GG unten S. 183, Anm. 3.

3   BGBl. Teil I, Nr. 22, S. 201ff.

4   Bundesverwaltungsgericht (künftig: BVerwG), Urteil vom 24.06.1971 – I C 26.69, in: Entscheidungen des Bundesverwaltungsgerichts (künftig: BVerwGE), Bd. 38, S. 224, 227ff.

5   Siehe *Otto Häußer, Alois Kapinos, Rudolf Christ*: Die Statusfeststellung nach dem Bundesvertriebenengesetz. Stuttgart, Berlin, Köln 1990, § 6, S. 82ff.

Entscheidenden Anteil am Zustandekommen einer organisierten Familienzusammenführung hatten die Organisationen des Roten Kreuzes, die sich zunächst um die Registrierung von suchenden und gesuchten Personen sowie die Sammlung von Unterlagen über Deutsche, die zum Beispiel aus Polen ausreisen wollten, kümmerten. Zu den herausragenden Ereignissen gehörten die in den Genfer Verhandlungen von 1949 vereinbarte, von den Engländern so genannte „Operation Link", die 1951/1952 zur Ausreise von mehr als 80.000 Menschen aus Polen führte, die Vereinbarung zwischen dem Deutschen und dem Polnischen Roten Kreuz von 1954 über die Aussiedlung von weiteren 240.000 Deutschen und die Internationale Rot-Kreuz-Konferenz von 1965 in Wien, die zumindest einen zeitweiligen Anstieg der Aussiedlerzahlen aus der ehemaligen Sowjetunion zur Folge hatte.[6]

d. Das Aussiedlungsverfahren verlief weitgehend ungeregelt. Die Menschen flüchteten oder nutzten ein Touristenvisum, um nach Deutschland zu kommen. Die vertriebenenrechtlichen Feststellungen erfolgten dann in der Bundesrepublik durch die örtlichen Behörden. Auch Personen, die keine Anerkennung als Aussiedler fanden, konnten als politische Flüchtlinge regelmäßig in Deutschland bleiben. Es gab aber auch bereits ein geregeltes Verfahren in Form des Übernahmeverfahrens. Man stellte einen Antrag beim zuständigen Ausgleichs- beziehungsweise Flüchtlingsamt oder bei einer deutschen Auslandsvertretung, der vom Bundesverwaltungsamt genehmigt wurde und sodann als Grundlage für einen entsprechenden Sichtvermerk zur Einreise diente. Das Übernahmeverfahren war ein ausländerrechtliches Verfahren, das als Vorläufer des späteren vertriebenenrechtlichen Verfahrens angesehen werden kann.[7]

Abbildung 1 bietet einen Überblick über den zahlenmäßigen Verlauf der Entwicklung. Im Vordergrund stand deutlich die Aussiedlung aus Polen, gefolgt von Rumänien. Der Anteil der Aussiedler aus der ehemaligen Sowjetunion war relativ gering.

---

6 Bundesministerium des Innern (wie Anm. 1), S. 97ff.
7 Zum Übernahmeverfahren siehe *Ernst Liesner:* Aussiedler. Die Voraussetzungen für die Anerkennung als Vertriebener. Arbeitshandbuch. Herford, Bonn 1988, S. 15ff.

Abbildung 1

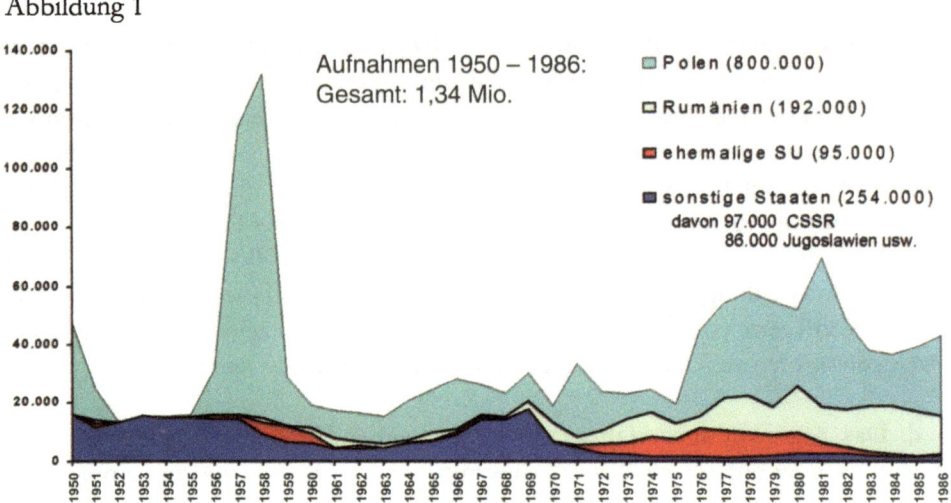

2. 1987 bis 1990 – Öffnung der Grenzen

a. Die Situation änderte sich vollständig mit den weltpolitischen Veränderungen im damaligen Ostblock, die zur Durchlässigkeit der Grenzen führten und den Menschen zum ersten Mal die Möglichkeit boten, selbstbestimmt über das Verlassen dieser Staaten zu entscheiden. Sie nutzten diese Chance, und so kamen in diesem Zeitabschnitt mit 1,05 Millionen fast ebenso viele Aussiedler nach Deutschland wie in den mehr als dreieinhalb Jahrzehnten zuvor. Der Aussiedlungsschwerpunkt lag mit 570.000 Personen immer noch in Polen, mit mehr als 300.000 Personen aber bereits gefolgt von der ehemaligen Sowjetunion (Abbildung 2).

Abbildung 2

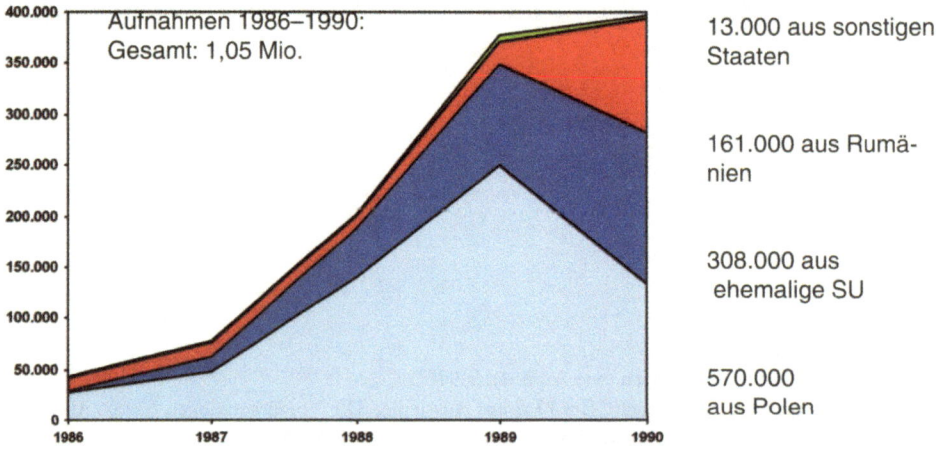

b. Die für die Menschen in West und Ost so erfreuliche Entwicklung stellte Politik und Verwaltung in Deutschland auch vor neue Herausforderungen. Die große Zahl der Einreisenden musste politisch flankiert, vor allem aber auch aufnahmetechnisch in würdiger Weise bewältigt werden. Vor diesem Hintergrund wurde am 28. September 1988 mit Dr. Horst Waffenschmidt der erste Beauftragte der Bundesregierung für Aussiedlerfragen als zentraler politischer Ansprechpartner bestellt.[8] Das Übernahme- sowie das Registrier- und Verteilungsverfahren wurden beim Bundesverwaltungsamt zentralisiert und nicht zuletzt ein Netz von Erstaufnahmeeinrichtungen[9] sowie ständigen und sonstigen Ausweichunterkünften mit einer Aufnahmekapazität von bis zu 30.000 Personen pro Tag aufgebaut. Damit konnten Erstversorgung und Verteilung der Aussiedler auf die Länder sichergestellt werden. Eine Steuerung des Aussiedlungsprozesses war mit diesen Maßnahmen allerdings nicht möglich.

Große Verdienste bei der Betreuung der Ankommenden erwarben sich die Kirchen und die karitativen Organisationen sowie die Friedlandhilfe, die, vielfach getragen von ehrenamtlichem Engagement, die Menschen mit dem Notwendigsten versorgten.[10]

3. 1990 bis 1992 – Einführung des Aussiedleraufnahmeverfahrens

Angesichts der stark ansteigenden Zahl der Einreisen wurde die Notwendigkeit, die Aufnahme zu steuern, immer evidenter.[11] Eine wichtige Voraussetzung dafür bildete das am 1. Juli 1990 in Kraft getretene Aussiedleraufnahmegesetz,[12] mit dem das Aussiedleraufnahmeverfahren eingeführt wurde. Gemäß diesem Gesetz musste das Aufnahmeverfahren nunmehr vom Herkunftsland aus betrieben werden, das heißt, es schrieb zwingend vor, von dort aus einen Aufnahmeantrag zu stellen, der vom Bundesverwaltungsamt zu bescheiden war. Der in Abstimmung mit dem auf-

---

8 Bundesministerium des Innern (Hg.): 10 Jahre Aussiedlerpolitik der Bundesregierung 1988–1998. Bonn 1998.

9 Erstaufnahmeeinrichtungen befanden sich in Friedland, Bramsche, Osnabrück, Schönberg, Dranse, Hamm, Unna, Rastatt, Nürnberg, Empfingen. Heute findet die Erstaufnahme nur noch in Friedland statt. Zum Grenzdurchgangslager Friedland vgl. *Wilhelm Tomm:* Bewegte Jahre – Erzählte Geschichte. Friedland ²2005.

10 Zur Arbeit der Friedlandhilfe siehe *Paul Gert von Beckerath:* 30 Jahre Friedlandhilfe e. V. – Deutsche helfen Deutschen. Friedland 1988.

11 *Georg Thiel, Heinz Berresheim:* Das neue Aufnahmeverfahren nach dem Aussiedleraufnahmegesetz vom 28.05.1990, in: Zeitschrift für Sozialhilfe und Sozialgesetzbuch 29 (1990), S. 640ff.

12 Gesetz zur Regelung des Aufnahmeverfahrens für Aussiedler (Aussiedleraufnahmegesetz) vom 28.05.1990, BGBl. Teil I, Nr. 32, S. 1247ff.

nehmenden Bundesland erteilte Aufnahmebescheid diente fortan als Grundlage für die Einreise nach Deutschland.[13] Der Vertriebenenausweis wurde nach Aufnahme in Deutschland durch die Bundesländer erteilt.

Die Ausreise aus den Staaten der ehemaligen Sowjetunion wurde durch Koordinierungsmaßnahmen und Übernahme der Flugkosten unterstützt. Das war eine wichtige humanitäre Hilfe. Gleichzeitig wurden die Einreisezeitpunkte planbar, sodass ein optimaler Transfer und eine optimale Versorgung in Deutschland möglich waren.

Die Änderung des Verfahrens hatte erhebliche zahlenmäßige Auswirkungen. Denn die Ermittlungen zur Feststellung der gesetzlichen Voraussetzungen für die Aufnahme waren mit großem Aufwand verbunden. Während 1990 noch rund 400.000 Personen einreisten, sank die Zahl der Einreisenden in den Folgejahren auf rund 220.000 bis 230.000 Menschen. Gleichzeitig erreichten die Antragszahlen Größenordnungen von mehr als 560.000 (Abbildung 3).

Abbildung 3

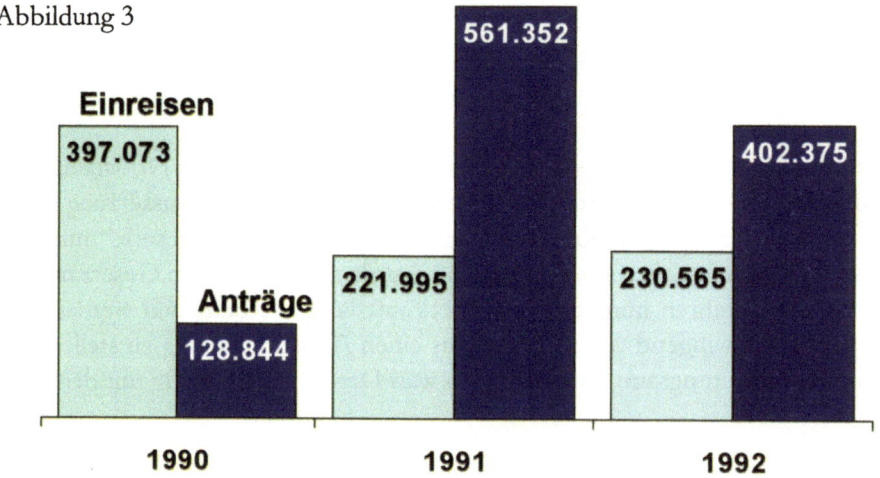

13 Vgl. *Otto Häußer:* Aktuelle Probleme bei der Statusfeststellung nach dem Bundesvertriebenengesetz, in: Die Öffentliche Verwaltung 43 (1990), S. 918.

4. 1993 bis 1995 – Ende der Nachkriegszeit – Kriegsfolgenbereinigungsgesetz

Mit dem Kriegsfolgenbereinigungsgesetz,[14] das am 1. Januar 1993 in Kraft trat, begann ein neuer Zeitabschnitt: Das Ende der Nachkriegszeit wurde vom Gesetzgeber signalisiert. Das Gesetz regelte die „Spät-Aussiedlung" und brachte eine Reihe bedeutsamer rechtlicher Änderungen.

a. Mit dem „Spätaussiedler" stellte der Gesetzgeber dem „Aussiedler" einen neuen Typus gegenüber, wobei sich die Differenzierung ohne materiell-rechtliche Konsequenzen allein am Zeitpunkt der Aussiedlung orientiert.[15] Spätaussiedler ist, wer das Herkunftsland im Wege des Aufnahmeverfahrens nach dem 31. Dezember 1992 verlässt. Neu geregelt wurde die deutsche Volkszugehörigkeit für alle nach dem 31. Dezember 1923 Geborenen. Voraussetzung ist danach die Abstammung von einer Person der Erlebnisgeneration, die familiäre Vermittlung von bestätigenden Merkmalen — Sprache, Erziehung, Kultur — sowie ein Bekenntnis, das in der Regel an die Nationalitätenerklärung geknüpft und insoweit objektiviert ist.[16]

b. Weichenstellungen für die Zukunft erfolgten durch den Ausschluss des Statuserwerbs für nach dem 31. Dezember 1992 Geborene[17] und einen Paradigmenwechsel beim sogenannten Kriegsfolgenschicksal. Wurde die kriegsfolgenbedingte Ausreise bis 1992 allgemein gesetzlich vermutet,[18] musste sie im Hinblick auf die politischen Veränderungen nunmehr grundsätzlich positiv nachgewiesen werden.[19]

Eine Ausnahme, wenn auch eine sehr gewichtige, wurde für die Republiken der ehemaligen Sowjetunion und die baltischen Staaten gemacht, für deren Angehörige auch weiterhin die Annahme fortwirkender Benachteiligungen galt. Die Aufnahme von

---

14 Gesetz zur Bereinigung von Kriegsfolgengesetzen (Kriegsfolgenbereinigungsgesetz, künftig: KfbG) vom 21.12.1992, BGBl. Teil I, Nr. 58, S. 2094ff.

15 *Günter Renner,* in: *Kay Hailbronner, Günter Renner:* Staatsangehörigkeitsrecht. München ⁴2005, Art. 116, Randnummer 31.

16 *Max v. Schenckendorff:* Vertriebenen- und Flüchtlingsrecht, Kommentar zum BVFG. Regensburg, Loseblattsammlung, Stand September 2008, Bd. 1, § 6 neue Fassung Anm. 3 c).

17 Vgl. die Begründung zum Entwurf des KfbG, Deutscher Bundestag, Drucksache 12/3212 vom 07.09.1992, S. 23ff. Mit dieser Stichtagsregelung wurde die Möglichkeit des Statuserwerbs für die Nachkriegsgenerationen positiv wie negativ entschieden. Vgl. hierzu BVerwG, Urteil vom 19.04.1994 – 9 C 20/93, in: BVerwGE, Bd. 95, S. 311ff. und Urteil vom 10.11.1976 – VIII C 92/75, in: BVerwGE, Bd. 51, S. 298ff.; zur Diskussion umfassend: *Thomas Wewel:* Aussiedleraufnahme in der zweiten und dritten Nachkriegsgeneration, in: Neue Zeitschrift für Verwaltungsrecht 10 (1991), S. 775f.

18 *Werner Ehrenforth:* Bundesvertriebenengesetz, Kommentar. Berlin, Frankfurt 1959, § 1, S. 79.

19 *Horst Juncker:* Aussiedlerrecht – Aufnahme und Status von Vertriebenen und Spätaussiedlern nach dem BVFG. Berlin 1997, S. 69.

Personen aus anderen Staaten war dagegen entscheidend erschwert.[20] Wer deshalb auf die deutsche Staatsangehörigkeit verweisen konnte, nutzte die Möglichkeit, einen Staatsangehörigkeitsausweis zu beantragen. Das Bundesverwaltungsamt hat seit 1993 350.000 Ausweise für Antragsteller aus Polen ausgestellt. Das Siebte Gesetz zur Änderung des BVFG vom 16. Mai 2007[21] schloss wegen des EU-Beitritts die Vermutung des Kriegsfolgenschicksals dann auch für die Bürger der baltischen Staaten aus.

c. Mit der „Einbeziehung" kreierte der Gesetzgeber ein neues Rechtsinstitut zur Aufnahme von nichtdeutschen Familienangehörigen des Spätaussiedlers. Damit konnten nicht nur Ehegatten und minderjährige Kinder, sondern alle Abkömmlinge in den Aufnahmebescheid des Spätaussiedlers einbezogen werden. Zusätzlich erhielten Familienangehörige der Einbezogenen mit ausländerrechtlichem Anspruch auf Einreise die Möglichkeit, aufgrund einer ausländerrechtlichen Vorabzustimmung der Bundesländer mit nach Deutschland einzureisen und in das Verteilungsverfahren aufgenommen zu werden.

Die bisherige Regelung über die Familienzusammenführung (§ 94 BVFG), die die Berücksichtigung volljähriger Kinder nur in ganz bestimmten Fällen zuließ, entfiel.[22] Zur Voraussetzung der Einbeziehung wurde jedoch gemacht, dass diese, von Härtefällen abgesehen, vor der Ausreise des Spätaussiedlers erfolgt.

Diese Regelung hatte Folgen in mehrfacher Hinsicht. Sie bedeutete gegenüber dem Status quo ante zunächst eine familienfreundliche Ausweitung der Aufnahme. Gleichzeitig führte sie jedoch zu Familientrennungen, wenn das Einbeziehungsverfahren nicht rechtzeitig durchgeführt wurde. Verzichtet zum Beispiel jemand auf die Einbeziehung, weil er mit einem nichtdeutschen Ehegatten verheiratet ist, so kann er das Verfahren nicht mehr nachholen, wenn sich die Lebenssituation durch Tod des Partners oder Scheidung der Ehe verändert. Eine weitere Konsequenz der Ausweitung war, dass der Anteil der nicht Deutsch Sprechenden ständig anstieg.[23]

d. Um die Steuerung des Aussiedlungsprozesses zu gewährleisten, wurde die Zahl der Aufzunehmenden auf 226.000 Personen pro Jahr mit einer Abweichung von zehn Prozent nach oben oder unten erstmals gesetzlich begrenzt.[24] Das Bundes-

---

20 Vgl. grundlegend: BVerwG, Urteil vom 03.03.1998 – 9 C 3/97, in: BVerwGE, Bd. 106, S. 191ff.

21 Siebtes Gesetz zur Änderung des Bundesvertriebenengesetzes vom 16. 05. 2007, BGBl. Teil I, Nr. 21, S. 748ff. Die Staaten Estland, Lettland und Litauen wurden aus § 4 Abs. 1 BVFG gestrichen.

22 Sie konnte aufgrund der Entwicklung des BVFG und des Ausländerrechts entfallen; vgl. die Begründung zum Entwurf des KfbG, Deutscher Bundestag, Drucksache 12/3212 vom 07.09.1992, S. 27.

23 Vgl. Abbildung 5.

24 § 27 Abs. 3 BVFG in der Fassung des KfbG vom 21.12.1992. Die gesetzliche Begrenzung wurde im Jahr 2000 auf 100.000 Personen herabgesetzt, was für das Verfahren jedoch keine größere Bedeutung mehr hatte (Gesetz zur Sanierung des Bundeshaushalts, Haushaltssanierungsgesetz, vom 22.12.1999, BGBl. Teil I, Nr. 58, S. 2534ff.).

verwaltungsamt erhielt damit eine komplexe weitere Aufgabe, nämlich den Zugang aktiv zu steuern. Das bedeutete, das Ausreiseverhalten zu prognostizieren und die Zahl der zu erteilenden Aufnahmebescheide entsprechend auszutarieren. Zugangsprognosen waren jedoch mit vielen Unsicherheiten verbunden. Viele Menschen siedelten trotz Aufnahmebescheids nicht aus, sondern warteten die weitere Entwicklung in ihren Herkunftsländern ab und nutzten die Bescheide als „Sicherheitspapiere". Das Bundesverwaltungsamt hat deshalb das Ausreiseverhalten der Spätaussiedler empirisch analysiert, um Zeitpunkte und Häufigkeit möglichst realistisch antizipieren zu können. Das war eine entscheidende Voraussetzung für eine gesetzeskonforme Verwaltungspraxis.

Insgesamt wurden in diesem Zeitabschnitt 660.000 Personen registriert, wobei die Angehörigen der ehemaligen Sowjetunion jetzt zahlenmäßig dominierten. Die Jahreszahlen bewegten sich in dem gesetzlich fixierten Rahmen (Abbildung 4).

Abbildung 4

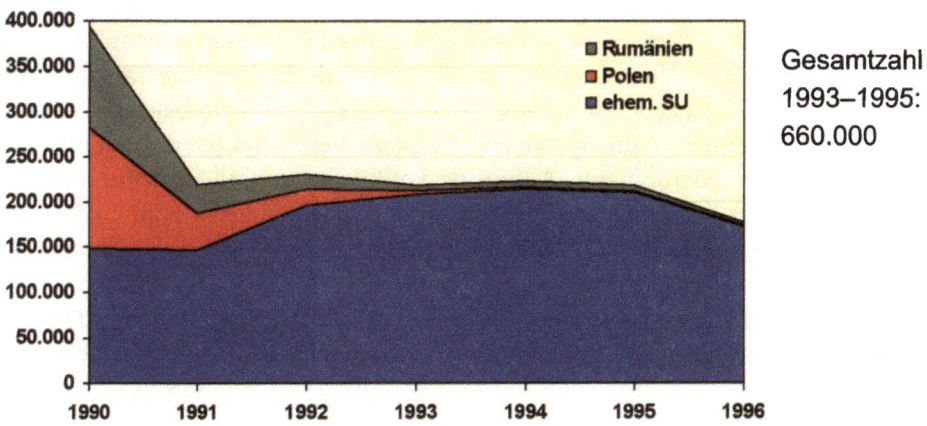

5. 1996 bis 2004 – Integration im Blickpunkt

In den Folgejahren rückte das Thema „Integration" immer mehr in den Vordergrund. Die Gründe dafür waren vielfältig; dazu gehörten die Bildung von Ansiedlungsschwerpunkten im Westen Deutschlands und zunehmende Sprachprobleme.

a. Nach Ankunft und Registrierung in den Erstaufnahmeeinrichtungen des Bundesverwaltungsamtes wurden die Spätaussiedler schlüsselgemäß auf die Bundesländer[25] und von dort aus auf die Wohnorte verteilt. Faktisch zogen sie jedoch in den Ort ihrer Wahl, wobei insbesondere die neuen Länder, auf die eine Quote von 20

---

25 Siehe § 8 Abs. 3 BVFG in der Fassung vom 02.06.1993 (BGBl. Teil I, Nr. 27, S. 829ff.); seit Inkrafttreten des Zuwanderungsgesetzes am 01.01.2005 bestimmt sich die Verteilung nach dem sogenannten „Königsteiner Schlüssel".

Prozent entfiel, wenig Akzeptanz fanden. So bildeten sich Gebiete mit hoher Aus-
siedlerdichte und immer deutlicher wahrgenommenen Integrationsproblemen.

Der Gesetzgeber reagierte mit der Neufassung des Gesetzes über die Festlegung
eines vorläufigen Wohnortes für Spätaussiedler vom 26. Februar 1996[26] und sank-
tionierte abweichende Wohnsitznahmeentscheidungen mit dem Ausschluss sozialer
Leistungen. Gleichzeitig wurde die Integrationsförderung neben Sprachkursen,
Eingliederungshilfen der Arbeitsverwaltung usw. durch Modellprojekte, die auf die
Weiterentwicklung der Integrationsarbeit und Netzwerkbildung gerichtet waren,
sowie durch gemeinwesenorientierte Projekte im Wohnumfeld der Spätaussiedler
verstärkt. Insgesamt förderte das Bundesverwaltungsamt im Auftrag des Bundesinnenministeriums im Jahr 2000 1.200 Projekte mit einem Haushaltsvolumen von
44 Millionen DM.

b. Die Sprache ist ein wesentlicher Faktor der Ich- und der Wir-Identität und zugleich als wichtigste Kommunikationsform sowie als Kulturmittler oder Kulturträ-
ger eine unverzichtbare Integrationsvoraussetzung.[27] Für den Spätaussiedler sind –
familiär vermittelte — Kenntnisse der deutschen Sprache statusimmanent. Ob diese
gesetzlich verankerte Voraussetzung vorliegt, wurde bislang regelmäßig nach
Schlüssigkeit des Vortrags entschieden. Ab Mitte des Jahres 1996 begann das Bundesverwaltungsamt damit, die Sprachkenntnisse im Verwaltungsverfahren im Rahmen einer nicht wiederholbaren Anhörung konkret festzustellen, wofür sich der
Begriff „Sprachtest" einbürgerte. Maßstab ist dabei die Fähigkeit zum Gedanken-
austausch über einfache Lebenssachverhalte des Alltags, gegebenenfalls auch in
Dialektform.[28]

Die Einführung dieser Maßnahme war mit dem Aufbau eines Sprachtestregimes
verbunden. Dazu musste die Abstimmung mit den Herkunftsländern, die Sicherung

---

26 Zweites Gesetz zur Änderung des Gesetzes über die Festlegung eines vorläufigen Wohnortes für
   Spätaussiedler vom 26.02.1996, BGBl. Teil I, Nr. 11, S. 223ff.

27 Vgl. dazu *Erik H. Erikson:* Identität und Lebenszyklus. Drei Aufsätze. Frankfurt/Main [18]2000;
   Lothar Krappmann: Soziologische Dimension der Identität. Strukturelle Bedingungen für die Teil-
   nahme an Interaktionsprozessen. Stuttgart [10]2005; *Bernd Kielhöfer, Sylvie Jonekeit:* Zweisprachige
   Kindererziehung. Tübingen [9]1995; *Gerhard Neuner:* Deutsch als Fremdsprache – Deutsch als
   Zweitsprache – Deutsch als Muttersprache: Grundlagen und Konzepte für den Deutschunterricht
   mit Kindern und Jugendlichen nichtdeutscher Muttersprache im Schulbereich, in: *Gerhard Neuner,
   Stefan Glienicke, Wolfgang Schmitt* (Hg.): Deutsch als Zweitsprache in der Schule. Berlin, München
   1998. Vgl. auch die Rechtsprechung: Bundesgerichtshof, Urteil vom 25.03.1970 – IX ZR 177/67,
   in: Rechtsprechung zum Wiedergutmachungsrecht 1970, S. 503ff.; BVerwG, Urteil vom
   15.05.1990 – 9 C 51.89, in: Informationsdienst für Lastenausgleich, BVFG und anderes Kriegsfol-
   genrecht, Vermögensrückgabe und Entschädigung nach dem Einigungsvertrag (künftig: IFLA)
   1991, S. 94ff.

28 Zur Rechtsprechung siehe BVerwG, Urteil vom 15.05.1990 – 9 C 51.89, in: IFLA 1991, S. 94ff.;
   BVerwG, Urteil vom 04.09.2003 – 5 C 33.02, in: Das Standesamt. Zeitschrift für Standesamtswe-
   sen, Familienrecht, Staatsangehörigkeitsrecht, Personenstandsrecht, internationales Privatrecht
   des In- und Auslandes (2004), S. 79ff.; BVerwG, Urteil vom 03.05.2007 – 5 C 23/06, in: Neue Zeitschrift für Verwaltungsrecht (künftig NVwZ) 26 (2007), S. 1087ff.

der notwendigen Infrastruktur (insbesondere Sprachtestbüros an vielen Standorten möglichst in Nähe der Siedlungsgebiete) sowie die Entsendung von Sprachtestern des Bundesverwaltungsamtes erfolgen. Die Sprachtester wurden ab dem 1. Juni 1996 sukzessiv eingesetzt, sodass ab März 1997 jedem Aufnahmebescheid ein positiver Sprachtest zugrunde lag. Flankierend wurden zusätzliche Sprachkurse in den Herkunftsgebieten organisiert und finanziert. Bis 2007 konnten 48.000 solcher Kurse mit 750.000 Teilnehmern stattfinden.[29]

c. Insgesamt hat das Bundesverwaltungsamt bis heute mehr als 320.000 Sprachtests durchgeführt. 52 Prozent der Teilnehmer haben den Test bestanden, 48 Prozent konnten den Besitz der erforderlichen Sprachkenntnisse nicht nachweisen. Eine weitere, große Zahl nahm an einer Anhörung nicht teil, sondern nutzte von vornherein die Möglichkeit, in den Aufnahmebescheid eines anerkannten Spätaussiedlers miteinbezogen zu werden.

Das alles führte zu einer Veränderung der rechtlichen Struktur, das heißt des Verhältnisses von Spätaussiedlern und Familienangehörigen. Betrug der Anteil der Spätaussiedler im Jahr 1993 noch etwa 75 Prozent, sank er im Jahr 2004 auf unter 25 Prozent, während die Anteile der Einbezogenen und der sonstigen Angehörigen entsprechend anstiegen (Abbildung 5).

Abbildung 5

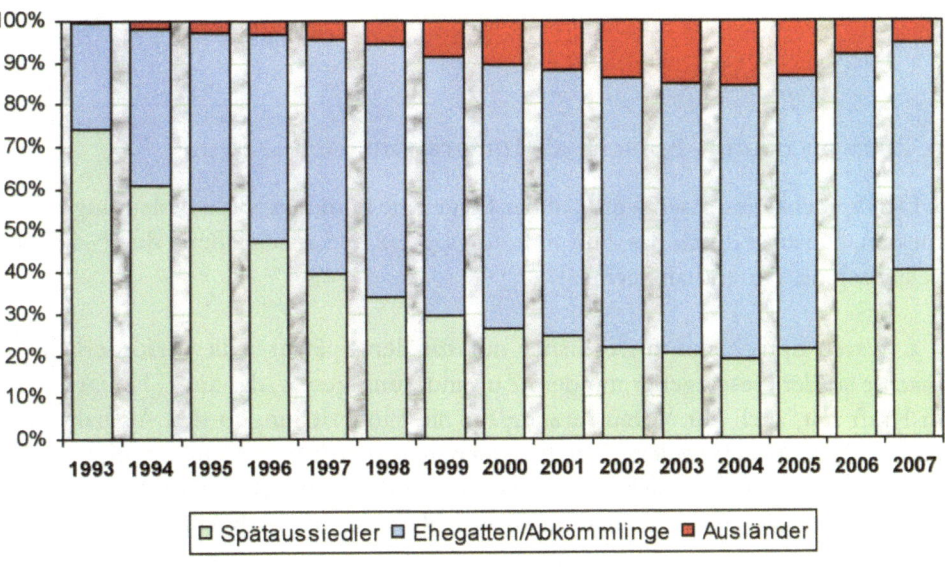

29 Zusätzliche außerfamiliär erworbene Sprachkenntnisse schließen die Annahme ausreichender familiärer Vermittlung deutscher Sprachkenntnisse nicht aus, BVerwG, Beschluss vom 20.08.2004 – 5 B 2.04 (veröffentlicht in JURIS); BVerwG, Urteil vom 03.05.2007 – 5 C 23/06, in: NVwZ 26 (2007), S. 1087f.

d. In der Zeit von 1996 bis 2004 kamen 940.000 Personen nach Deutschland, fast ausschließlich aus der ehemaligen Sowjetunion (Abbildung 6).

Abbildung 6

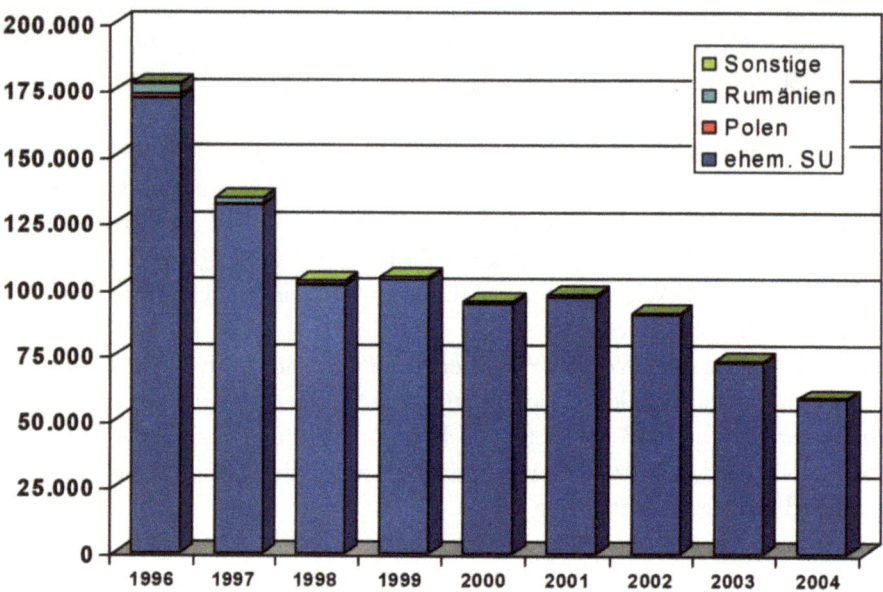

6. 2005 bis heute – Sprache als Integrationsvoraussetzung

Den Sprachkenntnissen wurde in der Folge eine immer größere Bedeutung beigemessen, zunächst durch das Zuwanderungsgesetz und anschließend durch die Novellierung des Aufenthaltsrechts.

a. Waren Sprachkenntnisse bisher nur für den Spätaussiedler erforderlich, so machte sie der Gesetzgeber mit dem Zuwanderungsgesetz, das am 1. Januar 2005[30] in Kraft trat, auch zur Voraussetzung für die Einbeziehung in den Aufnahmebescheid eines Spätaussiedlers. Der Personenkreis, der über Sprachkenntnisse verfügen musste, erweiterte sich damit, wie die Reaktionen auf die Einführung von Sprachtests zeigen (siehe Abbildung 5), erheblich. Als Maßstab wurde die „Kompe-

---

30 Gesetz zur Steuerung und Begrenzung der Zuwanderung und zur Regelung des Aufenthaltes und der Integration von Unionsbürgern und Ausländern (Zuwanderungsgesetz) vom 30.07.2004, BGBl. Teil I, Nr. 41, S. 1949ff.

tenzstufe A 1" des Gemeinsamen Europäischen Referenzrahmens für Sprachen genommen, das heißt, ein Familienangehöriger soll „in Wort und Schrift vertraute, alltägliche Ausdrücke und ganz einfache Sätze verstehen und verwenden [können], die auf die Befriedigung konkreter Bedürfnisse zielen, er kann sich vorstellen und mit Hilfe des Gesprächspartners verständigen".[31] Dabei gibt es Erleichterungen für junge und ältere Menschen.

Zur Überprüfung der Sprachkenntnisse führte das Bundesverwaltungsamt wiederholbare „Sprachstandstests" ein,[32] die an einer deutschen Auslandsvertretung abgelegt werden können. Der Nachweis kann auch durch Vorlage eines entsprechenden Sprachzertifikats des Goethe-Instituts erbracht werden. Bislang sind rund 6.700 Sprachstandstests mit einer Erfolgsquote von 23 Prozent durchgeführt worden.

b. Die Konsequenzen dieser Regelung waren und sind erheblich. Nicht Deutsch Sprechende müssen sich dem aufenthaltsrechtlichen Verfahren stellen. Das bedeutet, dass volljährige Abkömmlinge wegen der hohen Hürden im Aufenthaltsrecht praktisch ausgeschlossen sind. Aber auch nicht einbezogene Ehegatten und minderjährige Kinder konnten nicht mehr mit dem Spätaussiedler ausreisen, sondern wurden nach der Beschlusslage in der Innenministerkonferenz auf die aufenthaltsrechtliche Nachreise verwiesen.

c. Das neue Aufenthaltsrecht von 2007[33] verschärfte die Situation, in dem es auch die aufenthaltsrechtliche Nachreise des nichtdeutschen Ehegatten von einem Sprachnachweis abhängig machte. Sprachkenntnisse werden allerdings nicht von nichtdeutschen Elternteilen verlangt, die zur Ausübung der Personensorge für einbezogene Kinder einreisen wollen. Diesem Personenkreis wurde dann, ebenso wie den minderjährigen Kindern, – und das war eine Verbesserung – gestattet, gemeinsam mit dem Spätaussiedler auszureisen.

---

31 Das Niveau A 1 wird als die niedrigste Ebene einer generativen Sprachverwendung angesehen. Es ist durch die Allgemeinen Verwaltungsvorschriften des Bundesinnenministeriums gemäß § 104 BVFG festgelegt und durch die Rechtsprechung bestätigt worden. Vgl. Oberverwaltungsgericht Münster, Urteil vom 26.10.2005 – 2 A 980/05, in: NVwZ – Rechtsprechungsreport Verwaltungsrecht 19 (2006), S. 732f.; vgl. unten S. 70, Anm.11.

32 Da es nicht um eine statusbegründende Voraussetzung geht, spielen im Gegensatz zum Sprachtest Zeitpunkt und Art des Spracherwerbs keine Rolle.

33 Gesetz zur Umsetzung aufenthalts- und asylrechtlicher Richtlinien der Europäischen Union vom 19. 08. 2007, BGBl. Teil I, Nr. 42, S. 1970ff.

d. Insgesamt sind von 2005 bis Mitte 2008 50.000 Personen ausgesiedelt, und zwar fast alle aus der ehemaligen Sowjetunion (Abbildung 7).

Abbildung 7

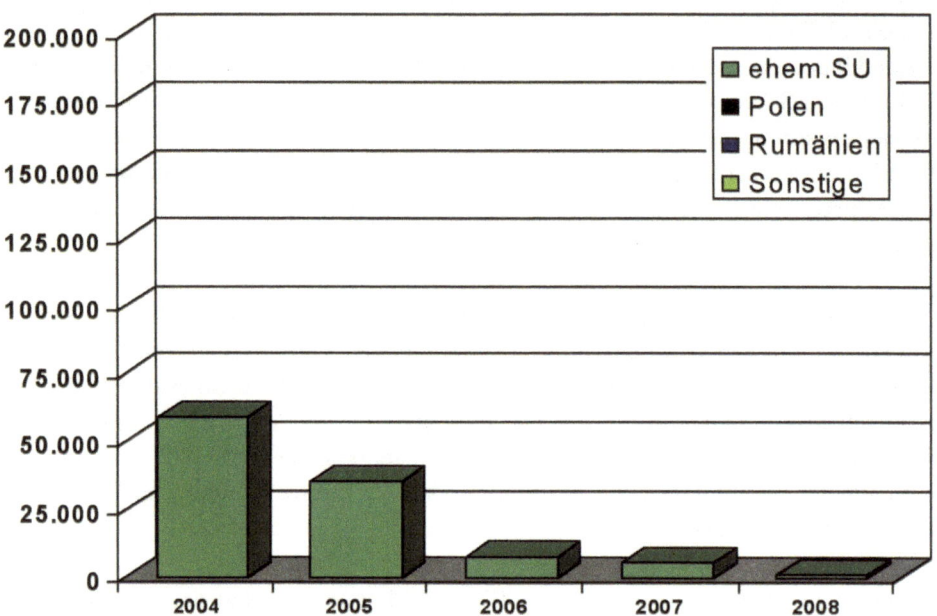

Schlussbetrachtung

a. Seit 1950 hat die Bundesrepublik Deutschland 4,5 Millionen Menschen, Aussiedler, Spätaussiedler und Familienangehörige, aufgenommen. Das entspricht zahlenmäßig der Bevölkerung eines kleineren Bundeslandes.

b. Das Aufnahmeverfahren verlief trotz seiner Komplexität ohne Friktionen. Das verdanken wir dem kooperativen Verhalten der Aussiedler. Es war aber auch eine große Verwaltungsleistung.

c. Das Aufnahmeverfahren läuft aus. Das zeigt die zahlenmäßige Entwicklung: Im ersten Halbjahr 2008 haben wir nur noch 1.500 Personen[34] registriert, und die Antragszahlen befinden sich ebenso auf einem sehr niedrigen Niveau. Aber auch der

---

34 Die Zahlen zu den aufgenommenen Personen sind grundsätzlich gerundet angegeben.

Gesetzgeber hat deutliche Zeichen gesetzt. Dazu gehört der Statusausschluss durch das Kriegsfolgenbereinigungsgesetz und der Paradigmenwechsel beim Kriegsfolgenschicksal ebenso wie die im Rahmen des Siebten Gesetzes zur Änderung des BVFG vom 16. Mai 2007 normierte Unwirksamkeit von Übernahmegenehmigungen und Aufnahmebescheiden für Angehörige von EU-Staaten ab dem 1. Januar 2010.[35] Das Beteiligungsverfahren der Bundesländer wurde durch die Konzentration des Verfahrens beim Bundesverwaltungsamt aufgehoben, das nunmehr auch den Spätaussiedlern die Bescheinigung zum Nachweis ihrer Spätaussiedlereigenschaft ausstellt.[36]

d. Sind wir im Bundesverwaltungsamt, so haben wir heute zu fragen, der besonderen Situation der Aussiedler und Spätaussiedler immer gerecht geworden? Diese Frage mit einem einfachen Ja zu beantworten, wäre vermessen. Von Menschen gesetzte Regeln sind ebenso unvollkommen wie menschliches Handeln, das auf die Umsetzung dieser Regeln gerichtet ist. Aber dass wir das Schicksal der Aussiedler immer im Blick gehabt haben, das möchten wir gerne festhalten.

e. Aussiedler sind, so hat es der erste Aussiedlerbeauftragte der Bundesregierung, Dr. Horst Waffenschmidt, leidenschaftlich vertreten, ein Gewinn für unser Land.[37] Dem schließt sich der Verfasser aus Überzeugung an.

---

35 § 100 Abs. 4 und Abs. 5 BVFG in der Fassung des Siebten Gesetzes zur Änderung des Bundesvertriebenengesetzes vom 16.05.2007, BGBl. Teil I, Nr. 21, S. 748ff.

36 Die Bescheinigung über den Nachweis der Spätaussiedlereigenschaft hat mit Inkrafttreten des KfbG zum 1. Januar 1993 den Vertriebenenausweis abgelöst.

37 Vgl. z. B. Deutscher Bundestag, Plenarprotokoll 13/84 vom 02.02.1996, S. 7420.

Oliver Dix

Kriegsfolgenbewältigung als Grundlage der Aussiedleraufnahme

In den Vorgesprächen zu dieser Fachtagung hat sich für mich als Redner für den Bund der Vertriebenen ein Thema herauskristallisiert, das nicht rein politisch oder rechtlich behandelt werden kann, denn mir geht es dabei um das persönliche Schicksal von Menschen. Das Thema Kriegsfolgenbewältigung und deren Wirkung ist bis in die Gegenwart hinein auch unter dem Gesichtspunkt der Be- und Empfindlichkeiten der Betroffenen zu sehen.[1]

Nach der millionenfachen Aufnahme von Vertriebenen und Flüchtlingen zum und nach dem Ende des Zweiten Weltkrieges, die in West- und Mitteldeutschland unterschiedlich zu betrachten ist, folgten seit 1950 bis heute rund 4,5 Millionen Aussiedler. Die Aufnahme der Aussiedler vollzog sich auf der Grundlage des Bundesvertriebenengesetzes weitgehend unbemerkt von der Öffentlichkeit. Erst als durch die politischen Veränderungen in Ost-, Ostmittel- und Südosteuropa immer mehr Aussiedler die Möglichkeit zur Ausreise wahrnahmen, kam es zu Akzeptanzproblemen, die durch den Massenzustrom von Übersiedlern aus der „DDR" noch verstärkt wurden.

Hier griff der Gesetzgeber ein. Durch das Aussiedleraufnahmegesetz von 1990[2] wurde eine Beruhigung des Aussiedlerzustroms erreicht. Mit dem Kriegsfolgenbereinigungsgesetz 1993[3] ergaben sich faktische Kontingente für den Zuzug, und mit der Einführung der Sprachtests seit 1997 wurde die deutsche Sprache das herausragende Aufnahmekriterium. 2005 folgte der Sprachtest für Ehegatten und Abkömmlinge im Rahmen der Einbeziehung und 2007 der Sprachtest für nachziehende Familienangehörige im Rahmen des ausländerrechtlichen Familiennachzuges. Bei der Sprache gilt es jedoch sehr darauf zu achten, dass nicht zu strenge Maßstäbe angelegt werden. Wer die eigene deutsche Sprache nicht sprechen durfte, kann dafür

---

1 Literaturhinweise: Bundesministerium des Innern (Hg.): Migrationsbericht 2006 des Bundesamts für Migration und Flüchtlinge im Auftrag der Bundesregierung 2006. Dezember 2007, S. 46ff.; *Boris Meisner, Helmut Neubauer, Alfred Eisfeld* (Hg.): Die Rußlanddeutschen gestern und heute. Köln 1992; Niedersächsisches Ministerium für Inneres und Sport (Hg.): Grenzdurchgangslager Friedland 1945–2005. Hannover 2005.

2 Gesetz zur Regelung des Aufnahmeverfahrens für Aussiedler (Aussiedleraufnahmegesetz) vom 28.06.1990, Bundesgesetzblatt Teil I, Nr. 32, S. 1247ff.

3 Gesetz zur Bereinigung von Kriegsfolgengesetzen (Kriegsfolgenbereinigungsgesetz) vom 21.12.1992, Bundesgesetzblatt Teil I, Nr. 58, S. 2094ff.

nicht in vollem Umfang verantwortlich gemacht werden, sondern muss die Chance bekommen, sie sozusagen als ein Ziel des Integrationsprozesses aufzufrischen oder wieder neu zu erlernen. Das Angebot von Sprachkursen im Herkunftsgebiet reicht dafür meines Erachtens nicht immer aus. Kriegsfolgenbewältigung bedeutet also vor allem, den betroffenen Menschen in ihrem individuellen Schicksal gerecht zu werden.

Wer einem neu in der Bundesrepublik Deutschland eingetroffenen Aussiedler der älteren Generation in die Augen gesehen hat und mit ihm spricht, der spürt, welches entsetzliche Trauma er erlitten haben mag, und der spürt auch, wie sehr jede Zuwendung ein kleines Stück dieses Traumas löst. Es sind oft verdrängte Gefühle, die bei der Ankunft und während der Eingliederung aus einzelnen Betroffenen regelrecht heraussprudeln. Viele litten lange unter chronischer Verzweiflung und jahrzehntelanger Hoffnungslosigkeit, zudem an dem Verlust eigener sinnstiftender Überzeugungen. Diese Schicksale sind unterschiedlich geprägt durch die politischen Rahmenbedingungen in den jeweiligen Herkunftsstaaten. Vielen wurde die eigene Heimat zur Fremde. Oft jahrelang erfolglose Ausreiseversuche taten ein übriges.

Deutsche im polnischen Bereich wurden über Jahrzehnte hinweg in ihrer eigenen Heimat verfolgt, weil sie als Deutsche mitverantwortlich gemacht wurden für die schrecklichen Ereignisse des Zweiten Weltkrieges, für Verbrechen und Untaten, die Deutsche begangen haben. Sie wurden schikaniert, die Pflege deutscher kultureller Traditionen wurde ihnen verwehrt. Teilweise war es ihnen unter Androhung von Strafe verboten, die deutsche Sprache zu sprechen. Es war ihnen nicht gestattet, deutsche Vereinigungen zu gründen. Deutsche Bildungseinrichtungen wurden abgeschafft. Die Existenz der Deutschen dort wurde sogar noch bis in die 1980er Jahre schlicht geleugnet.

Erinnert sei beispielsweise auch an die Deutschen aus dem Wolgagebiet, die 1941 verschleppt und entrechtet wurden. Familien wurden getrennt, Kinder den Müttern entrissen, junge Mädchen und Frauen in die Arbeitsarmee, die Trudarmee, eingezogen, wo sie in Bergwerken, Steinbrüchen, Rüstungsfabriken, im Straßen- und Kanalbau oder in Kolchosen hart arbeiten mussten. Mehrere tausend sind schon während der Deportation in den Viehwaggons erfroren, verhungert oder an Krankheiten gestorben. Das Leid der Menschen und ihr Schmerz sind unbeschreiblich. Unter unendlichen Mühen fanden sich die Familien wieder.

Wir haben es hier, trotz allem was vorausgegangen ist, mit Menschenrechtsverletzungen zu tun, mit Unrecht, das es aufzuarbeiten gilt. Angesichts dieser Erfahrungen wuchs in Vielen über Jahre oder Jahrzehnte ein Aussiedlungswille, ja ein Aussiedlungsdruck, die Sehnsucht danach, wieder als Deutsche unter Deutschen leben zu können, sich zu ihrer oft noch vorhandenen deutschen Staatsangehörigkeit bekennen zu können, ihre Kultur zu pflegen. Mit einer weitsichtigen Aussiedlerpolitik wuchs dann auch wieder die Akzeptanz in der Öffentlichkeit.

Ob heute aus Russland, Kasachstan, der Ukraine oder früher aus Polen, Ungarn, Rumänien oder aus anderen Staaten, eines verbindet sie alle: das Trauma, das ihren Lebensweg begleitet, nämlich als Deutsche in einem fremden Staat zu leben. Das alles sind Kriegsfolgen, die es zu bewältigen galt und für einige Staaten auch heute noch zu bewältigen gilt.

Der Gesetzgeber ist flexibel, also dem jeweils politisch nach innen Möglichen und dem nach außen Vertretbaren, bei den Einordnungen und rechtlichen Bewertungen in der Kriegsfolgengesetzgebung nachgekommen. Das Bundesvertriebenengesetz gilt zutreffend nach notwendigen Änderungen auch heute noch, eben so lange, wie es Kriegsfolgen zu bewältigen gilt. Das gilt auch für entsprechende Leistungsgesetze. Die im Koalitionsvertrag der Bundesregierung festgeschriebene besondere Verantwortung für die Aussiedler wird so immer wieder neu mit Inhalt und Leben erfüllt.

Alle Aussiedlerbeauftragten der Bundesregierung haben es auch als zentrale Aufgabe gesehen, für die Deutschen und ihre Nachkommen in den Herkunfts- und Aussiedlungsgebieten bessere Lebenschancen, einen angemessenen Minderheitenschutz und eine funktionierende Volksgruppenselbstverwaltung anzustreben. Die Minderheitengesetzgebung bleibt eine herausragende Aufgabe. In diesem Bereich hat sich inzwischen viel getan, oft Beachtliches, wenn man beispielsweise an Ungarn denkt. In anderen Staaten wurden gute Grundlagen geschaffen, die noch in vielen Bereichen der praktischen Umsetzung bedürfen. Entscheidend bleibt vor allem aber auch, dass denen, die heute noch aussiedeln wollen, der Weg zur Ausreise weiterhin offen steht.

Die gesetzliche Vermutung des pauschalen Kriegsfolgenschicksals gilt weiter. Artikel 116 Satz 1 des Grundgesetzes,[4] der den Anspruch auf Aufnahme begründet, besteht fort, auch wenn manche beides abschaffen wollten. Das wäre für die Kriegsfolgenbewältigung absolut kontraproduktiv.

Für den Gesamtverband Bund der Vertriebenen kann ich daher heute festhalten: Alle Aussiedlerbeauftragten der Bundesregierung haben in den letzten 20 Jahren die Gegebenheiten der komplexen Schicksale politisch, rechtlich und mitmenschlich umfassend gewürdigt und aus den Gegebenheiten heraus das Optimale geleistet. Gern nutze ich die Gelegenheit, dafür heute ein ganz besonderes Wort des Dankes zu sagen. Unvergessen bleibt das gemeinsame Ringen um tragfähige Lösungen.

Die Aufgaben bestehen weiter, noch ist die Kriegsfolgenbewältigung nicht vollständig abgeschlossen, so stehen die angesprochenen Volksgruppen- und Minderheitenfragen weiter auf der Tagesordnung, alles jeweils auch zu Gunsten der von den Kriegsfolgen Betroffenen und ihrer Nachkommen und im Kontext mit der

---

4 Text von Artikel 116 des Grundgesetzes siehe unten S. 183, Anm. 3.

Pflege ihrer regionalen deutschen Kultur. Dabei sind beachtliche finanzielle Hilfen, die jeweils durch das Bundesministerium des Innern gewährt werden, von größter Bedeutung. Heute leben etwa 1,4 Millionen Deutsche in den Staaten Ost-, Ostmittel- und Südosteuropas.

Mein Dank gilt heute ausdrücklich auch allen, die sich als Berater und Betreuer dieses Massentraumas angenommen haben und die sich mit ihrer ganzen Kraft den einzelnen Betroffenen zugewandt haben und weiter zuwenden, ob es nun die Kirchen, die Wohlfahrtsverbände, die Vertriebenenverbände oder andere Einrichtungen oder Initiativen sind. Die Integrationskurse gemäß dem Zuwanderungsgesetz, die vielfältigen Integrationsangebote, das Hinwirken auf eine berufliche Chancengleichheit und die Integration direkt vor Ort bilden den Kern der praktischen Aufgaben.

Und noch ein Blick nach vorn: Das Grenzdurchgangslager Friedland ist heute die einzige Erstaufnahmeeinrichtung des Bundes für Aussiedler, ein symbolträchtiger Ort, der auch für rund zwei Millionen Vertriebene die erste Station war. Ich begrüße es sehr, dass die niedersächsische Landesregierung ein „Museum Grenzdurchgangslager Friedland"[5] plant, um dauerhaft auch den kommenden Generationen die Bedeutung des Tors zur Freiheit zu vermitteln. Dafür werden, ganz im Sinne einer Aufarbeitung von Kriegsfolgen, die Lebenswege von einzelnen Vertriebenen, von deutschen Aussiedlern und anderen, die nach Friedland kamen, erfahrbar gemacht. Wann kamen sie dorthin, woher kamen sie, wie empfanden sie die Aufnahme, wie lange sind sie geblieben, wohin gingen sie und wie gestaltete sich ihr weiterer Lebensweg? Das sollen die Kriterien sein, mit denen dort Schicksale beschrieben werden sollen. Auch die Bundesregierung wird sicher gefragt sein bei diesem wichtigen Beitrag zur Bewältigung der Vergangenheit, zur Bewältigung der Kriegsfolgen.

---

5   Beschluss des niedersächsischen Landtags zur „Zukunft des Grenzdurchgangslagers Friedland", vgl. Niedersächsischer Landtag, 15. Wahlperiode, Drucksache 15/3237 vom 11.10.2006.

Albert Schmid

Zur Integration von Aussiedlern

1. Das Bundesamt für Migration und Flüchtlinge (BAMF)

Das „Bundesamt für Migration und Flüchtlinge" wurde als „Bundesamt für die Anerkennung ausländischer Flüchtlinge" im Jahre 1953 gegründet. Im Zusammenhang mit dem Zuwanderungsgesetz,[1] das am 1. Januar 2005 in Kraft getreten ist, wurde es rechtlich und geistig neu gegründet. Es ist insofern ein junges Amt.[2] Im Hinblick auf das Zuwanderungsgesetz wurden bereits in den Jahren 2002 und 2003 Aufgaben des Bundesverwaltungsamtes und anderer Behörden auf das Bundesamt übertragen.

Mit Inkrafttreten des Zuwanderungsgesetzes ist das Bundesamt unter anderem für die Entwicklung und Durchführung von Integrationskursen (Sprach- und Orientierungskurse) für Zuwanderer zuständig geworden. Diese Integrationskurse sollen durch weitere Integrationsangebote des Bundes und der Länder, insbesondere durch sozialpädagogische und migrationsspezifische Beratungsangebote, ergänzt werden. Insofern ist das Bundesamt für Migration und Flüchtlinge für die Durchführung einer migrationsspezifischen Beratung (Migrationsberatung für erwachsene Zuwanderer) ebenso wie für die Förderung von Projekten zur sozialen und gesellschaftlichen Eingliederung der in Deutschland dauerhaft lebenden Aussiedler und Ausländer verantwortlich. Zugleich entwickelt das Bundesamt ein bundesweites Integrationsprogramm, in dem insbesondere die bestehenden Integrationsangebote von Bund und Ländern, von Kommunen und von privaten Trägern für Ausländer und Spätaussiedler festgestellt und Empfehlungen zur Weiterentwicklung der Integrationsangebote vorgelegt werden.[3] Als konkretes Beispiel für eine Integrationsförderung von (Spät-)Aussiedlern kann der Kurs „Identität und Integration PLUS" genannt werden: Diese Maßnahme auf der Grundlage des § 9 Abs. 4

---

1   „Gesetz zur Steuerung und Begrenzung der Zuwanderung und zur Regelung des Aufenthaltes und der Integration von Unionsbürgern und Ausländern" (Zuwanderungsgesetz) vom 30.07.2004, Bundesgesetzblatt (künftig: BGBl.) Teil I, Nr. 41, S. 1949ff.

2   Zur Geschichte des BAMF vgl. <http://www.bamf.de/cln_101/nn_443360/DE/DasBAMF/ Chronik/Bundesamt/bundesamt-node.html?nnn=true> (abgerufen 28.11.2008).

3   Zuwanderungsgesetz vom 30.07.2004 (wie Anm. 1), BGBl. Teil I, Nr. 41. Art. 1 Kap. 3, § 45 Integrationsprogramm, S. 1965.

BVFG[4] baut auf dem Integrationskurs auf und beschäftigt sich vor allem mit den spezifischen Lebens- und Bedürfnislagen von Spätaussiedlern. Das Bundesamt für Migration und Flüchtlinge unterstützt und fördert diese Maßnahme.

Das Bundesamt für Migration und Flüchtlinge sieht sich in einer Anwaltsfunktion für Aussiedlerinnen und Aussiedler, Spätaussiedlerinnen und Spätaussiedler und deren Angehörige, die in die Bundesrepublik Deutschland gekommen sind. Das mag nicht unbedingt einem tradierten Behördenverständnis entsprechen, aber es ist in Fragen der Integration unverzichtbar, eine solche Anwaltsfunktion zu erkennen und wahrzunehmen – und dies zusammen mit den Organisationen, die auf diesem Gebiet seit Jahren und Jahrzehnten verdienstvoll tätig sind, wie dem Bund der Vertriebenen. Das ist für Integration unverzichtbar. Integration kann nicht organisiert werden wie beispielsweise die Administration in einem Wasserwirtschaftsamt. Das Bundesamt hat es in besonderer Weise und ganz unmittelbar mit Menschen zu tun, die auf eine andere Art angesprochen werden müssen, als das sonst in sinnvoller Weise dem Verwaltungshandeln entspricht.

2. Zuwanderung nach Deutschland – Zuwanderungsgesetz 2005

Die Geschichte der Zuwanderung von Aussiedlern und Spätaussiedlern nach Deutschland wurde bereits dargestellt.[5] Aus dieser geschichtlichen Rekapitulation wird zum Teil auch verständlich, worin die Integrationsprobleme zu sehen und worauf sie zurückzuführen sind. Die bereits genannten Zahlen seien an dieser Stelle um einige weitere Angaben ergänzt: Die große Zuwanderung seit den 1990er Jahren verlief parallel mit der Grenzöffnung, und in deren Folge kam es auch zu einer massiven Zuwanderung aus anderen rechtlichen Gründen. Der Zustrom der Asylbewerber beispielsweise bewegte sich Anfang der 1990er Jahre mit rund 400.000 auf der Höhe des Zustroms von Aussiedlern und dann von Spätaussiedlern.[6] Die jüdischen Migrantinnen und Migranten aus der ehemaligen Sowjetunion und den Nachfolgestaaten sind hier zusätzlich zu erwähnen.[7] Auf Grund der migrationspoliti-

---

4   „Gesetz über die Angelegenheiten der Vertriebenen und Flüchtlinge" (Bundesvertriebenengesetz
    – BVFG) in der Fassung der Bekanntmachung vom 10.08.2007 (BGBl. Teil I, S. 1902), geändert
    durch Artikel 19 Abs. 1 des Gesetzes vom 12.12.2007 (BGBl. Teil I, S. 2840).

5   Vgl. den Beitrag von *Jürgen Hensen* in diesem Buch S. 47-61.

6   Im Jahr 1990 belief sich die Zahl der Spätaussiedler auf 397.073. Im Jahr 1992 waren es 230.565.
    Aus: Migrationsbericht des Bundesamtes für Migration und Flüchtlinge im Auftrag der Bundesre-
    gierung 2006, S. 53. Die Zahl der Asylbewerber belief sich im Jahr 1990 auf 193.063 und im Jahr
    1992 auf 438.191 Personen, in: Ebd., S. 97.

7   1992 betrug die Zahl der Anträge jüdischer Zuwanderer aus der ehem. UdSSR 19.232, in: Bundes-
    amt für Migration und Flüchtlinge (Hg.): Migration und Asyl in Zahlen. Nürnberg [12]2004, S. 59.
    Die Daten werden erst ab 01.07.1993 erhoben.

schen Entwicklungen, in deren Folge aus unterschiedlichen rechtlichen Gründen dieser große Zustrom in die Bundesrepublik Deutschland erfolgte, haben sich der Gesetzgeber und die Politik darauf verständigt, im Zuwanderungsgesetz das, was zusammengehört, was Gemeinsamkeiten notwendig machte, zusammenzufassen – ohne auf der anderen Seite die notwendigen Unterscheidungen preiszugeben.

Das Zuwanderungsgesetz 2005 hat Regelungen geschaffen, in denen einiges allen Gruppen von Zuwanderinnen und Zuwanderern gemeinsam und einiges auch unterscheidend geblieben ist, insbesondere zu Gunsten von Spätaussiedlerinnen und Spätaussiedlern. Als sogenanntes Artikelgesetz enthält es sowohl komplett neue Gesetze als auch Änderungen einzelner Rechtsvorschriften: So ist an die Stelle des bisherigen Ausländergesetzes das Aufenthaltsgesetz[8] getreten, in dem die Ein- und Ausreise sowie der Aufenthalt von Ausländern, die keine EU-Bürger sind, geregelt werden. Ebenso wurden die Vorschriften über den Aufenthalt zum Zweck der Erwerbstätigkeit neu definiert und die rechtlichen Grundlagen für gezielte Integrationsmaßnahmen geschaffen. Im „Gesetz über die allgemeine Freizügigkeit von Unionsbürgern" (Freizügigkeitsgesetz/EU),[9] das an die Stelle des Aufenthaltsgesetzes/EWG getreten ist, sind die Regelungen über die Freizügigkeit von EU-Bürgern und ihren Angehörigen umgesetzt worden. Einzelne Neuregelungen betreffen beispielsweise das Staatsangehörigkeitsgesetz (zum Beispiel im Hinblick auf eine Verkürzung der Einbürgerungsfrist bei Absolvierung des Integrationskurses) oder das Bundesvertriebenengesetz (BVFG; zum Beispiel bei der Gewährung von weiteren Integrationshilfen wie Ergänzungsförderungen insbesondere für jugendliche Spätaussiedler und ergänzende sprach- und sozialpädagogische Förderungen für Spätaussiedler sowie deren Ehegatten oder Abkömmlinge). Spätaussiedler haben nach § 9 Abs. 1 BVFG einen Anspruch auf kostenlose Teilnahme an einem Integrationskurs, der ihnen in einem Basis- und einem Aufbausprachkurs von gleicher Dauer ausreichende Sprachkenntnisse vermitteln soll. Dem ist ein Orientierungskurs angeschlossen, der Kenntnisse der Rechtsordnung, der Kultur und der Geschichte in Deutschland vermittelt. Spätaussiedler können nach § 9 Abs. 1 BVFG außerdem eine einmalige Überbrückungshilfe des Bundes und einen Ausgleich für Kosten der Aussiedlung erhalten.[10]

---

8 Das „Gesetz über den Aufenthalt, die Erwerbstätigkeit und die Integration von Ausländern im Bundesgebiet" (Aufenthaltsgesetz – AufenthG) ist Hauptbestandteil des Zuwanderungsgesetzes vom 30.07.2004 (wie Anm. 1), und zwar als dessen Artikel 1, vgl. BGBl. Teil I, Nr. 41, S. 1950–1986.

9 Das „Gesetz über die allgemeine Freizügigkeit von Unionsbürgern" (Freizügigkeitsgesetz/EU – FreizügG/EU) ist Bestandteil des Zuwanderungsgesetzes vom 30.07.2004 (wie Anm. 1), und zwar als dessen Artikel 2, vgl. BGBl. Teil I, Nr. 41, S. 1986–1989, hier Artikel 2; Text unter <http://www.gesetze-im-internet.de/freiz_gg_eu_2004/index.html> (abgerufen 28.11.2008).

10 Vgl. Artikel 6, Änderung des Bundesvertriebenengesetzes, in: Zuwanderungsgesetz vom 30.07.2004 (wie Anm. 1), BGBl. Teil I, Nr. 41, S. 1999–2000.

Der Sonderstellung von Spätaussiedlerinnen und Spätaussiedlern ist also aus historischen Gründen heraus rechtlich Rechnung getragen worden. Aber bei aller Unterscheidung sind integrationspolitisch eben auch ein Stück weit Gemeinsamkeiten mit anderen Migrantengruppen gegeben – und auf beides kommt es an.

3. Integrationskurse und Sprachkompetenz

Eine für die Integration bedeutende Frage ist, ob und welche Anforderungen im Hinblick auf bestimmte Sprachkenntnisse bei den Aussiedlerinnen und Aussiedlern im Herkunftsland gestellt werden sollen. Ist es zumutbar und richtig, Sprachkenntnisse zu verlangen? Aus der Erfahrung mit der Anwendung dieser Bestimmungen ist zu sagen, dass dies richtig und notwendig ist. Eine solche Anforderung ist nicht als Hürde, sondern vielmehr als Hilfe zu verstehen.

Das Bundesamt betrachtet die Erfordernis der Sprachkompetenz im Herkunftsland für Ehegatten und Angehörige als Vorintegration und sieht darin etwas, was im Interesse einer später schnelleren Integration liegt. Die Anforderung an Sprachkenntnisse auf dem Niveau A1, der untersten Sprachstufe des Europäischen Referenzrahmens,[11] erscheint zumutbar. Richtig bleibt, dass alles getan werden muss, dass man diesem Anforderungsniveau auch genügen kann; das heißt, dass entsprechende Ausbildungsangebote unterbreitet werden. Es ist schon darauf hingewiesen worden, dass das Zertifikat „Start Deutsch 1" beim Goethe-Institut erlangt werden kann und dass darüber hinaus ein Sprachstandstest im Rahmen einer Anhörung bei der deutschen Auslandsvertretung erfolgen kann.

Diese Anforderung ist also nicht als Hürde zu verstehen, sondern als Hilfe. Dies impliziert auch die Verpflichtung, entsprechende Hilfestellungen anzubieten, sodass das geforderte Niveau auch erreicht werden kann – hier besteht an der einen oder anderen Stelle noch Handlungsbedarf. Insgesamt haben Aussiedler und Spätaussiedler einen wichtigen Beitrag zum Erfolg der Integrationskurse geleistet. Die Kurse, die das Bundesamt für Migration und Flüchtlinge in Deutschland anbietet, sind im internationalen Vergleich einzigartig.

Fast jedes Land um uns herum hat eine „allgemeine", aber auch eine „spezielle" Zuwanderung – zum Beispiel die Zuwanderung aus ehemaligen Kolonien nach

---

11 Vgl. die Zusammenfassung von *Kristina Dargel:* Der gemeinsame europäische Referenzrahmen für Sprachen, Text unter: <http://www.uni-bamberg.de/fileadmin/uni/wissenschaft_einricht/sprachenzentrum/GER_Broschuere.pdf> (abgerufen 02.11.2008). Die Stufe A 1 wird wie folgt beschrieben: „– Kann vertraute, alltägliche Ausdrücke und ganz einfache Sätze verstehen und verwenden, die auf die Befriedigung konkreter Bedürfnisse ziele, kann sich und andere vorstellen und anderen Leuten Fragen zu ihrer Person stellen – z. B. wo sie wohnen, was für Leute sie kennen oder was für Dinge sie haben – und kann auf Fragen dieser Art Antwort geben; – kann sich auf einfache Art verständigen, wenn die Gesprächspartnerinnen oder Gesprächspartner langsam und deutlich sprechen und bereit sind zu helfen".

Frankreich oder in das Vereinigte Königreich. Darin unterscheidet sich die Zuwanderung in die Bundesrepublik Deutschland in keiner Weise, auch hierzulande gibt es eine „allgemeine" und eine „spezielle" Zuwanderung, nämlich die von Deutschen aus den Nachfolgestaaten der ehemaligen Sowjetunion.

Die Erfolgsquote in den Integrationskursen liegt insgesamt bei rund 70 Prozent. Die Gruppe der Aussiedler und Spätaussiedler hat eine Erfolgsquote von 80 Prozent und darüber. Das Bundesamt stellt auch fest, dass Spätaussiedler relativ schnell von ihren besonderen Berechtigungen Gebrauch machen und die Kurse besuchen. Bei rund 82 Prozent der Berechtigten erfolgt dies innerhalb kürzester Zeit. Auch das ist ein Punkt, der uns integrationspolitisch insgesamt zugute kommt.[12]

Es ist darauf zu verweisen, dass vor einem Jahr noch eine Vielzahl von Verbesserungen bei den Integrationskursen eingeführt worden sind.[13] Die Stundensätze wurden auf bis zu 1.245 Stunden pro Teilnehmer erhöht und die Kinderbetreuung wurde verbessert, damit insbesondere Frauen an den Kursen teilnehmen können; ihre Kinder werden in der Zeit der Teilnahme an den Kursen auch von qualifiziertem Personal betreut, das heißt, sie erfahren eine entsprechende pädagogische Betreuung. Hinzu kommt, dass Fahrtkosten übernommen werden. Für bestimmte Gruppen wird nun insgesamt mehr getan, als das in der Vergangenheit möglich war: So können spezielle Integrationskurse (Jugend-, Frauen-, Eltern- oder Alphabetisierungskurse) künftig bis zu 945 Unterrichtsstunden umfassen.[14] Darüber hinaus besteht seit Dezember 2007 die Möglichkeit zur Wiederholung des Aufbausprachkurses.[15]

Nachdem die Neuregelungen in Bezug auf die Integrationskurse mit dem Zuwanderungsgesetz zum 1. Januar 2005 eingeführt worden waren, wurde eine zeitnahe Evaluierung festgelegt. Auch das gab es vorher wohl in keinem Politikfeld, dass mit Beginn von Maßnahmen parallel eine Evaluierung gesetzlich verankert wurde. Man lässt also nicht erst Fehlentwicklungen eintreten, die man dann später evaluiert und mühsam heilt, sondern es gibt parallel zur Implementierung der entsprechenden Maßnahmen eine Evaluierung, um Verfestigungen von etwaigen Fehlentwicklungen zu verhindern. Daraus sind bereits die genannten Verbesserungen abgeleitet worden.

Bei den Integrationskursen geht es vor allem um die Vermittlung von Sprachkompetenz. Sprache ist nicht alles, aber ohne Sprachkompetenz ist alles nichts. Doch der Erfolg im Integrationskurs bleibt unbefriedigend, wenn nacher der erfolgreiche Absolvent keine Arbeit findet und gesellschaftlich nicht integriert wird. Der eigentli-

---

12 Integration in Zahlen 2006, 1.11.2007, S. 1-32, S. 17, unter <http://www.bamf.de/nn_442496/
    SharedDocs/Anlagen/DE/DasBAMF/Publikationen/broschuere-asyl-in-zahlen-2007.html>
    (abgerufen 28.11.2008).

13 Vgl. Verordnung über die Durchführung von Integrationskursen für Ausländer und Spätaussiedler (Integrationskursverordnung – IntV) vom 13.12.2004, in: BGBl. Teil I, S. 3370ff.

14 Vgl. Erste Verordnung zur Änderung der Integrationskursverordnung vom 5.12.2007, in: BGBl
    2007, Teil I, Nr. 61, § 13. Integrationskurse für spezielle Zielgruppen, Intensivkurs, S. 2789.

15 Wie Anm. 14, § 5, S. 2788.

che Integrationserfolg ist folglich weitreichender als der Kurserfolg und deshalb ist es wichtig zu sehen, was aus den Menschen wird, die an Integrationsmaßnahmen teilgenommen haben: Auf dem Wege eines Integrationspanels muss festgestellt werden, wie der weitere Integrationsweg verläuft. Dazu hat das Bundesamt ein Forschungsprojekt mit dem Titel „Integrationsverlauf von Integrationskursteilnehmern" initiiert.[16] Gesamtergebnisse der Längsschnittstudie werden bis zum Ende des Jahres 2009 vorliegen.

Bereits jetzt gibt es Erkenntnisse: Besonders hoch ist der Anteil von Frauen, die an den Integrationskursen teilnehmen. Ihr Anteil liegt bei mehr als 60 Prozent. Von der Altersstruktur her handelt es sich vorwiegend um Teilnehmerinnen und Teilnehmer in einem Lebensalter zwischen 26 und 40 Jahren. Es ist zu bemerken, dass auch an den Projektmöglichkeiten, die über die Integrationskurse hinaus angeboten werden, mehr und mehr Interesse besteht. In der Projektförderung wurde die Unterscheidung zwischen Aussiedlern und Ausländern bereits aufgegeben. Jetzt geht es darum, zu fragen, wie den spezifischen Interessen der unterschiedlichen Gruppen Rechnung getragen werden kann. Hier soll also keine Nivellierung herbeigeführt werden.

Projektförderung kann nicht betrieben werden, indem Projektträger mit einer guten Idee kommen und das Bundesamt nur die finanziellen Mittel dazu bereitstellt. Dies wäre ein zu kurz gegriffenes Projektverständnis. Es gilt vielmehr, diese Projektförderung übergeordneten Zielsetzungen zu- oder unterzuordnen. Drei Projektlinien sind von besonderem Interesse: Einmal geht es bei der Projektförderung darum, die *Erziehungskompetenz der Eltern* zu stärken. Neben der Stärkung der Erziehungskompetenz ist die *Unterstützung von Zuwanderern durch Lotsen*, also durch sehr persönliche Begleitung, ein wichtiger Aspekt. Außerdem bilden *Maßnahmen der Sucht- und Gewaltprävention* einen Schwerpunkt der Projektförderung.

4. Berufliche Integration

Es kommt wesentlich darauf an, den Integrationserfolg in die Gesellschaft hineinzutransportieren, und sich nicht nur mit dem Erfolg der einzelnen Maßnahmen zufriedenzugeben. Der Blick muss deshalb gerade auch auf die berufliche Integration gerichtet werden. Dabei stellt das Bundesamt erfreulicherweise fest, dass es bei Spätaussiedlern sehr positive Entwicklungen gibt. Allerdings wird in der amtlichen Statistik das Merkmal „Spätaussiedler" jeweils nur über die Dauer von fünf Jahren erfasst.

---

16 Informationen über dieses Projekt können unter <www.bamf.de/forschung> abgerufen werden, ferner in der Broschüre des Bundesamts für Migration und Flüchtlinge (Hg.): Blickpunkt Integration. Aktueller Informationsdienst zur Integrationsarbeit in Deutschland, Ausgabe 1/2008 und in der Broschüre „Integration in Deutschland", vgl. <http://www.integration-in-deutschland.de/> (abgerufen 28.11.2008).

Im Jahresdurchschnitt 2007 waren nur 23.542 Spätaussiedler als arbeitslos gemeldet[17] – gegenüber hohen Zahlen zu Anfang dieser Dekade[18] und noch höheren Zahlen in den späten 1990er Jahren.[19] Die verstärkten Integrationsanstrengungen der letzten Jahre schlagen sich mithin auf dem Arbeitsmarkt nieder.

Ein Hauptproblem soll nicht unerwähnt bleiben: das ist die Frage der Anerkennung von akademischen Qualifikationen, die in den Herkunftsregionen erworben wurden. Drei Berufsgruppen können als Beispiele genannt werden: Ärzte, Lehrer und Ingenieure. Es ist festzustellen, dass die schwierige Anerkennung der Berufsqualifikationen bei diesen Gruppen seit vielen Jahren von allen Seiten unisono kritisiert und beklagt wird. Welche Konsequenzen ergeben sich daraus? Das Bundesamt ist dabei, gemeinsam mit den Ländern festzustellen, worauf die Anerkennungsproblematik im Einzelfall und je nach Berufskategorie zurückzuführen ist, warum welches Diplom in Deutschland nicht anerkannt wird. Es scheitert meistens an einem Punkt: an den entsprechenden Kenntnissen der Fachsprache. Der Urologe etwa, der aus Russland kommt, muss die Themen der Urologie in deutscher Sprache beschreiben und darstellen können. Entsprechendes gilt auch für Ingenieure und Lehrer. Hier müssen entsprechende Nachqualifizierungsangebote unterbreitet werden, um diese Kompetenz zu vermitteln. Das Bundesamt kooperiert auf diesem Feld mit der Bundesagentur für Arbeit.

Es gibt zudem den „Europäischen Sozialfonds" (ESF),[20] ein Programm, das dem Bundesamt für Migration und Flüchtlinge vor einiger Zeit vom Ministerium für Arbeit und Soziales übertragen worden ist. Das Bundesamt wird diesen Europäischen Sozialfonds konkret nutzen, um Nachqualifikationen im akademischen Bereich zu ermöglichen, um die Aufnahme einer beruflichen Tätigkeit nicht an einem solchen

---

17 Analytikreport der Statistik. Analyse des Arbeitsmarktes für Ausländer. Oktober 2008. Bundesagentur für Arbeit. 3.3 Tabelle: Arbeitslose Ausländer, Spätaussiedler und Deutsche, in: <http://www.pub.arbeitsamt.de/hst/services/statistik/200810/ama/auslaender_d.pdf> (abgerufen 28.11.2008).

18 2000 waren 73.792 (Spät-)Aussiedler als arbeitslos gemeldet, 2001 belief sich ihre Zahl auf 65.244 und 2002 auf 58.914 (2003: 58.144; 2004: 46.228; 2005: 50.166 und 2006: 37.827), in: Amtliche Nachrichten der Bundesagentur für Arbeit. 56. Jahrgang, Sondernummer 2. Arbeitsmarkt 2003, 2006 und 2007.

19 1998 waren 116.871 (Spät-)Aussiedler als arbeitslos gemeldet; 1999 belief sich ihre Zahl auf 92.054 und 2000 auf 73.792, in: Arbeitsmarkt (wie Anm. 18) 2000.

20 Der 1957 ins Leben gerufene „Europäische Sozialfonds" (ESF) ist als einer der drei europäischen Strukturfonds das wichtigste Instrument der Europäischen Union zur Entwicklung von Humanressourcen und Verbesserung der Situation auf den europäischen Arbeitsmärkten. Der ESF unterstützt Maßnahmen zur Prävention und Bekämpfung von Arbeitslosigkeit und zur Entwicklung und Wiederherstellung der Beschäftigungsfähigkeit der Menschen. Für die EU-Förderperiode 2007–2013 wurde das BAMF mit der Durchführung des nationalen ESF-Programmteils „Qualifikation und Weiterbildung für Personen mit Migrationshintergrund durch berufsbezogene Maßnahmen, insbesondere berufsbezogene Sprachkurse und Praktika" beauftragt; vgl. <http://www.bamf.de/cln_101/nn_754136/DE/Integration/EU-Fonds/ESF/eu-esf-node. html?__nnn=true&__nnn=true#Start> (abgerufen 07.11.2008).

Kriterium, wie es eben genannt wurde, scheitern zu lassen. Nach der Auffassung der Bundesländer ist es beispielsweise so, dass Lehrer möglichst zwei Fächer unterrichten können sollen. Es wäre uns aber durchaus schon geholfen, wenn jemand zur Verfügung stünde und eingesetzt werden könnte, der als Physiker ausgebildet ist – also in einem Fach, in dem es einen großen Mangel an Lehrern gibt. Hier steht das Bundesamt im Dialog mit den Ländern und versucht, mit praktischen Fördermaßnahmen voranzukommen und Barrieren überwinden zu helfen.

5. Kriminalität

In jüngerer Zeit hat ein weiterer Aspekt die öffentliche Aufmerksamkeit gefunden: das ist das Thema der behaupteten Kriminalität von Aussiedlern. Dazu gibt es eine Reihe wissenschaftlicher Untersuchungen, beispielsweise die des Kriminologischen Forschungsinstituts Niedersachsen (KFN) oder des Instituts für interdisziplinäre Konflikt- und Gewaltforschung.[21] Das Ziel der 1999 von Christian Pfeiffer und Birke Dworschak durchgeführten bundesweiten Abfrage[22] bei Justizvollzugsanstalten war es herauszufinden, in welcher Anzahl sich unter den Inhaftierten auch junge Aussiedler befinden: Im Durchschnitt ergab sich zwar ein höherer Anteil junger Aussiedler in Strafvollzugsanstalten, allerdings kann dies, den Autoren zufolge, nicht ohne Weiteres als ein Beleg für eine tatsächlich höhere Kriminalitätsbelastung bei dieser Personengruppe gelten. Zum einen gebe es eine höhere Anzeigeneigung gegenüber Aussiedlern, zum anderen sei eine selektive Sanktionspraxis speziell gegenüber dieser Gruppe nicht grundsätzlich auszuschließen.[23]

Aus der „Polizeilichen Kriminalstatistik" sind Erkenntnisse zum Thema „Höhere Kriminalitätsquote bei (Spät-)Aussiedlern" ebenfalls nur mit Vorbehalten zu gewinnen. Da die (Spät-)Aussiedler einen deutschen Pass haben, werden sie bisher in den meisten Bundesländern nicht gesondert registriert.[24] Daher ist die Feststellung der validen Kriminalitätsquote aus statistischen Gründen nicht möglich.

Christian Pfeiffer, Katrin Brettfeld und Ingo Delzer haben 1996 eine Analyse von Aggregatdaten zur Überprüfung der polizeilichen Kriminalstatistik durchgeführt.

---

21 Zum Beispiel *Rainer Strobl, Wolfgang Kühnel*: Dazugehörig und ausgegrenzt. Analysen zu Integrationschancen junger Aussiedler (Konflikt und Gewalt). Weinheim/München 2000.

22 Vgl. *Christian Pfeiffer, Birke Dworschak*: Die ethnische Vielfalt in den Justizvollzugsanstalten, in: DVJJ-Journal 10 (1999), S. 184–188; DVJJ = Deutsche Gesellschaft für Jugendgerichte und Jugendgerichtshilfen.

23 Vgl. *Christian Pfeiffer, Peter Wetzels*: Integrationsprobleme junger Spätaussiedler und die Folgen für ihre Kriminalitätsbelastung, S. 2, in: Friedrich-Ebert-Stiftung: Digitale Bibliothek, unter <http://library.fes.de/fulltext/asfo/00806003.htm> (abgerufen 28.11.2008), hier S. 10–15,

24 Einzelne Bundesländer (z. B. Bayern, Baden-Württemberg und Niedersachsen) haben (Spät-)Aussiedler gesondert in ihre polizeiliche Kriminalstatistik (PKS) aufgenommen. Es gibt jedoch bis jetzt keine Ergebnisse, die bundesweit gültig wären.

Diese Untersuchung wurde 1997 wiederholt.[25] Die Ergebnisse der Studie alleine erlauben aus einer Reihe von Gründen jedoch ebenfalls keine eindeutige Aussage dazu, ob (Spät-)Aussiedler als Personengruppe vermehrt als Straftäter in Erscheinung treten. Beispielsweise wäre ein Anstieg der Kriminalität in Landkreisen mit hoher Zuwanderung sowohl damit zu erklären, dass junge (Spät-)Aussiedler vermehrt Opfer werden, als auch damit, dass sie besonders oft Täter sind.[26] Eine weitere Analyse der Tatverdächtigenziffern zeigte zwar eine höhere Kriminalitätsrate bei (Spät-)Aussiedlern. Diese Daten sind allerdings aufgrund von Schwierigkeiten der statistischen Erfassung sehr zurückhaltend zu interpretieren. Offen bleibt beispielsweise die Frage, ob die Anzeigebereitschaft gegenüber einzelnen ethnischen Gruppen wie Aussiedlern systematische Unterschiede aufweist. Insgesamt sind die Daten lediglich als Indiz für die Integrationsprobleme bei jungen Aussiedlern zu bewerten.[27]

Teileinblicke in das Dunkelfeld der nicht angezeigten Straftaten ermöglicht eine Schülerbefragung in Großstädten, die 1998 vom Kriminologischen Forschungsinstitut Niedersachsen durchgeführt wurde.[28] In dieser Befragung wurden umfangreiche Informationen zur sozialen Lage erhoben: Im Vergleich zur Lage der einheimischen Deutschen erwies sich die soziale Lage der Familien der jungen Aussiedler als bedeutend schlechter. 25 Prozent der Aussiedlerfamilien aus GUS-Staaten waren von Arbeitslosigkeit betroffen oder von Sozialhilfe abhängig, von den einheimischen Deutschen hingegen nur 9,1 Prozent.[29] Darüber hinaus ergab die Befragung

---

25 Vgl. *Christian Pfeiffer, Katrin Brettfeld, Ingo Delzer:* Kriminalität in Niedersachsen 1985 bis 1996. Eine Analyse auf Basis der Polizeilichen Kriminalstatistik 1985–1996 (KFN Forschungsberichte 60), Hannover 1997, unter <http://www.kfn.de/versions/kfn/assets/fb60.pdf> (abgerufen 28.11.2008); KFN = Kriminologisches Forschungsamt Niedersachsen e. V.

26 Vgl. *Pfeiffer, Wetzels* (wie Anm. 23), S. 3.

27 Die Daten beschreiben insgesamt ein sogenanntes „Hellfeldphänomen", welches die Grundlage für Eindrucksbildungen bei Praktikern sein kann, ohne dass man daraus gesicherte Erkenntnisse zur Kriminalitätsbelastung von jungen Aussiedlern ableiten kann. Als „Hellfeld" bezeichnet man in der Polizeilichen Kriminalstatistik die Gesamtheit aller der Polizei in einem Jahr bekanntgewordenen und registrierten Straftaten.

28 Vgl. *Christian Pfeiffer, Ingo Delzer, Dirk Enzmann, Peter Wetzels:* Ausgrenzung, Gewalt und Kriminalität im Leben junger Menschen: Kinder und Jugendliche als Opfer und Täter. Sonderdruck der DVJJ zum 24. Deutschen Jugendgerichtstag. Hannover 1998 (vgl. Anm. 22).

29 Vgl. *Pfeiffer, Wetzels* (wie Anm. 23), S. 5. Aus Dunkelfelduntersuchungen dazu ergaben sich unter anderem folgende Faktoren, die das Risiko für kriminelles Verhalten bei jungen Aussiedlern erhöhen: familiäre Armutsverhältnisse; öffentliche und institutionelle Benachteiligungen und Diskriminierungen; Erlebnis von Gewalt im Sozialumfeld/Familie; Opfererfahrung von Gewalt in der Vergangenheit; geringes Selbstwertgefühl; traditionelle Geschlechterrollenorientierung; geringes Vertrauen in eine rechtsstaatliche Behandlung in Deutschland usw. Vgl. auch Bundesamt für Migration und Flüchtlinge: Kriminalität von Aussiedlern – eine Bestandsaufnahme (Working Paper 12 vom 01.04.2008) unter <http://www.bamf.de/cln_092/nn_444062/SharedDocs/Anlagen/ DE/Migration/Publikationen/Forschung/WorkingPapers/wp12-kriminalitaet-aussiedler.html> (abgerufen 28.11.2008), S. 1-61.

folgenden Befund: Junge Aussiedler werden häufiger als Ausländer Opfer einer Straftat – etwa genauso oft wie einheimische Deutsche. Wenn sie Opfer werden, zeigen sie solche Vorfälle jedoch seltener an als junge Ausländer und auch erheblich seltener als die einheimischen Deutschen. Wenn sie allerdings Täter sind, dann werden sie – nach der Studie von Christian Pfeiffer und Peter Wetzels – möglicherweise häufiger angezeigt. Dies könnte wiederum dazu beitragen, dass junge Aussiedler häufiger als Tatverdächtige bekannt werden, als es ihrem tatsächlichen Anteil an den Tätern entspricht.[30]

Das Bundesamt für Migration und Flüchtlinge hat eine Reihe von Untersuchungen, die auf dem Markt sind,[31] ausgewertet. Im Ergebnis lässt sich festhalten, dass Kriminalität nicht eine Frage des Passes oder der Herkunft ist, sondern dass Kriminalität auch eine Frage ist, die mit den jeweiligen Lebenslagen zusammenhängt, aber auch mit sozialen Problemen.[32] Vor diesem Hintergrund gilt es, die Chancengleichheit bezüglich des Schulsystems und einer beruflichen Perspektive zu erhöhen, Gewalterfahrungen in der Familie, im Freundeskreis und im weiteren sozialen Umfeld zu verringern und Benachteiligungserfahrungen im alltäglichen Leben zu reduzieren. Darauf müssen alle Strategien zur Verringerung krimineller Verhaltensweisen ausgerichtet sein.

6. Rückwanderung

Insgesamt ist die Zahl der Fortzüge von deutschen Staatsangehörigen aus Deutschland seit dem Jahr 2001 stetig angestiegen. 2001 wurden etwa 110.000 Fort-

---

30 Vgl. *Pfeiffer, Wetzels* (wie Anm. 23), S. 9. Die Befragungsautoren Christian Pfeiffer und Peter Wetzels kommen zum folgenden Fazit: „Sind damit junge Aussiedler entgegen dem, was sich zu Beginn des Referats abgezeichnet hatte, doch keine Problemgruppe? Auf den ersten Blick erscheint dies in der Tat so. Ihre selbstberichtete Gewalt ist niedriger als bei Ausländern [...]; der Anteil in devianten Cliquen ist niedriger als bei Ausländern und unterscheidet sich von der Rate bei den einheimischen Deutschen nur geringfügig; die Opfer berichten häufiger über Ausländer als Täter, Aussiedler werden nicht überproportional häufig genannt. Eine Reihe von Erkenntnissen scheint also in die Richtung zu weisen, dass die Eindrücke, wie sie insbesondere Polizeipraktiker aus Ballungsgebieten der Aussiedler schildern, verzerrt sein könnten." Vgl. ebd., S. 11.

31 Vgl. unter anderen *Reiner K. Silbereisen, Ernst-Dieter Lantermann, Eva Schmitt-Rodermund* (Hg.): Aussiedler in Deutschland. Akkulturation von Persönlichkeit und Verhalten. Opladen 1999; *Peter Wetzels, Dirk Enzmann:* Die Bedeutung der Zugehörigkeit zu devianten Cliquen und der Normen Gleichaltriger für die Erklärung jugendlichen Gewalthandelns. DVJJ-Journal 10 (1999), S. 116–131; *Peter Wetzels, Dirk Enzmann, Eberhard Mecklenburg, Christian Pfeiffer:* Jugend und Gewalt. Eine repräsentative Dunkelfeldanalyse in München und acht anderen deutschen Städten. Baden-Baden 2000 und „Working Paper 12" (wie Anm. 29). Siehe auch die in diesem Kapitel schon genannten Fachbeiträge.

32 Vgl. Anm. 28.

züge registriert. Im Jahr 2006 waren es 155.300 und 2007 bereits 161.105.[33] Dies ist die höchste registrierte Abwanderung von Deutschen seit 1954.[34] Da der amtlichen Wanderungsstatistik keine Informationen über das Qualifikationsniveau der deutschen Abwanderer entnommen werden können, kann auch nicht angegeben werden, wie viele hochqualifizierte Deutsche aus Deutschland fortziehen. Auch zeigen die Statistiken nicht, ob (Spät-)Aussiedler dabei sind, denn sie werden unter die Gruppe der Deutschen subsumiert.

In jüngerer Zeit ist festzustellen, dass es auch bei Aussiedlern Rückwanderungstendenzen in ihre Herkunftsländer gibt. Die Zahlen der letzten sechs Jahre sehen wie folgt aus: Von 2000 bis 2006 kamen insgesamt 218.708 deutsche Zuwanderer aus der Russischen Föderation nach Deutschland. Dem stehen 13.661 Rückwanderer in diesem Zeitraum gegenüber[35] – das ist im gesamtmigrationspolitischen Vergleich nicht besonders auffällig. Auch bei anderen Gruppen von Menschen, die nach Deutschland kommen, ist festzustellen, dass sich bestimmte Erwartungen hier nicht erfüllen, sodass sich die Frage einer Rückwanderung stellt. Das ist keine auffällige Tendenz, die Anlass zu besonderer Besorgnis gäbe. Gleichwohl sagt sie natürlich auch etwas über nicht erfüllte Integrationserwartungen in der Bundesrepublik Deutschland aus.

Inwieweit das medial angekündigte große Rückkehrprogramm der Regierung der Russischen Föderation[36] eine Rolle spielt, ist derzeit allerdings unklar. Es handelt sich dabei um ein staatliches „Programm zur dauerhaften Rückführung von im Ausland lebenden Personen russischer Muttersprache auf das Territorium der Russischen Föderation" (Kurzbezeichnung: ‚Programm Landsleute') der russischen Regierung. Ziel ist es, die Rückwanderung von 300.000 Personen russischer Muttersprache aus der GUS, Israel, den USA und aus Deutschland (Spätaussiedler,

---

33 Mitteilung des Statistischen Bundesamts 2008.

34 Aus: Migrationsbericht des Bundesamts für Migration und Flüchtlinge im Auftrag der Bundesregierung: Migrationsbericht 2006, S. 120–129, insbesondere S. 120.

35 Wie Anm. 34; vgl. dazu auch Bundeszentrale für politische Bildung: Die soziale Situation in Deutschland. Wanderungen über die Grenzen Deutschlands, unter <http://www.bpb.de/wissen/H71DPF.html> (abgerufen 28.11.2008).

36 Zum Gebrauch des Begriffs „Russische Föderation" für „Russland" auf politischer Ebene: In Russland leben über hundert Nationalitäten. Der Terminus des „Nationalen" ist im Russischen mit zwei unterschiedlichen Begriffen verknüpft: „Nation" umfasst neben ethnischen und sprachlichen auch historische, soziale und politische Merkmale. „Nationalität" ist hingegen auf den ethnischen und sprachlichen Aspekt begrenzt. „Russländisch" – mit dieser Begrifflichkeit wird nicht die ethnische Zugehörigkeit (russisch) gemeint, sondern vielmehr die Zugehörigkeit zum „Vaterland" (im Sinne von „Kompatrioten"). Deshalb ist die Bezeichnung „Russische Föderation" auf politischer Ebene irreführend. Adäquat wäre daher eigentlich die Bezeichnung „Russländische Föderation".

jüdische Zuwanderer und russische Staatsangehörige) bis 2009 zu fördern.[37] Das Programm zum freiwilligen Umzug der im Ausland lebenden Landsleute trat am 1. Juni 2007 in Kraft. 2008 beabsichtigt der für die Umsetzung zuständige „Föderale Migrationsdienst" der Russischen Föderation in Berlin die Einrichtung einer zentralen Anlaufstelle für Interessenten aus Deutschland. Das Programm befindet sich noch im Anfangsstadium, sodass sein Wirkungsgrad noch nicht abgeschätzt werden kann.

Eingangs wurde bereits betont, wie wichtig die Rolle der Migrantenselbstorganisationen – wie des Bundes der Vertriebenen und anderer, zum Teil kirchlicher Organisationen – ist. Der Natur der Sache nach kann Integration durch einen guten inhaltlichen Austausch besser bewirkt werden, als wenn die Beteiligung der Organisationen ausschließlich administrativ stattfindet. Deshalb ist auch in der Zukunft eine vertrauensvolle und enge Zusammenarbeit mit ihnen wünschenswert, damit diese Erfolgsgeschichte der Integration und nachholenden Integration von Dauer sein wird.

---

37 Mit diesem Programm versucht Russland den Folgen der demographischen Krise entgegenzuwirken. Ausführlich zum Migrationsprogramm der Russischen Föderation „Landsleute nach Russland!" bei *Rainer Lindner:* Russlands defekte Demographie. Zukunftsrisiken als Kooperationschance. SWP-Studie. Stiftung Wissenschaft und Politik. Deutsches Institut für Internationale Politik und Sicherheit. Berlin, März 2008, S. 25ff. unter <http://www.swp-berlin.org/common/get_document.php?asset_id=4837> (abgerufen 28.11.2008).

Alfred Eisfeld

Vom Stolperstein zur Brücke –
die Deutschen in Russland

Es sind knapp 70 Jahre seit der Aufteilung Europas in Einflusssphären vergangen. 1939 wurde im Einvernehmen zwischen zwei Diktaturen aus reinem Machtkalkül über das Schicksal von Staaten und Völkern entschieden. Die deutschen Minderheiten in den Ländern Ostmittel- und Osteuropas störten durch ihre Existenz die Pläne beider Diktaturen. Was folgte, war eine groß angelegte ethnische Säuberung. Vertraglich wurde zwischen dem Deutschen Reich und der Sowjetunion die Umsiedlung der deutschen Bevölkerung aus Estland, Lettland, Litauen, Wolhynien, Galizien, der Bukowina, Bessarabien und der Dobrudscha auf von dem Deutschen Reich kontrolliertes Gebiet vereinbart. Formal wurde die Möglichkeit der Option, das heißt einer freiwilligen Entscheidung für die Umsiedlung, deklariert. Dietrich Loeber, einer jener Umsiedler aus Lettland, nannte den Vorgang Jahrzehnte später eine „diktierte Option".[1]

In seiner Reichstagsrede vom 6. Oktober 1939 bezeichnete Hitler die auslandsdeutschen Bevölkerungsgruppen als Störfaktor in den zwischenstaatlichen Beziehungen, den es zu beseitigen gelte.[2] Mit der Umsiedlung der deutschen Bevölkerung aus dem deutsch-sowjetischen Grenzbereich verfolgte Hitler auch das Ziel der Gewinnung von geeignetem ‚Menschenmaterial' für seine Pläne der Germanisierung polnischer Gebiete und in deren Folge für die Ostkolonisation.

Die sowjetische Führung hat sich mittels ihrer Umsiedlungskommissionen an der Umsiedlung der Deutschen aus den ihr zugefallenen Gebieten in den Machtbereich des Deutschen Reiches beteiligt. Sie hatte kein Interesse am Verbleib einer deutschen Bevölkerung. Mehr noch: Sie knüpfte an die germanophobe Politik des Russischen Reiches an, das während des Ersten Weltkrieges mehrere Hunderttausend russische Untertanen deutscher Volkszugehörigkeit aus den Grenzgebieten in das Landesinnere bis hin nach Sibirien deportierte. Begründet wurde das mit einer potentiellen Gefahr, die von ihnen vermeintlich ausgehen könnte. So wurden 1935

---

1 *Dietrich A. Loeber:* Diktierte Option. Die Umsiedlung der Deutsch-Balten aus Estland und Lettland 1939–1941. Neumünster 1972.

2 Adolf Hitler, Reichstagsrede vom 6.10.1939, in: *Franz Alfred Six* (Hg.): Dokumente der deutschen Politik, Bd. VII, 1: Das Reich Adolf Hitlers. Berlin 1942, S. 334ff.

knapp 64.000 Polen und Deutsche aus dem ukrainisch-polnischen Grenzbereich als sozial gefährliches Element eingestuft und nach Zentralkasachstan umgesiedelt.[3] Dort sollten sie riesige Steppengebiete (Karlag) urbar machen.

1. Deportation

Nach dem Überfall Hitlerdeutschlands auf die Sowjetunion hat die sowjetische Propaganda wenige Wochen lang versucht zwischen den ‚Nazis' und ‚Faschisten' einerseits und dem deutschen Proletariat und den ‚Sowjetdeutschen' andererseits zu unterscheiden.[4] Mitte August 1941 hat man diese Unterscheidung aufgegeben. Schon ab dem 15. August begann in größter Eile die Aussiedlung der etwa 53.000, nach anderen Informationen von 61.000 Krimdeutschen, vorerst in den nordkaukasischen Raum.[5] Diese Aktion wurde noch als „Evakuierung" bezeichnet, die zum Schutz der Krimdeutschen erfolgt sei.

Am 26. August hat die Führung der Kommunistischen Partei einen Beschluss „Über die Umsiedlung aller Deutschen aus der Republik der Wolgadeutschen, den Gebieten Saratov und Stalingrad in andere Regionen und Gebiete" gefasst.[6] Am 28. August, als alle Vorkehrungen für die Deportation getroffen waren, wurde unter fragwürdigen Umständen der berüchtigte Erlass über die Deportation unterzeichnet.[7] Darin wurde der Vorwurf der Kollaboration mit dem Feind erhoben, womit zugleich die Deportation gerechtfertigt wurde.

---

3   *Elena M. Gribanova, Anargul' S. Zulkaševa:* Iz istorii deportacii nemcev v Kazachstan. 1936 god: Pereselenie i obustrojstvo (po dokumental'nym istočnikam) [Aus der Geschichte der Deportation der Deutschen nach Kasachstan. 1936: Umsiedlung und Einrichtung (auf der Grundlage von Archivdokumenten)], in: *Irina Erofeeva, Jurij Romanov (Red.):* Istorija nemcev Central'noj Azii. Materialy meždunarodnoj naučnoj konferencii. Almaty, 9-10 oktjabrja 1997 g. [Geschichte der Deutschen Zentralasiens. Materialien der internationalen wissenschaftlichen Konferenz. Almaty, 9.-10. Oktober 1997]. Almaty 1998, S. 222–228.

4   *Viktor Krieger:* Deportation der Russlanddeutschen und die Folgen, in: *Alfred Eisfeld* (Hg.): Von der Autonomiegründung zur Verbannung und Entrechtung. Die Jahre 1918 und 1941 bis 1948 in der Geschichte der Deutschen in Russland. Sonderband der Reihe „Heimatbücher der Landsmannschaft der Deutschen aus Russland e. V." Stuttgart 2008, S. 106–108.

5   *Oleg A. Gabrieljan, Sergej A. Efimov, Vjačeslav G. Zarubin:* Krymskie repatrianty: deportacija, vozvraščenie i obustrojstvo [Repatrianten der Krim: Deportation, Rückkehr und Einrichtung]. Simferopol' 1998, S. 54; *Arkadij A. German, Aleksandr N. Kuročkin:* Nemcy SSSR v „Trudovoj armii" (1941–1945) [Die Deutschen der UdSSR in der „Arbeitsarmee" (1941–1945)]. Moskva 1998, S. 29.

6   *Arkadij German:* Nemeckaja avtonomija na Volge. 1918–1941. Č. II. Avtonomnaja respublika 1924–1941 [Deutsche Autonomie an der Wolga. 1918–1941. Teil II. Autonome Republik 1924– 1941]. Saratov 1994, S. 284; *N. L. Pobol', Pavel M. Poljan* (Hg.): Stalinskie deportacii 1928–1953 [Stalinsche Deportationen 1928–1953]. Moskva 2005, S. 287–308.

7   *German* (wie Anm. 6), S. 286–292; vgl. auch die in deutscher Sprache herausgegebene Dokumentensammlung von *Alfred Eisfeld, Victor Herdt* (Hg.): Deportation, Sondersiedlung, Arbeitsarmee. Deutsche in der Sowjetunion 1941 bis 1956. Köln 1996.

Bei der Deportation der deutschen Bevölkerung aus einer Reihe von Verwaltungsgebieten des europäischen Teils der Sowjetunion, die auf Beschluss des Staatlichen Verteidigungskomitees (GKO) erfolgte, wurde diese als Präventivmaßnahme gegen mögliche antisowjetische Tätigkeit deklariert.[8] Von konkreten Vorbereitungen von Straftaten oder anderen Vergehen war nicht einmal ansatzweise die Rede.

Nach Angaben der Abteilung Sondersiedlung des Volkskommissariats für innere Angelegenheiten (NKWD) wurden von 1941 bis 1945 insgesamt 1.209.430 Deutsche, darunter 779.667 Erwachsene, umgesiedelt.[9] Im Verlauf des Jahres 1942 wurden die deutschen Männer im Alter zwischen 15 und 55 Jahren und Frauen im Alter zwischen 16 und 45 Jahren zur Verrichtung von Arbeiten in besonderen ‚Arbeitskolonnen‘ der ‚Arbeitsarmee‘ für die gesamte Dauer des Krieges eingezogen. Von der Mobilisierung wurden nur Schwangere und solche Frauen ausgenommen, die Kinder im Alter von unter drei Jahren zu betreuen hatten.

Die Einberufungsquote lag bei den Männern bei 80 bis 90 Prozent, bei den Frauen bei etwa einem Drittel der entsprechenden arbeitsfähigen Jahrgänge. Bei Frauen, die weniger als drei Kinder beziehungsweise keines unter drei Jahren hatten, lag die Einberufungsquote bei nahezu 100 Prozent. Damit waren die deutschen Familien für viele Jahre getrennt, Tausende von Kindern blieben ohne Aufsicht und Fürsorge. Eheschließungen waren für mehrere Jahre nicht möglich, es kamen kaum Kinder zur Welt.

Zu den Folgen dieser Deportationen sind der Verlust des gesamten gemeinschaftlichen Eigentums (Grund und Boden in den Kolchosen und Sowchosen, Betriebe und Werkstätten) und aller Kultur- und Bildungseinrichtungen in den traditionellen Siedlungsgebieten der Russlanddeutschen zu zählen. Eine ganze Generation war daran gehindert, am Schulunterricht teilzunehmen. Dadurch gingen sowohl die Kenntnisse der deutschen Muttersprache als auch der allgemeine Bildungsstand dramatisch zurück. Diese Kriegsfolgen sind jedem bekannt, der je mit Aussiedlern zu tun hatte.

2. Unter deutscher Besatzung

In den westlichen Teilen der Sowjetunion sind rund 350.000 Russlanddeutsche unter deutsche Besatzung gekommen. Die Propaganda des NS-Regimes, wonach diese ‚Volksdeutschen‘ unter den Schutz des Deutschen Reiches gestellt und bevorzugt behandelt worden seien, überlebte den Untergang des Dritten Reiches und hat

---

8   *Poboľ, Poljan* (wie Anm. 6), S. 337.
9   *Nikolaj F. Bugaj, Askarbi M. Gonov* (Hg.): „Po rešeniju praviteľstva Sojuza SSR …“ [Auf Beschluss der Regierung der Sowjetunion …]. Naľčik 2003, S. 292.

in abgewandelter Form Eingang in ein Schulbuch des Schöningh Verlags gefunden, das in Nordrhein-Westfalen benutzt wird. Dort ist zu lesen:

> „Wegen des schnellen Vormarsches der deutschen Truppen gelang es nicht mehr, die im westlichen Russland wohnenden Deutschen umzusiedeln. Sie wurden von den deutschen Besatzern zu Deutschen erklärt; ihnen wurde die Möglichkeit gegeben in die bereits von den Deutschen eroberten Gebiete in Polen einzuwandern oder aber dort zu bleiben, wo sie waren."[10]

Für die unter deutsche Besatzung gekommenen etwa 350.000 Deutschen in der Ukraine waren vor allem die „Neue Agrarordnung" vom 15. Februar 1942 und die Erfassung durch die „Deutsche Volksliste Ukraine" von Bedeutung. Eine Reprivatisierung des nach 1917 beziehungsweise 1920 nationalisierten Grund und Bodens fand nicht statt. Es wurde lediglich der Umfang des Hoflandes von 0,5 Hektar auf 1 Hektar pro Hof erweitert. Gleichzeitig wurden die Abgaben erhöht. Kolchosen wurden in Gemeinwirtschaften umgewandelt und unter die Leitung reichsdeutscher Landwirtschaftsführer gestellt. Bis Mai 1942 waren in der Ukraine rund 20.000 Reichsdeutsche eingetroffen, die Führungsaufgaben in Land- und Forstwirtschaft, Industrie und Verkehr übernehmen sollten, „zu deren Durchführung die ortsansässige deutsche Bevölkerung als menschlich und fachlich ungeeignet oder ideologisch unzuverlässig befunden wurde".[11]

Die nachfolgende Erfassung der deutschen Bevölkerung der Ukraine mittels der „Deutschen Volksliste Ukraine" diente in erster Linie der Feststellung der Tauglichkeit dieser Population für siedlungspolitische Vorhaben des Dritten Reiches („Generalplan Ost"). Personen, die als für den Einsatz in der Ost-Kolonisation, das heißt der Ansiedlung zum Zwecke der „Germanisierung" von Gebieten Ostmittel- und Osteuropas, für tauglich befunden wurden, bekamen die Bezeichnung „Ost-Fälle" oder „O-Fälle". Personen, die nach Einschätzung des Rasse- und Siedlungshauptamtes der SS wegen ihrer rassischen, sozialen und politischen Merkmale als für den sofortigen Einsatz bei der Ost-Kolonisation für nicht tauglich befunden wurden, sollten als sogenannte „Altreich-Fälle" („A-Fälle") zur Festigung ihrer „völkischen" Werte zuerst auf das Gebiet des Deutschen Reiches gebracht werden. Dort wurden sie dem Arbeitsdienst übergeben. Darüber hinaus gab es auch noch „Volksdeutsche", „die als ungenügend qualifiziert für die Berührung mit Reichsdeutschen in Deutschland eingestuft wurden". Diese „Sammellager-Fälle" („S-Fälle") waren in Sammellager zu bringen, in denen sie „durch Indoktrination und Zwangsarbeit auf

---

10 *Hans-Jürgen Lendzian, Christoph Andreas Marx* (Hg.): Geschichte und Gegenwart, Bd. 2. Paderborn 2002, S. 374–375.

11 *Ingeborg Fleischhauer:* Das Dritte Reich und die Deutschen in der Sowjetunion (Schriftenreihe der Vierteljahreshefte für Zeitgeschichte 46). Stuttgart 1983, S. 166.

das Zusammenleben mit dem nationalsozialistischen Deutschland vorbereitet werden sollten".[12]

Mitte Oktober 1943 wurde ernsthaft darüber beraten, einen Teil der aus dem Reichskommissariat Ukraine (RKU) auf Trecks befindlichen Deutschen zur „Sofortbesiedlung" der Westukraine zu verwenden. Nach Plänen der SS sollten „volksdeutsche Siedlungsperlen" entlang der großen Eisenbahnlinien und Eisenbahnknotenpunkte gebildet werden.

Die während des Krieges ausgegebene Losung „Heim ins Reich" war irreführend. Es ging keinesfalls darum, die gefährdeten ‚Volksdeutschen' unter den „Schutz des Reiches" zu nehmen und auf dem Gebiet des Deutschen Reiches anzusiedeln. Das Deutsche Reich setzte siedlungspolitische Vorhaben aus der Zeit des Kaiserreiches fort. Aus den zu germanisierenden Provinzen wurde ein Großteil der jüdischen und polnischen Bevölkerung vernichtet beziehungsweise entfernt. Die Umsiedlung der Russlanddeutschen wurde von deutschen Behörden angeordnet und durchgeführt. Durch diese administrative Umsiedlung wurden die Russlanddeutschen in der Ukraine vorübergehend vor dem Zugriff der Sowjetbehörden gerettet. Der Preis dafür war der Verlust der Heimat. Dieser Verlust konnte mit einer kurzlebigen, punktuellen Bevorzugung dieser ‚Volksdeutschen' niemals aufgewogen werden.

3. Repatriierung

Schon vor Ende der Kampfhandlungen in Europa begannen die sowjetischen Behörden mit der Repatriierung ihrer außerhalb der Landesgrenzen befindlichen Staatsangehörigen sowie von Personen, die vom Gebiet des ehemaligen Russischen Reiches stammten. Dazu gehörten auch die vorgenannten „Administrativumsiedler". Eine Gesamtzahl der 1945 in die UdSSR „repatriierten" Russlanddeutschen ist bislang nicht bekannt. Amtlichen Angaben zufolge befanden sich 1945 203.796 „Repatriierte" in Sondersiedlungen des NKWD.[13] Im August 1953 wurde die Zahl der in Sondersiedlungen befindlichen „repatriierten" Deutschen nur noch mit 138.669 angegeben.[14] Dieser Rückgang um über 65.000 Personen in acht Jahren, in denen keine Befreiung von Repatriierten aus der Sondersiedlung erfolgte, kann nur mit deren Tod erklärt werden.

---

12 *Benjamin Pinkus, Ingeborg Fleischhauer:* Die Deutschen in der Sowjetunion. Geschichte einer nationalen Minderheit im 20. Jahrhundert (Osteuropa und der internationale Kommunismus 17). Baden-Baden 1987, S. 211–214.

13 *Nikolaj F. Bugaj:* Iosif Stalin – Lavrentiju Berii: … „Ich nado deportirovat'". Dokumenty, fakty, kommentarii [Josef Stalin an Lavrentij Berija: „Sie müssen deportiert werden". Dokumente, Fakten, Kommentare]. Moskva 1992, S. 75–76.

14 Gosudarstvennyj archiv Rossijskoj Federacii (GARF) [Staatsarchiv der Russischen Föderation]. F-9479, op. 1, d. 725, l. 246.

4. Sondersiedlung

Über drei Jahre nach Kriegsende in Europa erging am 28. November 1948 der Erlass des Präsidiums des Obersten Sowjets, in dem Tschetschenen, Karatschaier, In-
guschen, Balkaren, Kalmyken, Deutschen, Krim-Tataren und anderen während des
Krieges deportierten Volksgruppen die Deportation und Ansiedlung in den Ver-
bannungsgebieten für ewige Zeiten festgeschrieben und das unerlaubte Verlassen
der Sondersiedlungen mit bis zu 20 Jahren Zwangsarbeit bedroht wurde.[15]

Nach Plänen des sowjetischen Innenministeriums von 1950 sollten nur drei
Gruppen von Russlanddeutschen vom Regime der Sondersiedlung befreit werden:
1. die schon vor dem Zweiten Weltkrieg in Sibirien, Kasachstan und Mittelasien an-
sässige deutsche Bevölkerung; 2. Kinder aus Mischehen, die sich bei der Ausstellung
ihres ersten Passes für die Volkszugehörigkeit des nichtdeutschen Elternteils entschieden haben; 3. nicht-deutsche Familienangehörige (Ehefrauen und Stiefkinder).[16] Im Bericht des Leiters der Abteilung „P" an den Innenminister der UdSSR
vom 12. Mai 1953 wurde darauf hingewiesen, dass die Deportation der Deutschen
aus den europäischen Gebieten der UdSSR und deren Einweisung in Sondersiedlungen sowie die Unterstellung der im asiatischen Teil des Landes ansässigen deutschen Bevölkerung rein vorbeugender Natur war. Gegen diese Menschen lagen keinerlei kompromittierende Materialien vor.[17]

Unter den Kriegsfolgen hatten aber auch die deutschen Bevölkerungsgruppen in
Ungarn, Rumänien und Jugoslawien zu leiden. Sie wurden schon nach Kriegsende
zum Teil aus ihrer Heimat nach Deutschland beziehungsweise Österreich vertrie-
ben. Mehrere zehntausend Personen wurden in die Sowjetunion zur Verrichtung
von Arbeiten beim Wiederaufbau der zerstörten Betriebe und Städte gebracht.[18]

5. Nachkriegsordnung

Die Verabschiedung der Charta der Vereinten Nationen am 26. Juni 1945 markiert
den Anfang des Aufbaus einer Nachkriegsordnung. Für uns sind hier vor allem die
humanitären Fragen dieser Ordnung interessant. Diese wurden in mehreren Schritten angegangen. Das Verbot der Auslieferung der Displaced Persons und die Zusammenführung von durch den Zweiten Weltkrieg getrennten Familien (Resolution der
Rot-Kreuz-Konferenz 1952 in Toronto) waren wichtige Schritte auf diesem Weg.

---

15 *Vladimir A. Auman, Valentina G. Čebotareva* (Hg.): Istorija rossijskich nemcev v dokumentach
    (1763–1992 gg.) [Geschichte der Russlanddeutschen in Dokumenten]. Moskva 1993, S. 176.
16 GARF. F. R-9479, op. 1, d. 527, ll. 15–17.
17 GARF. F. R-9479, op. 1, d. 725, ll. 69–71.
18 *Georg Weber, Renate Weber-Schlenther, Armin Nassehi u. a.* (Hg.): Die Deportation von Siebenbürger
    Sachsen in die Sowjetunion 1945–1949. Bd. I: Die Deportation als historisches Geschehen. Köln,
    Weimar, Wien 1995, S. 75–89.

Die Anerkennung der Rechtsgültigkeit der während des Zweiten Weltkriegs erfolgten Einbürgerungen durch den Deutschen Bundestag am 22. Februar 1955 gab nicht nur den in der Bundesrepublik verbliebenen Russlanddeutschen Rechtssicherheit, sondern war auch die Grundlage für Bemühungen der Bundesregierung um die Rückführung der 1945 in die UdSSR ‚repatriierten' Russlanddeutschen. So setzte sich Konrad Adenauer während seiner Verhandlungen mit der sowjetischen Führung im September 1955 für die Freilassung von 130.000 bis 140.000 Russlanddeutschen, die sich gegen ihren Willen in der UdSSR in Gewahrsam befanden und die Ausreise nach Deutschland anstrebten, ein.[19] Erst nach diesen Verhandlungen hat das Präsidium des Obersten Sowjets der UdSSR am 13. Dezember 1955 die Aufhebung der Sondersiedlung für die deportierten und die ‚repatriierten' Russlanddeutschen beschlossen. Zugleich wurde ihnen die Rückkehr in ihre Wohnorte der Vorkriegszeit untersagt.[20]

Die Familienzusammenführung hat sich in den Jahren bis 1986 sehr schleppend gestaltet, war mehrfach wegen der Verschlechterung der politischen Großwetterlage nahe Null angekommen und führte zu zahlreichen Interventionen führender deutscher Politiker aller Parteien.[21] Ein förmlicher Freikauf von Russlanddeutschen, wie dies im Falle von Polen, Rumänien oder der DDR der Fall war, ist nicht bekannt.

6. Rechtliche Grundlage für die Betreuung der Russlanddeutschen

Der Moskauer Vertrag und die Unterzeichnung der KSZE-Schlussakte mit dessen Korb III war sicher von enormer Bedeutung für die Verbesserung der Ost-West-Beziehungen und die Entwicklung der Menschenrechte. Für die Deutschen in der Sowjetunion wurde das Verbot der Rückkehr in die Siedlungsgebiete der Vorkriegszeit aufgehoben. Die Dekrete des Obersten Sowjets der UdSSR wurden aber nicht allgemein zugänglich veröffentlicht. Zudem bildete der Beschluss des ZK der KPdSU vom 26. Juni 1974 „Über Maßnahmen zur Verbesserung der Arbeit unter der deutschen Bevölkerung" die Grundlage für die ‚Erziehungs'-arbeit bis zur Perestrojka Gorbatschows. Empfehlungen der Parlamentarischen Versammlung des Europara-

---

19 *Boris Meissner* (Hg.): Moskau-Bonn. Die Beziehungen zwischen der Sowjetunion und der Bundesrepublik Deutschland 1955–1973. Dokumentation. Köln 1975, S. 115; Ustanovlenie diplomatičeskich otnošenij meždu SSSR i FRG. Sbornik dokumentov i materialov [Aufnahme diplomatischer Beziehungen zwischen der UdSSR und der BRD. Sammelband von Dokumenten und Materialien]. Izd.: Moskovskij gosudarstvennyj institut meždunarodnych otnošenij (universitet) MID Rossii. Moskva 2005, S. 110–118.

20 *Viktor N. Zemskov:* Specposelency v SSSR. 1930–1960 [Sondersiedler in der UdSSR. 1930–1960]. Moskva, 2005, S. 251. Deutsch in: *Eisfeld, Herdt* (Hg.): Deportation (wie Anm. 7), S. 454.

21 *Alfred Eisfeld:* Die Stellung der Russlanddeutschen in der sowjetisch–russischen Deutschlandpolitik, in: 50 Jahre sowjetische und russische Deutschlandpolitik sowie ihre Auswirkungen auf das gegenseitige Verhältnis, hg. v. *Boris Meissner* und *Alfred Eisfeld*. Berlin 1999, S. 239–261.

tes vom 29. September 1983 zur Aufhebung der Benachteiligungen der Deutschen in der UdSSR wurden, wie andere Stellungnahmen aus dem Ausland, als Einmischung in die inneren Angelegenheiten zurückgewiesen. Innerstaatlich antwortete man darauf mit einem Beschluss des ZK der KPdSU „Über Maßnahmen zur Gegenwirkung gegen die Kampagne im Westen betreffend die Frage über die Lage der Bürger deutscher Volkszugehörigkeit in der UdSSR" vom 28. Dezember 1984.

Erst nach den Unruhen in der Hauptstadt Kasachstans im Dezember 1986 wurde ein Umdenken in der Nationalitätenpolitik sichtbar. Das Inkrafttreten des Gesetzes der UdSSR über die Aus- und Einreise vom 1. Januar 1987 war ein Bruch mit der bisherigen Ausreisepraxis: Jeder Bürger der UdSSR, mit wenigen Ausnahmen, bekam das Recht auf einen Reisepass und konnte das Land verlassen. Die Genehmigungspraxis für die Ausreise zum Zweck der Familienzusammenführung fiel weg. Stattdessen wurden von zahlreichen Staaten Einreisebeschränkungen für Sowjetbürger eingeführt. Auch für die ausreisewilligen Russlanddeutschen wurde es Anfang der 1990er Jahre zunehmend schwer, eine Einreisegenehmigung zu bekommen.

Die Wendejahre 1989 und 1990 haben einen grundlegenden Wandel der internationalen Beziehungen möglich gemacht. In erster Linie wären hier das Dokument des Kopenhagener Treffens über die menschliche Dimension der KSZE vom 29. Juni 1990 und die Charta von Paris für ein neues Europa vom 21. November 1990 zu nennen. Darauf folgte die Unterzeichnung des Vertrags über gute Nachbarschaft, Partnerschaft und Zusammenarbeit zwischen der Bundesrepublik Deutschland und der Sowjetunion vom 9. November 1990,[22] in dem den Rechten der deutschen Bevölkerung in der UdSSR ein eigener Artikel gewidmet war.

Auch im Vertrag zwischen der Bundesrepublik Deutschland und der Republik Polen über gute Nachbarschaft und freundschaftliche Zusammenarbeit vom 17. Juni 1991[23] wurden die Deutschen in Artikel 20 berücksichtigt. Ähnliche Regelungen konnten mit Rumänien, der Tschechoslowakei und anderen Staaten getroffen werden. Vertreter der deutschen Organisationen aus Polen, Ungarn, der Tschechoslowakei, Rumänien und der GUS haben diese Politik der Bundesregierung in einer gemeinsamen Erklärung vom 12. Februar 1992 begrüßt.

Damit waren international und bilateral Bedingungen geschaffen, die als weitgehend spannungsfrei und auf Kooperation ausgerichtet bezeichnet werden können.

---

22 Der „Vertrag über gute Nachbarschaft, Partnerschaft und Zusammenarbeit zwischen der Bundesrepublik Deutschland und der Union der Sozialistischen Sowjetrepubliken" vom 09.11.1990 unter <http://www.auswaertiges-amt.de/diplo/de/AAmt/PolitischesArchiv/DokumenteUnd Vertraege/901109-VertDeuUdSSRNachbar-pdf.pdf> (abgerufen 12.12.2008).

23 Der „Vertrag zwischen der Bundesrepublik Deutschland und der Republik Polen über gute Nachbarschaft und freundschaftliche Zusammenarbeit" vom 17. 06.1991 unter <http://www.auswaertiges-amt.de/diplo/de/AAmt/PolitischesArchiv/DokumenteUndVertraege/910617-VertDeuPL Freund-pdf.pdf> (abgerufen 12.12.2008).

7. Ein Ziel vor Augen? Welches?

In Bezug auf die Russlanddeutschen konnte als durchaus erfolgreich vermerkt werden, dass eine Deutsch-Russische Regierungskommission für die Angelegenheiten der Russlanddeutschen mit Unterkommissionen an die Arbeit ging. Daran waren neben den beiden Regierungen und Vertretern einer Reihe von Verwaltungsgebieten Russlands auch Vertreter der miteinander konkurrierenden Verbände der Russlanddeutschen beteiligt. Ähnliche Regierungskommissionen wurden für Kasachstan, die Ukraine und Kirgisien eingerichtet, wenngleich diese nicht so häufig tagen sollten.

Innerstaatlich schien die Wiederherstellung der Rechte der Russlanddeutschen in greifbare Nähe zu rücken: Am 1. Juli 1991 wurde die Wiederherstellung des deutschen Landkreises in der Region Altaj beschlossen. Allerdings, im Statut des Landkreises fehlt jeglicher Hinweis darauf, dass es sich um einen „deutschen" Landkreis handelt. Die Verfassung Russlands sieht solche Verwaltungseinheiten auch gar nicht vor. Im Dezember 1991 wurde vom Obersten Sowjet der RSFSR jedoch ein Moratorium für territoriale Veränderungen bis Juli 1995 verhängt, und am 8. Januar 1992 hat Präsident Boris Jelzin während seines Besuchs in Saratow das Raketentestgelände Kapustin Jar als Ort für die Wiederherstellung der Wolgarepublik bezeichnet.

Unmittelbar darauf folgten Angebote der Präsidenten der Ukraine und Kirgisiens an die Russlanddeutschen, sich in diesen Republiken anzusiedeln. Wie wenig ernst diese großzügigen Einladungen gemeint waren, konnte man schon bald erkennen.

Als Erfolg konnte auch noch verbucht werden, dass am 10. Juli 1992 ein „Protokoll über die Zusammenarbeit zwischen der Regierung der Bundesrepublik Deutschland und der Regierung der Russischen Föderation zur stufenweisen Wiederherstellung der Staatlichkeit der Russlanddeutschen" unterzeichnet werden konnte. Daraus wurde ebenso nichts wie aus den Dekreten Jelzins zur Errichtung eines deutschen Landkreises im Gebiet Saratow und eines deutschen Bezirks im Gebiet Wolgograd. Auch das vom Präsidenten Russlands bestätigte, sehr umfangreiche Programm der Entwicklung der sozial-ökonomischen und kulturellen Grundlage für die Wiedergeburt der Russlanddeutschen für die Jahre 1997 bis 2006[24] blieb weitgehend wirkungslos. Es war nur zu einem geringen Bruchteil finanziert.[25]

24　Prezidentskaja Federal'naja celevaja programma razvitija social'no-ėkonomičeskoj i kul'turnoj bazy vozroždenija rossijskich nemcev na 1997–2006 gody [Föderales Präsidentenprogramm der Entwicklung der sozial-ökonomischen und kulturellen Grundlage für die Wiedergeburt der Russlanddeutschen für die Jahre 1997–2006]. Moskva 1997.

25　Der Präsident der Deutschen Nationalen Kulturautonomie Russlands, V. F. Baumgärtner, spricht von 5 Prozent Finanzierung; dazu: *Viktor F. Baumgärtner:* Filosofija obščiny [Philosophie der Gemeinde]. Moskva 2007, S. 346; nach anderen Informationen wurden das Programm nur zu 3 bis 5 Prozent finanziert, dazu: Neues Leben Nr. 2, 5965, Februar 2007, S. 6.

Die Bildung einer „Föderalen deutschen nationalen Kulturautonomie" auf der Grundlage des Gesetzes der Russischen Föderation von 1996 konnte zu keinem Erfolg führen, da die finanziellen Mittel für die zahlreichen möglichen Aufgaben auf den Gebieten Bildung und Kultur fehlten.

Weitere Einzelheiten sollen hier ausgelassen werden, stattdessen noch Informationen über die gegenwärtige Lage folgen. Diese ist dadurch gekennzeichnet, dass Russland dank der wirtschaftlichen Erholung und des Wegzugs einer beträchtlichen Anzahl von ehemals mit ihrer Lage unzufriedenen Menschen, darunter auch Russlanddeutschen, praktisch keinem nennenswerten Auswanderungsdruck mehr ausgesetzt ist. Das wirtschaftliche Erstarken macht sich innen- wie außenpolitisch bemerkbar. Die im Lande verbliebenen Russlanddeutschen – die zum großen Teil in Mischehen verheiratet sind oder aus Mischehen hervorgegangene Abkömmlinge sind – können mit einer kulturellen Betreuung, der Einbeziehung in Austauschprogramme und der Möglichkeit der Partizipation an wirtschaftlichen Beziehungen befriedigt werden. Dies mag hart klingen, zumal wenn ich dies hier ausspreche. Doch wie anders können Resolutionen gedeutet werden, die während des Forums der deutschen Begegnungszentren Ende Oktober 2007 in Moskau verabschiedet wurden?[26] Und fällt da noch ins Gewicht, dass auch noch vereinzelt Forderungen nach der vollen politischen, rechtlichen, sozialen und kulturellen Rehabilitierung der Russlanddeutschen[27] zu hören sind? Ich persönlich halte diese Forderung für berechtigt, nicht nur als Rehabilitierung der unschuldig Verfolgten, sondern als unverzichtbaren Beitrag zur Normalisierung der innerstaatlichen Ordnung, als Stärkung des Rechtssystems und der Zivilgesellschaft. Man hat jedoch den Eindruck, dass gelegentliches Wiederholen dieser Forderungen das politische Geschäft schon lange nicht mehr stört.

Im Rahmen der bilateralen und multilateralen Beziehungen verdienen die Russlanddeutschen die Unterstützung sowohl Deutschlands als auch ihrer gegenwärtigen Staaten Russland, Ukraine, Kasachstan, Kirgisien usw. Ihr Kriegsfolgeschicksal kann wohl nicht ernsthaft in Frage gestellt werden. Als Wiedergutmachung sollte man verstärkt an Bildungs- und Qualifizierungsmaßnahmen sowie an die kulturelle Betreuung denken, nicht zuletzt an die Erforschung und Pflege des kulturellen Erbes, wohl wissend, dass es sich um ein Kulturerbe handelt, das sowohl deutsche Wurzeln als auch eine Verortung in Osteuropa, Zentralasien und Sibirien hat.

---

26 Rešat', čto nužno, budut MKS [Entscheiden, was gebraucht wird, werden die regionalen Koordinationszentren], in: Moskovskaja nemeckaja gazeta Nr. 22 (223) Nojabr' 2007, S. 6; „Sistema centrov vstreč dolžna žit' i razvivat'sja" [Das System der Begegnungszentren muss bestehen und sich weiterentwickeln], in: Moskovskaja nemeckaja gazeta Nr. 23 (224) Nojabr' 2007, S. 7.

27 Neues Leben. Nr. 8, 5961, August 2006, S. 1.

Als Teil der Zivilgesellschaften Russlands, der Ukraine, Kasachstans und Kirgisiens können die dort lebenden Russlanddeutschen wertvolle Dienste bei der Verständigung zwischen der dortigen Bevölkerung und Europa leisten. In Osteuropa glaubt man den Worten eines einfachen Mannes, einer einfachen Frau oft eher als Politikern. Diese Kontakte sind direkter, Aussagen können überprüft werden. Sie bilden die Grundstimmung, die auch Belastungen der Beziehungen, selbst Kriege überdauert. Die Kontakte zwischen Deutschland und Russland charakterisieren quantitativ und qualitativ eine gute, wenn auch nicht störungsfreie Nachbarschaft. Die Russlanddeutschen sind dabei kein Hindernis, kein Stolperstein mehr. Sie haben eher die Rolle eines Stegs mit einem lebhaften Verkehr.

Bei der Konzipierung weiterer Maßnahmen sollte verstärkt darauf geachtet beziehungsweise berücksichtigt werden, dass:

- die Sorge für die weitere Entwicklung der Deutschen in Russland, Kasachstan und anderen GUS-Republiken vor allem in deren Verantwortung fällt, denn es sind Staatsbürger dieser Länder;

- die wirtschaftliche Entwicklung Russlands und Kasachstans zunehmend Ressourcen für den Ausbau der Infrastruktur und Investitionen bietet;

- bilaterale Vereinbarungen, die im Rahmen der Regierungskommissionen getroffen werden, von beiden Seiten umgesetzt werden;

- innerstaatliche Rechtsakte (Dekrete des Präsidenten, Regierungsbeschlüsse und -programme) umgesetzt werden;

- die Hilfe der Bundesregierung ergänzend zu den Maßnahmen der Regierungen der GUS-Republiken vor allem im humanitären, sozialen, Kultur- und Bildungsbereich eingesetzt wird;

- die russlanddeutschen Vereine, die Projekte der Regierungskommissionen durchführen, eine kontinuierliche Grundfinanzierung benötigen, um entsprechend qualifizierte Mitarbeiter einsetzen zu können. Diese Empfehlung richtet sich, in Anbetracht der zunehmend restriktiven Reglementierung der Tätigkeit ausländischer Organisationen in Russland, vor allem an die russische Regierung.

Bernard Gaida

Vom Stolperstein zur Brücke –
die deutsche Minderheit in Oberschlesien[1]

Dieser Beitrag behandelt die Thematik ‚Minderheit' nicht aus wissenschaftlicher Perspektive,[2] sondern aus Sicht der alltäglichen Praxis. Dabei wird vorausgesetzt, dass es einen Weg zur Umwandlung des Stolpersteins in eine Brücke gibt, einen Weg, den man noch finden muss. Die erfolgreiche Beschreitung dieses Weges würde bedeuten, dass die deutsche Minderheit in ihrer Heimat zum Brückenbauer geworden ist. Alle wissen – sowohl die Minderheit als auch die Mehrheit und mit Sicherheit auch die deutsche Politik –, dass die Deutschen in Oberschlesien für die Erfüllung dieser Aufgabe prädestiniert sind.

Dies wird im Allgemeinen auch für wünschenswert und politisch richtig gehalten. Hier soll die These aufgestellt werden, dass das kein gerader Weg sein kann. Ob es gefällt oder nicht, die deutsche Minderheit war und ist gleichzeitig sowohl Stolperstein als auch Brückenbauer. In dieser Situation befinden sich wohl alle Minderheiten. Dies kann am besten anhand der Situation in Polen gezeigt werden. Die meisten Deutschen in Polen sind Nachkommen der deutschen Bürger, die hier schon vor dem Zweiten Weltkrieg gelebt haben. Sie haben ihre Heimat nicht gewechselt, die Grenzen nicht überschritten. Die Grenze hat die Minderheit überschritten.

Etwa ein Drittel des gegenwärtigen polnischen Staatsgebiets befindet sich auf einem Territorium, das bis zum Jahr 1945 zu Deutschland gehörte. Bereits die propagandistische Begründung der Zugehörigkeit dieser Gebiete zu Polen nicht etwa als

---

1 Weiterführende Literaturhinweise *Till Scholtz-Knobloch:* Die deutsche Minderheit in Oberschlesien. Selbstreflexion und politisch-soziale Situation unter besonderer Berücksichtigung des so genannten „Oppelner Schlesiens (Westoberschlesien)". Görlitz 2002; *Maria Brzezina:* Polszczyzna niemców [Die polnische Sprache der Deutschen] (Języki mniejszości narodowych w tekstach literackich i folklorystycznych). Warszawa, Kraków 1989; *Matthias Kneip:* Die deutsche Sprache in Oberschlesien. Untersuchungen zur politischen Rolle der deutschen Sprache als Minderheitensprache in den Jahren 1921-1998 (Veröffentlichungen der Forschungsstelle Ostmitteleuropa an der Universität Dortmund, Reihe B, 62). Dortmund 1999; *Thomas Urban:* Deutsche in Polen – Geschichte und Gegenwart einer Minderheit, München 2000; *Marek Zybura:* Niemcy w Polsce [Deutsche in Polen]. Wrocław 2001.

2 Die Thematik ist auch regelmäßig Gegenstand wissenschaftlicher Konferenzen: „Das multikulturelle Schlesien: Mythos oder Wirklichkeit", veranstaltet vom Centre Interdisciplinaire de Recherches Centre-Européenne (CIRCE) der Universität Paris-Sorbonne, 7.-9.12.2007 (vgl. AHF-Information Nr. 017 vom 25.01.2008); „Die multikulturellen Wurzeln Schlesiens mit besonderer Beachtung von Oberschlesien", veranstaltet von der Polnischen Akademie der Wissenschaften in Kattowitz, der Stadtverwaltung Zabrze und der Polnischen Gesellschaft für Geschichte in Kattowitz, November 2008.

Kriegsgewinn, sondern aufgrund des piastischen Gedankens, also einer geschichtlich polnischen Beziehung, brachte mit sich, dass die Minderheit nur den Charakter eines Hindernisses haben konnte. Sie wurde Opfer des in Polen behaupteten und mit der Wirklichkeit unverträglichen Konzepts eines national homogenen Staates.

Polen war ein durch den Krieg zerstörter, kommunistischer Staat, der mit einer Demokratie nicht zu vergleichen war. Wo immer in diesem Staat auch nach Flucht und Vertreibung der Deutschen aus Schlesien, Pommern oder Ostpreußen noch irgendwo eine Gruppe Deutscher ansässig war, wurde alles unternommen, damit diese ihre deutsche Prägung aufgaben.

Im sprachlich gemischten Oberschlesien, wo auch viele aus der Flucht zurückgekommene Menschen lebten, hat man sich besondere Mühe gegeben, aus den Deutschen die sprichwörtlichen Stolpersteine zu machen. Hier ging es um die Bestätigung der These, dass der Deutsche dem Polen nie ein Bruder sein könne. Andererseits ging es auch darum, dass sich diese Bevölkerung selbst der Assimilation unterwirft.

Je mehr man den Assimilierungsdruck erhöhte, desto größer wurde der Ärger darüber, dass viele für die ihnen ‚zugeteilte‘ polnische Staatsangehörigkeit keine Dankbarkeit empfanden. So wurde das Gefühl, ein Stolperstein zu sein, immer stärker. Der Wille, der deutschen Sprache und Kultur treu zu bleiben, wurde in Polen nicht akzeptiert. In den 1950er und 1960er Jahren galt im täglichen Leben das Deutsche als ein Synonym für den Nationalsozialismus.

Als mein Bruder knapp ein halbes Jahr vor dem Schulbeginn begann polnisch zu lernen und mit einem deutlichen deutschen Akzent in die Schule kam, wurde er von einer der Lehrerinnen nie anders gerufen als: „Du, Hitlerjunge!". Das war bereits fast zwanzig Jahre nach dem Krieg.

Im Jahr 1990 wurde ich zum Vorsitzenden des Gemeinderats in meiner Stadt Guttentag gewählt. Im Archiv fanden wir damals einen Ordner voller Strafmandate wegen „Deutschsprechens", auch zu Hause. Der damalige polnische Bürgermeister erklärte, dass die hohen Geldstrafen die Betroffenen vor der Deportation ins Zwangsarbeitslager geschützt hätten, von denen in Polen mehrere Hundert existierten. Viele wurden dorthin allein wegen ihrer Herkunft verbracht, oft weil jemand den Haushalt eines Betroffenen, in dem die deutsche Sprache verwendet wurde, ausgespäht hatte, also manchmal nur gerade für das „Deutschsprechen".

Es wurde bereits viel unternommen, um das Schicksal der nach Deutschland vertriebenen Menschen aufzuarbeiten. Die ‚oberschlesische Tragödie‘, die auf einem raffinierten System von Festnahmen und Deportationen in die Sowjetunion beruhte, ist aber immer noch wenig bekannt. Etwa 90.000 Schlesier wurden nach dem Krieg als eine Art moderne Sklaven gefangen genommen. Dies geschah ohne alle Anklageerhebungen. Man weiß nicht, wie viele Menschen dies betroffen hat, allerdings wird von lediglich knapp 5.000 Rückkehrern gesprochen. Grundsätzlich ist das alles auch unter Akzeptanz der Öffentlichkeit geschehen.

Nach der politischen Beruhigung der Nachkriegsjahre hatte man immer noch das Gefühl eines Fremdkörpers in Schlesien (aber auch in anderen Regionen). Die Politik verlangte nach Maßnahmen, um diesen Fremdkörper zu entfernen. Das Programm der Polonisierung erforderte den Ausschluss der deutschen Sprache aus dem täglichen Gebrauch gerade dort, wo es noch traditionell deutschsprachige Bevölkerung gab. Selbstverständlich war damals keine Rede von ,nationalen Minderheiten', folglich gab es auch keine Minderheitensprache. Deutsch wurde auch als Fremdsprache aus den Schulen getilgt. Zwischen 1945 und 1989 gab es in Schlesien nur eine einzige Mittelschule, in der man das Fach Deutsch lehren durfte. Das Deutsche durfte auch in Form der bezahlten Sprachkurse, die damals in den Kulturhäusern populär waren, nicht gelehrt werden.

Erlauben Sie mir bitte, dass ich nochmals an eigene Erfahrungen anknüpfe und an den damaligen Leiter einer Institution erinnere, die in den 1970er Jahren einen Deutschkurs einführen wollte. Als dies auf großes Interesse der Bewohner stieß, wurden ein Lehrer engagiert und Plakate ausgehängt. Der Leiter der Einrichtung bekam umgehend Besuch von der Geheimpolizei, die ihm mit dem Verlust seiner Arbeitsstelle drohte, falls er den langjährigen Polonisierungsaufwand vernichten wolle.

Viele wurden wegen ihrer Herkunft oder des Gebrauchs der deutschen Sprache im Berufsleben nicht befördert. Die deutsche Gemeinschaft lebte in einem Staat, der von dem sich demokratisch entwickelnden Europa durch den Eisernen Vorhang getrennt war, und blieb auch von ihrer eigenen kulturellen Kontinuität abgeschnitten. Nur zu Hause konnte die sprachliche und kulturelle Identität gepflegt werden, allerdings stets in der Furcht vor Repressalien. Eine derartige Lage machte die Betroffenen fast zwangsläufig zu Fremdkörpern.

Leider konnte man auch aus den wenigen Kontakten mit Deutschen in den deutschsprachigen Staaten schließen, dass wir als Gemeinschaft im Bewusstsein der dort lebenden Deutschen aufgehört hatten zu existieren. Das Problem war nicht nur die Verteilung der Verantwortung für das Grauen des Zweiten Weltkrieges und dessen Konsequenzen, sondern auch die Feststellung, dass wir Opfer der Verdrängung mancher Tatsachen aus dem deutschen Bewusstsein wurden.

In den 1970er Jahren, als sich die deutsch-polnischen Beziehungen allmählich normalisierten, konnte man im Rahmen der Familienzusammenführung nach Deutschland aussiedeln. Manche haben diese Möglichkeit ausgeschlagen, weil sie zu Recht befürchteten, in Deutschland als Polen bezeichnet zu werden. Sie wollten lieber bleiben, um in Oberschlesien als Deutsche anerkannt zu sein. Dieses Beispiel zeigt deutlich, dass die Deutschen in Oberschlesien im Bewusstsein der Deutschen in den westlichen, deutschsprachigen Staaten kaum existierten.

Aber selbst in der schwersten Nachkriegszeit ist es den Deutschen in Oberschlesien trotzdem gelungen, als Brückenbauer und Vertrauenstifter zu wirken, wenn auch nicht auf der politischen Ebene. Der Staat konnte sie ignorieren, assimilieren und ihrer Identität berauben. Nicht zu verändern war die Tatsache, dass sich unsere

Nachbarn und Mitbürger über unsere deutsche Identität im Klaren waren. Viele von ihnen hatten ein ähnliches Drama der Vertreibung aus den östlichen Gebieten Polens erlebt und konnten daher die stille Tragödie der deutschen Familien verstehen. Sie waren es, die das Schicksal der deutschen Oberschlesier und die späteren dramatischen Entschlüsse zur Übersiedlung nach Deutschland verstanden haben. Für sie waren die Deutschen in den schlesischen Städten und Dörfern die einzigen Vertreter dieser Nation, die von der Propaganda in Misskredit gebracht wurde, um dadurch die aufgezwungene Freundschaft mit der UdSSR zu begründen.

Die Deutschen in Oberschlesien entsprachen in keiner Weise der negativen Vorstellung, die im polnischen Bewusstsein eingeprägt war. Ihre Lebensart und Toleranz gegenüber den polnischen Ankömmlingen aus dem Osten, die christliche Haltung der Familien, das alles passte nicht zu den verbreiteten Vorurteilen. Jede Familie baute Brücken zwischen Polen und Deutschen durch das tägliche Zusammenleben mit den polnischen Nachbarn, durch Hilfsbereitschaft und täglichen Austausch, lange bevor die offiziellen deutsch-polnischen Beziehungen aufgenommen wurden. Man muss zwischen der politischen Realität und den tatsächlichen zwischenmenschlichen Kontakten unterscheiden. Nur für diese allmählich gewachsenen, zu Brücken gewordenen Beziehungen tragen die Vertreter der Minderheit die Verantwortung. Vielleicht war es deshalb im Jahr 1965 für die polnischen Bischöfe in ihrem Brief an ihre deutschen Amtsbrüder einfacher zu sagen: „Wir vergeben und bitten um Vergebung".[3]

Diese Worte lösten jedoch eine scharfe staatliche Kritik aus. Für viele Polen waren sie aber trotzdem ein Durchbruch, der die deutsch-polnischen Beziehungen zum ersten Mal nicht nur auf der politischen, sondern auch auf der moralischen Ebene sehen ließ. Heute fehlen oft Autoritäten mit derartigem Mut, wie ihn die deutschen und polnischen Bischöfe damals bewiesen haben, besonders wenn wir in der demokratischen Realität kein Verständnis für unsere Forderungen finden, deren Ursprung in der ethischen Realität, in der Wirklichkeit, liegt, die aber nur im Licht der kalten Politik betrachtet werden. Zu solchen Problemen gehören auch die Schwierigkeiten mit den Erinnerungsorten (zum Beispiel Denkmäler, Erinnerungstafeln) in unseren historischen Regionen, in denen wir leben.

Der geschichtliche Rückblick ist notwendig, wenn man über die gegenwärtige Funktion der deutschen Minderheit sprechen möchte. Vor 1989 bestand zweimal die Möglichkeit, die Beurteilung der deutschen Minderheit zu verändern. Zum einen war es der bereits erwähnte Brief der Bischöfe, zum anderen die Zeit des Solidarność-Umbruchs nach 1980. Ich hatte damals die Gelegenheit, am intellektu-

---

3 *Basil Kerski, Thomas Kycia, Robert Żurek* (Hg.): „Wir vergeben und bitten um Vergebung". Der Briefwechsel der polnischen und deutschen Bischöfe 1965 und seine Wirkung (Veröffentlichungen der Deutsch-Polnischen Gesellschaft 9). Osnabrück 2006.

ellen Leben der Stadt Posen teilzuhaben. Viele Treffen und Diskussionen befassten sich mit den künftigen Grundsätzen des neuen Staates, der auf den Ruinen des sozialistischen Polens aufgebaut werden sollte. Dabei überwog die Ansicht, dass die lügenhafte Erfindung eines mononationalen Polens nun korrigiert und der Realität angepasst werden sollte und dass die in Polen lebenden Minderheiten demokratische Rechte bekommen müssten. Damals haben Vertreter des Westinstituts in Posen berichtet, dass die Verleugnung der Existenz einer deutschen Minderheit in Polen so umfassend gewesen war, dass man sich bis dahin selbst in den Büros der Soziologen mit diesem Thema nicht beschäftigen durfte.

Die Realität ist heute ganz anders, obwohl sie in gewissem Maße immer noch eine Sklavin der damaligen Realität ist. Inzwischen hat sich in der Politik beinahe alles verändert. Wir leben in einem Mitgliedsstaat der Europäischen Union und der Schengen-Zone. Die Rechte der Minderheiten werden von internationalen Gesetzen und Konventionen geregelt. Im deutsch-polnischen Fall bilden bilaterale Verträge die gesetzliche Basis für die deutsche Minderheit. Viele Rechte der nationalen Minderheiten werden bereits sogar in internen Gesetzen des Staates geregelt. In Polen wurden auch die Lehre der Minderheitssprache an den Schulen sowie die Themen der zweisprachigen Ortsnamensschilder und der Zulassung des Deutschen als Amtssprache geregelt. Es kann gesagt werden, dass das Gesetzessystem den Minderheiten gute Möglichkeiten bietet, die allerdings noch nicht vollständig genutzt werden.

Die Zeit nach 1989 war für die Deutschen in Polen geradezu revolutionär. Von den Veränderungen konnten unsere Großväter nur träumen. Nun durfte man als bekennender Deutscher in Polen leben, obwohl die Nachkriegsordnung Europas nicht angetastet worden war. Die vorhandenen Brücken zwischen den Deutschen und ihren Nachbarn erlitten eine gewisse Erschütterung, als die Strukturen der deutschen Minderheit formell hergestellt wurden – sie hielten jedoch Stand. Unruhen blieben auch aus, als bei den Kommunalwahlen überwiegend Deutsche in die Gemeinderäte gewählt oder als in mehreren Pfarreien deutsche Andachten und Gottesdienste eingeführt wurden. Die menschliche Seite dieser Änderungen war aber wichtiger. Die erste deutsche Maiandacht, die nach dem Krieg in der Kirche in Guttentag stattfand, war voll besucht, und sogar die Männer hatten Tränen in den Augen. Die Bemühungen um die Einführung deutscher Andachten, gerade zu der Zeit, als man vom polnischen Primas hörte, dies sei nicht nötig, da es keine deutsche Minderheit gebe, haben einen enormen Beitrag zum Brückenbau geleistet. Das verlieh der deutschen Minderheit einen christlichen Charakter und näherte sie der kirchlichen Autorität an, schuf aber auch das Bewusstsein der Einheit im Glauben, die uns mit unseren polnischen Mitbürgern verbindet.

Die Funktion des Brückenbauers wurde nun von den Einzelpersonen auf die deutsche Minderheit als Organisation übertragen. Für die Sphäre des politischen Lebens ist die deutsche Minderheit nur in einem geringen Maße verantwortlich.

Durch die Anstrengungen vieler Menschen, der Verbände und der Bürgermeister der deutschen Minderheit konnten eine große Anzahl an Partnerschaften in der Woiwodschaft, in den Kreisen und Gemeinden, aber auch zu Schulen und Vereinen entstehen, trotz vieler ursprünglich bestehender Bedenken. Oft mussten wir zuerst die Bedenken der deutschen Politiker überwinden, da diese die Partnerschaft mit einer polnischen Gemeinde suchten; eine Partnerschaft mit der deutschen Minderheit galt als nicht politisch korrekt. Das Bewusstsein, dass wir als Deutsche ein Stolperstein auf dem Weg zu einer Partnerschaft mit einer deutschen Gemeinde wurden, war für uns eine überraschende Erfahrung. Zum Glück sind viele solche Partnerschaften entstanden, die die Verständigung zwischen den Nationen besiegelten.

Die Politik fragt öfters danach, ob die deutsche Minderheit einen Stolperstein oder eine Brücke darstellt. So ähnlich lautete auch das Thema von zwei Konferenzen, die 1990 und 1993 von der Evangelischen Akademie Mülheim/Ruhr und dem Schlesischen Institut in Oppeln veranstaltet wurden.[4] Es ist schon überraschend, dass man bereits damals, also nur wenige Jahre nach Einführung der Demokratie in Polen und der offiziellen Gründung der Organisationen der deutschen Minderheit, eine Definition dieser Rolle verlangte und hohe Erwartungen an die Minderheit stellte. Doch auch nach 18 Jahren können wir nicht viel mehr sagen, als dass wir trotz vieler Anstrengungen sowohl Brückenbauer als manchmal auch Stolpersteine sind.

Die deutsche Minderheit engagiert sich in einer Vielzahl von Bereichen: Sie setzt sich für das Allgemeinwohl durch Mitarbeit in den kommunalen Strukturen und der regionalen Infrastruktur ein, arbeitet im sozialen Bereich, indem sie ein Netz von Caritas-Stationen unterhält und unterstützt aus dem Minderheitenbudget Krankenhäuser. Darüber hinaus stellt sie ein breites Kulturangebot zur Verfügung, beteiligt sich an der Ansiedlung von kleinen und mittleren Unternehmen mit deutschem Kapital, fördert zahlreiche Partnerschaften und tritt für eine Regionalpolitik ein, die für die multikulturelle Realität offen ist.

Man könnte noch vieles aufzählen, und trotzdem wird die deutsche Minderheit immer wieder als Stolperstein bezeichnet. Jeder, der die deutsche Minderheit in den letzten Jahren objektiv beobachtet hat, wird bestätigen, dass sie intensiv für die Verbesserung des Verhältnisses der beiden Nationen gekämpft hat.

Es gibt jedoch Situationen, in welchen wir aus von uns unabhängigen Gründen als Hindernis gesehen werden. Dies ist oft historisch bedingt. Doch wenn als Preis für den Bau von Brücken der Verzicht auf die eigene historische Identität gefordert wird, so ist dies nicht angemessen. Als Beispiele können hier die Probleme mit Gedenktafeln, Denkmälern oder Gedenkstätten genannt werden, zum Beispiel zur Erinnerung an den ehemaligen Oppelner Landrat von Matuschka, der den Widerstand gegen den Nationalsozialismus mit seinem Leben bezahlt hat, der Versuch, eine

---

4   Evangelische Akademie Mülheim/Ruhr: Oberschlesien als Brücke zwischen Polen und Deutschen (Begegnungen 3/90).

Schule nach einem schlesischen Nobelpreisträger zu benennen, oder die Beanstandung von Grabsteinen, die an die Verwandten und Vorfahren erinnern, die in den beiden Weltkriegen gefallen sind. Mit diesen Erinnerungsstätten wollen wir weder den Faschismus noch den preußischen Militarismus glorifizieren. Es geht nur um die Erfüllung einer christlichen Pflicht und um die Bewahrung der Erinnerung, einer Erinnerung, die sich von der unserer Mitbürger unterscheidet.

Uns wird öfter Taktlosigkeit oder Mangel an politischer Kultur vorgeworfen. Dabei wird nicht selten vergessen, dass ebenso die Mehrheit Taktgefühl und politische Kultur beweisen muss, damit die Minderheitenrechte mit Leben erfüllt werden können. Kurz gesagt: Um eine Brücke zu bauen, muss es zwei vorbereitete Ufer geben.

Damit die Mehrheit die deutsche Minderheit besser kennenlernen kann, um dadurch die erste Brücke des Verständnisses zu bauen, muss sich diese verständlich äußern. Die deutsche, in der Region verankerte Identität muss stark sein. Auf Grundlage einer schwachen Identität kann eine Brücke zwischen den Nationen nicht gebaut werden.

Wenn man also erwartet, dass jemand die Funktion des Brückenbauers übernimmt, müssen die Bauarbeiter von beiden Seiten unterstützt werden, sonst können wir – trotz des erweiterten Deutschunterrichts für Tausende von Kindern in den öffentlichen Schulen – unsere Identität nicht bewahren. Die Sprache allein ist noch kein Identitätsträger. Am wichtigsten sind Vorschläge, wie man die Muttersprachefunktion der Sprache wiederherstellen kann, und eine permanente Verbindung mit der Kultur unseres Herkunftslandes. Dabei geht es nicht um Folklore, sondern um Beteiligung an der lebendigen, gegenwärtigen deutschen Kultur. Nur dadurch können wir die junge Generation gewinnen. Diese Aufgabe kann aber nicht nur von der Minderheit getragen werden. Wir brauchen Hilfe statt Kritik oder Spott über die deutschen Sprachkenntnisse. Das unterscheidet uns vermutlich von den Deutschen in Ungarn oder Rumänien.

Das repressive System, das bei uns 45 Jahre andauerte, wurde bereits beschrieben. Verständnis habe ich auf der berühmten Hochschule für politische Wissenschaften Sciences Po in Dijon gefunden. Eine Studentin stellte die Frage, ob es wahr sei, dass tatsächlich nur 25 Prozent der Deutschen in Polen der deutschen Sprache mächtig sind. Ich habe es nicht verneint. Im Gegenzug fragte ich sie, wie sie diese Situation empfindet, worauf ich eine reife Antwort bekommen habe. Sie sagte, es sei logisch, dass, wenn zwei Generationen von der deutschen Sprache abgeschnitten sind, diese Sprache in der dritten Generation verschwindet. Man baut aber länger auf als man verlor. Wenigstens dieses Verständnis fordern wir von der Mehrheit und von unserem Herkunftsland. Dies wäre ein wichtiger Schritt zur Überwindung der Identitätskrise und zum Aufbau der deutschen Sprache als Muttersprache.

Die deutsch-polnische Verständigung und die Rolle der deutschen Minderheit bei dieser Verständigung müssen den Hauptinhalt eines anhaltenden politischen Dialogs bilden, dann wird man auch auf Krisensituationen vorbereitet sein; zum Beispiel infolge einer antideutschen Interpretation des Lissabonner Vertrages oder eines Gerichtsurteils zur Rückgabe eines Hauses an einen deutschen Bürger. Leider sind gegenwärtig die Standards besonders in Bezug auf die Rolle der nationalen Minderheiten niedriger geworden. Ich kann mich erinnern, wie wir mit Spannung die Verlautbarung des ersten demokratischen Premierministers, Tadeusz Mazowiecki, verfolgten und erleichtert aufatmeten, als er den Minderheiten ihre Freiheiten und Rechte zusicherte. Heute gibt es zwar verschiedene gesetzlich verankerte Vorschriften, die diese Freiheiten gewährleisten, für das gesellschaftliche Bewusstsein und die politische Diskussion über die Minderheiten im demokratischen Polen wäre aber eine erneute Verlautbarung der nachfolgenden Premierminister notwendig gewesen.

Aber auch von der deutschen Politik erwartet die deutsche Minderheit, dass sie nicht als Hilfeempfänger, sondern als Partner angesehen wird und dass diese Partnerschaft für unsere Mitbürger sichtbar wird. Dies wäre für unsere Aufgabe des Brückenbaus eine wertvolle Unterstützung. Wichtig wären auch Besuche deutscher Politiker bei der Minderheit. Gerade für die älteren Menschen ist nicht der Besitz eines deutschen Reisepasses oder die Möglichkeit, nach Deutschland zu ziehen, hilfreich, sondern das Gefühl der Solidarität des deutschen Staates. Genauso braucht auch die junge Generation Ermutigung und moralische Unterstützung.

Die Politiker sind daran zu erinnern, dass die Diskussion über die Rolle der Minderheiten im ständigen Dialog mit der Gesellschaft geführt werden muss. Andernfalls wird sie an andere Stellen verlagert. Bei unzureichender Entwicklung einer Bürgergesellschaft und fehlender Beteiligung am politischen Leben (die in Polen regierende Partei „Bürgerplattform" hat nur knapp 30.000 Mitglieder) wird die Debatte von den Medien, von denen man keine Verantwortung für die Ergebnisse fordern kann, initiiert und geführt. Als Beispiel sind die Denkmalstreitigkeiten in der Oppelner Gegend zu nennen.

Zum Schluss möchte ich die am Anfang aufgestellte These, gemäß der sich die deutsche Minderheit eben nicht auf einer geraden Linie vom Stolperstein zur Brücke bewegt, wieder aufgreifen. Wir befinden uns eher auf einem Feld, das zwei Pole hat. Es hängt dabei nicht nur von der Minderheit ab, ob wir ein Hindernis oder eine Brücke werden, sondern auch davon, wo wir von der großen Politik platziert werden.

Als Angehörige der beiden Kulturen, in denen wir leben, haben wir ein großes Interesse an einer Normalisierung der Beziehungen. Wir sind es seit langem gewohnt, Verständigung zu praktizieren. Dabei brauchen wir aber Unterstützung von außen, denn allein sind die drängendsten Probleme nicht zu bewältigen: die Wiederherstellung der alltäglichen Nutzung der deutschen Sprache (Gründung von Minderheiten- und Sonntagsschulen), der Wiederaufbau der ruinierten oder zumindest geschwächten Identität (Gründung eines Instituts für Forschung und Dokumentation zur Bewahrung des deutschen Kulturerbes der Region), ständige Teilnahme an der lebendigen deutschen Kultur.

Es ist schwer, sich all dies ohne die ideelle und materielle Unterstützung seitens der deutschen Regierung vorzustellen. Die deutsche Minderheit muss eine sich dynamisch weiterentwickelnde Gemeinschaft, die gleichzeitig ein wichtiges Element der Bürgergesellschaft ist, werden. Auf diese Weise könnte sie, über das wunderbare, aber statische Symbol der Brücke hinaus, die dynamische Funktion eines Botschafters bekommen, der die Menschen über die Brücke führt.

Alfons Nossol

Kulturelle Identität und Konfessionalität

Die im Titel meiner Überlegungen genannten Begriffe „kulturelle Identität" und „Konfessionalität" – die ich im Folgenden insbesondere am Beispiel Polens thematisieren möchte – klingen zunächst rein theoretisch. Setzt man beide Begriffe jedoch in den Kontext der Minderheitenproblematik, so erweist sich die kulturelle Identität als jene Realität, mit der die nationale beziehungsweise ethnische Minorität steht und fällt. Die Konfessionalität ist in diesem Kontext – neben der Sprache – der wesentliche Träger eben dieser kulturellen Identität. Definitionsmäßig versteht man nämlich unter kultureller Identität das Zugehörigkeitsgefühl eines Individuums oder einer sozialen Gruppe zu einem bestimmten kulturellen Kollektiv. Identitätsstiftend wirkt dabei das Bewusstsein, sich von anderen Individuen oder Gruppen aufgrund einer bestimmten Anzahl gesellschaftlicher oder geschichtlich erworbener Merkmale kulturell zu unterscheiden. Kulturelle Identität entsteht demnach aus der diskursiven Konstruktion des ‚Eigenen', die durch den Gegensatz zu einem wirklichen oder vorgestellten ‚Anderen' hervorgerufen wird, wobei das jeweils Eigene ein Sicherheits-, Geborgenheits- und Beheimatungsgefühl bewirkt.

Die dergestalt definierte kulturelle Identität bedeutet im Bezug auf eine nationale oder ethnische Minderheit, dass eine Minderheit als sozialstrukturell homogene Bevölkerungsgruppe diese Eigenschaft besitzt, wenn sie durch den Glauben an eine gemeinsame Herkunft, durch Gemeinsamkeiten von Kultur, Sprache, Religion und Geschichte gekennzeichnet ist und durch den Bezug zu einer gemeinsamen Landschaft sowie durch aktuelle Erfahrungen verbunden ist und ein bestimmtes Identitäts- und Zusammengehörigkeitsbewusstsein besitzt. Diese soziologisch geprägte Beschreibung betont die ethnisch-kulturellen, sprich: objektiven Merkmale von Minderheiten.

Heutzutage hingegen werden an erster Stelle mehr subjektive und voluntaristische Definitionskriterien herangezogen, wie sie vor allem im Artikel 32 der KSZE-Deklaration von Kopenhagen (Juni 1990)[1] zum Vorschein traten. Dort wird ausdrücklich betont, dass die „Zugehörigkeit zu einer nationalen Minderheit Angelegenheit der persönlichen Entscheidung eines Menschen ist und als solche für ihn keinen Nachteil mit sich bringen darf".[2]

---

1   „Document of the Copenhagen Meeting of the Conference on the Human Dimension of the CSCE", Text unter <http://www.osce.org/documents/odihr/1990/06/13992_en.pdf> (abgerufen 31.10.2008), hier S. 18f.

2   *Alfons Nossol:* Brücken bauen. Wege zu einem christlichen Europa von morgen. Freiburg, Basel, Wien 2002, S. 123.

Die auf objektiven Merkmalen basierende kulturelle Identität der Minderheit beinhaltet also ein vertieftes Bewusstsein für gemeinsame, historisch gewachsene Kulturräume, das heißt für die Regionen und für all das, was für sie als das Spezifische, Konstitutiv-Unterscheidende bezeichnet werden kann. Diese Kulturräume stellen zugleich überschaubare Erfahrungsräume der Geborgenheit, Nähe und ‚Nestwärme' dar und machen – im Gegensatz zu den anonymen bürokratischen politisch-ökonomischen Strukturen – die eigentliche Heimat, das wahre ‚kleine regionale Vaterland' aus.

Heimat, die Reinhold Schneider einmal als „Lebenszusammenhang, Eigentum der Seele, Teil des Lebens selbst"[3] charakterisierte, wird durch die Minderheiten auf besondere Weise als affektiv-emotionale Identifizierung mit dem aus der Kindheit Vertrauten begriffen – wie Landschaft, regionale Sitten und Traditionen, Feste, Kleidung, Lieder, Dialekt, Sprichwörter, Dichtung, Gebärden, aber auch Friedhöfe, Kirchen und Pilgerstätten.[4]

Ein wesentliches Strukturelement des durchaus gefühlsbetonten und sentimentalen inneren Bildes der ‚lokalen' Heimat, das jeder Einzelne in sich trägt, stellt die Identifizierung mit der lokalen Kirche dar – mit kirchlichen Feierlichkeiten und Gottesdiensten, mit liturgischen und paraliturgischen Riten und Zeremonien sowie den lokalen Sitten und Bräuchen, die diese traditionell begleiten.

Zu den prägendsten Merkmalen der kollektiven Identifikation der nationalen Minderheit und zugleich der kulturellen Selbstabgrenzung gegenüber Andersnationalen gehören Sprache und eben Konfessionalität. Mit der unter dem Einfluss Herders und der deutschen Romantik gewonnenen Überzeugung, dass die Sprache die Seele einer Nation sei und dass die Nation sich in einer einheitlichen Sprache manifestiere, wurde die sprachlich-kulturelle Gemeinsamkeit zu einem entscheidenden Kriterium der Nationalität, zum „wichtigsten Prüfstein, der das Vorhandensein einer Nation" und der mit dieser Nation historisch verwobenen Minderheit beweist. Denn als besonders augenfälliges Identifikationsmerkmal erzeugt die Sprache innerhalb der jeweiligen Sprachgemeinschaft ein starkes Wir-Gefühl und ist zudem einer der stärksten Faktoren, um die Zugehörigkeit zur eigenen und die Abgrenzung von anderen Gemeinschaften zu gewährleisten.[5]

Die gleiche Funktion erfüllt in nicht minder effizienter Weise auch die als Zugehörigkeit zu einer Glaubensgemeinschaft begriffene Konfessionalität. Ihre Wirkkraft wurzelt in der von Kindheit an – gleichsam parallel zum Erlernen der Sprache

---

3 Zur Dimension „Heimat" im christlichen Kontext vgl. *Rolf Zerfass:* Christliche Gemeinde – Heimat für alle? Bedingungen und Möglichkeiten aus der Sicht der praktischen Theologie, in: *Günter Koch, Josef Pretscher* (Hg.): Kirche als Heimat (Würzburger Domschulreihe). Würzburg 1991, S. 29–57.

4 *Nossol* (wie Anm. 2), S. 111.

5 *Stanisław Frącz:* Im Spannungsfeld von Nationalismus und Integration. Zur Komplexität des Transformationsprozesses der postkommunistischen Gesellschaften unter den osteuropäischen Gegebenheiten. Bonn 2006, S. 71–72.

– verlaufende Internalisierung der religiösen Wahrheiten und der daraus resultierenden sittlich-moralischen Handlungen, Normen und Werte. Die tiefe Identifikation mit dem ‚Glauben der Väter‘ wird bekräftigt durch das Bewusstsein der Zugehörigkeit zu einer unaufhörlich existierenden, jeweils einzig wahren Kirche Christi, die mit der Autorität Gottes ausgestattet ist.

Diese Tatsache erklärt, warum die Konversionen, das heißt die Übertritte zu einem anderen Glauben, im Vergleich zur sprachlichen Anpassung an die Sprache der jeweiligen Mehrheit so selten vorkommen.

Die identitätsstiftende Kraft der Konfessionalität manifestierte sich traditionell am eindrucksvollsten in Zeiten des oftmals jahrhundertelangen Verlustes der nationalen Eigenständigkeit der ostmittel- und südosteuropäischen Königreiche, deren Völker mit dem Verlust ihrer staatlichen Unabhängigkeit in den osmanischen, russischen, österreichischen und preußischen Großreichen zu nationalen und konfessionellen Minderheiten degradiert wurden. In dieser schwierigen Zeit kam den Kirchen in Osteuropa eine entscheidende kulturelle und politische Rolle zu. Der maßgebliche Anteil der Kirchen an der Bewahrung und Ausformung der nationalen Identität, der Kultur und der Traditionen ihrer Völker machte die Religion zum Kristallisationspunkt kollektiver Identitäten, zu einem wichtigen nationsbildenden Faktor. Damit kam es bei diesen Nationen und Völkern zu einer unvermeidlichen Verquickung von Nationalem und Religiösem, von Kirchlichem und Politischem.

Zu den eminenten Beispielen in dieser Hinsicht gehört auf katholischer Seite Polen. Seit der sukzessiven Auslöschung des polnischen Staates im Verlauf der sogenannten drei Teilungen Polens in den Jahren 1772 bis 1795 durch Russland, Preußen und Österreich bildete der katholische Glaube sowohl nach innen wie nach außen eine sich verstärkende integrative Kraft innerhalb der polnischen Gesellschaft und trug damit maßgeblich zur Ausbildung einer polnisch-katholischen Identität bei. Die Gleichung Pole = Katholik verdankt sich eben dieser „Verteidigungsideologie“ der polnischen Adelsgesellschaft des 18. Jahrhunderts, denn ihre Katholizität stellte für die Polen ein wesentliches Unterscheidungsmerkmal nicht nur zu den nichtkatholischen Minderheiten der Adelsrepublik, den Unierten, den Juden und den Orthodoxen, dar, sondern vor allem gegenüber ihren nichtkatholischen äußeren Gegnern, den islamischen Osmanen, vor allem aber den protestantischen Preußen und den orthodoxen Russen. Die Feinde des Polentums, der polnischen Kultur und Sprache, galten, insbesondere seit den systematischen Germanisierungs- und Russifizierungsmaßnahmen der siebziger Jahre des 19. Jahrhunderts, zugleich auch als Feinde der katholischen Religion.

Geprägt durch die schmerzhaften politischen Erfahrungen ihrer Nation entwickelte die polnische Kirche eine starke Verbundenheit mit dem Volk und ein starkes Verantwortungsbewusstsein für dessen Schicksal. Diese geschichtsbedingte Verschmelzung von religiösen und nationalen Elementen im polnischen Katholizismus fand ihren Ausdruck in einem einzigartigen Phänomen, der patriotisch-religiösen Mystik, die als polnischer „Messianismus“ bezeichnet wird.

Der politische Messianismus der Polen hat seinen Ursprung im Bewusstsein des in ständigen Kämpfen mit der islamischen Welt vergossenen Blutes, vor allem aber in den Leiden der Nation und ihrer Kirche unter der Herrschaft der Teilungsmächte seit dem 18. Jahrhundert, aber auch in den Erfahrungen der nationalen Katastrophen und niedergeschlagenen Aufstände. Das messianische Sendungsbewusstsein der polnischen Nation drückte sich in der Überzeugung aus, Polen habe als Bollwerk des abendländischen Christentums eine historische Mission dem ganzen christlichen Europa gegenüber zu erfüllen. In der Epoche der Romantik, nach dem Scheitern des polnischen Novemberaufstandes von 1830, wurde die Überzeugung der Polen, eine Schicksalsnation Europas zu sein, zu einer Art national-theologischer Heilslehre ausgebaut, in der die mit der nationalen Unfreiheit verbundenen Leiden der Nation als Parallele zu den Leiden Christi gedeutet wurden.

Der polnische Nationaldichter Adam Mickiewicz bezeichnete Polen als den stellvertretend für die ganze Welt leidenden „Völkerchristus",[6] sein Zeitgenosse Juliusz Słowacki sprach von Polen als dem „Winkelried der Völker".[7] Für die polnischen Messianisten wohnte dem „Tod Polens" eine universelle erlösende Wirkung inne. Die „gekreuzigte polnische Nation" werde ähnlich Christus eines Tages als Staat und Nation wiederauferstehen und dann nicht nur der polnischen, sondern auch allen anderen geknechteten Nationen Europas die Freiheit bringen. Mit dieser Überzeugung kämpften Generationen von Polen „für eure und für unsere Freiheit". Es ist in diesem Zusammenhang charakteristisch, dass das Wiederherstellen der nationalen Unabhängigkeit Polens im Jahre 1918 – nach über 120 Jahren der Unfreiheit – auch messianisch als „Auferstehung Polens" bezeichnet wurde. Erneut wach wurden die Ideen des polnischen Messianismus durch die erstmalige Wahl eines Polen – Kardinal Karol Wojtyła – zum Oberhaupt der römisch-katholischen Kirche.[8]

Dem historisch bedingten Verständnis des Katholizismus als nationales Abgrenzungsmerkmal der Polen gegenüber Andersnationalen verdankt sich die bereits genannte Identitätsumschreibung: Polnisch sein heißt katholisch sein. Die mit diesem Stereotyp einhergehenden national-konfessionellen Ressentiments gegenüber Andersgläubigen erwiesen sich als besonders langlebig und sollten dem polnischen Katholizismus später eine offene, sprich ökumenische Positionsbestimmung angesichts von Protestantismus und Orthodoxie wesentlich erschweren. So schrieben

---

6   Zu Adam Mickiewicz (1798–1855) und zum sog. „Messianismus" in der polnischen Literatur zusammenfassend *Czesław Miłosz:* Geschichte der polnischen Literatur. Köln 1981, S. 176–193; zum Motiv Polen als ‚Christus der Völker' bei Adam Mickiewicz vgl. *Karel Krejčí:* Geschichte der polnischen Literatur (Slawistische Bibliothek 9), Halle/Saale 1958, S. 257f.

7   Zu Juliusz Słowacki (1809–1849) vgl. *Miłosz* (wie Anm. 6), S. 193–200; zum Vergleich Polens mit dem Schweizer Patrioten, dem Ritter Winkelried, vgl. *Krejčí* (wie Anm. 6), S. 269f.

8   *Nossol* (wie Anm. 2), S. 71–73.

die polnischen Bischöfe in ihrer historischen Botschaft an ihre deutschen Mitbrüder vom 18. November 1965 noch:

> „Die Symbiose Christentum – Kirche – Staat bestand in Polen von Anfang an und wurde eigentlich nie gesprengt. Sie erzeugte mit der Zeit die fast allgemeine polnische Denkart, polnisch ist zugleich katholisch. Aus ihr heraus entstand auch der polnische Religionsstil, in dem von Anfang an das Religiöse mit dem Nationalen eng verwoben und verwachsen ist, mit allen positiven aber auch negativen Seiten dieses Problems."[9]

Auf dem Weg zum Abbau von konfessionellen und nationalen Barrieren, von festgesetzten Stereotypen und Vorurteilen, die die Menschen einander entfremden und voneinander trennen, stellte sich Papst Johannes Paul II. vor allem eben auch dem Stereotyp „Pole = Katholik", welches in der nationalen polnischen Interpretation als legitimes religiöses und konfessionelles Unterscheidungsmerkmal funktioniert und damit auch zu einem Kriterium der Trennung, Ausschließung und Unterscheidung von „Freund" und „Feind" wird, entschieden und mit aller Deutlichkeit entgegen. In seiner Ansprache in der Warschauer Dreifaltigkeitskirche anlässlich seines vierten Polenbesuchs im Jahre 1991 sagte der Heilige Vater:

> „Der Ort unseres heutigen Treffens besitzt tiefe Aussagekraft. 1939 und 1944 teilte dieses lutherische Gotteshaus das Schicksal anderer Warschauer Kirchen. Die Besatzer behandelten diese Kirche nicht besser, weil sie lutherisch war. Hier hatte 1898 Juliusz Bursche als Pfarrer gewirkt, der spätere Bischof der polnischen evangelischen Kirche Augsburger Bekenntnisses. Dieser große Christ und polnische Patriot wählte den Tod in einem deutschen Gefängnis, weil er sein Polentum nicht verleugnen wollte. In diesem Gotteshaus predigte auch ein anderer bedeutender Christ und Pole, der Diener der evangelischen Kirche Augsburger Bekenntnisses Bischof Zygmunt Michelis, hier Pfarrer seit 1921, der für die Verteidigung Warschaus 1939 mit dem Verdienstkreuz *Virtuti Militari* ausgezeichnet wurde. Bischof Bursche wie Bischof Michelis, den ich persönlich zu kennen das Glück hatte, widersprachen gleichsam mit ihrem Leben und ihrem Tod der überkommenen falschen Überzeugung, wonach ein Lutheraner Deutscher und ein Katholik Pole sei."[10]

---

9 Die Botschaft der polnischen Bischöfe an die deutschen Bischöfe vom 18. November 1965 ist abgedruckt in *Basil Kerski, Thomas Kycia, Robert Żurek* (Hg.): „Wir vergeben und bitten um Vergebung". Der Briefwechsel der polnischen und deutschen Bischöfe 1965 und seine Wirkung (Veröffentlichungen der Deutsch-Polnischen Gesellschaft 9). Osnabrück 2006, S. 211–222, hier S. 212.

10 *Alfons Nossol:* Ekumenizm jako imperatyw chrzesijańskiego sumienia. Przez dialog i pojednanie ku ekumenicznej jedności [Die Ökumene als Imperativ des christlichen Gewissens. Durch den Dialog und die Versöhnung zu ökumenischer Freude]. Opole 2000, S. 208.

Die oben angesprochene historisch bedingte Symbiose zwischen Religion und
frühmoderner Staatenbildung führte schließlich dazu, dass für den Großteil der
Völker in Ostmittel- und Südosteuropa die religiösen Bande mit den nationalen
identisch wurden. Im Bewusstsein der Gläubigen kam es zu einer spezifischen
Amalgamierung von Wertvorstellungen aus der religiösen und der nationalen
Sphäre. Der mit der Bildung des Nationalstaates oft zum Nationalismus überstei-
gerte Patriotismus begann parareligiöse Formen anzunehmen. Seine Verfechter be-
mächtigten sich der religiösen Symbolik und deuteten christliche Schlüsselworte wie
Erlösung, Wiedergeburt, Auferstehung, Offenbarung und Martyrium in den politischen Tagesgebrauch um. Die Religion mutierte so immer mehr zu einer Art Natio-
nalideologie mit einer eigenen „patriotischen Liturgie", in der die „nationalen"
Feinde zugleich die „Feinde Gottes" darstellten und die für das Vaterland Gefalle-
nen zu Glaubensmärtyrern überhöht und verklärt wurden. Die kirchlichen Institutionen, liturgischen Zeremonien, Feste und Gebete, die sakrale Kunst, die Kate-
chese und der Heiligenkult bekamen nationale Relevanz. Damit wurde das
„Religiöse im Nationalen säkularisiert, das Säkulare sakralisiert".[11] Diese Grenzver-
wischung barg naturgemäß die große Gefahr einer Ideologisierung der Religion und
Deformierung der Glaubensinhalte.

Die komplexe Kirchengeschichte der ostmittel- und südosteuropäischen Staaten
zeugt bis zum heutigen Tag von den Schwierigkeiten eines Balanceaktes zwischen
dem Ernstnehmen nationalpolitischer Forderungen des eigenen Volkes und dem
Versuch, ethnische, nationale und kulturelle Unterschiede in die Universalität der
Kirche zu integrieren. Die Kirchen dieser Staaten stehen permanent vor dem
grundlegenden Entscheidungsdilemma: Auf der einen Seite wollen und können sie
nicht aus der Solidarität mit ihrem Volk ausscheren, dies umso mehr, als jede dieser
Kirchen und Konfessionen in einem langen geschichtlichen Prozess untrennbar mit
der Identität der jeweiligen Ethnie beziehungsweise Nation verschmolzen ist (pol-
nisch-katholisch, serbisch-orthodox, bosnisch-muslimisch). Andererseits lautet der
Auftrag dieser Kirchen, eine Botschaft zu verkünden, für die ethnische Differenzen
irrelevant sind. So bleiben sie in einem permanenten Spannungsverhältnis zwischen
nationaler Ausrichtung und universal-biblischem Anspruch.

Seit der Ausdifferenzierung der christlichen Welt Europas in mehrere Konfessionen und Kirchen haben diese oftmals in direkter oder indirekter Weise zur Verschär-
fung gesellschaftlicher Spannungen und Trennungen entlang nationaler Linien beigetragen. Der radikale Konfessionalismus wurde oft zum Nährboden des als
Patriotismus getarnten, expansiven Nationalismus, und die integrierende und soli-
darisierende Kraft des christlichen Ethos hat die Kirchen nicht davor bewahrt, sich

---

11 *Thomas Nipperdey:* Deutsche Geschichte 1800–1866. Bürgerwelt und starker Staat. München 1983,
    S. 300.

in manchen Fällen in den Dienst nationalistischer Ideologien zu stellen, beziehungsweise sich von diesen missbrauchen und instrumentalisieren zu lassen.

Die destruktive Verschränkung religiöser und ethnischer Kräftelinien, für die der Konflikt in Ex-Jugoslawien ein äußerst tragisches Beispiel bietet, stellt die Kirchen heute vor eine große Herausforderung. Zumindest jene Kirchen, die ihrer Lehre nach universale Ansprüche aufrechterhalten, stehen heute vor der Aufgabe, eine Neubestimmung des kirchlichen Selbstverständnisses mit einer deutlichen Klärung des Verhältnisses zu Staat und Nation herbeizuführen. Denn nur wenn die Kirchen aufhören, sich als monopolistische, die gesamte Nation umfassende und allgemein verbindliche Glaubensgemeinschaften zu sehen, und zu Glaubensgemeinschaften werden, die in der Zivilgesellschaft und nicht in der Nation verankert sind, wird auch der Glaube aufhören, prinzipiell und de facto ein nationaler Glaube zu sein. Nur eine deutliche Trennung von Glaubensbekenntnis, nationaler Identität und politischer Staatsbürgerschaft kann eine Vereinnahmung der Religion durch Partikularismen nationalistischer Art wirksam verhindern.

Die Erfahrung der zweischneidigen Konsequenzen der Verquickung von Nationalem und Religiösem, von Kirchlichem und Politischen bei den Völkern Osteuropas zwingt die Kirchen dieser Region, sich entschieden auf ihren in der Bibel begründeten universalen Anspruch zu besinnen. Denn die Heilige Schrift spricht von einer Menschheit, in der alle ohne Ansehen der Abstammung, des Geschlechts und der ethnischen oder kulturellen Zugehörigkeit vor Gott grundsätzlich ebenbürtig sind. Und gerade mit diesem universal-biblischen Anspruch stellen die Kirchen auch heute

> „multikulturelle Integrationsmodelle dar, die das Allumfassende, das ‚Katholische' im griechischen Sinne des Wortes betonen und damit die Vergötzung der Nation verhindern können. Der drohenden Gefahr einer nationalistischen Instrumentalisierung können die Kirchen und Religionsgemeinschaften nur entgehen, wenn sie sich von der Nation als ethnischer und sprachlicher Einheit distanzieren".[12]

Im Zeitalter der Ökumene sind gerade die Nationalkirchen Ostmittel- und Südosteuropas aufgefordert, an die Stelle nationaler Loyalitäten die ökumenische Solidarität zu setzen. Zugleich bietet sich jenen Kirchen, die sich als ökumenische Gemeinschaft mit universal-biblischer Ausrichtung verstehen, die Chance, sich als glaubwürdige Verteidiger der Universalität der Menschenrechte für alle Menschen, ungeachtet ihrer Konfession und Nationalität, zu erweisen.

---

12 *Urs Altermatt:* Das Fanal von Sarajevo. Ethnonationalismus in Europa. Paderborn, München 1996, S. 124.

Die Geschichte Europas zeigt, dass die europäischen Völker gelernt haben, ihre konfessionellen Differenzen und Konflikte primär durch Spaltung oder die Errichtung von Trennlinien zu lösen. Doch angesichts des gesamteuropäischen Einigungs- und Identitätsfindungsprozesses müssen die Nationen und auch die Konfessionen des Alten Kontinents lernen, den umgekehrten Weg zu gehen – den Weg des interkonfessionellen Dialogs und der Suche nach dem, was verbindet. Denn nur durch eine ökumenische Verständigung zwischen den Westkirchen und den Ostkirchen, zwischen Protestanten und Katholiken, und nicht zuletzt auch durch den Dialog mit dem Judentum und dem Islam hat das historische „Projekt Europa" die bislang einzigartige Chance, den trennenden Charakter seiner historisch gewachsenen Strukturgrenzen auch auf der interkonfessionellen Ebene zu überwinden und die Vielfalt seines geistigen Erbes, seiner Traditionen, Kulturen und Identitäten, für sich zu bewahren und fruchtbar zu machen.

Elfriede Dörr

Konfessionalität und kulturelle Identität

Evangelisch-lutherische Frömmigkeit der deutschsprachigen Minderheit in Rumänien

Einleitung

Sucht man im Internet Informationen über die Evangelische Kirche A. B. in Rumänien,[1] dann findet man eine deutschsprachige Seite. Das führt schon mitten in unser Thema: Es handelt von einer evangelischen Minderheit, die gleichzeitig eine deutschsprachige Minderheit im vorwiegend orthodoxen rumänischen Umfeld ist. Es geht um die kulturelle Identität der Siebenbürger Sachsen in ihrer kirchlichen Ausprägung.[2]

Wenn auf dieser Internetseite weiter recherchiert wird, findet man eine Fotogalerie und kann die evangelische Stadtpfarrkirche von Hermannstadt sehen – ein markantes Bauwerk. Dass dieses ein Wahrzeichen evangelischer Identität im mehrheitlich orthodoxen Rumänien ist, ist ein Grund dafür, die folgenden Ausführungen auf eben diese Kirche zu beschränken. Einiges von dem, was im Folgenden über die deutschsprachige evangelische Frömmigkeit in Hermannstadt ausgeführt wird, gilt ebenso für andere Stadtgemeinden. In den Projektbeispielen mögen die Unterschiede liegen, nicht aber in der Notwendigkeit, sich neuen Herausforderungen mit neuen Projekten stellen zu müssen.

---

[1] Die Internetseite der Evangelischen Kirche A. B. in Rumänien unter: <http://www.evang.ro/lk/> (abgerufen 12.12.2008). Über die Geschichte dieser Kirche vgl. insbesondere *Friedrich Teutsch:* Geschichte der evangelischen Kirche in Siebenbürgen, 2 Bde. Hermannstadt 1921; *Ludwig Binder:* Die Kirche der Siebenbürger Sachsen. Erlangen 1982; *Thomas Nägler* (Hg.): 800 Jahre Kirche der Deutschen in Siebenbürgen. Thaur bei Innsbruck 1991; *Christoph Klein:* Ausschau nach Zukunft. Die siebenbürgisch-sächsische Kirche im Wandel. Erlangen 1998.

[2] Weiterführende Literatur zur Thematik: *Hartmut Böhme, Peter Matussek, Lothar Müller* (Hg.): Orientierung Kulturwissenschaft. Reinbek bei Hamburg ³2007; *Kilian Dörr:* Unsere Kirche auf dem Weg ins dritte Jahrtausend. Vortrag anlässlich der Sitzung der Landeskirchenversammlung der Evangelischen Kirche A. B. in Rumänien, in: Hermannstädter Zeitung vom 17.12.1999, S. 5; *Paul Philippi:* Bewahren und Verändern. Gedanken über die Identität unserer Kirche. Landeskirchliche Information, 11.–15.06.2005, S. 1–5; Gestaltung und Kritik. Zum Verhältnis von Protestantismus und Kultur im neuen Jahrhundert (EKD-Text Nr. 64), hg. vom Kirchenamt der EKD und der Geschäftsstelle der VEF.

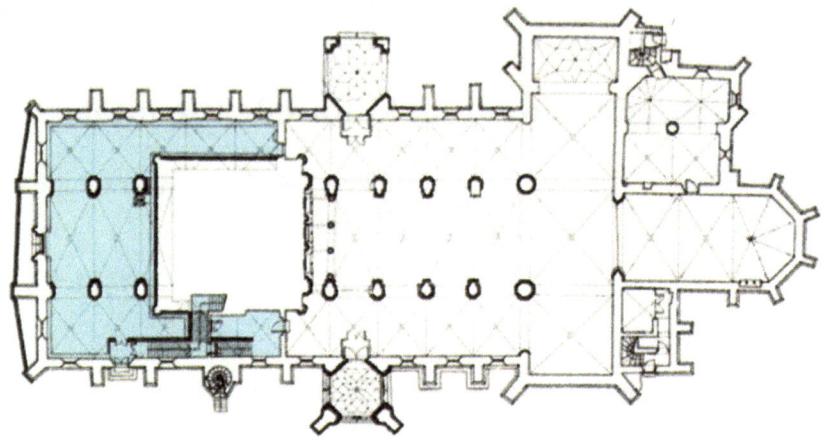

Grundriss der evangelischen Stadtpfarrkirche von Hermannstadt; linke Seite abgetönt die „Ferula".

Ein Blick auf den Grundriss des Kirchengebäudes ermöglicht es, in drei Schritten eine kontextuelle Verhältnisbestimmung zwischen Kirche und Kultur vorzunehmen:

Zuerst führe ich in den Gottesdienstraum der Kirche, in dem sich die evangelische Gemeinde zu Feier und Gebet trifft. Ich stelle Menschen vor, einige Charaktere dieser Gemeinde, und beschreibe damit die Veränderungen in der kulturellen Identität einer ehemals rein siebenbürgisch-sächsischen evangelischen Kirche und die theologische Herausforderung, die diese mit sich bringen.

Dann führe ich in die „Ferula", einen weiteren Raum, der an den Gottesdienstraum angrenzt, aber von diesem getrennt ist. Hier ist eine prägnante Schnittstelle zwischen Kirche und Gegenwartskultur, ein Ort der kulturellen Selbstvergewisserung einer Gemeinschaft. Hier berichte ich über zwei Begebenheiten.

Zuletzt führe ich aus dem Kirchengemäuer hinaus und stelle drei Projekte der Kirchengemeinde vor, die Impulse in die Kultur der Gesellschaft hineinzutragen vermögen. Hier wirkt Kirche in die Kultur der Gegenwart hinein.

1. Der Gottesdienstraum

Hier trifft sich die Gemeinde zum evangelischen Gottesdienst. Der Schock, durch eine große Auswanderungswelle auf ein Zehntel geschrumpft zu sein, hat sie gezeichnet, aber nicht gebrochen. Das Gemeindeleben hat eine gewisse Normalität in den neuen Umständen zurückgewonnen. Das gilt aber nur für die Stadtgemeinden, nicht für die Dorfgemeinden.

Dieser Raum richtet die sich versammelnde Gemeinde auf Christus aus. Diese Ausrichtung ist es, die der ehemals sächsischen Gemeinde in den letzten Jahren geholfen hat, die ethnisch verhaftete konfessionelle Identität zu überwinden. Es sind die Auswanderung und der Traditionsbruch, die die christliche Gemeinde zurückgeworfen haben auf das, was eine christliche Gemeinde kennzeichnet: „Hier ist nicht Jude noch Grieche, hier ist nicht Sklave noch Freier, hier ist nicht Mann noch Frau; denn [sie sind] allesamt einer in Christus" (Gal 3, 28). Die kirchliche Gemeinschaft hat die Volksgemeinschaft transzendiert, ohne jedoch auf die deutsche Sprache, in der sich evangelischer Glaube weiterhin artikuliert, zu verzichten.

Aber nicht nur durch die andere Sprache weist sich der evangelisch-lutherische Glaube in dem mehrheitlich orthodoxen Rumänien aus, sondern auch durch die andere Art, den Glauben zu leben. Was ich mit *der anderen Art zu glauben* meine, will ich anhand einiger Charaktere skizzieren:

- Da ist einmal die evangelische Christin herkömmlicher Prägung. Sie kommt aus einem sächsischen Haushalt; eine redliche Frau und nüchterne Kirchenchristin, deren Glaube als Treue zur Kirche seine Form findet. Sie nimmt Ämter wahr, ist beispielsweise Gemeindevertreterin und singt im Bach-Chor. Die deutsche Sprache ist für sie gerade auch in der Kirche unverzichtbar. Für sie ist die Zugehörigkeit zur evangelischen Kirche und auch das Engagement eine Konstante, die nicht zur Disposition steht. Angesichts ihrer vielen rumänischen Freunde überwiegen kulturelle Elemente gegenüber der christlich-konfessionellen in der Frage der Identität. Als Siebenbürger Sächsin ist sie noch mit klaren ethnischen und konfessionellen Zuordnungen groß geworden, die in den heutigen Transformationsprozessen ihren Geltungsanspruch verloren haben. Die Pflichten, die ihr traditionsgemäß nahegelegt werden, erfüllt sie. Ihr Maßstab ist das rechte Handeln.

- Da ist dann der intellektuelle, offene evangelische Christ. Er versteht sein Evangelischsein dialogisch, sowohl nach innen als auch über die eigenen Kirchengrenzen hinaus. Er lebt in und aus dem evangelischen Bekenntnis, ist jedoch neugierig auf die Anderen und bringt sich dadurch konstruktiv in die ökumenische Landschaft ein. Menschen wie er vermögen es, die Zukunft der Kirche mit praktikablen Modellen denkerisch vorzuformen. Er entwickelt neue Ansätze evangelischer Präsenz in der Gesellschaft, die er ohne viel Theorie umsetzt. Dass Kirche kulturprägend zu wirken hat, ist für ihn Anspruch und Aufgabe zugleich. Sein Maßstab ist die profilierte evangelische Präsenz in Ökumene und Gesellschaft.

- Da ist die evangelisch gewordene Christin, deren Zugehörigkeit zu dieser Kirche eine ausdrückliche Option war. Sie stammt aus einem gemischten, evangelisch-orthodoxen und deutsch-rumänischen, Haushalt. Orthodox Getaufte wie sie begründen ihren Wechsel kaum mit konfessionellen, dogmatischen Argumenten, auch wenn theologische Motive eine wichtige Rolle spielen. Ihre Option ist vor allem eine ethische. Es sind die Werte dieser Gemeinschaft, die überzeugt haben: der Einsatz für die Schwachen und Marginalisierten der Gesellschaft oder die Ordnung des Zusammenlebens, die den Einsatz für das Gemeinwohl beinhaltet, die erste Ansätze für bürgerliches Engagement und für Zivilcourage gleich nach der gewonnenen Freiheit erkennen lässt. Über die evangelische Gemeinde und die deutsche Sprache ist ihr die Zugehörigkeit zur sächsischen Minderheit zugewachsen. Ihr Maßstab ist die Beheimatung und die angestrebte Verantwortung für die Gemeinschaft.

- Da ist der eingewanderte evangelische Christ. Als Unternehmer hat er seine Bleibe aus Deutschland nach Rumänien verlagert. Seine Zugehörigkeit zur evangelischen Kirche in Rumänien hat er offiziell erklärt und ist Mitglied geworden. Er ist bereit, mit einem Amt auch Verantwortung in der Kirche zu übernehmen, ein Amt, das er dann mit Engagement ausfüllt. Als Unternehmer bringt er in die Verwaltung der kirchlichen Liegenschaften Wissen ein, das die Kirche dringend braucht. Sein Maßstab ist die effektive wirtschaftliche Nutzung der kircheneigenen Ressourcen.

- Da ist auch die fromme Christin, die Frau, die in gewisser Hinsicht zu den ‚Heiligen‘ gehört, die die Gemeinschaft der Beter und Christusgläubigen sucht oder sie selbst initiiert. Sie partizipiert achtsam am Tagesgeschehen und begleitet dieses mit ihrem Gebet. Ihr Maßstab ist der rechte Glaube und die rechte Anbetung.

Diese Charaktere und die Gruppen, für die sie stehen, haben seit dem Fall des Eisernen Vorhangs eine andere Gewichtung in ihrem Verhältnis zueinander gewonnen. Die größte Veränderung betrifft zwei Gruppen: Die Gruppe der evangelischen Siebenbürger Sachsen, der traditionellen Träger evangelischer Glaubensart, ist kleiner und älter geworden. Dagegen ist die Gruppe derer gewachsen, die von ihrer Herkunft her in ihrer ethnischen und konfessionellen Identität keine eindeutige Zuordnung erlebt haben.

Für die Kirche ist es eine bleibende Herausforderung, für eine versöhnte, eine gelingende Gemeinschaft der untereinander Verschiedenen einzutreten. Wenn nur die beiden genannten Gruppen ins Auge gefasst werden, dann bedeutet das auch Versöhnung: zwischen jenen, die das Evangelischsein an die sächsische Volkszugehörigkeit binden, und jenen, die das durch ihre Herkunft in Frage stellen; zwischen jenen, die gut und jenen, die nur wenig deutsch sprechen; zwischen jenen, die die gesellschaftliche Rolle der Minderheit aus der Geschichte heraus definieren, und jenen, die sie aus gegenwärtigen Herausforderungen und Aufgaben her entwickeln.

2. Die „Ferula"

Im gleichen Kirchengebäude, etwas kleiner als der Gottesdienstraum und von diesem abgetrennt, ist ein weiterer Raum, die Ferula. Hier sind in der Mauer alte wertvolle Grabplatten von elf Sachsengrafen, 19 Bürgermeistern und vier Stadtpfarrern eingelassen, von Zeugen vergangener konfessioneller und kultureller Verflechtung. Dies ist konzentrierte Geschichte, die anhand der Biographien dieser Persönlichkeiten lebendig wird.[3]

Dieser Raum entwickelte sich nach mehreren Entrümpelungsaktionen im letzten Jahrzehnt zu einem Ort, an dem die Fragen der Identität in ihrer konfessionellen und kulturellen Breite ausgetragen werden. Die hier stattfindenden Veranstaltungen beanspruchen eine dem evangelischen Glauben angemessene Kultur zu generieren. Es geht nicht um Kultur um der Kultur willen, sondern darum, besonders achtsam Impulse zu geben, die sich auch zu einer Art Gegenkultur entwickeln können.

Im Kulturhauptstadtjahr 2007 beispielsweise hat die evangelische Kirche erschütternde „Bilder einer Reise" von Peter Jacobi[4] ausgestellt, verwaiste siebenbürgische Dorfkirchenburgen in ihrem ganzen Elend des Verfalls. Jetzt wo die Gemeinschaft, die diese genutzt hat, ausgewandert ist, zerfallen die Kirchengewölbe, verwahrlosen die Orgeln und die Altäre, verfallen Schulhäuser. Das ist die andere Seite siebenbürgisch-sächsischer und evangelischer Identität: zusammengebrochene Volkskirchlichkeit, die jetzt auch die Gebäude in den Verfall hineinzieht – Beweise unserer Existenz, die mancherorts nur noch durch die Kunst zu retten sind. Eine solche Ausstellung ist ein Aufruf, dieses einzigartige Kulturerbe zu retten, aber es ist auch eine leise Aufforderung, uns auf das zu konzentrieren, was wir zu bewahren imstande sind, und anderes aufzugeben.

Aber nicht nur auf solche Art wird in diesen Mauern evangelische Identität verhandelt, dokumentarisch, Trauerarbeit leistend und Abschied nehmend von den Wahrzeichen einer einst lebendigen Gemeinschaft, sondern auch aktiv, mit dem Anspruch aus einer konfessionell klaren Beheimatung heraus, prägend in Ökumene und Gesellschaft zu wirken.

Hier war beispielsweise während des Treffens kirchlicher Vertreter aller Konfessionen aus Europa, der Dritten Europäischen Ökumenischen Versammlung 2007 (EÖV3), das ökologische Gewissen der Versammlung konzentriert.

Von hier aus wurde der Verlauf der EÖV3 auf seine Umweltverträglichkeit hin geprüft und konzipiert – etwas Einmaliges in der Geschichte der europäischen

---

3   Vgl. den Überblick von *Gustav Gündisch:* Die Grabsteine in der Ferula der evangelischen Stadtpfarrkirche in Hermannstadt. In: Mitteilungen aus dem Baron Brukenthalischen Museum 12 (1947), S. 10-33; Nachdruck in: Siebenbürgisch-sächsischer Hauskalender 45 (2000), S. 64-84.

4   *Peter Jacobi:* Siebenbürgen – Bilder einer Reise. Wehr- und Kirchenburgen. Pelegrin prin Transilvania. Ulm 2007. Siehe auch <http://www.peterhjacobi.de> (abgerufen 12.12.2008).

Ökumene und, so hoffe ich, Maßstäbe setzend für die Organisationskultur kommender ökumenischer Großveranstaltungen.

Hier wurde die zentrale Sammelstelle der Flugkompensationsspenden eingerichtet. Ein ,ökumenischer Baum' ist in einer vorgreifenden symbolischen Handlung von Kirchenleitenden verschiedener Konfessionen gepflanzt worden. Und mit dem eingegangenen Geld hat die evangelische Kirche einen kleinen Wald gepflanzt, jetzt wo in Rumänien Abholzung und Raubbau an der Tagesordnung sind.

3. Außerhalb der Kirchenmauern[5]

Bewahrung der Schöpfung – Umweltmanagement

Theologisch und liturgisch war die Bewahrung der Schöpfung schon immer ein christliches Grundanliegen. Die evangelische Kirche ist einen Schritt weiter gegangen – und damit führe ich allmählich aus dem Kirchenraum hinaus. Sie hat sich zum Ziel gesetzt, die eigene Daseinsweise kritisch zu überprüfen und unmittelbare, konkrete Schritte zum Schutz der Umwelt und zur Bewahrung der Schöpfung zu unternehmen. Bestandsaufnahme, umweltentlastender Umgang mit Wasser, Strom, Gas, Müll in den kirchlichen Immobilien, eine Charta zum Umweltschutz für Gemeindeglieder, Umweltmanagement für die EÖV3 sind einige Stichworte.

Die evangelische Kirche führt als einzige im Lande ein solches Projekt durch. Sie tut das mit Unterstützung der Deutschen Bundesstiftung Umwelt (DBU) und in Kooperation mit der Forschungsstelle der Evangelischen Studiengemeinschaft e. V. Heidelberg (FEST). Dieser Tage wird das zweijährige kirchliche Projekt überprüft und möglicherweise zertifiziert. Dann hoffe ich, dass derartige Projekte in anderen Kirchen und Schulen, in der Umweltpolitik der Stadt, in ihren Ämtern und Institutionen weitergeführt werden.

Stadtschreiber

Ein anderes Projekt ist das des „Hermannstädter Stadtschreibers". Durch die Ausschreibung für Schriftsteller ist 2008 die erste und einzige deutsche Stadtschreiberstelle außerhalb des deutschsprachigen Raumes geschaffen worden. Gefördert wurde diese Stelle vom Beauftragten der Bundesregierung für Kultur und Medien. Ausstattung und Auswahl des ersten Stadtschreibers wurden verantwortet von der Deutschen Gesellschaft, einem eingetragenen Verein zur Förderung politischer, kul-

---

5   Weiterführende Informationen zu dem im Folgenden vorgestellten Thema Umweltmanagement der Kirchengemeinde, zum Projekt „Hermannstädter Stadtschreiber" und zu den Wandergesellen unter <http://www.evang.ro/hermannstadt>; <http://www.deutsche-gesellschaft-ev.de>; <http://www.gesellenherbergehermannstadt.de> (alle abgerufen 12.12.2008).

tureller und sozialer Beziehungen in Europa, dem Literaturhaus Berlin, dem Bundesinstitut für Kultur und Geschichte der Deutschen im östlichen Europa in Oldenburg und der Evangelischen Kirchengemeinde in Hermannstadt. Dies ist ein guter Ansatz, denn dem Untergehen einer kulturellen Landschaft muss mehr entgegengesetzt werden als die Trachtenumzüge auf Ethnofestivals.

Vielleicht entpuppt sich der Hermannstädter Stadtschreiber als einer, der die siebenbürgische kulturelle Landschaft anders ‚rettet‘, wenn er diese mit den Sinnen aufsaugt und in schriftstellerischer Form verarbeitet. Diese kulturelle Landschaft könnte so wieder auf die Landkarte schriftstellerischen Schaffens gesetzt werden. Ich bin jedenfalls froh, dass sich die Kirche nicht einfach heraushält, wenn es darum geht, Alternativen im Kulturbereich auszuloten, sondern auch über ihren evangeliumsgemäßen Auftrag hinaus gestaltend wirkt – gerade in unserer Situation, in der deutschsprachige konfessionelle und kulturelle Identität so stark miteinander verflochten sind.

Wandergesellen

Es ist kein Geheimnis, dass aus dem Osten scharenweise Gastarbeiter in den Westen ziehen, sodass unsere Gegend entvölkert wird. Darunter sind auch Ärztinnen, Computerfachleute und Krankenpfleger. Gute Handwerker ziehen es oft vor, unter elenden Bedingungen Erdbeeren in Spanien zu pflücken, statt zu Hause ihrem ehrbaren Handwerk nachzugehen.

Die evangelische Kirche mit ihren prächtigen Kirchenbauten spürte das Fehlen der Handwerker ganz besonders. So war es in Hermannstadt zunächst ein Notbehelf, mit Wandergesellen aus Deutschland zusammenzuarbeiten. Die Kirchengemeinde hat eine kleine Herberge für Wandergesellen eingerichtet und diese haben Holz- und Steinfußböden in der Kirche gelegt, Dachgauben repariert, Sakristeitreppen erneuert und historische Kastenfenster restauriert.

Dann aber bekam diese Kooperation ein anderes Gewicht. Sie gilt jetzt als symbolischer Kontrapunkt zum Trend der Arbeitsmigration von Handwerkern aus Rumänien in den Westen. Hierher kommen Handwerker aus dem Westen, aus Deutschland, der Schweiz, Frankreich oder Norwegen nach Rumänien. Mittlerweile wird das Projekt auch vom Beauftragten der Bundesregierung für Kultur und Medien gefördert und öffentlichkeitswirksam von der Deutschen Gesellschaft unterstützt. Auch in diesem Sommer fand ein Wandergesellentreffen in Hermannstadt statt, bei dem die Gesellen und Handwerker in einer „Kulturwerkstatt Europäischer Wandergesellen" ihr Können unter Beweis stellten, dann aber auch in einer Art Partnerschaftsprogramm rumänische Berufsschüler unter ihre Obhut nahmen.

Ich habe das Thema Konfessionalität und kulturelle Identität von der deutschsprachigen evangelischen Minderheit her entfaltet. Dabei habe ich im Wesentlichen über die Kultur der Kirche und die Kirche in der Kultur gesprochen.

Für den Gottesdienstraum wurden einige soziologische Aspekte der deutschsprachigen evangelischen Minderheit und die gemeindetheologische Chance beziehungsweise Herausforderung benannt. Am Beispiel der Ferula wurden Schnittstellen von Kirche und Kultur aufgezeigt, an denen Fragen kultureller Identität einer Gemeinschaft anders als in gemeindetheologischen Parametern verhandelt werden. Zuletzt wurden Projekte außerhalb der Kirchenmauern vorgestellt, bei denen die konfessionelle Identität kaum noch eine Rolle spielt, bei welchen die Kirche in die Kultur der Gegenwart hinein wirkt.

Die Kirche hat die Aufgabe, kulturprägend zu wirken. Das klingt vollmundig, wenn ich dies als Vertreterin einer Minderheitenkirche behaupte. Aber der Anspruch muss bestehen bleiben. Denn auch und gerade in Minderheitenkirchen können sich neue und wichtige Impulse für Kirche und Kultur entwickeln. Jedoch: Die Kirche braucht Mitstreiter. Wenn ich sehe, dass hier bei der Jubiläumstagung des Beauftragten der Bundesregierung für Aussiedler und nationale Minderheiten Menschen zusammenkommen, die sich überlegen, wie sie uns in der Bewältigung so wichtiger Aufgaben unterstützen können, die wir allein nicht in den Griff bekommen, dann freut mich das. Und macht mir Hoffnung.

Otto Luchterhandt

,Autochthone' und ,neue' Minderheiten in Deutschland

Über den Wert der Unterscheidung

Wenn im Völkerrecht von Minderheiten die Rede ist, dann sind damit in aller Regel nationale, ethnische, sprachliche und religiöse Gruppen gemeint, die sich vom Mehrheitsethnos des Staatsvolkes unterscheiden. Von autochthonen oder von neuen Minderheiten ist nirgendwo die Rede. Das gilt auch für das deutsche Recht. Autochthone Minderheiten und neue Minderheiten sind zwar hierzulande in der Publizistik und in der Fachliteratur verbreitete Bezeichnungen, aber keine vom Gesetzgeber verwendeten Wörter, also keine Rechtsbegriffe. Gleichwohl haben sie ihren Wert für die rechtswissenschaftliche und rechtspolitische Diskussion über Minderheiten, über ihre Wahrnehmung, ihre rechtliche Behandlung, ihren Status und Schutz.

Das Phänomen der „neuen Minderheiten" hat die Behandlung dieser Fragen noch aktueller gemacht. Dietrich Murswiek kleidete schon 1994 das Problem in die folgende Frage:

> „Die durch die massenhafte Immigration geschaffene neue soziale Realität stellt auch das Minderheitenrecht vor neue Fragen. Darf der Minderheitenschutz in Deutschland weiterhin auf Dänen, Friesen und Sorben, unter Einbeziehung noch der Sinti und Roma, beschränkt bleiben oder müssen – zumindest unter bestimmten Voraussetzungen – die vielfältigen Ausländergruppen einbezogen werden? Diese Frage zu stellen, heißt noch nicht, sie zu bejahen, aber wer sie verneinen möchte, steht plötzlich unter Rechtfertigungsdruck. Lässt sich die Ungleichbehandlung der unterschiedlichen ethnischen Gruppen rechtfertigen?"[1]

Meine Antwort ist, um sie vorwegzunehmen, ein eindeutiges „Ja"! Die Unterscheidung zwischen autochthonen und neuen Minderheiten ist – jedenfalls im Ansatz – nicht nur sinnvoll, sondern aus juristischer und rechtspolitischer, insbesondere integrationspolitischer Sicht geboten und notwendig. Auch Dietrich Murswiek hat die Frage klar bejaht; aber in der kategorialen, systematischen Behandlung der

---

1 *Dietrich Murswiek:* Minderheitenschutz – für welche Minderheiten? Bonn 1994, S. 15. Allgemein zum Minderheitenrecht in Deutschland siehe den Bericht von *Michael J. Hahn:* Die rechtliche Stellung der Minderheiten in Deutschland, in: *Jochen Abr. Frowein, Rainer Hofmann, Stefan Oeter* (Hg.): Das Minderheitenrecht europäischer Staaten. Teil 1, Berlin u. a. 1993, S. 62–107.

beiden Minderheitenformationen unterscheide ich mich von ihm. Das werden die
folgenden Ausführungen zeigen. Sie führen zu der These, dass die Unterscheidung
von autochthonen und neuen Minderheiten im Ansatz zwar richtig und notwendig
ist, aber sie hat in systematischer Hinsicht Mängel. Denn sie ist zu undifferenziert
und bedarf daher der Ergänzung und Verfeinerung.

Die kategoriale Unterscheidung zwischen autochthonen und sonstigen, darunter
auch neuen Minderheiten liegt dem in Deutschland geltenden Recht ethnischer
Minderheiten unausgesprochen zugrunde. Ja, mehr als das: Die Bundesrepublik
Deutschland vertritt auf internationaler Ebene, also nach außen, offiziell den Standpunkt der begrifflichen Gleichsetzung von „autochthonen Minderheiten" mit
„nationalen Minderheiten" überhaupt! Denn die Bundesrepublik hat zu Art. 3 der
Rahmenkonvention des Europarats vom 1. Februar 1995 über nationale Minderheiten bei der Ratifikation am 10. September 1997[2] einen Vorbehalt zu dem hier verwendeten, aber nicht definierten Begriff der „nationalen Minderheit" angebracht.[3]
Sie hat mit dem Vorbehalt bewirkt, dass für Deutschland im völkerrechtlichen Verkehr nicht irgendeine politisch erwünschte oder von anderen Staaten vertretene Bedeutung des Begriffes „nationale Minderheiten" gilt, sondern nur der von Deutschland in seinem „Vorbehalt" dargelegte Begriffsinhalt. Der deutsche Vorbehalt zu
Art. 3 lautet:

> „Das Rahmenübereinkommen enthält keine Definition des Begriffs der na-
> tionalen Minderheiten. Es ist deshalb Sache der einzelnen Vertragsstaaten zu
> bestimmen, auf welche Gruppen es nach der Ratifizierung Anwendung fin-
> det. Nationale Minderheiten in Deutschland sind die Dänen deutscher Staats-
> angehörigkeit und die Angehörigen des sorbischen Volkes mit deutscher
> Staatsangehörigkeit. Das Rahmenabkommen wird auch auf die Angehörigen
> der traditionell in Deutschland heimischen Volksgruppen der Friesen deut-
> scher Staatsangehörigkeit und die Sinti und Roma deutscher Staatsangehörig-
> keit angewendet."[4]

Auffällig an dem offiziell von Deutschland vertretenen Minderheitenbegriff ist,
dass erstens nur bestimmte, namentlich genannte Gruppen als Minderheiten aner-

---

2   „Rahmenübereinkommen zum Schutz nationaler Minderheiten", abgeschlossen in Straßburg am
    1. Februar 1995, Text unter <http://www.conventions.coe.int/Treaty/ger/Treaties/Html/157.htm>
    (abgerufen 30.10.2008). Das Rahmenübereinkommen trat am 01.01.1998 in Kraft.

3   Zur Vorbehaltsproblematik vgl. Art. 19–23 des Wiener Übereinkommens über das Recht der Ver-
    träge vom 23. Mai 1969, in: Bundesgesetzblatt 1985, Teil II, S. 927.

4   Der Vorbehalt erfolgte bei Unterzeichnung am 11.05.1995 und wurde bei der Ratifikation der
    Rahmenkonvention am 10.09.1997 erneuert. Text des Vorbehalts unter <http://www.conventions.
    coe.int.Treaty/Commun/Liste/Declarations.asp> (abgerufen 30.10.2008).

kannt sind, dass darunter zweitens nur traditionell in Deutschland existierende Volksgruppen fallen und dass drittens ihre Angehörigen die deutsche Staatsangehörigkeit haben müssen. Der Vorbehalt bewirkt in rechtlicher Hinsicht, dass die Rahmenkonvention über nationale Minderheiten in Deutschland nur auf die besagten, hier traditionell heimischen ethnischen Minderheiten Anwendung findet. Andere und damit auch „neue" Minderheiten sind dadurch uno actu definitiv ausgeschlossen.

Die Bundesrepublik Deutschland hat in ihrem ersten Staatenbericht an den Beratenden Ausschuss des Europarates über nationale Minderheiten vom 24. Februar 2000 ihren Standpunkt mit folgenden Worten erläutert:[5]

> „Als nationale Minderheiten in Deutschland werden Gruppen deutscher Staatsangehöriger angesehen, die in der Bundesrepublik Deutschland traditionell heimisch sind und dort in angestammten Siedlungsgebieten leben, sich aber vom Mehrheitsvolk durch eigene Sprache, Kultur und Geschichte – also eigene Identität – unterscheiden und diese Identität bewahren wollen. Dies betrifft die dänische Minderheit, das sorbische Volk, die Friesen in Deutschland und die deutschen Sinti und Roma."[5]

Der Bericht fügt dann zur Klarstellung den Satz hinzu: „Mit den genannten vier Gruppen sind alle von der Mehrheitsbevölkerung abweichenden Gruppen mit eigener Identität erfasst, die traditionell in Deutschland heimisch sind." Und es wird ausdrücklich festgestellt: „Die jüdische Gemeinschaft in Deutschland betrachtet sich nicht als Minderheit, sondern als Glaubensgemeinschaft."

Deutschland steht auf dem Standpunkt, dass auch die „außerhalb des angestammten Siedlungsgebietes lebenden Angehörigen der nationalen Minderheit" unter dem Schutz des Rahmenabkommens stehen. Diese Klarstellung und Ergänzung hat der Beratende Ausschuss des Europarates über nationale Minderheiten in seiner Stellungnahme vom 1. März 2002 zum deutschen Staatenbericht zustimmend zur Kenntnis genommen.[6]

Es hat nach der Wiedervereinigung den Versuch auf der Bundesebene gegeben, den offiziellen, unausgesprochen engen, restriktiven Minderheitenbegriff des Bun-

---

5   Ausführungen zu Article 3 para. 1, 1., Text unter <http://www. coe.int/T/E/human_Council of Europe. ACFC/SR (2000)001> (abgerufen 30.10.2008). Abgabefrist Deutschlands für seinen ersten Bericht war der 1. Februar 1999. Die Verzögerung der Abgabe um über ein Jahr ist ein für Deutschland blamabler Vorgang! (Die hier und unten verwendete Abkürzung „para" bezieht sich auf die Absatznummerierung der Texte).

6   Homepage des Europarates: Advisory Committee on the Framework Convention for the Protection of National Minorities, Opinion on Germany, adopted on 1 March 2002, Text unter <http://www.humanrights.coe.int/Minorities/Eng/FrameworkConvention/AdvisoryCommittee/ Opinions/Germany.htm> (abgerufen 30.10.2008).

des zu erweitern beziehungsweise zu öffnen, nämlich durch Einfügung einer Min-
derheitenschutzbestimmung in das Grundgesetz in Gestalt eines Artikels 20b. In
der Gemeinsamen Verfassungskommission von Bundestag und Bundesrat machte
die SPD folgenden Vorschlag:

> „Der Staat achtet die Identität der ethnischen, kulturellen und sprachlichen
> Minderheiten. Er schützt und fördert Volksgruppen und nationale Minder-
> heiten deutscher Staatsangehörigkeit." [7]

Es sind zwei kurze, aber überaus bedeutungsschwere Sätze! Das Wichtigste, was
sofort ins Auge fällt: Die beiden Sätze des Art. 20b arbeiten mit zwei ganz unterschiedlichen Minderheitenbegriffen: Satz 2 betrifft und gilt nur für ethnische Minderheiten mit der Formulierung „Volksgruppen und nationale Minderheiten". Ihre
Angehörigen müssen deutsche Staatsangehörige sein, und nur sie sollen in den Ge-
nuss von „Schutz" und „Förderung" kommen. Wir sehen, dass dem Satz 2 tendenziell der – oben zitierte – offizielle Minderheitenbegriff Deutschlands entsprechend
dem Vorbehalt zu Art. 3 des Rahmenabkommens über nationale Minderheiten zugrunde liegt. Allerdings geht Satz 2 des Art. 20b insofern deutlich darüber hinaus,
als er keine konkreten Minderheiten aufzählt und nicht von traditionellen, heimischen Minderheiten spricht. Der Minderheitenbegriff des Satzes 2 ist demnach offen auch für nicht traditionelle Minderheiten, welche immer sie sein mögen.

Art. 20b Satz 1 normiert dagegen einen fast grenzenlosen Minderheitenbegriff,
indem er nicht nur ethnische Minderheiten (wie Satz 2) nennt, sondern auch religiöse und sogar „kulturelle" Minderheiten einbezieht, worunter man wegen der Ver-
schwommenheit und Uferlosigkeit des Kulturbegriffes zum Beispiel auch homose-
xuelle Gruppen hätte verstehen können. Wie Dietrich Murswiek mit dankenswerter
Klarheit herausgearbeitet hat, liegt Art. 20b Satz 1 die Vorstellung und das normative Konzept der in den 1980er/1990er Jahren besonders umstrittenen „multikulturellen Gesellschaft" zugrunde. [8]

Dies ist auch der Hauptgrund dafür, dass der Art. 20b nicht in das Grundgesetz
gelangt ist, sodass auch die deutsche Bundesverfassung bis heute über keinen Min-
derheitenschutzartikel verfügt – im Unterschied zur Weimarer Reichsverfassung
(Art. 113) und zur Reichsverfassung von 1848/49 (§ 188). Die Überlegung ist erlaubt: Wäre der Satz „Der Staat achtet die Identität der ethnischen, kulturellen und

---

7 Der Vorschlag war 1992 vom Land Brandenburg unter der persönlichen Verantwortung des damaligen Justizministers Hans Otto Bräutigam (SPD) ausgearbeitet worden und über die Verfassungskommission des Bundesrates in die Gemeinsame Verfassungskommission von Bundestag und
   Bundesrat (BT-Drs. 12/6000, S. 71ff.) eingebracht worden. Ausführlich zu Entstehungsgeschichte
   mit weiteren Nachweisen *Murswiek*: Minderheitenschutz (wie Anm. 1), S. 21, Anm. 59.
8 *Murswiek*: Minderheitenschutz (wie Anm. 1), S. 26ff.

sprachlichen Minderheiten" in das Grundgesetz gelangt, hätte das im Prinzip die umfassendste denkbare staatsrechtliche Anerkennung auch von ethnischen Minderheiten in Deutschland bedeutet, unter Einschluss auch von neuen ethnischen Minderheiten, gleichgültig, ob deren Angehörige über die deutsche Staatsangehörigkeit verfügten oder aber Ausländer oder Staatenlose waren. Allerdings versprach Art. 20b Satz 1 ihnen nur die „Achtung", nicht auch den Schutz und die Förderung des Staates.

So ist es bis heute im Wesentlichen bei den landes-, vor allem landesverfassungsrechtlichen Regelungen über die Minderheiten als Grundlage des Minderheitenrechts in Deutschland geblieben. Verfassungsbestimmungen über ethnische Minderheiten finden sich in den aus den Jahren 1992 stammenden Verfassungen der neuen Bundesländer Brandenburg (Art. 20), Mecklenburg-Vorpommern (Art. 18), Sachsen (Art. 5 und 6) und Sachsen-Anhalt (Art. 37) sowie in der 1990 revidierten Verfassung Schleswig-Holsteins (Art. 5).

Von autochthonen oder neuen Minderheiten ist in den genannten Verfassungen, wie schon eingangs bemerkt, nirgendwo die Rede; im Gegenteil: Schon eine flüchtige Durchsicht der einschlägigen Artikel offenbart eine erstaunliche terminologische Vielfalt: Neben „ethnischen" ist von „nationalen" Minderheiten die Rede, sogar von „kulturellen" Minderheiten (Art. 37 Sachsen-Anhalt), von „Volksgruppen", von einem „Volk", nämlich den Sorben, und Art. 5 der sächsischen Landesverfassung kennt „Minderheiten deutscher Staatsangehörigkeit" neben „ausländischen Minderheiten".

Man kann die Vielfalt der von den Landesverfassungen verwendeten Begriffe auf zwei Gruppen von ethnischen beziehungsweise nationalen Minderheiten reduzieren und radizieren, nämlich einerseits die offiziell von der Bundesrepublik Deutschland förmlich anerkannten „autochthonen" Minderheiten und andererseits sonstige Minderheiten. Detailliert und teilweise sehr ausführlich gehen die Landesverfassungen nur auf die autochthonen Minderheiten ein, auf die Sorben (Wenden) in Brandenburg (Art. 25: „Volk") und in Sachsen (Art. 6) sowie auf die Dänen und die Friesen in Schleswig-Holstein (Art. 5). Die Sorben werden in Brandenburgs Verfassung als „Volk" (Art. 25) bezeichnet. Ähnlich klingt es auch in der Verfassung Sachsens (Art. 5 Abs. 1, Art. 6 Abs. 1: „Bürger sorbischer Volkszugehörigkeit"). Die Friesen erscheinen in der Schleswig-Holsteinischen Landesverfassung als „Volksgruppe", die Dänen hingegen als „nationale Minderheit".

Die Begrifflichkeit der Landesverfassungen steht unverkennbar in der Tradition des deutschen Verfassungsrechts. Denn in der Paulskirchenverfassung (Art. XIII, § 188) wurde „den nicht Deutsch redenden Volksstämmen Deutschlands [...] ihre volkstümliche Entwicklung gewährleistet",[9] und ähnlich wurden in Art. 113 der

---

9   Verfassung des Deutschen Reiches vom 28.03.1849 („Paulskirchenverfassung") unter <http://verfassungen.de/de/de06-66/verfassung48-i.htm> (abgerufen 30.10.2008).

Weimarer Reichsverfassung „die fremdsprachigen Volksteile des Reiches"[10] gegen
Beeinträchtigung in ihrer freien volkstümlichen Entwicklung geschützt.

Der begriffliche Wechsel von „Volksstämmen" zu „Volksteilen" indiziert die fort-
schreitende Demokratisierung und Integration des deutschen Volkes vom 19. zum
20. Jahrhundert. Die Stammesstruktur verblasst, und der Akzent liegt nun auf der
Einheitlichkeit des Volkes, auf dem demokratisch-integrativ wahrgenommenen po-
pulus, der nur noch „Teile" aufweist.

Die Verfassungsregelungen Mecklenburg-Vorpommerns und Sachsen-Anhalts
sind nur allgemein auf nationale Minderheiten bezogen, setzen aber die deutsche
Staatsangehörigkeit ihrer Angehörigen voraus. Das gilt auch für die anderen Länder-
verfassungen. Mit Ausnahme der Landesverfassung von Brandenburg, die aus-
schließlich das „Volk" der Sorben berücksichtigt, schließen die anderen genannten
Landesverfassungen im Prinzip auch „neue Minderheiten" ein, allerdings nur jene
Teile von ihnen, die eingebürgert worden sind. Das sind aber unter Umständen viele
Tausende!

Betrachten wir nun näher, was „autochthone Minderheiten" ihrer wörtlichen Bedeutung nach eigentlich sind, worin ihre Eigenart besteht, und gehen wir der weiteren Frage nach, wie stimmig und überzeugend es ist, dass die Bundesrepublik
Deutschland sich offiziell auf diesen restriktiven Minderheitenbegriff festgelegt hat.

In dem Begriff „autochthon" stecken die beiden altgriechischen Wörter „autós"
(selbst; eigen) und „chthon" (Boden; Erde; Land). Autochthone Minderheiten sind
also solche Volksgruppen, die auf ihrem eigenen Heimatboden leben. Der Begriff
„autochthon" impliziert also eine nicht unbedingt exklusive, wohl aber eine spezifische, qualitative Beziehung einer bestimmten gewissen ethnischen Menschenge-
meinschaft zu einem bestimmten Territorium, zu einem Gebiet, in welchem die Gemeinschaft ansässig und verwurzelt ist, wo sie ihren Lebensraum, ihre Heimat hat.

Der qualifizierte territoriale Bezug der ethnischen Gemeinschaft (Volksgruppe)
schließt ferner die Vorstellung einer gewissen räumlichen Ausdehnung des Lebens-
raumes der Volksgruppe ein, eine mehr als nur geringfügige Größe des Siedlungsgebietes. Ein Wohnviertel in einer Stadt, etwa Kreuzberg in Berlin, dürfte dafür wohl
nicht ausreichen. Das Merkmal der räumlichen Ausdehnung lässt des Weiteren den
Schluss zu, dass eine autochthone Minderheit eine zahlenmäßig nicht völlig margi-
nale Gemeinschaft sein kann. Anders gesagt: Autochthone Minderheiten sind mit
der Vorstellung des sozialen Zusammenhanges einer größeren Menschengruppe,
eben einer Volksgruppe, verbunden. Bestimmend, wesentlich und kennzeichnend
für die autochthone Minderheit ist daher der organische, feste Raumbezug. Sie sie-

---

10 *Ottmar Bühler:* Die Reichsverfassung vom 11.08.1919. Leipzig, Berlin 31929, hier Art. 113; der Text
    im Internet unter <http://www.verfassungen.de/de/de19-33/verf19-i.htm> (abgerufen
    30.10.2008).

delt auf ihrem angestammten Boden; „angestammt" – das ist im Deutschen das Wort, welches dem Begriff autochthon wohl am nächsten kommt.

Zu dem qualifizierten Raumbezug gesellt sich ein solcher in zeitlicher Hinsicht hinzu. In dem Wort „angestammt" schwingt auch er mit. Autochthone Minderheiten sind solche ethnischen Gemeinschaften, die – wie eben Völker – schon seit lange zurückliegenden geschichtlichen Epochen, sehr, sehr lange, unter Umständen seit unvordenklichen Zeiten, das betreffende Gebiet besiedeln und daher gleichsam ein natürliches Recht darauf haben, dass diese spezifische, lange andauernde Verbundenheit mit dem Territorium auch von und in dem betreffenden Staat politisch und administrativ anerkannt wird – zum Beispiel durch zweisprachige Ortsnamenschilder.

Die Verfassungsbestimmungen Sachsens und Brandenburgs über die Sorben spiegeln die herausgearbeiteten typischen Züge autochthoner Minderheiten geradezu exemplarisch wider. In Art. 25 Abs. 1 der Verfassung Brandenburgs heißt es:

> „Das Recht des sorbischen Volkes auf Schutz, Erhaltung und Pflege seiner nationalen Identität und seines angestammten Siedlungsgebietes (sic!) wird gewährleistet."[11]

Und in Art. 6 Abs. 2, dem „Sorben-Artikel" der Verfassung Sachsens, lesen wir:

> „In der Landes- und Kommunalplanung sind die Lebensbedürfnisse des sorbischen Volkes zu berücksichtigen. Der deutsch-sorbische Charakter des Siedlungsgebietes der sorbischen Volksgruppe ist zu erhalten."[12]

Der territoriale Bezug der Dänen und Friesen in Schleswig-Holstein schlägt sich allerdings im Verfassungstext nicht in vergleichbarer Weise nieder, ist aber faktisch gegeben. Vielmehr wird hier auf ihre „kulturelle Eigenständigkeit und politische Mitwirkung"[13] auf Landes- und Gemeindeebene abgehoben (Art. 5 Abs. 2).

Eines ist aber klar: Sorben, Dänen und Friesen sind Volksgruppen beziehungsweise autochthone Minderheiten, die schon lange vor der deutschen Nationsbildung dort siedelten, wo sie heute leben. Sie hatten daher von Anfang an Anteil an der deutschen territorial- und gesamtstaatlichen Nationalgeschichte und waren in den Prozess der deutschen Staats- und Gesellschaftsentwicklung integriert. Die Bundesrepublik Deutschland hat darauf in ihrem 1. Bericht über die Implementierung der

---

11 Verfassung des Landes Brandenburg vom 20.08.1992 (zuletzt geändert 2004), Text unter <http://www.verfassungen.de/de/bb/index.htm> (abgerufen 30.10.2008).

12 Verfassung des Freistaates Sachsen vom 27.05.1992, Text unter <http://www.verfassungen. de/de/sac/sachsen92-index.htm> (abgerufen 30.10.2008).

13 Verfassung des Landes Schleswig-Holstein vom 13.12.1949 in der Fassung vom 13.06.1990, Text unter <http://www.verfassungen.de/de/sh/schleswig-holstein90.htm> (abgerufen 30.10.2008).

„Rahmenkonvention des Europarates über die nationalen Minderheiten" hingewiesen: „Deutsche und Dänen", so heißt es da, „leben in diesem Gebiet seit über einem Jahrtausend zusammen."[14] Und zu den Sorben stellt der Bericht fest, dass sie in der Lausitz seit dem 6./7. Jahrhundert ansässig seien.

Die autochthonen Minderheiten haben, wie sich hier zeigt, augenscheinlich Gemeinsamkeiten mit den sogenannten Ureinwohnern. Auch die Aborigines, das heißt die von Anfang an, ursprünglich die betreffenden Landstriche besiedeln, wie zum Beispiel die Australier, die Tschuktschen, Eskimos, Indianer usw., sind durch einen ausgeprägten Territorialbezug charakterisiert. Allerdings ist er bei den Aborigines dadurch noch spezifischer, dass sie eine traditionelle Lebensweise – Tierhaltung, Jagd und Fischfang – pflegen, die organisch an Klima und Boden ihrer Heimat angepasst ist. Aus dem Blickwinkel einer modernen zivilisierten Staats- und Wirtschaftsgesellschaft sind die Aborigines daher im eigentlichen Sinne ‚primitiv', das heißt auf einer ursprünglichen Stufe der Lebensverhältnisse stehen geblieben. Der autochthonen Minderheit haftet der Beigeschmack einer archaischen Lebens- und Wirtschaftsweise nicht an. Allerdings ist für sie typisch, dass sie zumindest in ihrer Wurzel eher Agrargesellschaften sind oder dass zumindest bäuerliche Traditionen, Sitten und Gebräuche einen hohen Rang und Bedeutung für ihre kulturelle Identität besitzen.

Den idealtypischen Gegenpol zu den autochthonen Völkern und Volksgruppen bilden Migranten fremder Volkszugehörigkeit, insbesondere Arbeitsmigranten, also Menschen, die aus wirtschaftlichen Gründen ihre Heimat und nicht selten auch ihre Angehörigen beziehungsweise Familien verlassen (haben), um für eine gewisse Zeit in der Fremde Geld zu verdienen. Das geschieht in der Absicht, alsbald wieder in die Heimat zur Familie zurückzukehren.

Auch dann, wenn sich viele Wanderarbeiter einer Ethnie an demselben Ort aufhalten, sind sie nicht schon allein deswegen eine „ethnische Minderheit". Dagegen steht mindestens zweierlei: Erstens fehlt das für ethnische Minderheiten typische und daher wesentliche Merkmal der Stabilität ihres inneren Zusammenhalts, denn die Wanderarbeiter sind ja nur provisorische Gemeinschaften auf begrenzte Zeit; und zweitens der fragmentarische Charakter der sozialen Beziehungen, des sozialen Beziehungsgefüges von Wanderarbeitern selbst, die sich als solche in sozialer Hinsicht in aller Regel nur beschränkt entwickeln können und wohl unter den obwaltenden Umständen auch keine Statusverbesserung anstreben.

Nun haben wir allerdings gerade in Deutschland seit den späten 1950er und frühen 1960er Jahren einen Prozess erlebt, wie aus den so genannten Gastarbeitern, also Arbeitsmigranten, große, dauerhafte ethnische Gemeinschaften wurden. Es begann mit Italienern, es folgten Griechen und Jugoslawen und setzte sich bald mit Türken und Kurden, später mit Nordafrikanern, Iranern, Afghanen usw. fort. Diese

---

14 Vgl. Anm. 5; Bericht S. 5.

zugewanderten beziehungsweise eingewanderten Menschen bilden ethnische Gruppen, deren Zahlen zwischen einigen Zehntausend und, wie im Falle der Türken, bei über drei Millionen liegen. Es ist in Deutschland üblich geworden, sie als neue Minderheiten zu bezeichnen, zum einen wohl deswegen, weil sie das deutsche Volk beziehungsweise die Gesellschaft der Bundesrepublik Deutschland in der kurzen Zeitspanne nur einer Generation mit einem in vieler Hinsicht ganz neuen Phänomen konfrontiert haben, und zum anderen, weil die neuen Minderheiten (ganz im Unterschied zu den autochthonen Minderheiten!) durch Einwanderung aus der Fremde, aus dem Ausland entstanden sind, und schließlich, weil sie de facto ethnische Minderheiten sind, auch wenn sie und obwohl sie unter den Minderheitenbegriff nicht fallen, den Deutschland im völkerrechtlichen Verkehr offiziell vertritt.

In der Tat: Die neuen ethnischen Minderheiten werden zu Recht als Minderheiten bezeichnet, denn sie erfüllen in der Regel geradezu exemplarisch jene Kriterien und besitzen jene Eigenschaften und Merkmale, die eine nationale, ethnische Minderheit bekanntermaßen in erster Linie auszeichnen: eigene Sprache, eigene Kultur, Religion und Mentalität, kurz: eine Identität, die sie wesentlich von dem ethnischen Profil des Mehrheitsethnos und seiner Kultur unterscheidet.

Aus soziologisch-kulturalistischem Blickwinkel – ich betone das im Unterschied zum juristischen Ansatz – ist es unerheblich, ob beziehungsweise dass die Angehörigen der „neuen" Minderheiten nur teilweise die deutsche Staatsangehörigkeit besitzen und teilweise nicht, also den Rechtsstatus des Ausländers haben, denn die sozio-ethnische Realität der neuen Minderheiten wird durch das Unterscheidungsmerkmal der Staatsangehörigkeit nicht wesentlich beeinflusst.

So ist als Ergebnis festzustellen, dass in Deutschland heute zwischen den offiziell anerkannten sogenannten autochthonen Minderheiten einerseits und den flüchtigen sozialen Gruppen von ausländischen Arbeitsmigranten andererseits nach Millionen zählende „nationale, ethnische Minderheiten" existieren, die wegen der Begrenzung und Beschränkung unseres offiziellen juristischen Minderheitenbegriffes auf die autochthonen Minderheiten keine „nationalen Minderheiten" sind beziehungsweise sein dürfen.

Damit bin ich bei der Frage, wie stimmig und überzeugend der offizielle rechtliche Minderheitenbegriff der Bundesrepublik Deutschland ist. Meine Antwort lautet: Aus rechtstheoretischer Sicht erscheint er mir ungenau und inkonsistent, weil der Minderheitenbegriff auf keinem stringenten, einheitlichen Ansatz beruht; aus rechtspolitischem Blickwinkel hingegen halte ich das Konzept der autochthonen Minderheit für zu eng und für zu wenig zukunftsorientiert.

Eine offenkundige Schwäche des offiziellen Minderheitenbegriffes Deutschlands ist seine konzeptionelle Inkonsequenz, denn mit bestimmten Heimatgebieten verbundene nationale Minderheiten sind nur die Sorben, Friesen und Dänen, nicht aber die Sinti und Roma. Zwar leben Zigeuner seit dem 14. und 15. Jahrhundert dauerhaft in deutschen Landen und sind hier bis heute ansässig, aber die ca. 70.000 Sinti und Roma leben und lebten schon immer über das ganze Bundesgebiet, mit gewissen Schwerpunkten in einigen Ballungsgebieten, namentlich Rhein-Main und Rhein-Ruhr, verstreut. Deutschland hat das in seinem ersten Staatenbericht vom Februar 2000 an den Beratenden Ausschuss des Europarates für das Rahmenabkommen über die nationalen Minderheiten auch eingeräumt.[15] Wenn die Sinti und Roma aber keine autochthone und offenkundig auch keine neue Minderheit sind, was sind sie dann? Die Antwort ist ebenso einfach wie schlicht: Sinti und Roma sind eine „alte Minderheit" in Deutschland!

Der Begriff „alte Minderheit" ist in die Fachsprache vereinzelt bereits eingegangen.[16] Der geläufig gewordene Begriff „neue Minderheiten" provoziert ihn aber ganz von selbst. Meines Erachtens sollte man ihn in die Systematik und Dogmatik von Minderheitenrechten und Minderheitenpolitik einführen, denn das führt zu einer klareren, genaueren Erkenntnis und Bestimmung der Minderheitenverhältnisse, die nicht erst heute in Deutschland existieren. Ich möchte das im Folgenden systematisch skizzieren:

„Alte Minderheiten" sind der Oberbegriff zu den autochthonen nationalen Minderheiten, die man als „uralte" Minderheiten bezeichnen könnte, und den nicht territorial verankerten, „nur alten" heimischen Minderheiten. Führt man diese begriffliche Unterscheidung ein, stellen sich mehrere Fragen, nämlich

1. Gibt es noch weitere „alte", nichtautochthone Minderheiten im heutigen Deutschland und

2. von wann ab und unter welchen Voraussetzungen wird aus einer „neuen" eine „alte Minderheit"?

Zu 1.: Was die erste Frage betrifft, fällt der Blick auf die heute in Deutschland, insbesondere in Nordrhein-Westfalen, lebenden Polen. Sie sind, historisch gesehen, ab etwa der Mitte des 19. Jahrhunderts im Zuge der Industrialisierung aus den preußischen Provinzen Schlesien, Posen und Westpreußen in das Ruhrgebiet eingewandert, sind also in ihrem Ursprung Arbeitsmigranten und insgesamt das ‚Produkt' einer preußischen Binnenwanderung.[17] Nach dem Ersten Weltkrieg organisierte sich

---

15 Vgl. Anm 5.

16 Georg Brunner gliedert nach alten und neuen Minderheiten, vgl. *Georg Brunner:* Nationalitätenprobleme und Minderheitenkonflikte in Osteuropa. Gütersloh 1996, S. 67ff. Siehe auch *Faruk Şen:* Über den Status der Türken in Deutschland. Wann werden alte zu neuen Minderheiten? (Das Parlament Nr. 34 /1999 [20. 8.], S. 7), der aber seltsamerweise die Frage umkehrt und im Übrigen zu der bemerkenswerten Prognose kommt: „All diese positiven Tendenzen sorgen dafür, dass die Türken sich nicht zu einer Minderheit innerhalb der deutschen Gesellschaft entwickeln werden."

17 In Gelsenkirchen und Recklinghausen machten sie nach der Volkszählung von 1900 über 13 Prozent der Bevölkerung aus. Zahlen unter <http://www.verwaltungsgeschichte.de/fremdsprach_krei> (abgerufen 30.10.2008).

ein kleiner Teil der im Reich lebenden Polen im „Bund der Polen in Deutschland"
(1922) und wurde 1924 unter der Geltung des erwähnten Minderheitenartikels der
Weimarer Reichsverfassung (Art. 113), zusammen mit anderen „fremdsprachigen"
Volksgruppen, förmlich als Minderheit anerkannt. Dies geschah, obwohl der Vertrag von Versailles dem Deutschen Reich – im Unterschied zu Polen – keine Verpflichtungen zum Schutze nationaler, ethnischer Minderheiten auferlegt hatte.[18]

Nach dem Beginn des Krieges gegen Polen wurden die polnischen Minderheits-
organisationen verboten und aufgelöst (7. September 1939). Nach dem Zweiten
Weltkrieg setzte in der Bundesrepublik Deutschland die Gesellschaft „Polonia" die
Tradition der Zwischenkriegszeit als kultureller Verband polnischstämmiger Bürger
vor allem im Ruhrgebiet zwar fort, aber durch den faktischen (ab 1990 endgültigen)
Verlust der Ostgebiete des Reichs hatte sich die Lage einschneidend und grundsätzlich verändert: Während nämlich die Polen im Deutschen Reich – auch in dessen
Grenzen vom 31. Dezember 1937 – wegen ihrer angestammten Heimat in den Provinzen jenseits von Oder und Neiße im Ansatz eine „autochthone" Minderheit waren, haben sie im territorialen Rahmen der Bundesrepublik Deutschland diese Qualität – trotz ihrer ursprünglichen Herkunft aus jenen Gebieten – verloren.

Ausgehend von der Tatsache, dass die Einwanderung polnischer Arbeitsmigranten seit ihren Anfängen bei Gründung der Bundesrepublik fast 100 Jahre zurücklag
und unter Berücksichtigung ihres spezifischen Zusammenhanges mit der neueren
preußischen Geschichte sowie der rechtlichen Problematik der „Oder-Neiße-Ge-
biete" wäre es denkbar gewesen, die in Deutschland lebenden Polen nach der Wiedervereinigung, wenn nicht als „autochthone", so aber doch als „alte Minderheit"
– im Prinzip ebenso wie die Sinti und Roma – anzuerkennen. Deutschland hat diesen Schritt nicht gemacht. Es stand aber vor diesem Problem, als 1990/91 der
deutsch-polnische Nachbarschaftsvertrag vom 17. Juni 1991[19] ausgearbeitet wurde.

Mit der Behandlung der Minderheitenproblematik in diesem Vertrag hat es nun
eine eigene und in gewisser Weise auch eine eigenartige Bewandtnis. Das zeigt Art.
20 des Nachbarschaftsvertrages. Darin ist sowohl von „Personen deutscher Staatsangehörigkeit polnischer Abstammung" als auch von „Personen polnischer Staatsangehörigkeit deutscher Abstammung" die Rede. Als nationale Minderheit werden
aber nur die Deutschen in Polen bezeichnet („Angehörige der deutschen Minderheit
in der Republik Polen"), nicht aber die Polen in Deutschland. Interessant ist nun,
dass Art. 20 Abs. 1 des Nachbarschaftsvertrages – symmetrisch beziehungsweise
spiegelverkehrt – die Polen in Deutschland mit denselben Worten umschreibt bezie-

---

18 *Bühler:* Die Reichsverfassung (wie Anm. 10), hier Art. 113.

19 Vertrag zwischen der Bundesrepublik Deutschland und der Republik Polen über gute Nachbarschaft und freundschaftliche Zusammenarbeit vom 17.06.1991, Text unter <http://www.
auswaertiges-amt.de/diplo/de/AAmt/PolitischesArchiv/DokumenteUndVertraege/910617-Vert
DeuPLFreund-pdf.pdf> (abgerufen 30.10.2008).

hungsweise definiert wie die „Restdeutschen" in Polen, nämlich als „Personen deutscher Staatsangehörigkeit in der Bundesrepublik Deutschland, die polnischer Abstammung sind oder die sich zur polnischen Sprache, Kultur oder Tradition bekennen."

Aber nicht nur das: Die so definierten ethnischen Deutschen in Polen und ethnischen Polen in Deutschland genießen, jedenfalls in diesem Vertrag, wortwörtlich dieselben Rechte, nämlich „das Recht, einzeln oder in Gemeinschaft mit anderen Mitgliedern ihrer Gruppe ihre ethnische, kulturelle, sprachliche und religiöse Identität frei zum Ausdruck zu bringen, zu bewahren und weiterzuentwickeln, frei von jeglichen Versuchen, gegen ihren Willen assimiliert zu werden."[20]

Es ergibt sich die paradoxe Feststellung: Der deutsch-polnische Nachbarschaftsvertrag erhält verbal beziehungsweise formell den offiziellen, autochthonen deutschen Minderheitenbegriff aufrecht, gibt ihn aber zugleich materiell, das heißt in der Sache, auf, indem die beiden ethnischen Gruppen rechtlich gleich, „symmetrisch", behandelt werden. Die Symmetrie ist aber unvollkommen, denn es besteht ein erheblicher Statusunterschied zwischen beiden Volksgruppen, dadurch, dass eben nur die Deutschen in Polen als nationale Minderheit anerkannt sind, die Polen in Deutschland hingegen nicht. Die deutschen Staatsangehörigen polnischer Volkszugehörigkeit können sich infolgedessen nicht auf solche gesetzlichen Bestimmungen und Rechte berufen, die, sei es auf der Ebene des Bundes oder der der Länder, ausdrücklich die förmliche Anerkennung als „nationale Minderheit" voraussetzen. Die prominenteste Bestimmung im Bundesrecht dürfte insofern § 6 Abs. 6 Satz 2 Bundeswahlgesetz sein, der „die von den Parteien nationaler Minderheiten eingereichten Listen"[21] für die Teilnahme an den Bundestagswahlen von der Fünf-Prozent-Sperrklausel ausnimmt. Eine entsprechende Regelung trifft § 3 Abs. 1 Satz 2 des Landtagswahlgesetzes Schleswig-Holsteins von 1991 zugunsten (allerdings nur) der „dänischen Minderheit".[22]

Abschließend kann man feststellen, dass die Rechtsstellung der Gruppe der Polen deutscher Staatsangehörigkeit in Deutschland durch den Nachbarschaftsvertrag immerhin stark dem Status einer nationalen Minderheit angenähert ist.

Zu 2.: Der polnische Fall führt zu der zweiten oben aufgeworfenen Frage, unter welchen Bedingungen und Voraussetzungen aus einer „neuen", auf Immigration beruhenden nationalen Minderheit eine „alte" Minderheit werden kann oder, anders gefragt, von wann an eine „neue" Minderheit diesen juristischen beziehungsweise rechtlichen Qualitätswechsel erfährt?

---

20 Wie Anm. 19.

21 Bundeswahlgesetz in der Fassung der Neubekanntmachung vom 23.07.1993, Text unter <http://bundesrecht.juris.de/bundesrecht/bwahlg/gesamt.pdf> (abgerufen 30.10.2008).

22 Text des Landtagswahlgesetzes vom 07.10.1991 in Gesetz- und Verordnungsblatt (GVOBl.) 442 (1991) sowie <http://sh.juris.de/sh/WahlG_SH_P3.htm> (abgerufen 30.10.2008). Die dadurch begünstigte Partei ist der Südschleswigsche Wählerverband.

Lassen Sie mich hier zunächst eine weitere terminologische Zwischenbemerkung machen: Natürlich kann man mit dem Begriffspaar „alt – neu" arbeiten, aber mir scheint, dass der in diesem Zusammenhang gemeinte Sinn genauer getroffen wird, wenn wir von „alten" und *„jungen"* nationalen Minderheiten sprechen, denn das Wort „jung" bringt in spezifischer Weise das temporale Kriterium, den Wandel und Aufstieg zu einer „alten" Minderheit zum Ausdruck; es rückt die zeitliche Dimension in den Mittelpunkt!

Wie lange muss es dauern, wie viel Zeit muss ins Land gehen, bis aus einer „jungen" nationalen Minderheit im Rechtssinne eine „alte", also eine Minderheit mit institutionellem Status, wird? Dies ist eine in der Wissenschaft zum Minderheitenrecht schon seit langem diskutierte Frage. Leicht ist sie nicht zu beantworten, da bei der Antwort mehrere objektive und subjektive sowie auch und gerade integrationspolitische Kriterien und Gesichtspunkte zusammen zu sehen, zu bedenken und auch gegeneinander abzuwägen sind. Dabei dürfen auch das Völkerrecht und seine Normen über einen Mindeststandard für nationale beziehungsweise ethnische Minderheiten nicht außer Acht gelassen werden.

In Anlehnung an die Praxis des österreichischen Volksgruppenrechts wird in der einschlägigen Literatur verbreitet auf die Faustregel der „Drei-Generationen-Theorie" hingewiesen:[23] Das heißt, nach Ablauf von etwa 100 Jahren verwandelt sich eine „junge" nationale Minderheit in eine „alte", freilich nicht automatisch, aber doch in dem Sinne, dass nach dieser Zeit eine faktisch bestehende nationale Minderheit wenigstens einen moralischen Anspruch darauf hat, dass sie vom Staat als Minderheit förmlich anerkannt wird, sofern sie es möchte und das dafür vorgesehene Anerkennungsverfahren beantragt. Einen notfalls auch gerichtlich durchsetzbaren Rechtsanspruch darauf hat sie freilich nur dann, wenn das nationale Recht das auch vorsieht.

Eine Verpflichtung der Staaten, eine entsprechende Regelung zu treffen, könnte sich nur aus dem Völkerrecht ergeben, aber das Völkerrecht kennt eine derartige Bestimmung nicht. Es liegt daher letztlich allein im politischen Ermessen eines jeden Staates, für welche Lösung des Problems, eine restriktiv-enge oder eine großzügig-weite, er sich entscheidet.

Die Drei-Generationen-Regel erscheint plausibel, weil sie griffig ist und weil der Ablauf von rund 100 Jahren vielleicht vermuten lassen könnte, dass die Angehörigen einer neuen Minderheit in ihrem neuen Heimatstaat hinreichend verwurzelt und integriert sind.

Gleichwohl wirft die Regel Zweifelsfragen auf: Kann ein Anspruch auf Anerkennung als nationale Minderheit schon allein auf Grund des bloßen Zeitablaufes be-

---

23 *Ludwig Steiner:* Die Entwicklung des Minderheitenschutzes im Rahmen des Europarates, in: *Dieter Blumenwitz, Gilbert H. Gornig* (Hg.): Minderheiten- und Volksgruppenrechte in Theorie und Praxis. Köln 1993, S. 29–38, hier S. 35.

stehen oder soll die Anerkennung von zusätzlichen, qualitativen Kriterien abhängig gemacht werden? Muss es nicht gerade auf solche Kriterien angesichts der sehr komplexen, in aller Regel großen Integrationsprobleme ankommen, die wegen der besonderen Integrationshemmnisse in Bezug auf zahlenmäßig starke kultur- und religionsfremde Minderheiten noch schwieriger zu bewältigen sind? Stehen nicht heute, im Zeitalter offener Grenzen, der Integration von Minderheiten paradoxerweise größere Schwierigkeiten und Hindernisse im Wege als im Europa des 19. und 20. Jahrhunderts, weil nämlich der Druck oder gar Zwang zur Integration in den Gaststaat wegen seiner internationalen Öffnung und der vielfältigen Möglichkeiten, auch in der Fremde in engstem Kontakt mit dem ethno-nationalen Heimatstaat zu leben, wesentlich geringer als früher geworden ist? Ist nicht überhaupt wegen der Anpassung des Rechtsstatus selbst von Ausländern im heutigen Europa an den Status der jeweiligen Staatsangehörigen aufgrund des hoch entwickelten Standards der allgemeinen Menschenrechte und darüber hinaus der Grundfreiheiten des europäischen Gemeinschaftsrechts die Dringlichkeit für die Einräumung eines Minderheitenstatus gesunken? Bieten nicht die vielfältigen und qualifizierten Entfaltungsmöglichkeiten der Angehörigen von Minderheiten allein und in Gemeinschaft mit ihren Ko-Nationalen in den heutigen europäischen Zivilgesellschaften genügend Ausgleich für förmliche Minderheitenrechte? Aus dem Blickwinkel dieser und weiterer Fragen müsste die Drei-Generationen-Regel vertieft untersucht werden.

Umgekehrt bin ich der Meinung, dass die konkreten Fälle der autochthonen Minderheiten in Deutschland in *zeitlicher* Hinsicht kein Maßstab für die institutionelle rechtliche Anerkennung weiterer Minderheiten sein können. 400 oder 500 Jahre, wenn wir uns an den Sinti und Roma orientieren, sind eine bei weitem zu hohe temporale Hürde für die Zuerkennung eines Minderheitenstatus und daher kein tauglicher Maßstab. Das Landesverfassungsrecht deutet immerhin schon, wenn auch undeutlich, in diese Richtung.

Es bleiben gewiss viele Fragen offen. Eine möchte ich zum Schluss noch aufwerfen: Widerspricht der offiziell von Deutschland vertretene Minderheitenbegriff dem Völkerrecht? Die Antwort lautet: „nein". Das internationale Recht definiert „Minderheiten", wie bemerkt, nicht. Es gibt aber inoffizielle Definitionsangebote. Sie gehen aus von der bis heute wichtigsten Minderheitbestimmung des universellen Völkerrechts, nämlich von Art. 27 des Internationalen Paktes über Bürgerliche und Politische Rechte der Vereinten Nationen (IPBPR). Er spricht nur allgemein von „ethnischen", „sprachlichen" und „religiösen" Minderheiten mit dem Interesse der Sprach-, Kultur- und der Religionspflege. Die in der Völkerrechtsliteratur international wohl am weitesten verbreitete und am meisten anerkannte Definition der Minderheit hat der italienische Völkerrechtler Francesco Capotorti 1977 in seiner Eigenschaft als Spezialberichterstatter der Vereinten Nationen entwickelt, sodass er sich immerhin auf ein UN-Mandat berufen konnte:

„Eine Minderheit ist eine der übrigen Bevölkerung eines Staates zahlenmäßig
unterlegene Gruppe, die keine herrschende Stellung einnimmt, deren Angehörige – Bürger dieses Staates – in ethnischer, religiöser oder sprachlicher
Hinsicht Merkmale aufweisen, die sie von der übrigen Bevölkerung unterscheiden und die zumindest implizit ein Gefühl der Solidarität bezeigen, das
auf die Bewahrung der eigenen Kultur, der eigenen Traditionen, der eigenen
Religion oder der eigenen Sprache gerichtet ist.“[24]

Die Definition ist universell angelegt; autochthone und nicht autochthone Minderheiten unterscheidet sie nicht. Allerdings verlangt sie, dass die Minderheitenangehörigen die Staatsangehörigkeit des Titularstaates besitzen. Die Definition hält
damit an dem Grundsatz fest, dass Ausländer nach Ausländer- beziehungsweise
nach Fremdenrecht und aufgrund der allgemeinen Menschenrechte behandelt und
geschützt werden. Dieser Standpunkt entspricht der ganz überwiegenden Staaten-
praxis. Auch die Bundesrepublik Deutschland teilt ihn – wie wir gesehen haben. Die
Unterscheidung der Minderheitenangehörigen nach den Kriterien der Staatsangehörigkeit ist daher keinesfalls völkerrechtswidrig.

Auch die ziemlich rigide Beschränkung der Bundesrepublik Deutschland auf einen autochthonen Minderheitenbegriff widerspricht nicht dem Völkerrecht. Der
Beratende Ausschuss des Europarates für das Rahmenabkommen hat in seiner Stellungnahme zu dem ersten Staatenbericht Deutschlands über die Umsetzung des
Rahmenabkommens daran jedenfalls nicht Anstoß genommen, sondern nur indi-
rekt, gleichsam zwischen den Zeilen, eine gewisse Kritik angedeutet. In der Stellungnahme vom 1. März 2002 heißt es unter Punkt 17:

„Außer über die Gruppen, die nach Feststellung der deutschen Behörden unter das Rahmenabkommen fallen, berichteten die deutschen Behörden in ihrer Antwort auf den Fragebogen und während der Gespräche mit dem Beratenden Ausschuss auch von anderen Gruppen, die ihres Erachtens in diesem
Stadium nicht unter das Rahmenabkommen fallen [An dieser Stelle enthält
der Bericht die Anmerkung: „In diesem Zusammenhang vermerkt der Beratende Ausschuss die historische Präsenz bestimmter Gruppen in Deutschland, darunter eine Gruppe von Polen.“ O. L.]. Diesbezüglich verweisen sie
insbesondere auf die zahlreichen in Deutschland lebenden Gruppen und geben an, dass ,ca. 7,49 Mio.' der Bevölkerung ,Ausländer' [,Nichtstaatsbürger']

---

24 Umfassend dazu *Renate Oxenknecht:* Der Schutz ethnischer, religiöser und sprachlicher Minderheiten in Art. 27 des Internationalen Paktes über bürgerliche und politische Rechte vom 16. Dezember 1966. Frankfurt/M. u. a. 1987 (mit weiteren Nachweisen); *Gilbert H. Gornig:* Die Definition des
Minderheitenbegriffs aus historisch-völkerrechtlicher Sicht, in: *Gilbert H. Gornig, Dietrich Murswiek*
(Hg.): Ein Jahrhundert Minderheiten- und Volksgruppenschutz. Köln 2001, S. 19–46, hier S. 28ff.

sind. Während festzustellen war, dass bei den Gruppen, die als durch das Rahmenübereinkommen nicht geschützt gelten, dieses Übereinkommen nur wenig bekannt ist, wurden aber andererseits gegenüber dem Beratenden Ausschuss auch keine Ansprüche von anderen Gruppen – sowohl Staatsangehörigen als auch Ausländern – auf Anerkennung als nationale Minderheit nach dem Rahmenübereinkommen angemeldet."[25]

Der Beratende Ausschuss erklärt unter Punkt 18 seiner Stellungnahme, dass die Einbeziehung von Angehörigen anderer Gruppen, sowohl von Staatsbürgern als auch von Ausländern, in die Anwendung des Rahmenübereinkommens von einem Artikel zum anderen in Erwägung gezogen werden könnte. Er vertritt den Standpunkt, dass die deutschen Behörden diese Frage im Einvernehmen mit den Betroffenen zu gegebener Zeit in Zukunft prüfen sollten: „Dies ist von besonderer Bedeutung im Zusammenhang mit der Gesetzgebung zum Staatsangehörigkeitsrecht."

Zusammenfassend möchte ich Folgendes feststellen:

1. Die Unterscheidung zwischen „autochthonen" und „neuen" Minderheiten ist wichtig, und zwar in rechtlicher und in rechtspolitischer Hinsicht; sie ist aber ungenügend, weil sie zu undifferenziert ist.

2. Richtigerweise sind nicht „autochthone" und „neue" nationale Minderheiten einander gegenüber zu stellen, sondern „alte" und „neue" oder, genauer formuliert, „alte" und „junge" Minderheiten.

3. Die „alten" Minderheiten gliedern sich in zwei Untergruppen:
   a) autochthone Minderheiten und
   b) nicht territorial verwurzelte heimische (traditionelle) Minderheiten, das heißt solche mit einem verfassungsrechtlich anerkannten institutionellen Minderheitenstatus.

4. Die „neuen" Minderheiten in Deutschland verdanken ihren Ursprung der Einwanderung nach dem Zweiten Weltkrieg. Man sollte sie daher treffender „junge nationale Minderheiten" nennen.

5. Die „jungen" nationalen Minderheiten zerfallen aus juristischer Sicht in zwei Gruppen:
   a) die Personen mit fremder Volkszugehörigkeit, aber deutscher Staatsangehörigkeit durch Einbürgerung, sei es kraft Gesetzes oder auf Antrag und
   b) Personen fremder Volkszugehörigkeit, seien sie Ausländer oder Staatenlose.

---

25 Wie Anm. 6.

Erstere genießen zwar nicht den institutionellen Schutz von nationalen Minderheiten, sind aber umfassend durch die Grund- und Menschenrechte des Grundgesetzes und der Landesverfassungen gesichert; letztere sind durch das Fremdenrecht, vor allem aber durch die allgemeinen Menschenrechte geschützt.

6. Für die Lösung des spannenden rechtspolitischen Problems, unter welchen Voraussetzungen aus einer „jungen" eine „alte", nichtbodenverwurzelte nationale Minderheit wird, bietet sich im Ansatz zwar die Drei-Generationen-Regel, also ein Integrationszeitraum von gut 100 Jahren, an, aber sie begegnet unter den heutigen integrationspolitischen Verhältnissen zumindest in Deutschland mehrfachen, nicht unerheblichen Bedenken:

a) Die Zeitspanne von 100 Jahren erscheint zu kurz, wenn man bedenkt, dass es sich bei den jungen Minderheiten um Volksgruppen handelt, die aus mehr oder weniger europafernen Regionen und Kulturen eingewandert sind und daher vor besonders großen Integrationsproblemen stehen.

b) Den in Deutschland lebenden Immigranten sind nicht erst heute und nicht nur in Deutschland infolge der Internationalisierungs-, Europäisierungs- und Globalisierungsprozesse vielfältige Möglichkeiten eröffnet, sich schwach, oberflächlich oder gar nicht in die Gesellschaft zu integrieren, vielmehr in ihren nationalen Gemeinschaften zu verharren, sich – selbst gewählt – in ethnische Ghettos zurückzuziehen, Parallelgesellschaften zu bilden, dadurch die staatlichen Integrationsbemühungen zu unterlaufen, mit der Folge, dass die Integration der Immigranten, wenn sie denn überhaupt gelingt, einen Zeitraum von mehr als 100 Jahren beziehungsweise drei Generationen erfordert.

7. „Alte" und „junge" („neue") nationale Minderheiten sind Begriffe, die aus *soziologischer* Sicht für ein Kontinuum der Gemeinschaftsbildung und organisatorischen Verdichtung von Angehörigen nationaler Minderheiten stehen; aus *juristischer* Sicht bilden „alte" und „junge" („neue") Minderheiten dagegen kein Kontinuum, sondern sie stehen auf qualitativ unterschiedlichen rechtlichen Stufen eines Integrationsprozesses, der von Immigranten in Gestalt von Wanderarbeitern zu einem nationalen Minderheitenstatus führen kann und unter Umständen auch führt.

Peter Rosenberg

Die Entwicklung der europäischen Sprachenvielfalt und die Rolle der Minderheiten – der linguistische Befund

1. Sprachenvielfalt und ethnische Vielfalt

Sprachenvielfalt ist nach der Charta der europäischen Regional- oder Minderheitensprachen ein „kultureller Reichtum".[1] Das ist wahr, aber nur die halbe Wahrheit. Sprachenvielfalt ist Ausdruck ethnischer Vielfalt. Und ethnische Vielfalt kann durchaus auch konflikthaft sein – und sie kostet in jedem Falle Geld. Grund genug, etwas genauer hinzuschauen, wie eine Bilanz der Sprachenvielfalt innerhalb und außerhalb Europas ausfallen könnte.

Ethnische Säuberungen und ethnische Konflikte haben die Welt am Ende des 20. Jahrhunderts in Atem gehalten, und es scheint – gerade in diesen Tagen –, dass dies im beginnenden 21. Jahrhundert eher zunehmen als abnehmen wird.

Auch in Europa sind viele der Konfliktherde, die uns in den vergangenen zwanzig Jahren beschäftigt haben, ethnische Konflikte gewesen, vor allem in Ost- und Südosteuropa. Dies betrifft nicht nur, jedoch insbesondere die Hinterlassenschaft des ehemals sozialistischen Lagers. Nach seinem Ende ist das offene ethnische Konfliktpotential global stark angestiegen: „Das weltweite Kriegsgeschehen nach 1989 ist durch einen Anstieg der Zahl der neu begonnenen Kriege gekennzeichnet",[2] insbesondere von innerstaatlichen Konflikten – eine Entwicklung, die zuletzt während der großen Dekolonisationsperioden der späten 1940er Jahre in Asien und der 1960er in Afrika beobachtet wurde. Gut die Hälfte aller weltweit akuten ethnischen Konflikte, heißt es, seien auf dem Gebiet der ehemaligen Sowjetunion zu finden.

---

1 Die Charta wurde unterzeichnet „in der Erwägung, daß der Schutz der geschichtlich gewachsenen Regional- oder Minderheitensprachen Europas, von denen einige allmählich zu verschwinden drohen, zur Erhaltung und Entwicklung der Traditionen und des kulturellen Reichtums Europas beiträgt", vgl. Charta der europäischen Regional- oder Minderheitensprachen, Präambel: <http://conventions.coe.int/treaty/ger/Treaties/Html/148.htm> (abgerufen 01.09.2008). Im Europa-Sprachenportal heißt es: „Die EU gründet sich auf das Prinzip der Vielfalt in Kultur, Bräuchen und Glauben. Dies schließt auch die Sprachen mit ein." <http://europa.eu/languages/de/chapter/5>, Europa-Sprachenportal (abgerufen 01.09.08).

2 *Thomas Rabehl, Wolfgang Schreiber* (Hg.): Das Kriegsgeschehen 2000. Daten und Tendenzen der Kriege und bewaffneten Konflikte. Opladen 2001.

2. Sprachenvielfalt in Europa

Schauen wir in einer kurzen „Tour d'horizon" auf die europäische Minderheiten-
und Nationalitätenkarte (siehe „Europäische Sprachenkarte" am Schluss).

Die *ehemalige Sowjetunion* ist unter anderem an ihren Nationalitätenproblemen zerfallen. Seitdem ist zwar der lange unter dem Druck des Internationalismus verdräng-
ten Forderung nach politischer und juristischer Gleichberechtigung der Nationen
und Nationalitäten zum Teil entsprochen worden. Dies gilt allerdings bei weitem
nicht für alle nationalen und ethnischen Gruppen gleichermaßen. Die nationalitä-
ten- und sprachenpolitischen Probleme sind in der GUS keineswegs gelöst, verfügt
doch allein Russland immer noch über weit mehr als 100 Sprachen, Kasachstan
kaum weniger. Große Schwierigkeiten existieren insbesondere in den Staaten und
autonomen Republiken beziehungsweise Gebieten *Russlands*, in denen die jeweilige
Titularnation nicht in der Mehrheit ist (wie etwa in Baschkirien oder Karelien).

Die *Kaukasusstaaten* und -gebiete mit ihren 57 Sprachen[3] werden noch einen kon-
fliktreichen Weg zurücklegen müssen, wie sich an den wieder ausgebrochenen oder
schwelenden Konflikten zwischen Russland und Tschetschenien, Russland und
Dhagestan, Georgien und Südossetien, Georgien und Abchasien, Aserbeidschan
und Nachitschewan und anderen zeigt.

In der *Ukraine* wird mit großem Aufwand das Ukrainische zu einer Sprache ausgebaut, die sämtliche Sprachdomänen abzudecken in der Lage ist. Weit weniger erfolgreich sind ähnliche Anstrengungen in *Weißrussland*, dessen Sprache nur geringe
sprachsystematische Unterschiede zum Russischen, jedoch eine deutliche Statusdif-
ferenz aufweist und ihren Ausdruck vorwiegend in einer russisch-weißrussischen
Mischsprache (Trasjanka) findet.

In *Estland* und *Lettland* wird nach wie vor über die Bindung der Staatsbürger-
schaftsverleihung an eine Sprachprüfung in der Landessprache heftig diskutiert. Die
starken russischsprachigen Minderheiten in beiden Ländern sind wenig integriert
und werden als ein beständiges Loyalitätsproblem gesehen.

Litauen hat in der Vergangenheit wiederholt der polnischen Minderheit sprachen-
politische Rechte verweigert, da es diese – noch aus der Sowjetzeit – als ‚russophil'
verdächtigte.

Die *Tschechoslowakei* hat sich inzwischen in die Tschechische und die Slowakische
Republik geteilt. Ungarische, ukrainische und andere Minderheiten haben sich vor
allem in der weniger entwickelten Slowakei erhalten, in der nach der Trennung wiederholt nationalistische Strömungen auftraten.

In *Ungarn* wurde lange Zeit eine sehr liberale Minderheitpolitik durchgeführt.
Gleichwohl befinden sich die nicht-ungarischen Sprachen in einem rasanten Pro-

---

3   *Harald Haarmann*: Die Sprachenwelt Europas. Geschichte und Zukunft der Sprachnationen
     zwischen Atlantik und Ural. Frankfurt/Main, New York 1993.

zess der Assimilation, wie sich etwa an den Ungarndeutschen zeigt. Die deutsche
Minderheit hat laut Volkszählung 2001 ca. 62.000 Angehörige.

Ähnliches gilt für *Rumänien*, das ethnisch ebenso heterogen ist, jedoch durch einen
seit den 1980er Jahren verschärften rumänischen Nationalismus unter anderem gegen ungarische Minderheitenangehörige sowie eine rigide Umsiedlungspolitik die
Existenzbedingungen der ungarischen, deutschen, ukrainischen, serbischen, kroati-
schen und slowakischen Minoritäten unterminiert hat. Die deutsche Minderheit hat
laut Volkszählung 2002 ca. 60.000 Angehörige (vgl. Übersicht am Schluss).

Im ehemaligen *Jugoslawien* hat man einen blutigen Krieg geführt und das Konzept
einer ethnischen Homogenisierung, genannt ‚ethnische Säuberung‘, verfolgt. Die
Auflösung des Bundesstaats und die folgende Gründung von selbständigen Staaten
zog auch die Erhebung der Sprachen Serbisch, Kroatisch, Slowenisch, Bosnisch
usw. zu Nationalsprachen nach sich. Obwohl das Serbokroatische eine mühelose
Verständigung ermöglicht hatte, wird zum Beispiel das Bosnische, das nur geringe
Differenzen zum Serbokroatischen aufwies, aus Legitimationsgründen zu einer völlig separaten Sprache erklärt und bewusst umgestaltet (etwa in: *kahva* ‚Kaffee‘ mit ar-
chaisierendem „ch“ – phonetisch: [kaxva]).

Nachdem *Polen* seit 1945 eine „monoethnische“ Konzeption der polnischen Gesellschaft verfolgt hat, die die Existenz von Minderheiten in Polen vernachlässigte
oder leugnete,[4] sieht sich Polen heute einer außerordentlich ermutigenden Renaissance der Minderheiten und der Minderheitenforschung gegenüber. Die deutsche,
die ukrainische, die weißrussische, die litauische und andere Minoritäten besitzen
wieder eine Reihe von Minderheiteninstitutionen, darunter Schulen und Kulturver-
eine. Sogar das Kaschubische zeigt als eine der wenigen fast ausgestorbenen Minderheitensprachen in Europa eine gewisse Expansion. Das heutige Polen könnte für
manche andere Länder des ehemaligen Ostblocks einen erfolgreichen Weg in die
Demokratie gegenüber Minderheitengruppen weisen, wenn die Anstrengungen sich
als dauerhaft und erfolgreich zeigen. Es könnte auch hierin die west-östliche Mitt-
lerrolle spielen, von der der ehemalige Bundespräsident Richard von Weizsäcker
während einer Gastprofessur an der Viadrina einmal gesprochen hat. Die deutsche
Minderheit hat laut Volkszählung 2002 ca. 150.000 Angehörige; die schlesische
„Nationalität“ ca. 170.000.

In Westeuropa hat man in der Nationalitäten- und Minderheitenpolitik keineswegs alle Probleme gelöst, wie es mancher nach der Aufzählung der Minderheitenprobleme in Ost- und Ostmitteleuropa vielleicht annehmen möchte. Dies zeigt etwa
die immer noch schwierige Balance der Sprachgruppen in *Belgien* ebenso wie die
weitgehende Verdrängung der nicht-französischen Sprachen in *Frankreich* (des Bre-
tonischen, Okzitanischen, Baskischen, Katalanischen, Korsischen, Flämischen,

---

4 Vgl. *Tomasz Wicherkiewicz*: Ethnic Revival of the German Minority in Poland. Poznań 1994 (un-
veröffentlichtes Manuskript).

Deutschen), die unter einer zentralistischen Sprachenpolitik viele Jahrzehnte als „patois" behandelt wurden, als „Provinzsprache", ja schlimmer: als eine Art „Maul- und Klauenseuche" („patois" stammt etymologisch von *patte* ‚Pfote').

Die *Schweiz* mit ihren drei Amts- und vier Muttersprachen (Deutsch, Französisch, Italienisch, Rätoromanisch) bemüht sich in einer Verbindung von Territorial- und Personalprinzip sehr darum, ein Gleichgewicht besonders zwischen der deutsch- sprachigen und der frankophonen Schweiz zu schaffen. Das Italienische und noch deutlicher das Rätoromanische sind gleichwohl real mit geringeren Rechten ausge- stattet. Böse Zungen bezeichnen die Schweiz als mehrsprachiges Land ohne Mehr- sprachige, was auf mit dem Territorialitätsprinzip verbundene Schwierigkeiten hin- weist.

Spanien hat sich – nach dem Ende der Franco-Diktatur – schrittweise zu einer Ge- währung von Autonomierechten an die Katalanen und Basken entschlossen, die vie- len allerdings nicht weit genug gehen. Das Galizische, eine eigene Sprache, wird zum Teil immer noch als (Bauern-)Dialekt des Castellano oder des Portugiesischen be- handelt.

In *Italien* haben die deutschsprachigen Südtiroler in letzter Zeit besonders auf schulpolitischem Gebiet einige Erfolge erzielen können, nachdem in der Vergan- genheit aufgrund einer staatlich geförderten Migration aus dem Süden eine Majori- sierung befürchtet werden musste. Die räumliche Separation (Italienischsprachige in Bozen, Deutschsprachige auf dem Lande) hat offenbar der Konfliktminderung ge- dient.

In Skandinavien bewährte sich die traditionell liberale Kulturpolitik auch für die Minderheitengruppen: In *Schweden*, *Norwegen* und *Finnland* werden seit langem Be- mühungen unternommen, die Samen oder Lappen behutsam zu integrieren, ohne ihre kulturelle Eigenständigkeit gänzlich zu zerstören. Wie bei allen nomadisieren- den Gruppen verändert die wirtschaftliche Modernisierung ihre Lebensgrundlagen jedoch unaufhaltsam und lässt sie auf den Status von „Folklore-Minderheiten" her- absinken. Die Finnlandschweden im Süden Finnlands genießen eine Reihe von Min- derheitenrechten, vor allem das Recht auf zweisprachigen Schulunterricht. Schwe- disch ist trotz geringer Sprecheranzahl zweite Amtssprache.

In *Großbritannien* herrscht – als Folge der Einwanderung aus dem Commonwealth – eine Vielsprachigkeit wie in kaum einem anderen europäischen Land: In den Lon- doner Schulen werden 172 verschiedene Sprachen gesprochen (1987), an erster Stelle die Sprachen des indischen Subkontinents. Eine große Zahl staatlicher Bilin- gualismus-Programme soll zur sprachlichen Integration der Einwanderer beitragen. In der Republik *Irland* werden ernste – und an der Westküste auch erfolgreiche – An- strengungen gemacht, das Irische zu bewahren, darunter die Verpflichtung der Leh- rer, zumindest elementare Kenntnisse der Sprache zu erwerben. Um viel mehr als elementare Kenntnisse handelt es sich dabei oft nicht.

Im Norden *Deutschlands*, im deutsch-dänischen Grenzgebiet, wurde vor 150 Jahren noch um Minderheitenrechte und sprachliche Dominanz gekämpft, bis hin zu den Kriegen von 1851 und 1864. Erst nach dem Ersten Weltkrieg gelang es schließlich 1920, die Konflikte auf der Grundlage eines Referendums einer Lösung zuzuführen: Heute können die deutsche Minderheit in *Dänemark* (etwa 15.000 bis 20.000) und die dänische Minderheit in Deutschland (etwa 50.000) als relativ gefestigt angesehen werden. Beide Gruppen verfügen über eine relativ stabile ethnische und kulturelle Identität, die sich auch sprachlich zeigt: Deutsch respektive Dänisch werden in Regional- und Standardform beherrscht, die Minderheitensprache wird vor allem im institutionellen Kontext verwendet.

Für die Sorben und Friesen existieren in den Bundesländern Brandenburg beziehungsweise Sachsen und Schleswig-Holstein eine Reihe von Minderheitenschutzregelungen in den Länderverfassungen, in Schleswig-Holstein auch für Sinti und Roma. Die Sorben in der Oberlausitz (Sachsen) verfügen über eine deutlich ausgeprägte ethnische Identität, die auch von einer sprachlichen Kompetenz des Obersorbischen getragen und von der römisch-katholischen Konfession großer Teile der Minderheit unterstützt wird. Die Vitalität dieser Gruppe nimmt allerdings bei den jüngeren Angehörigen der Minderheit ab. Die Wenden/Sorben der Niederlausitz verfügen ähnlich wie die Friesen an der Nordseeküste Schleswig-Holsteins über ein ethnisch-kulturelles Eigenbewusstsein, das jedoch immer weniger mit einer Sprachkompetenz des Niedersorbischen beziehungsweise Friesischen korreliert. Allerdings werden im schulischen und kulturellen Bereich Anstrengungen gemacht, das Niedersorbische und Nordfriesische, die in der Regel nicht mehr primärsprachlich erworben werden, sekundär wieder stärker zu verbreiten.

3. Was lässt sich aus der Entwicklung ethnosprachlicher Vielfalt lernen?

Bevor wir zu einigen bedenkenswerten Schlussfolgerungen kommen, wollen wir das Gesagte mit einigen Thesen zum Strukturvergleich der Minderheitensituation in West- und Ost- beziehungsweise Ostmitteleuropa zusammenfassen.

3.1 Elemente eines Strukturvergleichs zwischen Ost- und Westeuropa

- Die Minderheiten in Ost- und Ostmitteleuropa sind *zahlreicher* und in der Bewahrung ihrer Sprache und Kultur *vitaler* als in Westeuropa, wie bereits ein bloßer Zahlenvergleich der autochthonen Sprachen in den Ländern Ost- und Westeuropas zeigt (vgl. Tabellen am Schluss).
- Ost- und Ostmitteleuropa sind historisch in einer Westeuropa gegenüber völlig unvergleichlichen Weise von gewaltigen *Zwangsumsiedlungen* erfasst worden. Die Aussiedlung der Deutschen in der unmittelbaren Nachkriegszeit fügt sich dem als ein

weiteres Kapitel der ‚Frontbegradigung' und der intendierten ethnischen Homogenisierung ein. Zwangsmigrationen erweisen sich jedoch als die ethnische Balance
destabilisierende Keime weiterer Migrationen.

- Die spezifische historische Entwicklung Ost- und Ostmitteleuropas ließ Minderheiten eher überdauern und eröffnete lange Zeit ein geringeres Assimilationspoten-
tial. Hierzu gehören Modernisierungsrückstände, zum Teil eine spätere Staatenbildung, Kolonisations- und Migrationsprozesse, insbesondere auf dem Balkan und
im Russischen Reich.

- Im russischen Einflussbereich wurde dies unterstützt durch eine osteuropäische
Tradition der ethnischen und kulturellen Vielfalt, die Isabelle Kreindler als „Eastern
tradition" beschreibt:

> „One accepts the diversity of mankind and its tongues as natural and even
> desirable, while the other's ultimate goal [Western tradition, P. R.] is a single
> system of values, culture, beliefs and language".[5]

– Modernisierungsversuche in Russland hatten diese Tradition zu brechen, zum
Beispiel die sogenannten „Großen Reformen" im ausgehenden 19. Jahrhundert und
schließlich die „Sowjetisierung" seit den 1930er Jahren: „Marxism brought to Rus-
sia the Western tradition".[6]

– In Russland resultierte hieraus ein – letztlich unlösbarer – *Antagonismus zwischen
dem Konzept des Vielvölkerstaats und der Russifizierung,* die aus der Sowjetisierung der
Gesellschaft, der Modernisierung und Vereinheitlichung der wirtschaftlichen und
administrativen Strukturen folgte.

– *Migrationen* und staatliche Umsiedlungsprogramme führten im Allgemeinen zur
Schwächung der Minoritäten. In Russland, aber auch im ehemaligen Jugoslawien er-
zeugten sie angesichts des Territorialprinzips jedoch sozusagen eine ‚*Autonomie-
Falle':* Solange Minderheitenrechte an Territorialautonomie gebunden waren, musste
jede vitale Minorität nach einem eigenen Territorium streben. Sezessionsbestrebun-
gen waren – nach dem Zusammenbruch des Sozialismus – die Folge dieser Logik.

– Selbst bei Sezession bleibt jedoch das Problem der *ethnischen Enklaven* bestehen:
Die neu geschaffenen Staatengebilde sahen sich sofort einem weiteren Problem gegenüber: Nahezu jede Nationalität, die sich für autonom erklärte, nahm ihrerseits
eine relevante Minderheit mit in die Unabhängigkeit. Selbst die Bildung von Enklaven für solche Minderheiten erzeugte keine homogenen Gebilde, sondern diese hatten wiederum eine Minderheit in der Minderheit. Die Nationalitätenkarte Russlands
liest sich bis heute wie die „Puppe in der Puppe in der Puppe ...".

---

5 *Isabelle T. Kreindler:* The Non-Russian Languages and the Challenge of Russian: The Eastern ver-
   sus the Western Tradition, in: dies. (ed.): Sociolinguistic Perspectives on Soviet National Languages. Their Past, Present and Future. Berlin, New York, Amsterdam 1985, S. 345–367, Zitat S. 345.
6 *Kreindler* (wie Anm. 5), S. 348.

– Westeuropa hat demgegenüber in der Nachkriegszeit auf vergleichsweise *stabilen* Verhältnissen aufbauen können und eine relativ *gleichmäßige* Entwicklung durchgemacht, auch wenn etwa die Integration von ca. 11 Millionen Heimatvertriebenen und Flüchtlingen in Deutschland zwischen 1945 und 1949 eine enorme gesellschaftliche Herausforderung mit sich brachte. Das Integrationspotenzial der westlichen Gesellschaften war jedoch angesichts wirtschaftlicher Dynamik groß genug, die mit der Zuwanderung verbundenen sozialen Spannungen aufzufangen und es nicht zu existenziell bedrohlichen Minderheitenkonflikten kommen zu lassen.

– Der Prozess der *europäischen Einigung* hat die Lage ethnischer Minderheiten verbessert. Dies gilt für die deutsch-dänische Grenzregion mit ihrem Gegenseitigkeitsprinzip der Anerkennung von Minderheitenrechten ebenso wie für den in den vergangenen Jahren entwickelten erweiterten Unterricht in der Sprache des Nachbarlandes, wie dies zum Beispiel im deutsch-französischen Grenzgebiet am Oberrhein der Fall ist. Die deutsch-polnische Annäherung war für die Deutschen in Schlesien die entscheidende Voraussetzung des Wiederaufbaus von Minderheiteninstitutionen. Vielfältige Verbindungen nach Deutschland unterstützen heute den Erwerb der deutschen Sprache.

– Westeuropa hat allerdings keineswegs einheitliche und keineswegs nur erfolgreiche Modelle nationalitäten- oder minderheitenpolitischer Regelungen verfolgt. Es ist deutlich, dass die *Assimilation* von Minoritäten an die Mehrheitskultur und -sprache in den westeuropäischen Ländern im Allgemeinen rascher vorangeschritten ist als in den meisten ost- beziehungsweise ostmitteleuropäischen Ländern. Umgekehrt ist der Wert von Mehrsprachigkeit in einigen westeuropäischen Ländern *keineswegs Konsens,* wie die Spannungen zwischen Flamen und Wallonen in Belgien zeigen oder die Tatsache, dass Frankreichs Ratifizierung der Europäischen Charta der Regional- oder Minderheitensprachen vor dem französischen Verfassungsrat keinen Bestand hatte.

Was also darf als modellhaft gelten, woraus kann gelernt werden, vorausgesetzt, es kann überhaupt etwas gelernt werden, denn jeder Fall ist bis zu einem gewissen Grade ein Einzelfall?

3.2 Überlegungen zur Förderung europäischer Sprachenvielfalt

Neun Überlegungen seien zur Förderung europäischer Sprachenvielfalt abschließend angestellt:

– Das *Bekenntnisprinzip* des deutsch-dänischen Modells: Minderheitenangehörige müssen die Freiheit haben, sich ohne jede Restriktion zur Minderheit (oder auch zur Mehrheit!) zu bekennen! Das erst macht es möglich, die Spezifizität einer Minderheitenkultur als einen Gewinn zu erfahren, ohne sich in Separatismus, Eigenbrötelei und ängstliche Drohgebärden zur Verteidigung der ethnischen Identität zu flüchten.

– *Statusunterschiede* sind in Rechnung zu stellen: Die deutsch-dänischen oder französisch-deutschen Kulturbarrieren sind offenbar geringer als die deutsch-polnischen oder die polnisch-russischen. Natürlich steht dies in Verbindung mit dem Grad der ökonomischen Disparitäten, die sich nur langsam überwinden lassen. Gleichwohl setzt es das Ziel einer gezielten ‚Statuspolitik' zugunsten der Minderheiten.[7] Insofern ist einiges am deutsch-dänischen Beispiel eben (leider) nicht modellhaft für Osteuropa, da unübertragbar. Modellhaft ist es andererseits, das Prestige der Mehrsprachigkeit intelligent zu nutzen, wie etwa im Falle der „éducation bilingue paritaire" (der paritätischen Zweisprachigkeit in vielen Schulen des Elsass) oder der zweisprachigen Kindergärten und Schulen in Schleswig, die auch für die jeweilige Mehrheitsbevölkerung attraktiv sind.

– Minderheiten werden oft nicht angemessen behandelt, wenn sie vor solche *falschen Alternativen* gestellt werden, wie zum Beispiel: „Bist Du Deutscher oder Däne (oder beides)?", „Bist Du Pole oder Deutscher (oder vielleicht eher Schlesier)?" Ethnisch-kulturelle Identität muss konzeptionell – im Gegensatz zur landläufigen Auffassung – als komplex vorgestellt werden: Minderheiten sind in aller Regel nicht homogen geprägt, sondern tragen mehrere ethnisch-kulturelle Identitätsaspekte in sich. Gerade das macht ihre Spezifik und auch ihre Rolle als „Grenzgänger" und – im optimalen Falle – als Kulturmittler aus. Das Bekenntnis zur Minderheit muss daher nicht nur frei von Nachprüfungen sein, sondern auch frei von ethnisch-kulturell inadäquaten Zwangsalternativen.

– Ein oberflächlicher Vergleich der US-amerikanischen und der sowjetischen (beziehungsweise russischen) Minderheitensituation ergibt ohne Weiteres, dass das Modell des *Vielvölkerstaates* für den Erhalt der Nationalitäten- und Sprachenvielfalt von Vorteil ist: In der ehemaligen Sowjetunion existieren heute noch weit über 100 Nationalitäten und Nationalitätensprachen, während in den USA viele Alteinwanderer-Nationalitäten oft den Eindruck von „Folklore-Minderheiten" ohne tatsächliche ethnisch-kulturelle Substanz vermitteln. Der Vorteil des Vielvölkerstaates gilt aber nur unter der Bedingung, dass es nicht zu einem Antagonismus zwischen dem Prinzip einer ethnischen Zuordnung und der Realität einer (partiellen) kulturellen Assimilation kommt. Dem Kollektivismus einer ethnischen Zuordnung muss immer auch die individuelle *Option einer gesamtstaatlichen Identität* an die Seite gestellt werden. Anderenfalls bleibt den sich assimilierenden ethnischen Gruppen nur der Übertritt zu einer anderen (meist der Mehrheits-)Ethnie, was als Verlust der eigenen ethnischen Identität erlebt wird und entsprechende Gegenreaktionen hervorruft.

– Das *Territorialprinzip* ist ein geeignetes Mittel, ethnische und nationale Gruppen zu schützen, die regional konzentriert leben. Aber es ist ein statisches Prinzip. Das Modell liefert keine befriedigende Lösung für Staaten, in denen aus wirtschaftlichen

---

7   *Haarmann* (wie Anm. 3).

oder anderen Gründen ein größeres Migrations- und Mobilitätspotenzial vorliegt. Denn für diesen Fall wird die Territorialautonomie sukzessive ausgehöhlt, und regionale Mehrheiten sehen sich zumindest immer einer starken Minderheit gegenüber. Territorialität wird in solchen Fällen unter Umständen zu Sezessionismus oder gar zur Bedrohung der staatlichen Einheit führen: Nicht Territorium, sondern nur *Demokratie* kann letztlich Stabilität erzeugen. Anders gesagt: Das Territorialprinzip in der Gewährung nationalitäten- und sprachenpolitischer Rechte muss mit dem Personalprinzip verbunden und durch Letzteres ergänzt werden.

– *Zentralismus* und Minderheitenschutz vertragen sich schlecht. Das Beispiel Frankreichs zeigt die Problematik des Modells, zu dem es lange Zeit – insbesondere seit der Französischen Revolution von 1789 – gehörte, das Zentrum als Sitz der Kultur und des Fortschritts, die Provinz hingegen als Quelle der Rückständigkeit anzusehen. Die „Rue Brulée" in Straßburg (die ehemalige „Brandgasse" – nach dem berühmten Maler Sebastian Brand) oder das „Lycée Suisse" (ehemals Albert-Schweitzer-Gymnasium) illustrieren die hieraus folgenden ‚Kulturbarbareien'. Politische Desintegrationserscheinungen oder wellenartige Renaissancebewegungen ethnischer Gruppen deuten auch in zentralistischen Modellen auf ein ‚schlafendes' Konfliktpotenzial hin. In jüngster Zeit ist denn auch in einigen europäischen Ländern (unter anderem in Frankreich und Großbritannien) eine gewisse Hinwendung zum Föderalismus zu erkennen. Russland geht unter Putin den umgekehrten Weg.[8]

– Mehrsprachigkeit muss sich als *nützlich* erweisen: Die Europäische Union favorisiert – seit 2003 mit dem Aktionsplan der Europäischen Kommission – die Mehrsprachigkeit ihrer Bürger. Die Generalformel für ein Mehrsprachigkeit förderndes europäisches Bildungswesen lautet: „Muttersprache plus zwei weitere Sprachen".[9]

Die Evaluation der ersten Umsetzungsschritte des Plans kommt 2007 allerdings zu dem Ergebnis: "FL2 is still not accorded enough importance"[10] (eine zweite

---

8 „Die Föderalisierung Russlands ab 1992 und die Entföderalisierung unter Putin lehren: Föderale Institutionen reproduzieren sich nicht selbst. Sie hängen von einer föderalen politischen Kultur, föderal-integrativen Parteien, wirksamen Institutionen der Konfliktregulierung, einem unabhängigen Verfassungsgericht und der Kombination aus Föderalismus und Demokratie ab. Russland mangelt es an all dem. Die Entföderalisierung unter Putin wurde erleichtert durch Demokratiemängel in den Regionen, zentralistische Normen und Russophilie im öffentlichen Diskurs sowie dadurch, dass politische Parteien Föderalismus nicht benötigen, um Macht zu erwerben"; vgl. *Andreas Heinemann-Grüder.* Ein Schritt vorwärts, zwei zurück. Vom Ethnoföderalismus zum ‚Russland der Russen'! In: Osteuropa 11 (2007): Minderheiten in Osteuropa. Ansprüche, Rechte, Konflikte, S. 135, <http://osteuropa.dgo-online.org/412.0.html> (abgerufen 01.09.2008).

9 Europa-Sprachenportal: <http://ec.europa.eu/education/policies/lang/policy/index_de.html> (abgerufen am 01.09.2008).

10 Final Rapport concerning the call for tenders n° EAC/31/05 European Commission Education and Training 2010 – Languages: <http://ec.europa.eu/education/policies/lang/policy/report/beacosum_en.pdf>, S. 4 (abgerufen 01.09.2008).

Fremdsprache wird wenig gefördert). Es bildet sich in vielen Ländern stattdessen eine starke Englischdominanz, selbst in osteuropäischen Ländern, die traditionell auch andere Sprachen, wie etwa das Deutsche, in den Schulen unterrichteten.

Die Institutionen der EU selbst demonstrieren das Dilemma zwischen einer rein instrumentellen Favorisierung des Englischen als Lingua Franca und einer Förderung sprachlicher Vielfalt: Während im Parlament 23 Sprachen aus 27 Ländern verwendet und übersetzt werden (mit 506 Übersetzungspaaren), wird in der Kommission auf zwei bis drei Arbeitssprachen zurückgegriffen, und abseits offizieller Dokumentation gilt häufig bereits „English only".

– In den vergangenen Jahren wurde der *Nationsbegriff* ebenso einer stetigen Debatte ausgesetzt wie die Voraussetzungen für die Verleihung der Staatsbürgerschaft. Es sei erinnert an die Debatte der frühen 1990er, ob man Aussiedler gegenüber zum Beispiel türkischen Migranten bevorrechtigen dürfe. Nun liegt es im Wesen von Staatlichkeit, Zugangsvoraussetzungen für die Teilhabe an Rechten und Pflichten des Staatsvolks zu formulieren. Diese können ethnisch fundiert werden. Ein anderes Kriterium ist Autochthonie, das Legitimität daran bindet, alteingesessener Einwohner des Landes zu sein, sie also an die Partizipation an sozialen oder kulturellen Entwicklungen knüpft. Migration bringt neue Aspekte in beide Kriteriengebäude: Migranten der zweiten und dritten Generation deuten die Grenzen des Ius sanguinis an, sogenannte ko-ethnische Migranten wie die Russlanddeutschen lassen das Ius soli als nur bedingt tauglich erscheinen. Deutschland hat sinnvollerweise Elemente des Ius sanguinis und des Ius soli verbunden.

Sprache erweist sich jedoch gegenüber beiden Prinzipien als *unverzichtbares Zugangskriterium:* Der international weitgehend durchgängige Befund ernster Bildungsdefizite bei Schülern mit Migrationshintergrund[11] hat eine Reihe von sozialen, kulturellen, im Besonderen auch sprachlichen Gründen. In Deutschland hat sich gezeigt, dass der Bildungserfolg mit der Verwendung der Verkehrssprache Deutsch im Alltag korreliert. Bildungsdefizite gelten nach den PISA-Ergebnissen[12] besonders für Kinder, deren beide Eltern Migranten sind. Russlanddeutsche zeigen uns aber auch:

---

11 „In allen Einwanderungsländern bleiben die Schulleistungen von Migrantenschülerinnen und -schülern hinter den Leistungen der einheimischen Schülerinnen und Schüler zurück. Dieser Abstand kann nicht allein mit der im Durchschnitt ungünstigeren sozialen Lage der Migrantenschülerinnen und -schüler erklärt werden. […] Für geringere Bildungsbeteiligung und fachliche Rückstände von Migrantenschülerinnen und -schülern können weitgehend Defizite in der Sprache, die als Medium des Unterrichts verwendet wird, verantwortlich gemacht werden." *Hans H. Reich, Hans-Joachim Roth:* Spracherwerb zweisprachig aufwachsender Kinder und Jugendlicher. Ein Überblick über den Stand der nationalen und internationalen Forschung. Hg. v. d. Freien und Hansestadt Hamburg, Behörde für Bildung und Sport, Amt für Schule. Hamburg 2002, S. 28.

12 Vgl. u. a. *Manfred Prenzel, Jürgen Baumert u. a.:* PISA 2003: Ergebnisse des zweiten Ländervergleichs. Zusammenfassung <http://pisa.ipn.uni-kiel.de/PISA2003_E_Zusammenfassung.pdf>, S. 33f. (abgerufen 31.03.2007).

Sprache kann nicht als Zugehörigkeitskriterium verabsolutiert werden, da der Spracherhalt nicht der freien Entscheidung unterliegt. Daraus folgt zweierlei: die Anforderung *sprachlicher Minimalvoraussetzungen* vor der Einreise, aber vor allem eine nachträgliche intensive *Sprachförderung* nach der Einreise, die sich nach allen ernst zu nehmenden Studien über einen längeren Zeitraum erstrecken muss, die den Weg in die bundesdeutsche Gesellschaft begleiten muss, also den individuellen Erfordernissen dienen sollte und insbesondere ausbildungs- und berufsanfangsbegleitend zu sein hat.

– Minderheitensprachen sind zahlreich, aber sie gehen zurück. Der oben erwähnte Bericht der EU-Kommission spricht von einer „ongoing assimilation of languages".[13] Dies ist bis zu einem gewissen Grade eine unvermeidliche Folge der Mobilität moderner Gesellschaften, des Austauschs, des Verkehrs, der Kommunikation und des Medienkonsums auf nationaler wie internationaler Ebene. Die meisten Minderheiten in Europa haben ein ‚Jugendproblem': Es erscheint jungen Leuten unattraktiv und unmodern, sich wie die Eltern zu einer Minderheitenidentität zu bekennen. Dies konfrontiert Minderheitenvertreter mit neuen Anforderungen an das, was unter Minderheitenkultur verstanden werden soll. Im modernen Europa, und dazu gehört in wachsendem Maße auch Ost(mittel)europa, sind Minderheiten immer weniger zu denken als Gruppen von ‚Hintersassen', Waldbauern und Bergbewohnern, die ihre Minderheitenexistenz der bloßen Abgelegenheit ihrer Siedlungsgebiete und der kommunikativen Binnenorientierung zu verdanken haben. Minderheiten haben heute Anteil an Mehrheitenkulturen und -sprachen. Sie nehmen teil, sie kommunizieren in zwei (oder mehr) Sprachen, sie partizipieren an zwei (oder mehr) Kulturen. In den früheren Studien der Soziolinguistik galten Sprecher von Gruppensprachen, die die Standardsprache in Drucksituationen verwendeten, als „lames",[14] als Abtrünnige der Gruppenkultur. Andere Ansätze (der berühmten Chicago School of Sociology) betrachteten gerade diesen Typus des „marginal man"[15] als Brückenbauer, als den mobilen Migranten, der zwischen Minderheit und Mehrheit vermittelt und der die Minderheitenkultur durch ihre nachgewiesene „Vereinbarkeit" erst attraktiv macht. Moderne Minderheiten in Europa werden *bilingual* und *bikulturell* sein, oder sie werden gar nicht sein.

---

13 Final Rapport concerning the call for tenders n° EAC/31/05 European Commission Education and Training 2010 – Languages: <http://ec.europa.eu/education/policies/lang/policy/report/beacosum_en.pdf>, S. 6 (abgerufen 01.09.2008).

14 *William Labov:* The Linguistic consequences of being a lame, in: *Ders. (ed.):* Language in the inner city. Philadelphia 1972, S. 255–292.

15 *Robert E. Park:* Human migration and the marginal man, in: *Ralph H. Turner, Robert E. Park (eds.):* On social control and collective behavior. Selected papers. Chicago 1928/1967, S. 194–206.

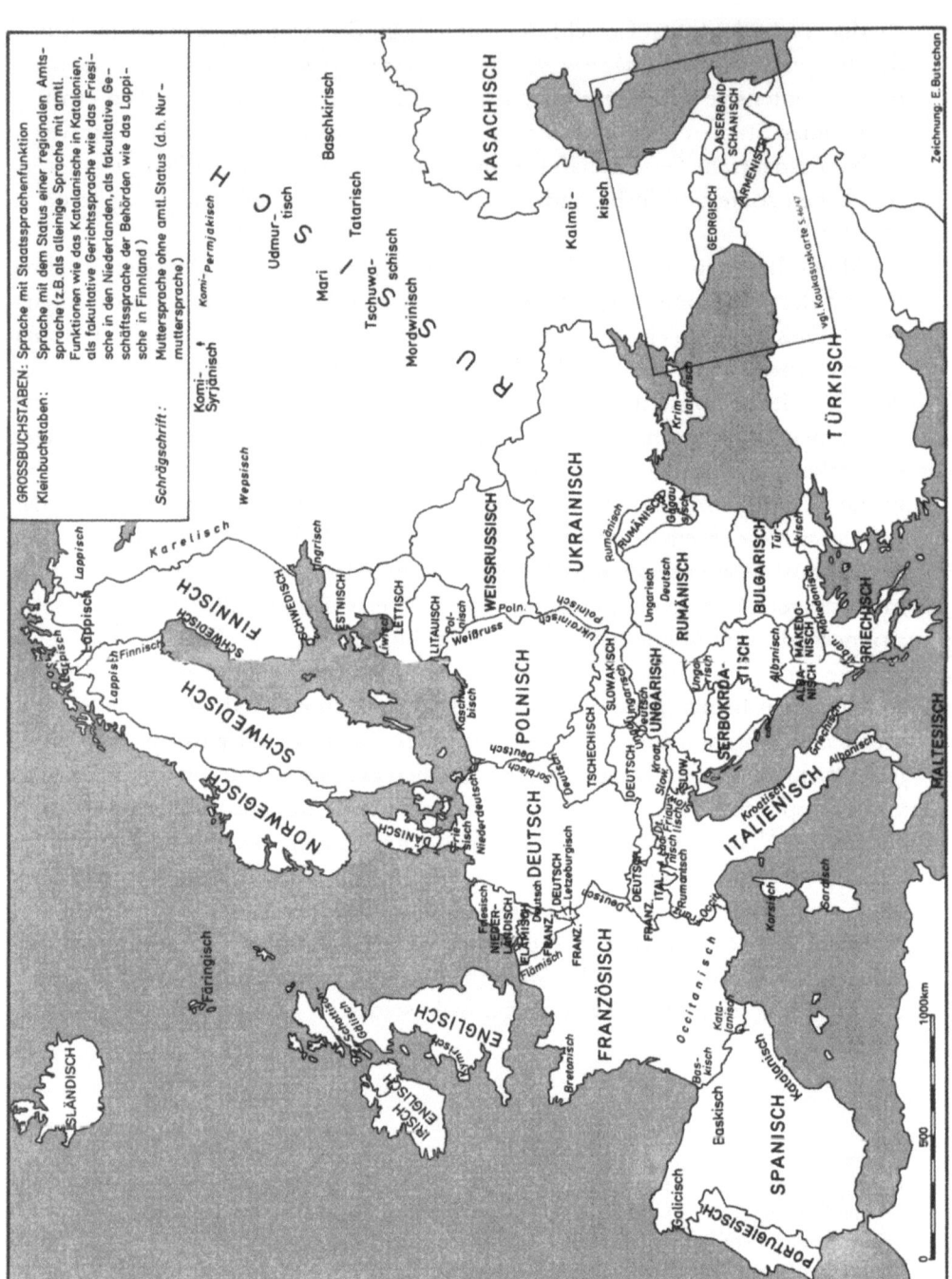

Europäische Sprachenkarte (nach Haarmann, wie Anm. 3)

Muttersprachen in Westeuropa (Anzahl)

Staat	Muttersprachen (autochthone)
Andorra	3
Belgien	3
Dänemark	3
Deutschland	4 (+ 1)
Finnland	3
Frankreich	8
Griechenland	5
Großbritannien	3
Irland	2
Island	1
Italien	6
Liechtenstein	1
Luxemburg	1 (+ 2)
Malta	2
Monaco	2
Niederlande	2
Norwegen	2
Österreich	5
Portugal	1
San Marino	1
Schweden	3
Schweiz	4
Spanien	4
Vatikanstaat	1
$\sum$: 24	$\sum$: 73 (= 3,0 Sprachen/Staat)

Quelle: leicht verändert nach Haarmann (wie Anm. 3, S. 95–100) .

Muttersprachen in Ostmittel- und Osteuropa (Anzahl)

Staat	Muttersprachen (autochthone)
Albanien	4
Bosnien-Herzegowina	3
Bulgarien	5
Kroatien	2
Makedonien	3
Polen	5 (+ 3)
Rumänien	6
Serbien/Rest-Jugoslawien	5
Slowenien	1
Tschechische u. Slowakische Republik	6
Ungarn	6
∑Ostmittel-/Südosteuropa: 11	∑: 49 (= 4,5 Sprachen/Staat)
Estland	3
Lettland	3
Litauen	3
∑Ostmittel-/Südosteuropa/Baltikum: 14	∑: 58 (= 4,1 Sprachen/Staat)
Moldawien	4
Ukraine	6
Weißrussland	4
∑Ostmittel-/Südosteuropa/Baltikum/ Osteuropa (ohne Russl.): 17	∑: 72 (= 4,2 Sprachen/Staat)
Armenien	
Aserbaidschan	57 (Kaukasus)
Georgien	
∑Ostmittel-/Südosteuropa/Baltikum/ Osteuropa/Kaukasus: 20	∑: 129 (= 6,5 Sprachen/Staat)
Russland	ca. 152

Quellen: Haarmann (wie Anm. 3, S. 49, 95–100), Wicherkiewicz (wie Anm. 4), Junus D. Dešeriev (Hg.): Razvitie nacional'no-russkogo dvujazycija [Die Entwicklung der national-russischen Zweisprachigkeit]. Moskva 1976, S. 125.

Deutsche Minderheiten im Vergleich

	ehem. Sowjetunion	Polen	Rumänien	Dänemark
Anzahl (Schätzungen)	1.000.000 – 1.500.000	Deutsche: 150.000 „Schlesier": 170.000	50.000-60.000	15.000 - 20.000
Regionen	v. a. Kasachstan, Westsibirien, Mittelasien	v. a. Oberschlesien	v. a. Siebenbürgen, Temeszwar	Sønderjylland (deutsch-dänisches Grenzgebiet)
Erhalt der deutschen Sprache	geringer bis mittlerer Erhaltungsgrad	geringer Erhaltungsgrad	mittlerer bis hoher Erhaltungsgrad	höherer bis mittlerer Erhaltungsgrad
deutsche Varietäten	(Misch-) Dialekte	deutsche Lexeme/ Konstruktionen in poln. Regionalvarietät	Dialekte, (z.T. regionale Verkehrsvarietät, hochdeutsche Standardsprache)	hochdeutsche Standardsprache
Bilingualismus	Russisch – Deutsch (z. T. Ukrainisch, Kasachisch etc.)	schlesische Regionalvarietät – Standardpoln.	Rumänisch – Deutsch (z.T. Ungarisch)	Dänisch (Regionalvarietät Sønderjysk, Standarddänisch) - Deutsch
Sprachdomänen des Deutschen	nicht-öffentliche Sphäre (Familie, dörfl. Bereich)	Deutsch-Unterricht, Vereinsleben	nicht-öffentliche Sphäre (Familie, dörflicher Bereich)	Schulsprache, Minderheiteninstitutionen (Vereine, Sozialdienst)
soziolinguistische Faktoren des Spracherhalts	Alter, Dorf, Region, Siedlungskontinuität/ -homogenität, konfessionelle Gruppen	Alter (Bildung) (Regionalismus) (Verbindungen nach Deutschland)	Alter, Region, Dorf	Besuch deutscher Schulen/Kindergärten, Bekenntnis zur Minderheit Regionalismus
Nationalitätenpolitik	Vielvölkerstaat (Territorialprinzip) Russifizierung	Nicht-Anerkennung (der „Autochthonen") als Minderheit heute Renaissance der Minderheiten	Minderheitenrechte, später Assimilationspolitik	Bekenntnisprinzip, Gegenseitigkeit des Minderheitenschutzes im dt.-dänischen Grenzgebiet, liberale Schulpolitik
historische Entwicklung (nach 1945)	Zäsur 2. Weltkrieg: Abschaffung Autonomie- u. Minderheitenrechte, Deportationen Stigmatisierung des Deutschen („Sprache der Faschisten") Migration n. Kasachstan Bildung von Mischsiedlungen/Zentraldörfern Teilrehabilitierung 1964 stärkere Russifizierung seit 1960ern Zerfall der Sowjetunion: Sezession/Nationalismus Konzentration der Deutschen in 2 deutschen Nationalrayons (Altai, Omsk - 1990er) Aussiedlung (Anfang 1990er: ca. 200.000, 2007: 5.700)	Umsiedlungen nach „Westverschiebung" Polens (Flucht/Vertreibung von Deutschen, Umsiedlungen von Polen, Ukrainern u. a. aus Ostpolen) Polen wird von multiethnischem Land (vor 1939: 30% Angehörige von Minderheiten) zu offiziell monoethnischem Land (3–5%) Stigmatisierung des Deutschen Abschaffung von Minderheitenrechten (nach Aussiedlung der „anerkannten Deutschen") Polonisierung seit Ende der 1950er Aussiedlung (bis zu 250.000/a - 1989) Minderheitenrenaissance nach 1989	zunächst Minderheitenschutz später zunehmende Assimilationspolitik Bildung von Zentraldörfern/Umsiedlungen Aussiedlung (ca. 50%)	Belastung durch NS-Kollaboration von Minderheitenangehörigen (Aburteilung von 20% der männlichen Minderheitenangehörigen) Loyalitätserklärung der Minderheitenorganisationen 1945 Bonn-Kopenhagener Erklärungen 1955 zum Minderheitenschutz: Bekenntnisprinzip, Minderheitenrechte auf Gegenseitigkeit gemeinsame Mitgliedschaft in NATO und europäischen Institutionen Aufbau von Minderheiteninstitutionen Bekenntnis zu Bikulturalität und Bilingualismus

Stefan Oeter

Die Entwicklung der europäischen Sprachenvielfalt und die Rolle der Minderheiten

Der völkerrechtliche und nationale Schutz

1. Einleitung

Ist Sprachenvielfalt ein Wert an sich? Vor 30 Jahren hätte die Mehrheit der Deutschen diese Frage sicherlich mit einem klaren „Nein" beantwortet. Die Einheit der Sprache und Kultur wurde in Deutschland seit dem 19. Jahrhundert intuitiv als etwas Erstrebenswertes, als ein positives Gut gesehen. Selbst in gemischt-nationalen Ehen, so meinte man, bedürfe es der klaren Entscheidung für eine gemeinsame Sprache, denn die Präsenz von mehr als einer Sprache im alltäglichen Gebrauch der Familie verwirre die Kinder nur. Heute, unter dem Ansturm des Englischen als der dominanten internationalen Verkehrssprache, ist man sich da auf einmal nicht mehr so sicher. Die kulturelle Vielfalt des sprachlich wie kulturell bunt gemischten Europas wird plötzlich als ein bewahrenswertes, positives Erbe der Vormoderne entdeckt – man schließt sogar völkerrechtliche Verträge, um die kulturelle Vielfalt vor den Angriffswellen der amerikanischen Kulturindustrie zu schützen.[1] Dass die nationalen Minderheiten und deren (häufig vom Aussterben bedrohte) Kleinsprachen ein wichtiger Bestandteil dieses zu bewahrenden kulturellen Erbes sind, hat sich mittlerweile auch herumgesprochen und hat Eingang in neuere Vertragswerke des regionalen europäischen Völkerrechts gefunden. Man sehe nur in die Präambel

---

[1] UNESCO, General Conference, Convention on the Protection and Promotion of the Diversity of Cultural Expressions of Oct. 20 2005, CLT-2005/Convention/Diversite-Cult.Rev.; vgl. zur UNESCO-Konvention auch *Beat C. Graber:* The New Unesco Convention on Cultural Diversity: A Counterbalance to the WTO? In: Journal of International Economic Law 9 (2006), S. 553ff.; *Rostam J. Neuwirth:* The Cultural Industries in International Trade Law. Insights from the NAFTA, the WTO, and the EU. Hamburg 2006, S. 326ff.; *ders.:* "United in Divergency": A Commentary on the UNESCO Convention on the Protection and Promotion of the Diversity of Cultural Expressions, in: Zeitschrift für ausländisches öffentliches Recht 66 (2006), S. 819ff.; *Tanja Voon:* UNESCO and the WTO: A Clash of Cultures? In: International & Comparative Quarterly 55 (2006), S. 635ff.; *Hans-Michael Hahn:* A Clash of Cultures? The UNESCO Diversity Convention and International Trade Law, in: Journal of International Economic Law 9 (2006), S. 515ff. – Die in diesem Beitrag verwendeten Abkürzungen „para." bzw. „paras." beziehen sich auf die Absatznummerierung der zitierten Texte.

der Europäischen Charta der Regional- oder Minderheitensprachen des Europarates,[2] die eine direkte Verbindung herstellt zwischen dem Schutz der historischen Re-
gional- oder Minderheitensprachen und der Bewahrung und Fortentwicklung des
kulturellen Reichtums (und der kulturellen Traditionen) Europas – „in der Erwägung, dass der Schutz der geschichtlich gewachsenen Regional- oder Minderheitensprachen Europas, von denen einige allmählich zu verschwinden drohen, zur Erhaltung und Entwicklung der Traditionen und des kulturellen Reichtums Europas
beiträgt." Der Schutz der Minderheitensprachen als Teil des Kampfes um den Erhalt des kulturellen Reichtums Europas ist erklärtes Programm dieses Europarats-
vertrages.[3]

Auf der symbolisch-rhetorischen Ebene scheint also Europa endlich den Stellenwert der sprachlichen Vielfalt und die Notwendigkeit des Schutzes von Minderheitensprachen erkannt zu haben. Doch welches Bild bietet sich, steigen wir vom hohen Ross der völkerrechtlichen Präambelrhetorik und der programmatischen
politischen Symbolik herunter auf die Ebene der operativen Details? Das Bild fällt
hier deutlich gemischter aus, wenn auch deutliche Fortschritte im Bemühen um einen verbesserten Schutz von Sprachminderheiten nicht zu verkennen sind – Fortschritte, die ihrerseits Ausfluss eines fundamentalen Mentalitäts- und Wertewandels
sind. Den Blick auf die operativen Probleme des Schutzes der Sprachenvielfalt – am
Beispiel der Minderheitensprachen – möchte ich in der Folge weitgehend auf die
Erfahrungen mit der Sprachencharta des Europarates fokussieren, wenn auch unverkennbar ist, dass parallel ebenso die Rahmenkonvention zum Schutz nationaler
Minderheiten[4] – und selbst die Europäische Konvention zum Schutze der Menschenrechte, die EMRK[5] – wichtige Aussagen zum Schutz der Minderheitensprachen enthalten.

In einem zweiten Schritt sei sodann ein kurzer Blick auf die Situation in Deutschland geworfen – wobei sich zeigen wird, dass hier vorbildhafte Lösungen, auf die
Land wie Bund zu Recht stolz sind, neben desolaten Problembefunden stehen, und
dies gelegentlich im gleichen Land. Die Politik zum Schutz der Minderheiten (und
Minderheitensprachen) ist jeweils historisch aus ganz spezifischen Entstehungsbe-
dingungen heraus entstanden und auf einem je eigenen Entwicklungspfad gewach-

---

2 Der Text der Sprachencharta unter: <http://www.coe.int/t/dg4/education/minlang/textcharter
   /Charter/Charter_de.pdf> (abgerufen 01.12.2008).

3 Vgl. zur Sprachencharta nur die Überblicksdarstellung bei *Patrick Thornberry, Maria Amor Martín
   Estébanez:* Minority Rights in Europe. A Review of the Work and Standards of the Council of
   Europe (Council of Europe Publishing). Strasbourg 2004, S. 137ff.

4 Vgl. zum Schutzsystem der Rahmenkonvention *Thornberry, Martín Estébanez* (wie Anm. 3), S. 89ff.

5 Vgl. zur Relevanz der EMRK für den Minderheitenschutz ebenfalls *Thornberry, Martín Estébanez*
   (wie Anm. 3), S. 39ff.

sen, ist also schon aus historisch-genetischen Gründen spezifisch je nach konkretem Kontext.[6] Doch dazu später.

2. Der völkerrechtliche Schutz der Sprachenvielfalt in Europa

Zunächst sei ein Blick auf die völkerrechtliche Lage geworfen. Der Schutz der Minderheitensprachen beziehungsweise der Sprecher von Minderheitensprachen als Thematik des Völkerrechts ist keine ganz neue Entwicklung. Erinnert sei an die Minderheitenschutzverträge der Zwischenkriegszeit,[7] an Art. 27 des Internationalen Pakts über bürgerliche und politische Rechte von 1966 (IPBPR),[8] aber auch an die aus den siebziger und achtziger Jahren datierende Rechtsprechung des Europäischen Gerichtshofs für Menschenrechte (EGMR) zu den aus Art. 8 EMRK abzuleitenden Grundstandards des Umgangs mit Minderheitensprachen.[9] Zur eigenständigen Thematik des regionalen (europäischen) Völkerrechts wurde der Fragenkreis aber erst mit den tiefgreifenden Umbrüchen Ostmittel- und Osteuropas nach 1990. Über Jahrzehnte eingefrorene Nationalitätenkonflikte, zum Teil unmittelbare Erblasten der Pariser Vorortverträge nach dem Ersten Weltkrieg, brachen auf einmal wieder auf. Sowohl OSZE wie Europarat nahmen sich der Thematik an. Die Bemühungen der OSZE gipfelten bald im Kopenhagen-Dokument, der Erklärung des Kopenhagener Gipfeltreffens von 1990.[10] Diese Erklärung bildet das grundlegende Dokument, in dem die materiellen Grundstandards des Minderheitenschutzes for-

---

6 Siehe *Michael J. Hahn:* Die rechtliche Stellung der Minderheiten in Deutschland, in: *Jochen A. Frowein, Rainer Hofmann, Stefan Oeter* (Hg.): Das Minderheitenrecht europäischer Staaten, Teil 1 (Beiträge zum ausländischen öffentlichen Recht und Völkerrecht 108). Berlin u. a. 1993, S. 62ff.; ferner *Jan Lemke:* Nationale Minderheiten und Volksgruppen im schleswig-holsteinischen und übrigen deutschen Verfassungsrecht (Lorenz-von-Stein-Institut für Verwaltungswissenschaften an der Christian-Albrechts-Universität Kiel, Arbeitspapier 48). Kiel 1998, S. 103ff., 132ff., 164ff., 367ff.

7 Vgl. *Peter Hilpold:* Minderheitenschutz im Völkerbundsystem, in: *Christoph Pan, Beate Sybille Pfeil* (Hg.): Handbuch der europäischen Volksgruppen, Bd. 3: Zur Entstehung des modernen Minderheitenschutzes in Europa. Wien, New York 2006, S. 156ff.

8 Vgl. nur *Johannes Niewerth:* Der kollektive und der positive Schutz von Minderheiten und ihre Durchsetzung im Völkerrecht (Veröffentlichungen des Walther-Schücking-Instituts für Internationales Recht an der Universität Kiel). Berlin 1996, S. 71ff., 80ff., 96ff., 131ff., 143ff.; der IPBPR vom 16. Dezember 1966 in Bundesgesetzblatt Teil II, 1973, S. 1534ff.

9 Vgl. *Christian Hillgruber, Matthias Jestaedt:* Die Europäische Menschenrechtskonvention und der Schutz nationaler Minderheiten. Bonn 1993, dort insbes. S. 42ff.; ferner *Jochen A. Frowein:* Randnummer 8 zu Art. 8, in: *Jochen A. Frowein, Wolfgang Peukert:* Europäische Menschenrechtskonvention EMRK-Kommentar. Kehl [2]1996, sowie *Fernand de Varennes:* Using the European Court of Human Rights to Protect the Rights of Minorities, in: *Gaetano Pentassuglia* (ed.): Mechanisms for the Implementation of Minority Rights – Minority Issues Handbook 2 (Council of Europe Publishing, ECMI Handbook Series). Strasbourg 2004, S. 83ff.

10 Vgl. zu den Bemühungen der OSZE *Thornberry, Martín Estébanez* (wie Anm. 3), S. 17f.

muliert sind; zugleich kam es im institutionellen Bereich zur Fortentwicklung, in Form der Schaffung des Amtes des Hochkommissars für nationale Minderheiten.[11]

Die auf verbindliche völkerrechtliche Verträge zielenden Arbeiten des Europarates waren dagegen weit zeitraubender. Das ursprünglich Mitte der achtziger Jahre von der Ständigen Konferenz der Gemeinden und Regionen angestoßene Projekt einer Charta der Regional- oder Minderheitensprachen erhielt mit den politischen Umbrüchen des Jahres 1990 ein neues Momentum.[12] Zugleich begannen Bemühungen um die Ausarbeitung einer allgemeinen Konvention zum Schutz nationaler Minderheiten. Eine Reihe recht ehrgeiziger Projekte scheiterte am Widerstand der Mitgliedstaaten – dies gilt vor allem für das Projekt eines Zusatzprotokolls zur EMRK sowie für den von der Venedig-Kommission vorgelegten Entwurf einer Europäischen Konvention zum Schutz der Minderheiten.[13] Beide Verträge hätten relativ starke Kontrollmechanismen gehabt, in der Form von Staaten- und Individualbeschwerdeverfahren[14] – ein Schritt in Neuland, der den Staaten zu weit ging. Die inhaltliche Kernsubstanz dieser Vertragsentwürfe wurde – in allerdings recht verdünnter Form – jedoch neu aufbereitet in der Rahmenkonvention zum Schutz nationaler Minderheiten des Europarates. Diese Konvention dekliniert im Kern die allgemeinen Menschenrechte und Diskriminierungsverbote noch einmal spezifisch durch im Blick auf die klassischen Probleme ethnischer beziehungsweise ‚nationaler‘ Minderheiten.[15] Spezifische Bestimmungen zum Schutz von Minderheitensprachen sind darin jedoch nur vereinzelt enthalten. Anders ist dies in der Europäischen Charta für Regional- oder Minderheitensprachen, die parallel zur Rahmenkonvention zur Annahmereife gebracht wurde und – genau wie die Rahmenkonvention – 1998 in Kraft trat. Da die Sprachencharta sehr viel spezifischer auf den Schutz von Minderheitensprachen eingeht, möchte ich mich in der Folge auf deren Schutzstandards und Erfahrungen konzentrieren.

Die normative Struktur des Vertrages und die konkreten Inhalte – im Sinne von materiellen Gewährleistungen – seien hier nur relativ kursorisch behandelt. Der Vertrag folgt einem sogenannten ‚à la carte‘-Ansatz, das heißt, er stellt eine große An-

---

11 Vgl. zum Amt des Hochkommissars *Claus Neukirch, Katrin Simhandl, Wolfgang Zellner:* Implementing Minority Rights in the Framework of the CSCE/OSCE, in: *Pentassuglia* (wie Anm. 9), S. 159ff.

12 Vgl. *Thornberry, Martín Estébanez* (wie Anm. 3), S. 137f.

13 Vgl. hierzu ausführlich *Niewerth* (wie Anm. 8), S. 206ff., 211ff.; vgl. außerdem *Heinrich Klebes:* Der Entwurf eines Minderheitenprotokolls zur EMRK, in: Europäische Grundrechte-Zeitschrift 20 (1993), S. 148ff., sowie *Giorgio Malinverni:* The Draft Convention for the Protection of Minorities. The Proposal of the European Commission for Democracy through Law, in: Human Rights Law Journal 12 (1991), S. 265ff.

14 Vgl. *Niewerth* (wie Anm. 8), S. 208ff., 213ff.

15 Vgl. *Thornberry, Martín Estébanez* (wie Anm. 3), S. 100ff.

zahl von weit über 100 nach Intensität des Schutzes gestaffelter Schutzstandards und Förderverpflichtungen für die wichtigsten Themenfelder des Sprachenschutzes auf, aus denen sich die Staaten eine bestimmte Anzahl von Bestimmungen, konkret mindestens 35, in Anpassung an die besondere Situation der jeweils zu schützenden Sprache auswählen sollen.[16] Gegenüber diesem ‚Menü'-Ansatz waren viele Autoren, darunter auch der Verfasser des Beitrages, anfangs sehr skeptisch, hegte man doch weithin den Verdacht, diese Konstruktion diene nur als symbolische Fassade, hinter der sich im Zweifel eine klaffende Leere auftun werde. Letztlich – so der Verdacht – werde hier wohl nur so etwas wie der ‚kleinste gemeinsame Nenner' festgeschrieben, der deutlich hinter dem eigentlich materiell Erforderlichen zurückbleiben werde.

Die Erfahrung von zehn Jahren Arbeit mit der Sprachencharta hat mich hier allerdings eines Besseren belehrt. Im Gegensatz zur ursprünglichen Erwartung schreiben die Staaten hier nicht nur den Standard des bislang in der nationalen Rechtsordnung erreichten Schutzes fest, sondern bauen in ihr Ratifikationsmenü in vielfältiger Form darüber hinausgehende normative Ambitionen ein.[17] Dies ist im Kern ohne Zweifel zu begrüßen – wenn auch die mit der Ratifikation der Charta abgegebenen Versprechen beziehungsweise Verpflichtungen dann in der Folge operativ eingelöst werden sollten. Mit dem Versprechen eines bestimmten Schutzstandards sind Schutz und Förderung der Sprache selbst noch nicht verbessert – ein Punkt, den manche Verwaltung (und Landesregierung) gerne übersieht.[18] Insgesamt ist der differenzierende Ansatz der Sprachencharta jedoch ohne Zweifel eine Stärke, erlaubt er doch auf die jeweilige Situation maßgeschneiderte ‚Lösungen mit Passform'.[19]

Teil 3 der Charta, der das konkrete Menü der auszuwählenden Schutzbestimmungen enthält, ist nach den relevanten Fragenkreisen gegliedert – Erziehung und Schule, amtlicher Gebrauch der Sprache vor Gerichten, Amtssprachenregelungen im Bereich der Verwaltung, Medien, Kulturförderung, Sozial- und Wirtschaftsleben. In der Folge seien hier einige Einzelaspekte herausgegriffen, die sich in den zehn Jahren der Anwendung der Sprachencharta als besonders zentral erwiesen haben.

Begonnen sei hier mit dem Bildungsbereich, dessen Bedeutung für den Erhalt von Minderheitensprachen kaum überschätzt werden kann. Für jeden der fünf in die-

---

16 Vgl. *Thornberry, Martin Estébanez* (wie Anm. 3), S. 149ff., außerdem *Ludwig Elle*: Die Europäische Charta der Regional- oder Minderheitensprachen und die Sprachenpolitik in der Lausitz (Kleine Reihe des Sorbischen Instituts 6). Bautzen 2004, S. 12ff.

17 Vgl. *Stefan Oeter:* The European Charter for Regional or Minority Languages, in: *Pentassuglia* (wie Anm. 9), S. 131, 154f.

18 Vgl. die Kritik im ersten Prüfbericht der Expertenkomitees für die Sprachencharta – Report of the Committee of Experts on the Application of the Charter – Germany, 05. Juli 2002, ECRML (2002) 1, para. 46, im Internet unter: <http://www.coe.int/t/dg4/education/minlang/Report/ EvaluationReports/ GermanyECRML1_en.pdf> (abgerufen 05.12.2008).

19 Vgl. auch *Elle* (wie Anm. 16), S. 12f.

sem Tätigkeitsfeld relevanten Bereiche – Kindergarten und Vorschule, Primar-
schule, Sekundarschule, berufliche Bildung, universitäre Bildung – sieht die Charta
eine gestufte Folge von Optionen vor – Beschulung in der Minderheitensprache, bi-
linguale Schulmodelle, bei denen ein Teil des Unterrichts in der Minderheitensprache, ein anderer Teil in der Mehrheitssprache erteilt wird, flächendeckender Unterricht der Minderheitensprache als Zweit- oder Drittsprache, schließlich als
Minimaloption die Garantie eines ausreichenden Angebots der Minderheitensprache als reguläres Schulfach für Kinder aus den Familien der Minderheit.[20]

Die Bundesrepublik Deutschland hat sich wie fast alle Sprachen und Länder für
die vierte, die schwächste Option entschieden. Dies ist an sich nicht zu beanstanden,
da es grosso modo der soziolinguistischen Situation der Minderheitensprachen in
Deutschland angemessen ist. Dann sollten aber zumindest die fundamentalen Rahmenbedingungen eines solchen Modells beachtet werden. Die Sprache ist auch in
diesem Fall als „integraler Bestandteil des Curriculums" zu unterrichten, das heißt
zumindest als Wahlpflichtfach in der gängigen deutschen Schulterminologie.[21] Es
hat zudem ein die Nachfrage deckendes Angebot an all den Orten zu geben, an denen in nennenswerter Weise Sprecher leben, und es ist über die verschiedenen Bil-
dungsstufen hinweg Kontinuität des Angebots zu sichern – es darf also nicht passieren, dass im Kindergarten die Sprache gelernt werden kann, in Grundschule und
Sekundarstufe I dagegen kein Angebot besteht, erst in Sekundarstufe II die Sprache
wieder in (freiwilligen) Arbeitsgemeinschaften außerhalb der regulären Schulstun-
den gelernt werden kann. Das Szenario klingt zunächst abwegig, ist aber eine für die
Bildungssituation der Minderheitensprachen in Deutschland leider eher typische
denn außergewöhnliche Situation.

Schwierigkeiten bereitet häufig auch die Lehrerbildung. Nimmt man die mit Ratifikation der Sprachencharta üblicherweise übernommenen Verpflichtungen ernst,
so wären eigentlich massive Investitionen in eine sowohl quantitative wie qualitative
Verbesserung der Ausbildung von Lehrern erforderlich, die Minderheitensprachen
lehren sollen (oder gar andere Fächer in der Minderheitensprache unterrichten sollen).[22] Vor allem die zweite Konstellation verlangt qualitativ eine ganz andere Form
der Lehrerausbildung, als sie gängigerweise für traditionelle Sprachlehrer in der
Minderheitensprache zur Verfügung steht. Die deutsche Situation ist hier in Teilen
besonders beklagenswert – anstatt die Lehrerausbildung, wie eigentlich erforderlich,
auszubauen, ist sie in einer Reihe von Fällen eher von schleichender Auszehrung be-

---

20 Vgl. zum konkreten Verpflichtungsgehalt dieser Optionen *Jean-Marie Woehrling*: The European
    Charter for Regional or Minority Languages. A Critical Commentary (Council of Europe Publi-
    shing). Strasbourg 2005, S. 144ff.
21 Vgl. nur *Woehrling* (wie Anm. 20), S. 150.
22 Vgl. *Woehrling* (wie Anm. 20), S. 156f.

droht. Doch auch das unter der Charta verlangte Vorhalten von Kapazitäten der (universitären) Forschung und Lehre zu Sprache und Kultur der Minderheiten wird in Zeiten des radikalen Sparens (häufig zu Lasten der kleinen, marginal scheinenden Philologien) allzu oft vernachlässigt.

Die Bestimmungen zum Gebrauch der Minderheitensprachen vor Gerichten und Verwaltungsbehörden haben, im Gegensatz zu den Standards im Bildungsbereich, keinen wirklichen Eigenwert im Schutz der etablierten Sprachdomänen und in der Weitergabe der Sprache in der Generationenfolge. Sie sollen den Minderheitensprachen jedoch zumindest symbolisch gewisse Domänen des auch öffentlichen Gebrauchs der Sprache sichern, um so den Sprechern das Signal zu geben, ihre Sprache sei keine reine ‚Küchensprache‘ zum Haus- und Familiengebrauch, sondern eine im Prinzip kommunikativ vollwertige Sprache, die bei Bedarf überall verwendet werden kann, selbst im Blick auf sehr komplexe und technische Verwaltungs- und Rechtsfragen.[23] Werden Bestimmungen über den Amtsgebrauch ernst genommen, hat dies zudem den positiven Nebeneffekt, den Staat zur Entwicklung entsprechender Terminologien für moderne, technisch-administrative Anwendungsbereiche in den Minderheitensprachen zu zwingen und Anreize zur Übersetzung zumindest der wichtigsten Gesetzeswerke zu geben.[24]

Neben dem Bildungsbereich von ganz fundamentaler Bedeutung ist der Bereich der Massenmedien, vor allem Rundfunk und Fernsehen, in jüngster Zeit zudem mit verstärkter Aufmerksamkeit das Internet.[25] Die Bestimmungen der Sprachencharta sehen für beide Sektoren zumindest eine staatliche Gewährleistungsverantwortung vor, für ein ausreichendes Mindestangebot an Programmen in der Minderheitensprache zu sorgen. In einer Rundfunkverfassung wie der deutschen werden diese Bestimmungen leicht zu Problemkindern – sowohl im Blick auf die privaten wie im Blick auf die öffentlich-rechtlichen Veranstalter ist ein bestimmtes Resultat kaum zu gewährleisten. Der Staat muss hier aber zumindest alle ihm zu Gebote stehenden Instrumente ausschöpfen, um diesen Anforderungen gerecht zu werden – etwa über entsprechende Lizenzbedingungen, über ‚must carry‘-Verpflichtungen oder über einschlägige Programmaufträge in den Landesrundfunkgesetzen beziehungsweise Staatsverträgen.[26] Gerade auch mit Blick auf die Bundesrepublik wird man nicht behaupten können, dass hier alles Erforderliche getan werde – mit entsprechenden Ergebnissen: Für manche Minderheitensprachen ist das Ergebnis recht or-

---

23 Vgl. insoweit *Woehrling* (wie Anm. 20), S. 159ff.

24 Siehe insoweit auch Art. 9 Abs. 3 Sprachencharta; vgl. hierzu *Woehrling* (wie Anm. 20), S. 177f.

25 Vgl. zur Bedeutung der Medien im Schutz von Minderheitensprachen eingehend *Tom Moring, Robert Dunbar:* The European Charter for Regional or Minority Languages and the Media. Study commissioned by the Secretariat for the Charter of Regional or Minority Languages, Council of Europe. Strasbourg 2008, S. 6ff., 17ff.

26 Vgl. hierzu *Woehrling* (wie Anm. 20), S. 200ff., sowie *Moring, Dunbar* (wie Anm. 25), S. 35ff., 48ff.

dentlich, im Bereich einer nördlichen Mehrländeranstalt ist das Angebot in den relevanten Minderheitensprachen dagegen deplorabel, tendiert gegen Null.[27] Der öffentliche Programmauftrag bleibt zumindest in diesem Punkt im Bereich des NDR auf der Strecke, fällt der Fixierung auf massentaugliche Programme und Zuschauerquoten zum Opfer.

Erwähnt sei als letzter Punkt schließlich die Kulturförderung, der eine ganze Reihe von Bestimmungen der Charta gewidmet ist. Die Sprachencharta lässt hier eine deutliche Präferenz für mehrstufige Förderkonstruktionen erkennen, bei denen die konkrete Programmarbeit den Vertretern der Sprachminderheit überlassen wird, unter finanzieller Förderung der Trägerinstitutionen durch den Staat.[28] Hier sind die Befunde in Deutschland sehr unterschiedlich – einzelne Sprachgruppen haben so etwas wie eine faktische Kulturautonomie mit institutioneller Förderung, andere leben von der Hand in den Mund, hangeln sich von Projekt zu Projekt – und erleben auch Phasen ohne gefördertes Projekt. Ideal ist dies ganz und gar nicht – aber wir sind hier im Grunde schon auf die Ebene der nationalen Schutzsysteme hinabgestiegen.

3. Der nationale Schutz der Sprachenvielfalt in Deutschland

Wie sieht nun der gesamthafte Befund im Blick auf den nationalen Schutzstandard aus? Das ist in dieser Form gar nicht so einfach zu beantworten, und zwar aus mehreren Gründen. Zunächst einmal sind fast alle zentralen Fragenkreise, die für den Schutz von Minderheitensprachen relevant sind, nach dem föderalen Kompetenzverteilungsmodell des Grundgesetzes ausschließliche Angelegenheit der Länder.[29] Betroffen sind die Schul-, Wissenschafts- und Kulturpolitik, die Medienpolitik, Verwaltungsorganisation und Verwaltungsverfahren.[30] Selbst wenn er wollte – der Bundesgesetzgeber hätte insoweit für den Erlass eines einheitlichen gesetzlichen Rahmens keinerlei Kompetenz. Dies gilt erst recht für den verwaltungsmäßigen Vollzug der landesrechtlichen Regelungen, der sowieso den Ländern beziehungsweise Landesverwaltungen zufällt. Ganz besonders trifft dies für den Bereich der

---

27 Vgl. die Kritik im ersten Prüfbericht 2002 (wie Anm. 18), paras. 190ff.

28 Siehe insoweit nur Art.12 Abs.1 lit. d, e und f der Sprachencharta.

29 Vgl. *Stefan Oeter, Alastair Walker:* The Case of the Federal Republic of Germany, in: *Sia Spiliopoulou Åkermark* u. a. (eds.): International Obligations and National Debates: Minorities around the Baltic Sea (The Åland Islands Peace Institute). Mariehamn 2006, S. 227, 255ff.

30 Ebda.; vgl. außerdem *Julia Platter:* Völkerrechtliche und bundesstaatliche Aspekte der Pflicht zur Förderung der Kultur der nationalen Minderheit der Sorben (Wenden), Gutachten des Parlamentarischen Beratungsdienstes des Landtages Brandenburg vom 22. Mai 2008, S. 7ff.

Kulturpolitik zu.[31] Im Feld der Kulturpolitik ist der Bund zwar – obwohl es sich im Prinzip um eine reine Ländermaterie handelt – seit Jahrzehnten in erheblichem Umfang tätig geworden, insbesondere auf dem Weg der finanziellen Förderung bestimmter kultureller Aktivitäten.[32] Die kompetenzielle Basis dieser ‚Bundeskulturpolitik' ist dabei aber immer brüchig gewesen, was den Bund jedoch nicht von erheblichen Aktivitäten auf diesem Felde abgehalten hat.[33] Im deutschen Bundesstaatsmodell kann es insoweit eigentlich per definitionem keine von Anfang an einheitliche Minderheitenpolitik geben, sondern nur eine je nach einzelner Minderheit und einzelnem Land spezifische Politik im Blick auf eine konkrete Problemkonstellation. Dies ist an sich nicht zu bedauern. Föderale Vielfalt bietet im Ansatz die Möglichkeit kontextangepasster, spezifisch auf die konkrete Problemsituation hin entwickelter, ‚differenzierender' Minderheitenpolitik, stellt insoweit eine gute Vorkehrung dar gegenüber einer zu gleichmacherischen, recht verschiedene Kontexte formal gleich behandelnden Politik. Doch die föderale Vielfalt hat ihren Preis.

Der politische Stellenwert der Minderheitenfragen und der politische Goodwill, der Minderheitensprachen entgegengebracht wird, ist von Land zu Land sehr unterschiedlich. Selbst innerhalb eines Landes finden wir gelegentlich sehr unterschiedliche Schutzstandards, selbst im Blick auf von der Größe her relativ vergleichbare Sprachminderheiten. Die einzelnen Regelungskomplexe (und Regelungsmodelle) sind jeweils aus ganz verschiedenen Situationen heraus erwachsen, folgen also keinem einheitlichen Modell, sondern sind nach Raum und Zeit der jeweils historisch konkreten Problemlage ganz unterschiedlich geprägt. Letztlich gilt: Der deutsche Bundesstaat verfügt über kein ganzheitliches Konzept von Minderheitenpolitik.[34] Minderheitenpolitik ist in Deutschland ein sehr fragmentiertes Politikfeld – und dies aus mehreren Gründen. Zum einen ist Minderheitenpolitik im deutschen Kontext immer Politik im Blick auf eine spezifische Minderheit. Zum anderen aber ist Minderheitenpolitik in Deutschland auch aufgrund der bundesstaatlichen Struktur schon von Anfang an auf Differenz angelegt, folgt den je eigenen Politiktraditionen und Wertvorstellungen der einzelnen Länder.[35]

---

31 Vgl. *Thomas Köstlin:* Die Kulturhoheit des Bundes. Eine Untersuchung zum Kompetenz- und Organisationsrecht des Grundgesetzes unter Berücksichtigung der Staatspraxis in der Bundesrepublik Deutschland (Tübinger Schriften zum Staats- und Verwaltungsrecht 3). Berlin 1989, S. 36f.

32 Siehe nur die ausführliche Darstellung bei *Köstlin* (wie Anm. 31), S. 75ff.

33 Siehe *Jochen Rozek:* Randnummer 12 zu Art. 70, in: *Hermann von Mangoldt, Friedrich Klein, Christian Starck:* Kommentar zum Grundgesetz, Bd. 2, Art. 20–82. München ⁵2005; *Peter Häberle:* Kulturhoheit im Bundesstaat – Entwicklungen und Perspektiven: In: Archiv des öffentlichen Rechts 124 (1999), S. 549ff.; *Ernst-Gottfried Mahrenholz:* Die Kultur und der Bund, in: Deutsches Verwaltungsblatt (2002), S. 857ff.; *Köstlin* (wie Anm. 31), S. 24ff., 34ff., 38ff., 75ff.

34 Siehe hierzu nur die ausführliche Darstellung in *Oeter, Walker* (wie Anm 29), S. 227, 235ff.

35 Vgl. nur *Dietrich Murswiek:* Schutz der Minderheiten in Deutschland, in: *Josef Isensee, Paul Kirchhof* (Hg.): Handbuch des Staatsrechts der Bundesrepublik Deutschland, Band VIII: Die Einheit Deutschlands – Entwicklungen und Grundlagen. Heidelberg 1995, S. 663ff., insbes. Randnummern 23ff., 29ff.

Dieser Befund fällt aus der Außensicht ganz besonders auf. Sieht man sich – wie das Expertenkomitee für die Europäische Charta der Regional- oder Minderheitensprachen – die deutsche Politik gegenüber Minderheitensprachen vergleichend an, so fallen die krassen Differenzen im Schutzstandard unweigerlich ins Auge. Ein Blick auf die Evaluationsberichte dieses ‚Monitoring Bodies' des Europarates kann daher sehr lehrreich sein – lehrreich hinsichtlich der krass unterschiedlichen Schutzniveaus, aber auch lehrreich hinsichtlich der erheblichen Umsetzungsdefizite, die die deutsche Praxis des Sprachenschutzes im Hinblick auf die Schutzversprechen der Charta aufweist.[36] Beides hängt miteinander zusammen. Weil der Schutz einzelner Sprachen aufgrund bestimmter historischer Hintergründe und Entwicklungspfade nur sehr schwach ausgeprägt ist, tut sich die Politik der betroffenen Länder gelegentlich sehr schwer, mit den einmal eingegangenen Schutzverpflichtungen konstruktiv umzugehen. Mitunter fällt es den Landespolitikern schon im Ansatz schwer, überhaupt den Schutzbedarf zu erkennen beziehungsweise sich einzugestehen, wie weit man hinter den Standards einer angemessenen Politik des Schutzes solcher Sprachen eigentlich zurückbleibt. Noch schwerer aber ist es, in den eingefahrenen Gleisen der einzelnen Politikfelder zu nachhaltigen Verbesserungen zu gelangen.

Die Unterschiedlichkeit der Schutzniveaus spiegelt sich im übrigen schon in den juristischen Textbefunden wider, die ein simpler Blick in die Verfassungen und Landesrechte der betroffenen Länder ergibt. In einzelnen Ländern – wie Schleswig-Holstein, Sachsen und Brandenburg – sind die Sprachminderheiten beziehungsweise Minderheitensprachen schon mit einer programmatischen Schutzklausel in der Landesverfassung bedacht.[37] In diesen Fällen gibt es dann meist auch eine mehr oder weniger ausgefeilte einfachgesetzliche Spezialgesetzgebung zum Schutz der jeweiligen Minderheiten und Minderheitensprachen. Diese ist nicht immer umfassend, klammert etwa in manchen Fällen den Bildungs- und Schulbereich aus. Zumindest symbolisch ist aber mit diesen Gesetzen der Wille kundgetan, ernsthafte Bemühungen um den Schutz und Erhalt der Sprache zu unternehmen. Doch dies ist nicht überall der Fall. In einzelnen Fällen ist unter der Sprachencharta ein volles Schutzmenü unter Teil III der Charta ratifiziert worden – nach entsprechenden Schutzbestimmungen im Landesrecht sucht man jedoch vergeblich. Besonders grotesk ist der Fall des Saterfriesischen in Niedersachsen, wo zwar symbolisch ein Vollschutz unter Teil III versprochen wurde, das Schutzmenü aber – und das ist im europäischen Vergleich wirklich beispiellos – im Bildungssektor keinerlei Schutzverpflichtungen für den Bereich der Primar- und Sekundarschule enthält, was nur widerspiegelt, dass auch das Landesrecht es nicht der Mühe für wert hielt, ir-

---

36 Vgl. insoweit auch beispielhaft *Elle* (wie Anm. 16), S. 17ff.
37 Vgl. *Lemke* (wie Anm. 6), S. 367ff.

gendwelche Schutzregelungen in diesem für den Spracherhalt so fundamental wichtigen Bereich zu erlassen.[38] *Honi soit qui mal y pense ...*

Die Modelle des Schutzes sind – wie schon erwähnt – sehr unterschiedlich. Einzelne Schutzregime gelten zu Recht international als vorbildlich, man denke an das Schutzregime für die dänische Minderheit in Schleswig-Holstein, das im übrigen mit einem bemerkenswert geringen Aufwand an rechtlichen Sonderregelungen auskommt. Andere Minderheiten mögen von einem ähnlichen Arrangement träumen – die Sorben etwa, so mein Eindruck, würden sich ein vergleichbares Regime durchaus wünschen – doch übertragbar ist das Modell nicht wirklich.

a) Schutz und Förderung des Dänischen

Das historisch älteste Schutzsystem in Deutschland ist wie erwähnt das Sonderregime für die Dänen in Schleswig-Holstein. Minderheitenpolitik – das war für die ersten Bundesregierungen zunächst einmal einzig und allein die Frage der Befriedung der deutsch-dänischen Minderheitenprobleme in Nord- und Südschleswig.[39] Der Fokus der Bemühungen um eine derartige Befriedung der Minderheitenfrage im deutsch-dänischen Grenzraum war klar durch außenpolitische Belange geprägt. Zentrales Dokument, mit dem diese Bemühungen zu einem Ergebnis gebracht wurden, war dementsprechend ein außenpolitisches beziehungsweise völkerrechtliches Dokument, die Bonn-Kopenhagener Erklärungen von 1955.[40] Die tragende Konstruktion des über diese bilateralen Erklärungen begründeten Schutzmechanismus war offen ein bilaterales Arrangement wechselseitiger Förderung der ‚eigenen' Minderheiten durch ihre ‚kin-states', also eine letztlich außenpolitisch beziehungsweise völkerrechtlich konzipierte, auf Reziprozität angelegte Förderung der jeweiligen Minderheit im Nachbarstaat. Unter Kompetenzgesichtspunkten bereitet diese Konstruktion zunächst keinerlei Schwierigkeiten. Der Bund ist eindeutig zuständig für die Förderung der deutschen Minderheiten im Ausland, als Teil der auswärtigen Kulturpolitik, die letztlich wohl zwanglos unter den Titel der „auswärtigen Angelegenheiten" des Art. 73 Nr. 1 des Grundgesetzes zu bringen ist.[41]

Wie der Bund die deutschen Minderheiten in Ostmitteleuropa und im Bereich der ehemaligen Sowjetunion mit relativ hohen Summen fördert, so kann er auch die deutsche Minderheit im dänischen Nordschleswig auf der gleichen Kompetenz-

---

38 Vgl. die Kritik im ersten Prüfbericht 2002 (wie Anm. 18), para. 66.

39 Vgl. hierzu nur *Oeter, Walker* (wie Anm. 29), S. 237f.

40 Vgl. zu den Bonn-Kopenhagener Erklärungen nur *Jørgen Kühl:* The „Schleswig Experience". The National Minorities in the Danish-German Border Area (Institut for Grænseregionsforskning). Aabenraa 1998, S. 53f.; vgl. dazu unten im Beitrag von Henrik Becker-Christensen, S. 215–220.

41 Vgl. *Markus Heintzen:* Randnummer 9 zu Art. 73, in: *von Mangoldt, Klein, Starck* (wie Anm. 33).

grundlage fördern.[42] Die Mittel, die hier aufgewendet werden, sind im Vergleich zu den Mitteln, die die Minderheiten in Deutschland vom Bund erhalten, erheblich. Diese Förderung sichert der deutschen Gemeinschaft in Nordschleswig denn auch eine recht auskömmliche und stabile Situation, mit einer hervorragenden Infrastruktur der Sprach- und Kulturförderung.[43] Gleiches geschieht umgekehrt durch die dänische Regierung, die mit hohen Summen die dänische Minderheit in Schleswig-Holstein unterstützt. Die eingesetzten Fördermittel sind weitgehend komplementär zu den aus regulärem Mittelaufkommen stammenden Budgetmitteln für das Schul- und Kulturwesen.[44] So bezuschusst das Land Schleswig-Holstein die dänischen Privat- beziehungsweise Ersatzschulen, die vom dänischen Schulverein betrieben werden, mit dem gleichen Kostensatz für Personalmittel, die auch deutschen Regelschulen pro Kopf der Schülerschaft zur Verfügung stehen.[45] Investitions- und Sachmittel der dänischen Schulen werden dagegen aus den Fördermitteln des dänischen Staates bestritten.

Genau diese Besonderheit des deutsch-dänischen Sonderregimes führt jedoch dazu, dass dieses Modell auf andere Konstellationen in Deutschland nicht übertragbar ist. Mangels eines entsprechenden ‚kin-states', also eines ‚Mutterstaates', der bereit und in der Lage wäre, mit erheblichen Finanzmitteln für ‚seine' Minderheit im Nachbarstaat einzustehen, lässt sich ein vergleichbares Modell etwa im Falle der Sorben vom Ansatz her nicht konstruieren. In Bildungsfragen blieben die anderen Minderheiten daher unweigerlich auf das öffentliche Schulwesen verwiesen, mit all den Vor- und Nachteilen, die daraus resultieren.

b) Schutz und Förderung des Sorbischen

Auch für den Schutz der Sorben beziehungsweise der sorbischen Sprache und Kultur besteht eine ganz spezifische Sonderkonstruktion, wenn auch auf deutlich anderer verfassungsrechtlicher Grundlage.[46] Primäres Dokument für den Schutz der sorbischen Sprache und Kultur ist zunächst der Einigungsvertrag, der in seinen Anhängen mehrere Sonderbestimmungen zugunsten der Sorben enthielt. Weiter konkretisiert werden die eigentlichen Schutzbestimmungen dann durch die Landesverfassungen und das einfache Gesetzesrecht der betroffenen Länder Sachsen und

---

42 Vgl. auch *Eckart Klein:* Der Status der deutschen Volkszugehörigkeiten und die Minderheiten im Ausland, in: *Isensee, Kirchhof* (wie Anm. 35), S. 623ff., dort Randnummer 83.

43 Siehe hierzu nur den ersten Prüfbericht des Unabhängigen Expertenkomitees für die Europäische Charta der Regional- oder Minderheitensprachen zu Dänemark vom 21. November 2003, para. 51ff., im Internet unter: <http://www.coe.int/t/dg4/education/minlang/Report/EvaluationReports/DenmarkECRML1_en.pdf> (abgerufen 05.12.2008).

44 Siehe hierzu ausführlich *Lemke* (wie Anm. 6), S. 310ff.

45 *Lemke* (wie Anm. 6), S. 317f.

46 Vgl. hierzu *Peter Barker:* Slavs in Germany. The Sorbian Minority and the German State since 1945 (Studies in German Thought and History 20). New York 2000, S. 129ff.

Brandenburg.[47] Hinsichtlich der Förderkompetenz besteht eine Sonderregelung, die den Bund mit in die Verantwortung nimmt. Adressat der Förderung des Bundes ist hier – im Gegensatz zum deutsch-dänischen Fall – eine inländische Volksgruppe beziehungsweise deren Institutionen. An sich wäre eine derartige Förderung mit einem nicht geringen Millionenbetrag (nach der neuen, aber noch umstrittenen Finanzierungsvereinbarung 7,6 Millionen pro Jahr) verfassungsrechtlich hoch problematisch. Allerdings besteht für diese Förderpolitik eine ganz spezielle Kompetenzgrundlage im Einigungsvertrag beziehungsweise in der Protokollnotiz Nr. 14 zu Art. 35 des Einigungsvertrags.[48] Diese Regelung des Einigungsvertrages sah man als notwendig an, um nicht das zu DDR-Zeiten recht großzügig ausgestattete Institutionengefüge der Sorben zusammenbrechen zu lassen.[49] Allzu offensichtlich war, dass die beiden betroffenen Länder, Sachsen und Brandenburg, finanziell nicht in der Lage sein würden, die relativ hohen Mittel allein aufzubringen, die zum Erhalt der sorbischen Institutionen nötig sein würden.

Dementsprechend hat sich der Bund im Einigungsvertrag in eine Gewährleistungsverantwortung für das sorbische Institutionensystem begeben, die ihn verpflichtet, diese Institutionen neben beziehungsweise mit den betroffenen Ländern zusammen zu finanzieren.[50] Da der Einigungsvertrag eine Sonderregelung mit verfassungsänderndem Charakter darstellt, also im Blick auf die Sonderprobleme der deutschen Einheit das Verfassungsrecht der Bundesrepublik Deutschland nachhaltig modifiziert hat,[51] stellt die in der Protokollnotiz festgeschriebene Gewährleistungsverantwortung des Bundes zugleich eine Sonderkompetenz dar.[52] Wäre dem Bund mit dem Einigungsvertrag nicht zugleich mit der Gewährleistungsverantwortung auch eine eindeutige Förderkompetenz zugestanden worden, so liefe die Verpflichtung des Bundes aus dem Einigungsvertrag letztlich ins Leere.

---

47 Vgl. als Gesamtdarstellung des Schutzregimes für die Sorben bzw. das Sorbische *Thomas Pastior:* Die rechtliche Stellung der Sorben in Deutschland (Schriften des Sorbischen Instituts 15). Bautzen 1997.

48 Vgl. zu dieser Bestimmung und deren Anwendungspraxis *Otto Singer:* Förderpolitik des Bundes für das sorbische Volk. Ausarbeitung der Wissenschaftlichen Dienste des Deutschen Bundestages vom 07. März 2008, WD 10-018/08, S. 4ff.

49 Siehe nur *Oeter, Walker* (wie Anm 29), S. 248.

50 Skeptisch zum Argument einer Gewährleistungsverantwortung *Platter* (wie Anm. 30), S. 17 sowie *Thomas Höch:* Der Einigungsvertrag zwischen völkerrechtlichem Vertrag und nationalem Gesetz. Untersuchungen zur Bestandskraft des Vertrags über die Herstellung der Einheit Deutschlands (Schriften zum Öffentlichen Recht 677). Berlin 1995, S. 16.

51 Vgl. zur Rechtsnatur des Einigungsvertrages grundlegend *Peter Badura:* § 189 - Die innerdeutschen Verträge, insbesondere der Einigungsvertrag, in: *Isensee, Kirchhof* (wie Anm. 35), S. 171ff., dort insbes. S. 193 Randnummer 39 mit starken Einschränkungen im Blick auf den Verfassungsrechtscharakter des Einigungsvertrags; skeptisch auch *Platter* (wie Anm. 30), S. 14.

52 Vgl. in diesem Sinne etwa *Singer* (wie Anm. 48), S. 6f.

Diese Sonderregelung des Einigungsvertrages hätte das rechtliche und politische Potenzial gehabt, einen dem deutsch-dänischen Arrangement, das international immer wieder als Modellfall einer gelungenen Befriedung von Minderheitenproblemen gehandelt wird, vergleichbaren zweiten Modellfall zu schaffen. Der Bund und die beiden ebenfalls in der Verantwortung stehenden Länder hätten – bei entsprechender Konstruktion und Ausstattung der Stiftung für das sorbische Volk[53] – diese zum Ansatzpunkt nehmen können, ein vorbildliches Arrangement des Minderheitenschutzes zu schaffen.

Über die reine Kulturförderung hinaus hätten sich auf diesem Wege auch erhebliche Teile der Problematik des sorbischen Schulwesens[54] entschärfen lassen – über eine Auslagerung der sorbischen Schulen entweder in einen Trägerverein nach dänischem Vorbild oder in eine öffentlich-rechtliche Selbstverwaltungskörperschaft, die dann als Schulträger hätte fungieren können. Voraussetzung einer derartigen Lösung wäre jedoch – wie im deutsch-dänischen Kontext – eine zur Grundfinanzierung durch das Land komplementäre Finanzierung von dritter Seite gewesen, die (mangels ‚kin-state‘) nur aus den Mitteln des Bundes beziehungsweise der Stiftung hätte stammen können. Leider ist die durch den Einigungsvertrag gebotene Chance jedoch nur unzureichend genutzt worden. Das Potenzial wurde letztlich verschenkt in den Detailscharmützeln der bürokratischen Interessenkämpfe – die zuständigen Fachbürokratien wollten diesen hohen Kostenblock abschmelzen, setzten letztlich in den rechtlichen Grunddokumenten immer wieder eine degressiv abnehmende Fördersumme des Bundes durch, die dann aufgrund politischer Interventionen aber im Ergebnis doch mehr oder weniger konstant gehalten wurde.[55] Der Konflikt um die 2008 neu ausgehandelte Finanzierungsvereinbarung ist symptomatisch für die Problemlage. Mangels Planbarkeit und Berechenbarkeit des entsprechenden Mittelaufkommens lassen sich in einer derartigen Konstellation keine langfristigen Arrangements treffen – die aber zu einer wirklich modellhaften Lösung der anstehenden Fragen eigentlich nötig wären.

Das Drängen nach Abschmelzung der in diesem Bereich eingesetzten Bundesmittel führt mittlerweile auch zu Scharmützeln um die verfassungsrechtlichen Kompetenzgrundlagen der Förderung der Stiftung für das sorbische Volk durch den Bund. Als Symptome seien hier das entsprechende Gutachten des Bundesrechnungshofes sowie die Stellungnahme des Bundesverwaltungsamts genannt, die beide die These

---

53 Vgl. zu deren Konstruktion *Platter* (wie Anm. 30), S. 10f.

54 Vgl. zu den Problemen des sorbischen Schulwesens *Jan Nuk:* Zur aktuellen Situation des sorbischen Schulwesens, in: Domowina/WITAJ-Sprachzentrum (Hg.): Das sorbische Schulwesen als Minderheitenschulwesen im Kontext europäischer Übereinkommen. Bautzen 2004, S. 10ff.; vgl. ferner *Elle* (wie Anm. 16), S. 17ff.

55 Siehe hierzu *Singer* (wie Anm. 48), S. 5f.

vertreten, der Einigungsvertrag habe nur ein vorübergehendes Sonderregime geschaffen, das als Provisorium nun beendet werden müsse.[56] Laufe die Sonderermächtigung der Protokollnotiz zum Einigungsvertrag aber mit Zeitablauf (und zunehmender Vollendung der inneren Einheit) nun aus, so falle auch die exzeptionelle Gewährleistungsverantwortung des Bundes für die sorbischen Institutionen weg – und die damit verkoppelte Sonderzuständigkeit. Somit sei der Bund eigentlich gar nicht mehr zur Förderung dieser Institutionen zuständig, ja dürfe eigentlich gar nicht mehr fördern, soweit hier nicht ganz allgemein eine „Kompetenz kraft Natur der Sache" zu begründen sei – was angesichts des oben geschilderten Streitstandes eher schwierig wäre.[57]

Diese Rechtsauffassung – und es gibt bislang leider keine abgestimmte Rechtsauffassung der Bundesregierung insgesamt zu dieser Frage – ist allerdings ersichtlich falsch. Zwar ist es zutreffend, dass in der Kommentarliteratur zum Einigungsvertrag allgemein davon ausgegangen wird, der Vertrag sei in weiten Teilen als ein vorübergehendes Sonderregime angelegt, das mit Erfüllung seiner Zwecke mehr und mehr obsolet werde.[58] Gesamthaft wird man dieser Sicht sicherlich zustimmen können. Dies ermöglicht aber noch keine gesicherte Aussage im Einzelfall. Trotz weitgehender Erledigung können bestimmte Regelungen auch noch längerfristig Wirkungen entfalten. Um dieses wirklich zutreffend beurteilen zu können, muss man sich Sinn und Zweck der einzelnen Regelung ansehen und diese daraufhin abklopfen, ob mit dem erreichten Sachstand des Prozesses des Zusammenwachsens der beiden Teile Deutschlands wirklich der Regelungszweck vollständig erfüllt worden ist.[59] Im Blick auf die nachhaltige Sicherung des sorbischen Institutionenwesens wird man dies jedoch schwerlich behaupten können.[60] Der Fall könnte nur eintreten, wenn entweder die sorbischen Institutionen in der Lage wären, sich selbst zu tragen – was nach allen Erfahrungswerten, auch im europäischen Vergleich, nie der Fall sein wird –, oder die betroffenen zwei Länder finanziell so gut gestellt wären, dass sie die Institutionen der Minderheit allein aus eigener Kraft unterhalten könnten. Sieht man sich nun aber die miserablen Steuerfinanzierungsquoten der beiden betroffenen Länder an, die auf absehbare Zeit am Tropf des Länderfinanzausgleichs und des darauf

---

56 Siehe hierzu die Prüfungsmitteilung des Bundesrechnungshofes an den Beauftragten der Bundesregierung für Kultur und Medien und das Bundesministerium des Innern über die Prüfung „ausgewählter Aspekte des Zuschusses an die Stiftung für das sorbische Volk" vom 20. März 2007 (unveröff.); vgl. insoweit auch *Singer* (wie Anm. 48), S. 3, 7f.

57 Vgl. auch *Platter* (wie Anm. 30), S. 13.

58 Vgl. etwa *Michael Kilian:* Die Erhaltung der kulturellen Substanz der neuen Bundesländer in Art. 35 II Einigungsvertrag, Landes- und Kommunalverwaltung 1992, S. 241, 244; vgl. ferner *Singer* (wie Anm. 48), S. 7, sowie *Helmuth Schulze-Fielitz:* Art. 35 Einigungsvertrag – Freibrief für eine Bundeskulturpolitik? In: Neue Juristische Wochenschrift 1991, S. 2456, 2459.

59 Vgl. auch *Badura* (wie Anm. 51), Randnummern 41ff.

60 Siehe auch *Platter* (wie Anm 30), S. 18.

aufgesattelten Solidarpakts hängen werden, so wäre eine derartige Behauptung abenteuerlich. Im Gegenteil – mit dem in mittelfristiger Perspektive drohenden Auslaufen der Solidarpaktmittel werden die Haushalte der betroffenen Länder wohl noch in weit größere Schieflage geraten als heute und dementsprechend kaum in der Lage sein, einen entfallenden Bundesanteil an der Finanzierung der Stiftung für das sorbische Volk aus eigenen Mitteln kompensieren zu können. Einzige Alternative wäre dann die drastische Verkleinerung der Fördervolumina seitens der Stiftung, was zu radikalen Einschnitten bei den sorbischen Kulturinstitutionen zwingen würde. Die von dem geschilderten Rechtsstreit ausgehenden Signale an die Minderheit sind fatal. Die Fortsetzung der Bundesförderung wird zu einem diskretionären Erweis politischer ‚Gnade‘, die tendenziell durch Wohlverhalten erkauft werden muss. Die Ausbildung einer nachhaltigen Minderheitenpolitik, deren Grundlage ein allseitiger Konsens über Art und Umfang der zu leistenden Förderung bilden müsste, ist so blockiert.

Dabei klaffen auch hier die rechtlichen Schutzstandards und die Praxis der Landespolitik und -verwaltung im Umgang mit den Problemen des Sprachenschutzes zwischen den beiden beteiligten Ländern erheblich auseinander. Auf der Verfassungsstufe ähneln sich die Schutzklauseln zugunsten der Sorben beziehungsweise der sorbischen Sprache und Kultur noch stark.[61] Im Gesetzesrecht sind beide Länder dagegen deutlich unterschiedliche Wege gegangen. Während Brandenburg sich weitgehend darauf beschränkt hat, als symbolischen Akt der privilegierenden Behandlung ein eigenes Sorben(Wenden)-Gesetz zu erlassen, hat Sachsen neben einem solchen symbolischen Dachgesetz (Sächsisches Sorbengesetz) die Schutzbestimmungen umfassend in seine Fachgesetze eingearbeitet. Während das brandenburgische Gesetz auf symbolische Sichtbarkeit setzt, ist die sächsische Gesetzgebungspraxis im Detail deutlich effektiver – die Sonderregelungen zugunsten der Sorben beziehungsweise der sorbischen Sprache und Kultur werden dort getroffen, wo wirklich der Regelungsbedarf auftritt.[62]

Noch stärker klaffen die sprachbezogene Fachpolitik und die Verwaltungspraxis in beiden Ländern auseinander, wie sich besonders deutlich im Bereich der Bildungspolitik zeigt.[63] Das sächsische Schulsystem bietet den Sorben im Kernbereich der sorbischen Sprache immer noch eine weitgehend in Sorbisch angebotene Schulausbildung, bis hinauf zum Abitur. Selbst in den Randbereichen des sorbischen Siedlungsgebietes, in denen das Sorbische nur noch selten innerhalb der Familie tradiert wird, gibt es anspruchsvolle Modelle der Immersionserziehung im Kindergar-

---

61 Vgl. *Lemke* (wie Anm. 6), S. 367ff., 383ff.
62 Vgl. auch *Carmen Thiele:* Rechtsstellung der Sorben in Deutschland, in: *Hans-Joachim Heintze* (Hg.): Selbstbestimmungsrecht der Völker – Herausforderung der Staatenwelt. Zerfällt die internationale Gemeinschaft in Hunderte von Staaten? Bonn 1997, S. 342ff.
63 Vgl. hierzu auch *Elle* (wie Anm. 16), S. 21ff.

tenbereich, die dann durch entsprechend intensiven Sorbischunterricht in der Schule fortgesetzt werden.[64] Zwar kann sich auch Sachsen vor den demographischen Trends nicht verschließen und muss zahlreiche Schulstandorte aufgeben, auch im Bereich des Sorbischen; zumindest zeigt die sächsische Verwaltung aber ein ernsthaftes Bemühen, der Problematik gerecht zu werden.[65]

In Brandenburg dagegen ist die sorbische Sprache weitgehend aus dem sozialen und familiären Gebrauch verschwunden.[66] Umso dringender wäre, wenn man die Sprache überhaupt auf Dauer erhalten will, im Bereich der Schulausbildung hier komplementär den Spracherwerb zu stützen. Doch die brandenburgische Schulpolitik wirkt extrem halbherzig. Auf der einen Seite werden im Kindergartenbereich Immersionsmodelle gefördert; auf der anderen Seite tut die Schulpolitik und -verwaltung sich sehr schwer, die notwendigen Mittel aufzubringen und im Bereich der Primar- und Sekundarschulerziehung dem Sorbischen einen angemessenen Stellenwert einzuräumen.[67] Aus der Außensicht wirkt die schulische Förderung des Sorbischen in Brandenburg eher wie palliative Sterbehilfe denn wie eine Notopferversorgung. Nachhaltige Stützung und Sicherung des Überlebens der Sprache ist so nicht zu gewährleisten.

c) Schutz und Förderung des Nordfriesischen

Ein ähnlicher Befund lässt sich für das Regime zum Schutz und zur Förderung des Nordfriesischen formulieren. Zwar hat auch Schleswig-Holstein vor einigen Jahren ein eigenes Gesetz zum Schutz des Nordfriesischen erlassen. Dieses Gesetz beschränkt sich jedoch auf den weitgehend symbolischen Bereich der Stellung des Nordfriesischen im öffentlichen Raum und in der Verwaltung. Ausgeklammert ist der Bereich der schulischen Bildung. Hier jedoch liegt vieles im Argen.[68]

Nach der Europäischen Sprachencharta wäre Schleswig-Holstein eigentlich verpflichtet, in den öffentlichen Kindergärten einen erheblichen Teil der vorschulischen Erziehung in Nordfriesisch zumindest für die Kinder anzubieten, deren Fa-

---

64 Vgl. *Elle* (wie Anm. 16), S. 19f., 21f.

65 Vgl. den ersten Prüfbericht 2002 (wie Anm. 18), para. 431, sowie den dritten Prüfbericht des Expertenkomitees, 9. April 2008, para.121ff., im Internet unter: <http://www.coe.int/t/dg4/ education/minlang/Report/EvaluationReports/GermanyECRML3_de.pdf> (abgerufen 05.12. 2008).

66 Vgl. dazu ausführlich *Madlena Norberg:* Sprachwechselprozeß in der Niederlausitz. Soziolinguistische Fallstudie der deutsch-sorbischen Gemeinde Drachhausen/Hochoza (Acta Universitatis Upsaliensis, Studia Slavica Upsalensia 37). Uppsala 1996.

67 Vgl. den ersten Prüfbericht 2002 (wie Anm. 18), paras. 469ff., sowie den dritten Prüfbericht 2008 (wie Anm. 65), paras. 190ff.

68 Vgl. hierzu ausführlich *Alastair G. H. Walker:* North Frisian – The North Frisian Language in Education in Germany (Mercator European Research Centre on Multilingualism and Language Learning). Ljouwert/Leeuwarden ²2007, S. 15ff.

milien dies verlangen (unter der Voraussetzung einer Mindestzahl an entsprechenden Kindern im örtlichen Bezirk), beziehungsweise – soweit die Kindergärten in
privater Trägerschaft betrieben werden – auf ein entsprechendes Angebot mit speziellen Fördermaßnahmen hinzuwirken, also etwa die Mehrkosten solcher zweisprachiger Modelle zumindest zum Teil zu ersetzen. Im Hinblick auf diese Verpflichtung bleibt in Schleswig-Holstein einiges zu tun.[69] Die Bestimmung der Charta ist so
formuliert, dass letzten Endes viel dafür spricht, den Eltern gesetzlich ein Recht auf
entsprechende Kindergartenplätze einzuräumen – was dann in der Umsetzung des
gesetzlichen Rechtsanspruchs auch ein entsprechend systematisches Angebot der
Träger erfordert. Das Problem setzt sich fort im Primar- und Sekundarschulwesen.
Schleswig-Holstein hat sich hier verpflichtet, jedem Schüler, dessen Familie dies
wünscht, unter bestimmten Bedingungen eine schulische Erziehung in Nordfriesisch zu garantieren, zumindest in der Form eines ausgebauten Unterrichts des
Nordfriesischen als in das Curriculum integrierter Zweitsprache. Wirklich erfüllt ist
diese Verpflichtung bislang nicht – das reale Angebot ist viel zu zufallsabhängig, bedingt durch die mehr oder weniger zufällige Präsenz eines einschlägig vorgebildeten
und interessierten Lehrers, ist unzureichend in das reguläre Curriculum integriert –
erteilt wird der Nordfriesischunterricht, wenn überhaupt, regelmäßig nur in Form
einer zusätzlichen Arbeitsgemeinschaft, kaum jemals dagegen in Form eines regulär
in das Curriculum integrierten Wahlpflichtfaches.[70] Durchgängige Kontinuität des
Angebots über die Klassenstufen hinweg ist praktisch nirgends gewährleistet. Es
bleibt insoweit also noch Einiges zu tun – und selbst das bislang Erreichte ist mittlerweile in Gefahr, droht doch das neue Schulgesetz mit der dadurch angestoßenen
Reorganisation der Schulstruktur allen Bestrebungen um eine stabile Verankerung
des Nordfriesischen im Schulunterricht in den Rücken zu fallen.[71]

Hintergrund der konstatierten Defizite im Blick auf die Stellung des Nordfriesischen im Schulunterricht ist natürlich nicht zuletzt ein eklatanter Mangel an einschlägig qualifizierten Lehrern. Ohne zureichende Versorgung mit geeignetem
Lehrpersonal werden alle Bemühungen um Verbesserung der Situation des Nord-
friesischunterrichts an Primar- und Sekundarschulen schnell an ihre Grenzen sto-
ßen. Als zentraler Flaschenhals erweist sich damit erfahrungsgemäß die universitäre
Ausbildung in der Minderheitsprache – dabei ist es vielfach gerade der Mangel an
qualifizierten Lehrern, der eine schier unüberwindbare Hürde jeglicher Bemühung
um Verbesserung der schulischen Pflege der Minderheitsprache formt. Mit der
universitären Infrastruktur von Ausbildungsmöglichkeiten an den Universitäten

---

69 Vgl. den ersten Prüfbericht 2002 (wie Anm. 18), paras. 173ff., sowie den dritten Prüfbericht 2008
    (wie Anm. 65), paras. 257ff.
70 Vgl. den ersten Prüfbericht 2002 (wie Anm. 18), para. 174, sowie den dritten Prüfbericht 2008 (wie
    Anm. 65), paras. 262ff., 268ff.
71 Vgl. auch *Walker* (wie Anm. 68), S. 18ff.

Kiel und Flensburg war insoweit historisch ein Niveau der Hochschulausbildung und Forschung in Nordfriesisch geschaffen worden, das den Erfordernissen der Charta mit einigen zusätzlichen Maßnahmen durchaus hätte gerecht werden können. Wenn die Wissenschaftsministerien die Lehrerausbildung in den Regional- und Minderheitensprachen jedoch ressourcen- und personalmäßig immer weiter austrocknen, obwohl das wiederentdeckte Interesse an der Sprache und die steigenden Zahlen von Kindern mit einschlägiger Kindergartenausbildung eigentlich einen erhöhten Bedarf an einschlägig vorgebildeten Lehrern signalisieren, so zeitigt dies fatale Wirkungen.[72]

Hungert man die universitären Institutionen der Lehrerausbildung aus, so bringt man auf Dauer unweigerlich das Gesamtunternehmen der Revitalisierung bedrohter Regional- und Minderheitensprachen zum Einsturz, für letztlich eher minimale Rationalisierungsgewinne. Ohne einschlägige Professoren, Dozenten und Assistenten gibt es keinen akademischen Nachwuchs und keine geordnete Lehrerausbildung, ohne Lehrerausbildung aber bleibt nur das punktuelle Improvisieren auf niedrigstem Niveau an den Brennpunkten des Sprachsterbens. Der Staat führt hier letztlich allzu leicht seine ganzen sonstigen Bemühungen im Bildungsbereich ad absurdum.

Ähnliche Problembefunde ergeben sich für den Bereich der Medien und der Kultur. Im Vordergrund des Interesses stehen dabei längst Radio und Fernsehen. Im Radio sollte die unter der Charta geforderte Garantie eines Mindestmaßes an Sendungen in der Minderheitensprache ohne allzu große Probleme möglich sein – um so verwunderlicher ist es, wie dürftig die Bedienung des Nordfriesischen hier durch die Öffentlich-Rechtlichen Veranstalter ist.[73] Schwieriger wird diese Garantie eines notwendigen Minimums an minderheitensprachlichen Sendungen in dem erheblichen technischen Aufwand erfordernden Fernsehen. Es mag zwar sein, dass das digitale Fernsehen hier in Zukunft ganz neue Möglichkeiten bereithält.[74] Unter den bisherigen technischen Möglichkeiten aber sind die Kosten der Herstellung und Ausstrahlung von Fernsehsendungen in Minderheitensprachen, zumindest bei kleineren Minderheiten, kommerziell nicht wieder einzuspielen. Minderheitenprogramme bleiben damit dann aber dauerhafte Kostgänger der staatlichen Subventionströge, mit allen Abhängigkeiten, die daraus resultieren können. Die eigentliche Last wird hier normalerweise auf den öffentlich-rechtlichen Rundfunkanstalten liegen müssen. Doch diese zieren sich, wie gerade auch im Falle des Nordfriesischen

---

72 Vgl. die Kritik im ersten Prüfbericht 2002 (wie Anm. 18), paras. 180, sowie den dritten Prüfbericht 2008 (wie Anm. 65), paras. 276ff.; vgl. ferner *Walker* (wie Anm. 68), S. 28ff.

73 Vgl. den ersten Prüfbericht 2002 (wie Anm. 18), paras. 190 ff., sowie den dritten Prüfbericht 2008 (wie Anm. 65), paras. 295ff.

74 Vgl. hierzu nur *Moring, Dunbar* (wie Anm. 25), S. 17ff.

erkennbar ist, verstecken sich hinter formalen Argumenten.[75] Realistisch ist insoweit wohl tatsächlich der im Ansatz von Landesregierung und Landesmedienanstalt in Schleswig-Holstein eingeschlagene Weg, über die Förderung der Erstellung entsprechender Programme und Formate für Radio und Fernsehen wie über die regelmäßige Verbreitung dieser Programme auf dem Wege der ‚offenen Kanäle' so etwas wie ein basales Grundangebot an Sendungen in den Minderheitensprachen zur Verfügung zu stellen.[76]

d) Schutz und Förderung des Saterfriesischen

Erst recht desolat ist es um den Schutz und die Förderung des Saterfriesischen im niedersächsischen Emsland bestellt. Hier mangelt es schon an den elementaren Grundlagen eines angemessenen Schutzes der Sprache – den dafür notwendigen Vorkehrungen im Bildungsbereich. Neben einigen punktuellen Aktivitäten im Kindergartenbereich, denen es aber an jeglicher Professionalisierung fehlt, wird hier einzig im Sekundarschulbereich auf Ebene freiwilliger, extracurricularer Arbeitsgemeinschaften noch etwas Unterricht erteilt.[77] Mediale Präsenz des Saterfriesischen findet nur auf einer sehr beschränkten, weitgehend von Amateuren geleisteten Basis im Lokalradio statt.[78] Auch die Kulturförderung ist angesichts des geringen Umfangs der Sprachgemeinschaft mehr als beschränkt.

e) Förderung der Sinti und Roma

Einen Sonderfall stellt die Förderung der Sinti und Roma dar. Durch den Bund werden hier erhebliche Summen geleistet – ca. 450.000 Euro für die Finanzierung des Zentralrats, über eine Million Euro für die Finanzierung des Dokumentationszentrums in Heidelberg. Daneben leisten einzelne Länder auch spezifische Förderungen für Institutionen und kulturelle Aktivitäten der jeweiligen Landesverbände. Der Sprache und Kultur der Sinti und Roma aber kommen diese Mittel kaum zugute, denn gefördert wird einzig die politische Interessenvertretung und das Dokumentationszentrum, das dem Gedenken an den Holocaust an Sinti und Roma gewidmet ist. Die Sprache der Sinti und Roma, das Romanes, wird bislang weder im Bildungsbereich noch im Feld der Medien und der Kultur in größerem Umfang genutzt[79] – und es bestehen aus der Volksgruppe selbst auch erhebliche Widerstände gegen eine derartige ‚Publizität' des Romanes.

---

75 Vgl. den dritten Prüfbericht 2008 (wie Anm. 65), paras. 303f.

76 Vgl. den dritten Prüfbericht 2008 (wie Anm. 65), paras. 296ff.

77 Vgl. den ersten Prüfbericht 2002 (wie Anm. 18), paras. 66, 215, sowie den dritten Prüfbericht 2008 (wie Anm. 65), paras. 51ff., 323ff.

78 Vgl. den dritten Prüfbericht 2008 (wie Anm. 65), paras. 372ff.

79 Vgl. den dritten Prüfbericht 2008 (wie Anm. 65), paras. 57ff.

f) Schutz und Förderung des Niederdeutschen

Einen schwierigen Sonderfall stellen auch die Verpflichtungen dar, die eine Reihe der norddeutschen Länder für den Schutz und die Förderung des Niederdeutschen eingegangen sind. In den Stadtstaaten Hamburg und Bremen sind diese Verpflichtungen weitgehend symbolischer Natur, da das Niederdeutsche dort kaum mehr präsent ist.[80] Doch selbst die Flächenländer, wie Schleswig-Holstein, Mecklenburg-Vorpommern und Niedersachsen, in denen das ‚Platt‘ in Teilregionen noch recht lebendig ist, zeigen ein eher schwankendes Bemühen um Schutz und Förderung. Dabei gilt eigentlich: Je bedrohter die Sprache ist, desto wichtiger wird es, Möglichkeiten des sekundären Spracherwerbs und des Sprachausbaus, der Entwicklung der sprachlichen Ausdrucksfähigkeiten, in Kindergarten und Schule anzubieten. Sprachwissenschaftliche Untersuchungen zeigen mit aller Deutlichkeit, wie weit der Prozess des Verlustes der ‚muttersprachlichen‘ Vermittlung in der Familie, also des Absterbens des ‚ungesteuerten Spracherwerbs‘, im Falle des Niederdeutschen im Verlaufe des 20. Jahrhunderts vorangeschritten ist.[81] Das Niederdeutsche ist sozio-linguistisch eine real vom Aussterben bedrohte Sprache, trotz der quantitativ immer noch recht hohen Zahl von Sprechern. Will man dem schleichenden Prozess des ‚Absterbens‘ entgegenwirken, so erweist es sich als von zentraler Bedeutung – dies zeigen die Erfahrungen mit allen Systemen des Minderheitenschulwesens –, möglichst früh mit der sprachlichen Ausbildung in der Regionalsprache zu beginnen, wenn die Kinder nicht überhaupt in der Regionalsprache alphabetisiert werden, im weiteren Verlauf aber den Ausbau der entsprechenden Sprachkompetenz konsequent fortzuführen, bis in die Ober- und Gymnasialstufen des Sekundarschulwesens hinein.[82] Idealiter sollten Angehörige von Sprachminderheiten in der Lage sein, jeden Sachverhalt auf jeder Diskursebene in beiden Sprachen darzustellen, also beliebig von der einen Sprache in die andere zu wechseln. Dies setzt allerdings eine enorm anspruchsvolle sprachliche Ausbildung voraus – eine Ausbildung, die bislang in der Realität eher selten ist.

Von zentraler Bedeutung ist in diesem Kontext zunächst die Festigung der Sprachkompetenz der Kinder – soweit vorhanden – über entsprechende sprachliche Betreuung im Kindergarten beziehungsweise – soweit keine Sprachkompetenz aus dem Elternhaus mitgebracht wird – der frühe Sekundärspracherwerb schon in der Kindergartenphase. Selbst für die Gebiete, in denen der sogenannte ‚ungesteuerte‘

---

80 Vgl. den dritten Prüfbericht 2008 (wie Anm. 65), paras. 398ff., 469ff.

81 Vgl. insoweit nur die überblickshafte Darstellung im ersten Prüfbericht 2002 (wie Anm. 18), paras. 34ff.

82 Vgl. auch *Alastair Walker:* Das Kind, die Schule und die Mehrsprachigkeit – Wie lernen Kinder Sprachen? In: Universität Flensburg, Nordfriesische Wörterbuchstelle der Christian-Albrechts-Universität zu Kiel (Hg.): Regionale Mehrsprachigkeit. Eine Chance für Friesisch in der vorschulischen und schulischen Spracherziehung. Beiträge zu einer Fachtagung des Arbeitskreises ‚Friesisch an Hochschulen‘ in Bredstedt 2006. Flensburg, Kiel 2006, S. 19, 31ff.

Spracherwerb nicht mehr stattfindet, gibt es mit dem Modell der ‚Immersion' in die
im weiteren Umfeld zwar vielleicht noch irgendwie präsente, im Familienkreis aber
nicht mehr gesprochene Sprache eine Form der minderheitensprachlichen Ausbildung, die – soweit das Modell vernünftig funktioniert – zu Formen kindlicher Zweisprachigkeit führt.[83] Diese Modelle der frühen minderheitensprachlichen Erziehung
mehr oder weniger flächendeckend im niederdeutschsprachigen Bereich anzubieten,
haben sich Schleswig-Holstein, Mecklenburg-Vorpommern und Niedersachsen verpflichtet, als sie der Bindung an Art. 8 (a) (iii) und (iv) zugestimmt haben.[84] Das entsprechende Land wäre danach eigentlich verpflichtet, in den öffentlichen Kindergärten einen erheblichen Teil der vorschulischen Erziehung in Niederdeutsch für die
Kinder anzubieten, deren Familien dies verlangen (unter der Voraussetzung einer
Mindestzahl an entsprechenden Kindern im örtlichen Bezirk), beziehungsweise – soweit die Kindergärten in privater Trägerschaft betrieben werden – auf ein entsprechendes Angebot mit speziellen Fördermaßnahmen hinzuwirken. Davon sind alle
drei Länder weit entfernt, wenn auch Mecklenburg-Vorpommern und in etwas gerin-
gerem Umfang Schleswig-Holstein ernsthaftes Bemühen in dieser Richtung zeigen.
  Vergleichbare Problemlagen bestehen im Primar- und Sekundarschulwesen.
Schleswig-Holstein und Mecklenburg-Vorpommern, nicht dagegen Niedersachsen
haben sich hier verpflichtet, jedem Schüler, dessen Familie dies wünscht, unter bestimmten Bedingungen eine schulische Erziehung in Niederdeutsch zu garantieren,
zumindest in der Form eines ausgebauten Unterrichts des Niederdeutschen als in
das Curriculum integrierte Zweitsprache.[85] In ersten Ansätzen gibt es hier durchaus
bemerkenswerte Bemühungen. Das allseits gewählte Modell einer ‚integrierten' Vermittlung des Niederdeutschen im Rahmen des Deutschunterrichts hat sich allerdings, so scheint mir, nicht bewährt, soweit es wirklich um den Erhalt des Niederdeutschen als eigener Sprache geht, entspricht im übrigen auch nicht dem von Art.
8 Abs. 1 (b) (iii) geforderten „Unterricht der betreffenden Regionalsprache als integrierenden Bestandteil des Lehrplans."[86]

---

83 Vgl. zum Modell der Immersion nur *Katherine Rehner:* Developing Aspects of Second Language
    Discourse Competence (Lincom Studies in Language Acquisition 13). München 2005; *Robert Keith
    Johnson, Merrill Swain:* Immersion Education: International Perspectives (Cambridge Applied Lin-
    guistics). Cambridge 1997; *Henning Wode:* Lernen in der Fremdsprache: Grundzüge von Immersion
    und bilingualem Unterricht – Orientierungspunkte aus Psycholinguistik, Soziolinguistik und
    Fremdsprachendidaktik. Ismaning 1995.

84 Vgl. allerdings zu der in Teilen sehr mangelhaften Umsetzung dieser Verpflichtungen den ersten
    Prüfbericht 2002 (wie Anm.18), paras. 321, 355, 391, sowie den zweiten Prüfbericht vom 16. Juni
    2005, paras. 547ff., 611ff.

85 Siehe auch zur Umsetzung dieser Verpflichtungen die Bemerkungen im ersten Prüfbericht 2002
    (wie Anm. 18), paras. 322, 394, sowie den zweiten Prüfbericht 2005 (wie Anm. 84), paras. 552ff.,
    675ff.

86 Siehe exemplarisch nur die kritischen Anmerkungen zur Lage in Schleswig-Holstein im zweiten
    Prüfbericht 2005 (wie Anm. 84), paras. 675ff.

4. Fazit

Lässt man die hier ausgebreiteten Befunde des – in Teilen recht desolaten – Standes der Bemühungen um Schutz und Förderung der Minderheitensprachen Revue passieren, so zeigt sich: Es gibt keinen Grund, sich zurückzulehnen und den Stand der Dinge für zufriedenstellend zu erklären. Zwar ist – auch das sollte man nicht verschweigen – in den letzten zehn Jahren einiges erreicht worden. Doch das Resultat all der Bemühungen reicht nicht wirklich aus. Man sollte immer bedenken: Bis auf den Fall des Dänischen sind alle Minderheitensprachen in Deutschland real vom Aussterben bedrohte Regionalsprachen. Angesichts dieses Befundes kann die wenig befriedigende Rechtslage und der häufig anzutreffende Mangel an politischer Ernsthaftigkeit auf der Ebene der Landespolitik nur ein großer Grund zur Sorge sein.

Resultat dieser Schwächen ist – das sollte aus den vorstehenden Bemerkungen offensichtlich geworden sein – ein im Niveau der rechtlichen Institutionalisierung, des politischen Goodwills und der finanziellen Förderung extrem nach konkreter Situation divergierendes Bild ganz unterschiedlicher Politikansätze auf der Landesebene. Zugleich hat der Bund wenig Möglichkeiten, hier ausgleichend tätig zu werden. Wenn er nicht institutionelle Förderung auf der Basis spezifischer Sonderregime leisten kann, ist er faktisch weitgehend auf Formen der Projektförderung beschränkt. Angesichts des sehr unterentwickelten Institutionensystems der betroffenen Sprachgemeinschaften haben diese jedoch erhebliche Probleme, das aufwendige Verfahren der Projektförderung überhaupt administrativ angemessen zu bewältigen. Ohne einen (wenn auch kleinen) professionellen Stab von Administratoren ist es schwierig bis fast unmöglich, die administrativ relativ aufwendigen Verfahren der Projektförderung ordnungsgemäß zu durchlaufen und bewilligte Mittel dann auch den Regeln entsprechend zu verwalten.[87]

Was sich in dem hier konstatierten, extrem fragmentierten System von Minderheitenpolitik – und zwar fragmentiert nicht nur in den politischen Ansätzen und Zielvorgaben, sondern auch in den Kompetenzgrundlagen – als praktisch nicht möglich erweist, das ist die Rolle eines ausgleichenden, durch komplementäre Förderung die bestehenden Ungleichheiten moderierenden Garanten für die Einhaltung zumindest eines bestimmten Mindestmaßes an Schutz und Förderung. Aus der Sicht des Bundes ist dies umso leidiger, als die Bundesrepublik Deutschland (als Gesamtstaat) nach außen in zwei völkerrechtlichen Verträgen des Europarates weitreichende Verpflichtungen übernommen hat, zumindest so etwas wie einen plausiblen Mindeststandard an Schutz und Förderung der Minderheiten flächendeckend zu gewährleisten. Diese beiden Verträge – die Rahmenkonvention des Europarates zum Schutz nationaler Minderheiten und die Europäische Charta der Regional- oder Minderheitensprachen – unterscheiden sich zwar in den Zielsetzungen wie in den verwende-

---

87 Siehe hierzu nur den ersten Prüfbericht 2002 (wie Anm. 18), para. 201.

ten Schutzinstrumenten erheblich.[88] Im Bemühen um einen materiell anspruchsvollen Mindeststandard konvergieren beide Verträge aber letztlich doch. Für die Erfüllung der aus diesen beiden Verträgen resultierenden Anforderungen muss die Bundesregierung im Außenverhältnis Rede und Antwort stehen – und wird bei eklatanter Nichterfüllung vertraglicher Verpflichtungen vom Ministerkomitee des Europarates auch zur Rechenschaft gezogen.[89] Die materielle Erfüllung der übernommenen völkerrechtlichen Verpflichtungen obliegt aber inhaltlich weitgehend den Ländern, da die im Vertrag berührten Regelungsgegenstände weitgehend Materien reiner Länderkompetenz darstellen.

In der vorstehend beschriebenen Kompetenzstruktur fehlt es dem Bund weithin an den Zuständigkeiten, um bei Defiziten in der Erfüllung der völkervertraglichen Pflichten kompensierend einzugreifen. Das verfassungsrechtliche Kompetenzverteilungssystem überlässt mithin die Umsetzung der beiden erwähnten Verträge fast völlig dem Belieben der Länder. Zwar handelt es sich – wie oben schon erwähnt – rein formal bei den Vorgaben der von der Bundesrepublik Deutschland ratifizierten Verträge um Bundesrecht, das als solches die Länder in Gesetzgebung, Verwaltung und Rechtsprechung bindet. Leider besteht jedoch in den Landesverwaltungen eine tradierte Haltung, völkerrechtliche Verpflichtungen nicht mit dem gleichen Ernst zu behandeln wie staatliches Gesetzesrecht, Verpflichtungen aus Völkervertragsrecht mehr als eine symbolische Ressource denn als wirklich ‚hartes‘, die staatlichen Akteure bindendes Recht zu betrachten. Ergebnis dieser traditionellen Geringschätzung völkerrechtlicher Verpflichtungen seitens der Parlamente und Verwaltungen der Länder ist ein erhebliches Implementationsdefizit im Blick auf die vertraglichen Verpflichtungen, wie die Prüfberichte des Beratenden Ausschusses für die Rahmenkonvention wie des unabhängigen Expertenkomitees für die Sprachencharta zeigen.[90] Aus den vertraglichen Regelungen sich ergebende operative Verpflichtungen, die von den Ländern eigentlich zwingend umzusetzen wären, werden häufig ignoriert, weil sie ‚nur‘ dem Völkerrecht zu entnehmen sind. Das problematische Rechtsstaatsverständnis, das hinter diesem nachlässigen Umgang mit Rechtsbindungen staatlicher Organe steckt, sei an dieser Stelle nur angetippt – dem Bund beschert

---

88 Zu den unterschiedlichen Ansätzen der beiden Konventionen vgl. nur *Thornberry, Martín Estébanez* (wie Anm. 3), S. 89ff., 137ff.

89 Zu den Monitoring-Mechanismen von Rahmenkonvention und Sprachencharta vgl. die Beiträge von *Alan Phillips* und von *Stefan Oeter*, in: Pentassuglia (wie Anm. 9), S.109ff., 131ff.

90 Siehe nur den 2. Evaluationsbericht des Beratenden Ausschusses zur Rahmenkonvention vom 01. März 2006, im Internet unter: <http://www.coe.int/t/dghl/monitorings/minorities/3_FCN Mdocs /PDF_2nd_OP_Germany _en.pdf> (abgerufen 05.12.2008), sowie den 3. Evaluationsbericht des Expertenkomitees für die Sprachencharta vom 03. April 2008, im Internet unter: <http://www.coe.int/t/dg4/education/minlang/Report/EvaluationReports/GermanyECRML 3 _en.pdf> (abgerufen 05.12.2008)

diese Nachlässigkeit der Länder im Umgang mit Völkerrecht jedoch massive Probleme im völkerrechtlichen Außenverhältnis.

Der für den Bund eigentlich naheliegende Weg, die von den Ländern nicht beseitigten Defizite in der Erfüllung der vertraglichen Verpflichtungen durch eigene Aktivitäten zu beseitigen, ist mit der bundesstaatlichen Kompetenzteilungsstrukur verbaut. Letztlich liegt es an den Ländern, ob die Bundesrepublik Deutschland ihren völkerrechtlichen Verpflichtungen zum Schutz und zur Förderung der Minderheitensprachen gerecht wird. Die Länder sollten diese Verpflichtung endlich ernst nehmen und sich um eine angemessene Umsetzung der völkervertraglichen Standards bemühen.

Diskussionsbeiträge aus den Arbeitskreisen

Arbeitskreis I

Aufnahme und Integration der Aussiedler

Beiträge

Otto Engel zum Thema: „Eigenständigkeit und Sonderstellung der Aussiedlerintegration vor und nach dem Inkrafttreten des Zuwanderungsgesetzes".[1]

Nach dem Inkrafttreten des Zuwanderungsgesetzes am 1. Januar 2005 hat sich die Situation bei der Eingliederung der Spätaussiedler insgesamt verschlechtert. Die Förderung von Maßnahmen, die gezielt auf Spätaussiedler zugeschnitten waren und deshalb auch Erfolg hatten, wurde fast völlig eingestellt. Entfallen sind Eingliederungsseminare und andere Arten von Veranstaltungen, Beratungsstellen für Spätaussiedler, wichtige Bereiche der Jugendarbeit etc. Die Einbeziehung der Spätaussiedler in die Betreuung durch Migrationsdienste mit hauptberuflichen Betreuern konnte die entstandenen Lücken nur teilweise ausfüllen. Durch die festgelegten Voraussetzungen zur Besetzung der Beraterstellen waren sogar die gebildeten Aussiedler so gut wie ausgeschlossen, und außer denen konnte den Menschen aus der GUS wegen Unkenntnis ihrer Mentalität und der vorherrschenden russischen Sprache kaum jemand helfen. Die Integrationsräte, die anstatt der Ausländerbeiräte in den meisten Kommunen organisiert wurden, sind nahezu völlig mit Ausländern besetzt, dementsprechend ist es schwierig, durch sie die Interessen der Spätaussiedler zu vertreten.

Es war ein Fehler, der sich besonders fatal auf die Jugend auswirkte, dass die zwischen den deutschen Aussiedlern und anderen Zuwanderungsgruppen bestehenden grundsätzlichen Unterschiede ignoriert wurden. Als Deutsche unter Deutschen zu leben – dieses Ziel haben die anderen Zuwanderungsgruppen nicht. Sie alle kommen aus Nationalstaaten mit eigener Kultur, wohin sie zurückkehren können, wenn sie wollen. Die Sprachkurse sind wahrscheinlich der einzige Bereich der Integrationsarbeit, in dem die Zusammenführung mit anderen Zuwanderungsgruppen nicht geschadet hat. Von diesen Sprachkursen, die sich an alle Ausländer mit schwachen Sprachkenntnissen richten, haben auch die nichtdeutschen Familienangehörigen der Spätaussiedler profitiert (etwa 15 Prozent der Volksgruppe). Auch die Qualität der Sprachkurse wurde besser.

---

1 Das Zuwanderungsgesetz („Gesetz zur Steuerung und Begrenzung der Zuwanderung und zur Regelung des Aufenthalts und der Integration von Unionsbürgern und Ausländern") regelt wesentliche Teile des deutschen Ausländerrechts neu. Das Zuwanderungsgesetz wurde am 05.08.2004 verkündet, vgl. Bundesgesetzblatt Teil I, S. 1950 und ist am 01.01.2005 in Kraft getreten; vgl. oben S. 67.

Die berufliche Integration der Spätaussiedler, insbesondere der hochqualifizierten, ist in dem neuen Gesetz nicht erwähnt. Deshalb hat es keine wesentlichen Änderungen gegeben: Die Situation blieb so schlecht wie vorher, und das Thema hat im Laufe der Zeit an Aktualität verloren. Das Wissenspotential der über 200.000 Akademiker und Wissenschaftler, das die Spätaussiedler mitgebracht haben, ist inzwischen zum großen Teil verloren gegangen. Im Unterschied zu Lebensmitteln kann man Fachkenntnisse nicht lange konservieren: Der Fortschritt der Technik und der Wissenschaft entwertet das Wissen, das laufend erweitert werden müsste. Dringende Förderungsmaßnahmen, wenn sie endlich einsetzen sollten, werden nur einem kleineren Teil der eingereisten Akademiker zugute kommen.

Zu erwähnen sind noch einige wichtige Aspekte der Integration der Deutschen aus Russland, die im Zuwanderungsgesetz überhaupt nicht vorgesehen waren, aber geregelt werden sollten:

1. Verstärkte Vermittlung der Aussiedler auf dem Arbeitsmarkt.
2. Schaffung von neuen Arbeitsplätzen und Praktikumsstellen durch Unterstützung von Existenzgründungen.
3. Unterstützung von Jugendlichen im Alter ab 14 Jahren (Hilfen für ohne Schulabschluss eingereiste Jugendliche, bei der Umstellung auf den Unterricht in deutschen Schulen und Hilfen für Jugendliche, die mit abgeschlossenem russischen, kasachischen etc. Schulabschluss eingereist sind, beim Einstieg in die Berufsausbildung).
4. Renten ohne Kürzungen für ältere Aussiedler und Spätaussiedler: Renten in Höhe der Sozialhilfe für Menschen, die oft bis 40 und mehr Beschäftigungsjahre nachweisen können und mehrere arbeitsfähige Kinder nach Deutschland mitgebracht haben, sind ungerecht und erniedrigend!

Zusammenfassung:
Das Zuwanderungsgesetz hat mit Ausnahme der Integrationskurse (Sprachkurse) wenig Positives für die Aussiedler gebracht. Das von ihnen mitgebrachte Wissenspotential ist zum größten Teil unwiderruflich verloren gegangen. Für viele Jugendliche, die die Umstellung auf den Unterricht in deutscher Sprache ohne Hilfen selbst nicht bewältigen konnten, ist der Einstieg in die Berufsausbildung erschwert geblieben, was später Folgen haben wird. Die Rentenfrage muss durch den Gesetzgeber gerecht, ohne Diskriminierung, geregelt werden.

* * *

Rudolf Friedrich zum Thema: „Eigenständigkeit und Sonderstellung der Aussiedlerintegration vor und nach dem Inkrafttreten des Zuwanderungsgesetzes".

Ich möchte das vorstehend genannte Thema nutzen, um einige grundsätzliche Aussagen zum Zuwanderungsgesetz zu machen: Die Kritik der Spätaussiedlerorganisationen, dass die Aufnahme der Spätaussiedler nach dem Bundesvertriebenengesetz nicht in das Zuwanderungsgesetz gehöre, ist verständlich, weil es sich eben nicht um Zuwanderer, sondern um deutsche Spätaussiedler handelt. Wer erinnert sich nicht an die zähen Verhandlungen beim Zuwanderungsgesetz und den letztlich erreichten Kompromiss, der auch die Einbeziehung der Spätaussiedler in das Gesetz zur Folge hatte. Trotz dieses Kompromisses, zu dem man stehen muss, bleibt es bei der Anerkennung des Kriegsfolgenschicksals der Spätaussiedler durch die Politik. Insofern teile ich die Auffassung, dass die Aussiedlerpolitik innerhalb der Zuwanderungspolitik eine Sonderstellung beansprucht.

Trotz der meist problemlosen Aufnahme von drei Millionen Aussiedlern muss man sehen, dass insbesondere im Hinblick auf die russlanddeutschen Spätaussiedler immer wieder Einschränkungen, Relativierungen und Infragestellungen an der Tagesordnung waren. Dass angesichts rückläufiger Bevölkerungsentwicklung die Aufnahme von Millionen Aussiedlern von nachweisbar demographischem Vorteil war, ist unbestritten. Und wahr ist auch, dass die Aufnahme dieser Aussiedler eine kulturelle Bereicherung für die Bundesrepublik Deutschland war.

Lassen Sie mich von der Bundesebene auf die Landesebene wechseln. Ministerpräsident Roland Koch hat den Spätaussiedlern und Heimatvertriebenen kurz nach seinem Amtsantritt in seiner Regierungserklärung von 1999 ein eigenes Kapitel gewidmet und dort klar herausgestellt, dass den Spätaussiedlern ein besonderes Augenmerk der neuen Landesregierung gilt. Er hat besonders hervorgehoben, dass die Spätaussiedler in den vergangenen Jahrzehnten Herausragendes zu unserem Gemeinwesen beigetragen haben.

Die versprochene Unterstützung der Spätaussiedler hat auch darin ihren Ausdruck gefunden, dass er einen Beauftragten der Hessischen Landesregierung für Heimatvertriebene und Spätaussiedler berufen hat. Als weitere Maßnahme wurde ab 1999 ein Multiplikatorenprojekt der Landsmannschaft der Deutschen aus Russland mit zwei hauptamtlichen Mitarbeitern gefördert. Damit wird auch dokumentiert, dass die Spätaussiedlerintegration in Hessen eine Sonderstellung einnimmt. Hinzu kommt noch, dass auch die Deutsche Jugend aus Russland seit 1993 gefördert wird. So ist es gelungen, etwa 80 jugendliche Multiplikatoren für die Eingliederungsarbeit zu gewinnen, die darüber hinaus auch als Integrationslotsen eingesetzt werden.

Der flächendeckende Ausbau von Sprachfördermaßnahmen für Kinder im Kindergartenalter in Hessen wurde mit großem Erfolg landesweit weiter vorangebracht. Seit Programmstart im Jahr 2002 wurden insgesamt weit über 50.000 Kinder gefördert. Hessen ist somit das erste Bundesland, das die Schaffung eines flächendeckenden Netzes von entsprechenden Projekten geschaffen hat und finanziell unterstützt.

Das Programm „Förderung von Integrationsmaßnahmen" unterstützt auch wichtige Maßnahmen im Bereich der Spätaussiedlerintegration. Es werden insbesondere Sprachfördermaßnahmen zum Erwerb der deutschen Sprache beziehungsweise zur Verbesserung der Deutschkenntnisse bei Personen mit Migrationshintergrund sowie innovative Integrationsmaßnahmen zur Stärkung der Eigeninitiative bei der Mitwirkung am Integrationsprozess unterstützt.

Ein sehr positives Signal strahlt die „Fördereinrichtung für junge Zugewanderte Hasselroth"[2] aus. Dort werden in einem zweijährigen Sonderlehrgang junge Spätaussiedler aus der ehemaligen Sowjetunion beschult, um die allgemeine Hochschulzugangsberechtigung zu erwerben. Seit 1992 haben von 1.600 Bewerbern etwa 1.500 Schüler den Sonderlehrgang erfolgreich abgeschlossen. Mit dem Bildungsangebot in Hasselroth wurde sehr früh das in Angriff genommen, was nunmehr der „Nationale Integrationsplan" vehement fordert, nämlich das Bildungspotential von Zuwanderern zu erkennen und gezielt zu fördern.

Ich komme wieder von der Landes- auf die Bundesebene. Auch in Zukunft bleibt im Interesse einer erfolgreichen Integration notwendig und vertretbar, von Menschen, die als Aussiedler dauerhaft nach Deutschland kommen wollen, Grundkenntnisse der deutschen Sprache zu erwarten. Auch mir liegen Fälle von tragischen Familientrennungen vor, die in Zukunft menschlicher zu lösen sind. Von besonderer Bedeutung für die Integration bleiben auch künftig die landsmannschaftlichen Organisationen der Aussiedler, die auf der Grundlage gemeinsamer Herkunft und Prägung ein besonderes Verständnis für entstehende Probleme und Konflikte entwickeln und eine wirksame Interessenvertretung der Aussiedler wahrnehmen können.

* * *

Jochen-Konrad Fromme zum Thema: „Eigenständigkeit und Sonderstellung der Aussiedlerintegration vor und nach dem Inkrafttreten des Zuwanderungsgesetzes".

Wir als CDU/CSU-Fraktion sehen zwei Entwicklungen, die teilweise Parallelen aufweisen, aber eben auch teilweise sehr stark zu unterscheiden sind. Es existiert zum einen das Problem der allgemeinen Migration, zum anderen die Frage der Spätaussiedler. Spätaussiedler sind und bleiben Deutsche und müssen deshalb auch

---

2   Hessische Fördereinrichtung für junge Zugewanderte, Schul- und Internatsbetrieb Hasselroth; Informationen unter <http://www.rp-darmstadt.hessen.de/irj/RPDA_Internet?cid=1c89cdd 384a5f320917cfe3965b5c6b6> (abgerufen 20.11.2008).

anders behandelt werden als andere Migranten. Deshalb hatten wir auch 2005 mit der organisatorischen Zusammenführung der beiden Bereiche durch das Zuwanderungsgesetz zunächst Probleme, die dank der guten Arbeit des Bundesamts für Migration und Flüchtlinge schließlich bewältigt werden konnten.

Wir halten an Artikel 116 Grundgesetz[3] deshalb fest, weil dies ja sozusagen die Norm ist, die die besondere Entwicklung der Russlanddeutschen und anderer Spätaussiedler berücksichtigt. Die seinerzeit unter Katharina der Großen nach Russland Gezogenen haben sich nicht aus dem deutschen Sprach- und Kulturzusammenhang entfernt. Sie sind vielmehr in eine besondere Region gegangen – zu der auch die spätere Wolgarepublik gehört –, wo man ihnen zugesagt hatte: ‚Ihr bleibt Deutsche, ihr dürft Deutsch untereinander sprechen, ihr dürft euch selbst verwalten, ihr behaltet die Schulen, die Kultur und die Sprache‘.

Insbesondere unter Stalin mussten diese Deutschen allein aufgrund ihrer kulturellen Zugehörigkeit schwer leiden, und zwar ohne jede Rücksicht auf die Einzelperson. Es handelt sich also um eine Gemeinschaft, deren geschichtliches Schicksal von dem Hintergrund anderer Migrantengruppen grundsätzlich zu unterscheiden ist. Dies schließt natürlich nicht aus, dass für alle formalen Aufnahmeverfahren gewisse Regeln festgelegt werden müssen.

Wir haben aber immer noch einen gewissen Widerspruch in der gesetzlichen Regelung. Man kann nicht auf der einen Seite sagen, es ist anerkanntes Kriegsfolgenschicksal, dass die deutsche Sprache nicht gepflegt werden konnte, und auf der anderen Seite den Sprachgebrauch in der Familie als Indiz dafür nehmen, ob Grundgesetz Artikel 116 angewandt werden kann oder nicht. Sicher muss irgendwo eine Abgrenzung gefunden werden. Da es ja kein objektives Merkmal für nationale Zugehörigkeit gibt, muss man von Indizien ausgehen. Auch wenn die Statusfeststellung problematisch ist, muss Missbrauch verhindert werden.

Die Kompromisse im Jahr 2004/2005 waren für uns schwierig, dennoch haben wir uns bewusst dafür entschieden. Das Verhandlungspaket, in dem die Zuwanderungsfragen mit den Vertriebenenfragen vermischt waren, haben nicht wir auf den Tisch gelegt, sondern die damalige Regierung. Als Verhandlungspartner hatten wir keine Möglichkeit, die beiden Fragen wieder voneinander zu trennen, denn dann hätte die Regierung seinerzeit die Vertriebenenfragen ohne Zustimmung des Bun-

---

3 Artikel 116 des Grundgesetzes lautet: „(1) Deutscher im Sinne dieses Grundgesetzes ist vorbehaltlich anderweitiger gesetzlicher Regelung, wer die deutsche Staatsangehörigkeit besitzt oder als Flüchtling oder Vertriebener deutscher Volkszugehörigkeit oder als dessen Ehegatte oder Abkömmling in dem Gebiete des Deutschen Reiches nach dem Stande vom 31. Dezember 1937 Aufnahme gefunden hat. (2) Frühere deutsche Staatsangehörige, denen zwischen dem 30. Januar 1933 und dem 8. Mai 1945 die Staatsangehörigkeit aus politischen, rassischen oder religiösen Gründen entzogen worden ist, und ihre Abkömmlinge sind auf Antrag wieder einzubürgern. Sie gelten als nicht ausgebürgert, sofern sie nach dem 8. Mai 1945 ihren Wohnsitz in Deutschland genommen haben und nicht einen entgegengesetzten Willen zum Ausdruck gebracht haben."

desrates allein lösen können. Also mussten wir die Paketlösung akzeptieren, sie war damals das kleinere Übel.

Folge ist die jetzt bestehende Situation. Auf der anderen Seite sage ich auch: Es gibt Parallelen im Hinblick auf die allgemeine Integration, die stets ein zweiseitiger Prozess ist. Ich sage ausdrücklich, wir müssen einerseits Angebote machen, aber wer hierher kommen will, muss andererseits aktiv mitarbeiten und sich in den Integrationsprozess engagiert einbringen. Insofern ist die Auflage des Erlernens der Sprache nichts Unbilliges, zumal dies ja auch im persönlichen Interesse jedes Einzelnen liegt. Denn nur wer sich verständigen kann, hat auch die Chance, hier integriert zu leben und sich zu ernähren. Man braucht die Sprache, um ein aktives Mitglied der Gesellschaft zu sein, um nicht abhängig von Leistungen zu bleiben – und wir müssen den Erwerb der notwendigen Sprachkompetenz ermöglichen.

Es ist bekannt, dass das Erlernen der Sprache in den ehemaligen GUS-Staaten, wo die Lebensumstände oft schlecht sind, viel schwieriger ist als bei uns. Auch das müssen wir berücksichtigen, und deswegen muss es bei der jetzt gewählten Kompetenzstufe A 1 des Gemeinsamen Europäischen Referenzrahmens für Sprachen bleiben.

Vorhin wurde deutlich gemacht, dass Aussiedler in den Sprachtests deutlich besser abschneiden als andere Zuwanderer.[4] Das ist ein Zeichen dafür, dass sie unserem Kulturkreis näher stehen, und es ist eine Aufforderung an uns, offen auf diesen Kreis zuzugehen. Anfang der neunziger Jahre hatten wir eine gute Arbeitsmarktsituation. Damals hatte der Nachteil, die Sprache nicht voll zu beherrschen, keine große Rolle gespielt. Die Aussiedler waren fleißige Leute, die die Ärmel aufgekrempelt haben, ähnlich wie die Flüchtlinge nach 1945. Deshalb hat man sie auch gern eingestellt – dahin sollten wir wieder kommen.

Viele können nicht ihrer Qualifikation entsprechend eingesetzt werden. Zunächst sehe ich hier den humanen Aspekt: Wenn qualifizierte Lehrerinnen und Lehrer als Putzhilfen arbeiten müssen, dann hat das auch eine tragische Seite. Wir müssen hart daran arbeiten, diese Menschen näher an ihrer Qualifikation zu beschäftigen. Hier werden auch die Veränderungen am Arbeitsmarkt eine Rolle spielen, bei den Ärzten zum Beispiel. Der Ärztemangel auf dem Lande wird auch für Beweglichkeit bei denen sorgen, die mit der Anerkennung der Qualifikationen befasst sind.

Wir müssen auch gegen Vorurteile kämpfen. Kürzlich war ein Artikel in der Bild-Zeitung, in dem auf einer ganzen Seite geschildert wurde, wie aus arbeitslosen Polen deutsche Hartz-IV-Empfänger gemacht werden. So etwas ist schlimm, weil hier eine ganze Gruppe pauschal und zu Unrecht in Verruf gebracht wird, nur weil einige Wenige versuchen, sich einen Vorteil zu verschaffen; Entsprechendes gilt für die Kriminalitätsanschuldigungen. Spätaussiedler bilden eine Gruppe wie viele andere. Natürlich gibt es dort auch schwarze Schafe, wie bei den Abgeordneten, bei

---

4   Vgl. oben S. 70–72.

den Beamten oder anderen Gruppen. Falsch ist aber die Behauptung, Spätaussiedler hätten ein höheres kriminelles Potential, dagegen müssen wir uns wenden.

Unsere Aufgabe ist es, die Integrationsbedingungen so zu gestalten, dass sich die Menschen gut zurechtfinden können. Der politische Grundsatz bleibt, dass jeder die freie Wahl hat, zu bleiben oder zu uns zu kommen. Wir versuchen deshalb auch, die Lebensverhältnisse vor Ort zu verbessern. Die CDU/CSU-Fraktion hat als einzige eine eigene Arbeitsgruppe aus Bundestagsabgeordneten, die sich den Problemen der Flüchtlinge, Vertriebenen und Spätaussiedler und der damit verbundenen Thematik annimmt. Es gibt einen Beauftragten der Partei mit Sitz im Bundesvorstand, und nicht zuletzt haben wir in der Administration den Aussiedlerbeauftragten, der parteienübergreifend akzeptiert ist. All dies bringt unser großes Interesse an diesem Bereich deutlich zum Ausdruck.

* * *

Thomas Kufen zum Thema: „Eigenständigkeit und Sonderstellung der Aussiedlerintegration vor und nach dem Inkrafttreten des Zuwanderungsgesetzes".

In Nordrhein-Westfalen ist die Integrationspolitik ein wichtiger Bestandteil der Landespolitik. In meiner Funktion als Integrationsbeauftragter bin ich zuständig für die Belange der Ausländer und der Aussiedler. In Nordrhein-Westfalen ist der Integrationsbeauftragte auch Vorsitzender des Landesbeirats für Vertriebenen-, Flüchtlings- und Spätaussiedlerfragen. Bei unserer Arbeit sind wir auf gute Zusammenarbeit mit den Selbstorganisationen, den Wohlfahrtsverbänden und besonders auch mit den Kommunen angewiesen.

Ich bin gebeten worden, die Eigenständigkeit und Sonderförderung der Aussiedlerintegration vor und nach dem Inkrafttreten des Zuwanderungsgesetzes zu verdeutlichen. Ich denke, dass sich die Fördermaßnahmen für das Thema Integration unterm Strich heute insgesamt nicht schlechter darstellen.

Aus meiner Sicht ist mit Blick auf die Aussiedlerorganisationen zweierlei zu sagen, was auch in der Politik der Landesregierung Nordrhein-Westfalens deutlich wird. Das eine ist der Perspektivenwechsel. Wir wollen stärker auf die Potentiale der Menschen schauen, die zu uns gekommen sind, und weniger auf Defizite und Probleme. Dass es Probleme gibt, auch mit jungen Aussiedlern, weiß jeder. Unsere Aufgabe ist aber, die Chancen besser zu nutzen. Spätaussiedler sind aber insgesamt eine Bereicherung für uns, das ist eine Verpflichtung auch für die Landesregierung Nordrhein-Westfalens.

Ich möchte die Zahlen für Nordrhein-Westfalen nennen: 2003 haben wir über unsere damalige Landesstelle Unna-Massen, heute Kompetenzzentrum für Integration, 16.000 Personen aufgenommen, im ersten Halbjahr 2008 waren es gerade 324. Mit den zurückgehenden Zahlen wird allerdings nicht automatisch die Aufgabe ge-

ringer, denn die Herausforderung besteht vor allem in der Betreuung der bereits an-
gekommenen Menschen.

Ein weiterer Teil ist der Mentalitätswechsel, der mit Blick auf die Aussiedlerorganisationen und auf die Aussiedler eingeläutet werden muss. Der Staat, die Stadt, der
Wohlfahrtsverband, der Sozialarbeiter wird nicht alles regeln können. Deshalb ist
entscheidend, dass wir neue Anstrengungen unternehmen, gerade die Akteure
selbst. Herr Engel und seine Initiative in Essen ist beispielgebend für die Qualifizierung von Ehrenamtlichen, für den Aufbau von hauptamtlichen Strukturen, aber insbesondere auch für die Vernetzung der Akteure auch jenseits von landsmannschaftlichen Strukturen, die wir stärker erschließen sollten.

Herausgehobene Bedeutung hat der Bereich Bildung, über den ich sprechen
möchte, weil er zentral mit den Aussiedlerorganisationen zu tun hat. Dass unser
Schulsystem insgesamt Schwierigkeiten im Umgang mit sprachlicher und ethnischer
Heterogenität hat, ist ja bekannt. Es ist ermutigend, dass die Spätaussiedlerjugendli-
chen, was ihre Deutschkenntnisse und den Gebrauch des Deutschen im Alltag betrifft, sehr gut abschneiden, obwohl viele von ihnen nicht mit Deutsch als Umgangs-
und Verkehrssprache aufgewachsen sind. Sie verwenden einen viel höheren Anteil
von deutscher Sprache als andere Gruppen, selbst Gruppen, die in Deutschland geboren wurden; das ist ein Ergebnis der Pisa-Studie. Die Integrationsbereitschaft und
-fähigkeit und das Engagement junger Menschen ist wirklich beeindruckend.

Im Bildungsbereich sind die Eltern, insbesondere wenn sie das Schulsystem in
Deutschland nicht durchlaufen haben, der Schlüssel zur Lösung. Deshalb ist es
wichtig, gerade die Eltern von Aussiedlern für ein Engagement im Bildungsbereich
zu motivieren, ihnen zu verdeutlichen, dass es hier Eigenverantwortung gibt. Schule
und Bildung leben vom Mitmachen, und deshalb ist zweierlei wichtig: Schule, aber
auch Kindertageseinrichtungen müssen die Erziehungskompetenz der Eltern ernst
nehmen und nicht automatisch deren Erziehungsstile, weil sie nicht mit eigenen
Vorstellungen übereinstimmen, in Frage stellen. Man muss die Eltern motivieren,
sich im Bildungsbereich zu engagieren, weil das für die Karriere, die Bildungskar-
riere, der Kinder wichtig ist. Der Zusammenhang zwischen einem engagierten Elternhaus und schulischem Erfolg ist offensichtlich.

Ein weiterer Punkt: In meinen Gesprächen mit Vertretern der Aussiedlerorganisationen taucht immer wieder die Frage der öffentlichen Darstellung und Wahrnehmung sowie des Selbst- und des Fremdbildes auf. Das ist ein Thema, das zügig und
intensiv angegangen werden muss. Wir kennen alle die negativen Schlagzeilen, etwa
wenn russlanddeutsche Jugendliche negativ auffallen. Dann ist oft pauschal von
„den Russlanddeutschen" oder gar abwertend von „den Russen" die Rede. Wenn
ein Spätaussiedler ein Spitzenabitur ablegt, schreibt keiner über dessen Herkunft,
und selbstverständlich gehören sie auch zu den Deutschen, auf die alle stolz sind,
wenn bei der Olympiade eine Medaille geholt wird.

Der Blick auf die Vergangenheit ist wichtig. Die besondere (Leidens-)Geschichte ebenso wie die Erfolgsgeschichte vor allem der Deutschen aus Russland muss mit Selbstbewusstsein in der Schule und in außerschulischen Bildungseinrichtungen vermittelt werden. Aber auch die Öffentlichkeitsarbeit der Aussiedlerorganisationen muss sich verbessern. Wer nur immer reagiert (oder sogar resigniert), wenn etwas Negatives in der Zeitung steht, betreibt keine gute Öffentlichkeitsarbeit. Deshalb ist unser Anliegen, in Projekten – zum Beispiel gemeinsam mit der Fachhochschule für Medien und Public Relations – zusammen mit angehenden Journalisten, Medienfachleuten und Akteuren von Aussiedlerorganisationen eine neue Sichtweise zu entwickeln und ein realistischeres Bild der Spätaussiedler in Nordrhein-Westfalen zu vermitteln. Dies ist ein ganz wichtiger Punkt jenseits von Anerkennung, von Qualifikationen und Leistungen.

Ein wunder Punkt ist auch, dass es uns nicht hinreichend gelingt, die mitgebrachten Qualifikationen entsprechend anzurechnen. Die Anerkennung im Bereich der Ärzte, der Ingenieure und auch der Lehrerinnen und Lehrer ist ein Problem, auch wenn wir inzwischen weiter sind.

Anhand der Lehrer soll die Problematik verdeutlicht werden. Selbst die wenigen Spätaussiedler, die alle Voraussetzungen mitbringen oder erworben haben – in Nordrhein-Westfalen braucht man zwei Unterrichtsfächer, um als Lehrer arbeiten zu dürfen –, können nicht entsprechend ihrer Qualifikation tätig werden, weil viele die Sprachprüfung bei unserer Bezirksregierung nicht bestehen. Man könnte natürlich einfach das Sprachniveau absenken. Dazu sage ich aber ganz klar, dass das mit dieser Regierung nicht zu machen ist. Wie kann es aber überhaupt geschehen, dass bestens ausgebildete Lehrer am Ende nur an der Sprachprüfung der Bezirksregierung scheitern? Hier müssen wir viel früher mit einem entsprechenden Sprachtraining aktiv werden.

Letzter Punkt: Wir haben alle verstanden, dass wir uns stärker den jungen Spätaussiedlern zuwenden und Sorge tragen müssen, dass sie nicht kulturell entwurzelt werden: Ohne Herkunft keine Zukunft. Dazu gehört auch, dass wir uns für eine verbesserte gesellschaftliche Partizipation der jungen Generation einsetzen müssen, zumal wir feststellen, dass es dort ein hohes Maß an Politik- und Parteienverdrossenheit gibt. Es ist verständlich, dass jemand, der aus der ehemaligen Sowjetunion kommt, eine Grundantipathie gegen Parteien hat. Aber bei Menschen, die hier aufgewachsen sind, macht mich dies nachdenklich. Wir haben in Nordrhein-Westfalen mit einem Nachwuchsprogramm begonnen. Im Rahmen eines kleinen Budgets vermitteln wir zehn jungen Menschen ein Praktikum, im Landtag, in Behörden oder Betrieben, im politischen Berlin oder in Brüssel.

Ich glaube, dass wir in diesem Bereich noch mehr tun müssen und dass auch vielleicht durch die Sonderstellung und Eigenständigkeit der Aussiedlerintegration besonders die Herausforderungen unterstrichen werden sollten. Zusammenfassend sage ich, dass wir insgesamt mehr Optimismus brauchen und mehr Vertrauen in die Aussiedlerorganisationen und in die Spätaussiedler selbst. Natürlich gilt nach wie vor der alte Satz von Karl Valentin: „Früher war auch die Zukunft besser" – doch wird uns das nicht weiterhelfen. Deshalb werbe ich für mehr Vertrauen gegenüber den Akteuren aus den Vereinen und den Initiativen: Wir müssen allen mehr zutrauen, damit ein Perspektiv- und Mentalitätswechsel gelingen kann.

* * *

Thomas Puhe zum Thema: „Familientrennungen im Ergebnis der Aufnahmegesetzgebung, Notwendigkeit einer Härtefallregelung?"

Die Aufnahmegesetzgebung der letzten Jahre sowie – teilweise – ihre Auslegung durch die höchstrichterliche Rechtsprechung hat dazu geführt, dass die Anzahl der aus eigenem Recht aufgenommenen Personen sowie ihrer Ehegatten und Abkömmlinge erheblich nachgelassen hat (zuletzt, im Jahre 2007, wurden 5.792 Personen aufgenommen).

Was eine Aufnahme aus eigenem Recht betrifft, haben die Neuregelung des Erfordernisses eines durchgehenden Bekenntnisses zur deutschen Nationalität und dessen Auslegung durch die höchstrichterliche Rechtsprechung dazu geführt, dass die auch nur zeitweise erfolgte Eintragung einer nichtdeutschen Nationalität fast immer schädlich ist. Selbst dann, wenn ein Gegenbekenntnis in den vierziger oder fünfziger Jahren überlebensnotwendig war, führt dies nicht mehr zu einer Bekenntnisfiktion nach § 6 Absatz 2 Satz 5 BVFG, da das Bundesverwaltungsgericht in diesen Fällen regelmäßig verlangt, dass der Betreffende sich ab dem Jahre 1964 ausdrücklich zur deutschen Bevölkerungsgruppe bekannt hatte, eine Voraussetzung, die so gut wie nie erfüllt wird, weil in allen einschlägigen Fällen sich die Betroffenen erst nach dem Ende der Sowjetunion um die Klärung ihrer Nationalitätsangelegenheiten gekümmert haben.[5] Möglicherweise gibt es nun eine vorsichtige Aufweichung dieser Rechtsprechung in Fällen, in denen die Eintragung einer nichtdeutschen Nationalität durch die Behörde wegen Verstoßes gegen sowjetische Rechtsvorschriften nicht zurechenbar ist,[6] doch das ändert nichts daran, dass der allergrößte Teil der Entscheidungen bestandskräftig geworden ist.

Die vom Gesetz geforderten sprachlichen Voraussetzungen sind in den letzten Jahren auch vom Gesetzgeber konkretisiert worden, sodass in allen Fällen, in denen die deutsche Sprache nicht nachhaltig genug vermittelt worden ist, eine Aufnahme ausscheidet. Es ist auch nicht möglich, sich auf die allgemeinen Verhältnisse in den vierziger, fünfziger und sechziger Jahren zu berufen, insbesondere geltend zu machen, dass die Familie in ein Gebiet umgesiedelt worden ist, wo es kaum oder gar keine Möglichkeiten gab, andere Deutsche kennenzulernen und sich mit ihnen auszutauschen.

---

5   Bundesverwaltungsgericht – Urteile vom 13.11.2003, 5 C 14.03, 40.03 und 41.03.
6   Bundesverwaltungsgericht – Urteil vom 13.09.2007, 5 C 25.06.

Im Ergebnis hat dies dazu geführt, dass seit der zweiten Hälfte der neunziger Jahre eine Vielzahl von Aufnahmeanträgen abgelehnt worden ist, obgleich nicht nur die deutsche Herkunft, sondern auch die Sozialisation der Betreffenden im Milieu der Russlanddeutschen außer Frage steht. Nicht selten verlaufen die Grenzlinien mitten durch die Familien, da die Vermittlung der Sprache im Ergebnis individuell und unterschiedlich erfolgte und auch Unterschiede in der Nationalitätswahl erkennbar sind. Was die Sprachkenntnisse betrifft, ist zu beobachten, dass die Jüngeren in den meisten Fällen über schlechtere Sprachkenntnisse verfügen als die älteren Geschwister. Tragische Familientrennungen sind die Folge; ich habe Fälle erlebt, in denen von annähernd zehn Geschwistern ein Geschwisterteil dauerhaft zurückbleiben musste. Für die nach Deutschland verzogenen Eltern ist dies in den meisten Fällen eine persönliche Katastrophe, und die Geschwister leiden nicht selten massiv unter Gewissensbissen.

Auch im Rahmen der Einbeziehung von Ehegatten und erwachsenen Abkömmlingen hat sich eine ähnliche Entwicklung ergeben. In der Vergangenheit kam es in einer erheblichen Anzahl von Fällen dazu, dass Aufnahmebewerber keine Kenntnis davon hatten, dass die Einbeziehung grundsätzlich im Herkunftsgebiet abgewartet werden muss. Entsprechende Hinweise in den Merkblättern des Bundesverwaltungsamts waren zum Teil extrem schwierig zu verstehen, erst in den letzten Jahren ging man dazu über, die grundsätzliche Konzeption der Einbeziehung den Antragstellern in einer für juristische Laien halbwegs verständlichen Sprache (und auch zusätzlich auf Russisch) zu erläutern. Nicht selten kamen die Eltern mit dem vollständig ausgefüllten Antragsformular in Deutschland an und warfen es hier in den Briefkasten. Die Betroffenen haben mir auch glaubhaft berichtet, dass insbesondere die deutschen Auslandsvertretungen bei der Visumserteilung keinerlei klärende Hinweise gaben, obgleich zum Teil sogar ausdrücklich gesagt worden war, dass man auch den Nachzug der (erwachsenen) Kinder betreiben wolle, und die sich abzeichnenden Probleme (Sprache, Nationalität) erwähnt wurden.

Teilweise ist eine Korrektur durch die Rechtsprechung dahingehend erfolgt, dass bei parallel laufenden Aufnahmeverfahren von Eltern und Kindern eine Informationspflicht des Bundesverwaltungsamts angenommen wurde.[7] Das Bundesverwaltungsgericht hat diese Rechtsprechung jedoch dahingehend relativiert, als das Erfordernis der vorherigen Stellung des Antrags des Einzubeziehenden (in Fällen ab dem 1. Januar 2005) aufgestellt wurde, sodass auch bei eindeutigen Verstößen gegen § 25 des Verwaltungsverfahrensgesetzes in den meisten Fällen die nachträgliche Einbeziehung am Erfordernis einer vorherigen Antragstellung durch den Einzubeziehenden selber scheitert.[8]

---

7   Oberverwaltungsgericht NRW, Urteil vom 14.09.2004, 2 A 915/03).
8   Beschluss vom 28.07.2005, 5 B 134/04.

Das Bundesverwaltungsamt ist zwar in den letzten Jahren dazu übergegangen, bei Anhaltspunkten für den Nachzug von weiteren Familienangehörigen in der Erstaufnahme die Betreffenden darauf hinzuweisen, doch habe ich bisher keinen Fall erlebt, in dem die Eltern sich dazu durchringen konnten, sofort zurückzukehren. Offenbar waren sie, die vorher im Herkunftsland alles aufgegeben hatten und nicht selten auch zusammen mit anderen Kindern und deren Familien eintrafen, mit der Situation überfordert. Allerdings ergibt sich aus einigen dieser Anhörungsprotokolle, dass nach den Angaben der Eltern die Erteilung eines Aufnahmebescheids aus eigenem Recht, insbesondere in Fällen eines Gegenbekenntnisses, kaum wahrscheinlich war. Hier hätten die Betroffenen darauf hingewiesen werden müssen, dass ein Aufnahmeantrag des betreffenden Kindes aus eigenem Recht von vornherein chancenlos wäre. Fehlvorstellungen über die Zuzugsberechtigung von Personen deutscher Herkunft sind nämlich bis heute in den Kreisen der Russlanddeutschen weit verbreitet.

Das seit dem 1. Januar 2005 geltende Recht, welches den Nachweis von Grundkenntnissen der deutschen Sprache verlangt, hat im Ergebnis faktisch zur Folge, dass eine erhebliche Anzahl von Abkömmlingen Probleme beim Erwerb oder Nachweis der Sprachkenntnisse hat oder das Übersiedlungsbegehren von vornherein einstellt. Auch Ehegatten, insbesondere wenn diese schon über 50 Jahre alt sind, haben erhebliche Probleme. So wie es aussieht, haben nichtdeutsche Ehegatten im Rentenalter offenbar keinerlei Möglichkeit mehr, im Aussiedlungsgebiet eine weitere Sprache zu erlernen. Diese Regelung muss im Zusammenhang mit der Neuregelung des Familiennachzuges,[9] wie sie seit dem 28. August 2007 gilt, gesehen werden. Es ist nun nicht mehr möglich, wenigstens den Ehegattennachzug auf ausländerrechtlichem Wege sicherzustellen. Da vor allen Dingen ältere Ehegatten es im Regelfall nicht mehr schaffen, eine Fremdsprache unter den erschwerten Bedingungen im Aussiedlungsgebiet zu erlernen, steht derjenige, der einen Aufnahmebescheid bekommen hat, praktisch vor der Wahl, auf die Geltendmachung seines Rechtes zu verzichten oder aber auf das weitere Zusammenleben mit seinem (nichtdeutschen) Ehegatten.

Zusammengefasst ergibt sich folgendes Bild: Es gibt eine Vielzahl von für die Betroffenen psychisch äußerst belastenden Einzelfällen. Die Sorge um das zurückgebliebene Kind ist für viele ältere Spätaussiedlerehepaare der einzige Lebensinhalt. Es sind dabei weniger die Fälle von Bedeutung, die dadurch charakterisiert sind, dass Familienangehörige sich bewusst gegen einen Zuzug entscheiden, sondern die Fälle, die charakterisiert sind durch den Wegzug der Restfamilie nach Deutschland und nun im Herkunftsgebiet isolierte Familienangehörige zurückbleiben. Häufig geht dies einher mit Ehescheidungen und Wegzug der eigenen Kinder. Erschwerend kommt hinzu, dass die Besuchsvisavergabe der deutschen Auslandsvertretungen in

---

9   §§ 28 Abs. 1 S. 5, 30 Abs. 1 Nr. 2 AufenthG.

solchen Fällen restriktiv ist. Es werden (nicht immer völlig ohne Berechtigung) Zweifel an der Rückkehrbereitschaft geäußert. Folge ist, dass sich Familienangehörige jahrelang nicht mehr sehen können. Besonders problematisch wird dies, wenn die in Deutschland lebenden Eltern aus gesundheitlichen Gründen nicht mehr in das Herkunftsland reisen können. Folge ist eine definitive Trennung von Eltern und Kindern!

Vorschläge:
Hinsichtlich der Einbeziehung von Ehegatten in einen Aufnahmebescheid sollte eine ähnliche Regelung wie im Staatsangehörigkeitsrecht gefunden werden. Hier ist in § 10 Abs. 6 des Staatsangehörigkeitsgesetzes geregelt, dass vom Erfordernis der Sprachkenntnisse abgesehen wird, wenn dieses altersbedingt nicht erfüllt werden kann. Teilweise wird dies sogar ab dem sechzigsten Lebensjahr angenommen.

Bezüglich der Einbeziehungsproblematik sollte eine allgemeine Härtefallregelung auch für bestandskräftige Ablehnungen gefunden werden (etwa verbunden mit einem Stichtag), um die Fälle zu erfassen, in denen die Einbeziehung durch gezielte und lebensnahe Information der Betreffenden hätte ermöglicht werden können, jedoch aufgrund der verspäteten Antragstellung eine nachträgliche Einbeziehung selbst bei Vorliegen eines Härtefalles ausscheidet.

Was eine Aufnahme aus eigenem Recht betrifft, sollte darüber nachgedacht werden, ob eine Härtefallregelung zumindest für Angehörige größerer Familienverbände gefunden werden kann.

Eine Härtefallregelung würde an Legitimation gewinnen und ihr Anwendungsbereich könnte auch großzügig ausgeweitet werden, wenn man als Integrationsvorleistung den Nachweis von Grundkenntnissen der deutschen Sprache – bei Muttersprachlern alternativ den Nachweis der Befähigung zum Führen eines einfachen Gespräches auf Deutsch – verlangt. Schließlich sollte die Vergabe von Besuchsvisa erleichtert werden.

***

Adolf Fetsch zum Thema: „Familiär vermittelte Kenntnisse der deutschen Sprache als Voraussetzung für die Aufnahme als Spätaussiedler".

Die Landsmannschaft der Deutschen aus Russland war schon immer gegen die Überbewertung der Sprachanforderungen, wie sie praktiziert oder durch Gerichtsurteile festgelegt wurden.

Für uns war die deutsche Abstammung und das Bekenntnis vorrangig. Umso schmerzlicher war es, dass viele unserer Landsleute über sehr lange Zeiträume vor, während und nach dem Krieg keinen Schulunterricht in ihrer deutschen Muttersprache hatten, im Wolgagebiet ab 1941, in den anderen Gebieten ab 1938. Solange die

Großmuttergeneration gelebt hatte, die den Kindern und Enkelkindern noch die Mundart weitergeben konnte, blieb die Sprache erhalten. Danach wurde es schwierig: Die Eltern mussten zur Arbeit, und die Kinder wuchsen im Kindergarten auf. In der Folge haben sich die deutschen Sprachkenntnisse verschlechtert.

Hinzu kommt, dass der Gebrauch des Deutschen in der damaligen Sowjetunion de facto verboten war. Wenn man uns schon das Kriegsfolgenschicksal zubilligt, dann ist die restriktive Handhabung der Sprachkompetenz eine besondere Härte; allein der Bezug auf ‚familiär vermittelte Sprache' ist schon ein Problem: Wenn Landsleute beim Sprachtest voller Stolz erzählt haben, sie hätten den Sprachkurs besucht, wurden sie allein deshalb abgelehnt.

Einige Zahlen sollen verdeutlichen, wie schwierig die Situation für unsere Volksgruppe ist. Im Bundesgebiet leben jetzt mehr als 2,5 Millionen Deutsche aus Russland. In der Russischen Föderation befinden sich noch etwa 600.000 bis 650.000 Deutsche, in Kasachstan sind es rund 230.000 und in den anderen Gebieten sind die Zahlen wesentlich geringer. Der größte Teil unserer Volksgruppe ist ab 1987/1988 bis in die 90er Jahre in das Bundesgebiet gekommen. Jetzt ist der Zustrom auch aufgrund der Verhärtungen durch das Zuwanderungsgesetz versiegt. Es ist sehr erfreulich, dass wir hier die Integrationsarbeit für unsere Landsleute vorangebracht haben. Doch – gestatten Sie mir den Hinweis – es ist meist zu spät. Noch Anfang bis Mitte der 90er Jahre hatte man die Qualifikationen der Deutschen aus Russland gar nicht wahrgenommen.

Erst in den letzten sieben Jahren sind in Projekten verstärkt Deutsche aus Russland mit einbezogen worden. Im Hinblick auf die rund 200.000 Akademiker, die wir haben, kommt die Hilfe aber meist zu spät – nach 10 oder 15 Jahren Abwesenheit aus dem Beruf ist eine Rückkehr nicht mehr möglich. Hier hat die Bundesrepublik Deutschland Potenzial außer Acht gelassen. Sicher ist es erfreulich, dass es hier jetzt Bewegung gibt. Jetzt, wo wir Ärztemangel haben, wurden – etwa in Mecklenburg – Ärzte angestellt. Selbstverständlich muss hier nachqualifiziert werden – zu lange wurde das Potenzial unserer eigenen Leute vernachlässigt.

Die Landsmannschaft hat bei verschiedensten Gelegenheiten darauf hingewiesen, dass die vom Gesetzgeber vorgesehene Betreuungsfrist von drei Jahren definitiv zu kurz ist und verlängert werden müsste. Das ist ein Faktum.

Einen Komplex möchte ich ansprechen, der auch mit dem Selbstbewusstsein und mit der Selbstsicherheit der Russlanddeutschen zusammenhängt: die Renten. Es hat den Anschein, dass der Generationenvertrag für die Deutschen aus Russland nicht mehr angenommen wird. Wir sind eine junge Volksgruppe, die demographischen Zahlen allein beweisen das. Wir haben nur knapp sechs Prozent Rentner über 65 Jahre, im Bundesdurchschnitt liegt der Satz bei über elf Prozent. Von den Spätaussiedlern und Aussiedlern werden Milliardenbeträge gemeinsam mit den anderen Aussiedlern, Siebenbürger Sachsen und anderen, die als Spätaussiedler und Aussiedler gekommen sind, einbezahlt.

Die Spätaussiedler dürfen nicht zu Sozialhilfeempfängern werden, die dann vor Ort für eine schlechte Akzeptanz sorgen, wenn es heißt, die Deutschen aus Russland sind schuld, dass die Stadtkasse zu stark belastet wird. Herr Kufen, ich stimme Ihnen zu, wenn Sie sagen, wir müssen mehr agieren als reagieren. Aber: Wir mussten uns jahrelang gegen unberechtigte Vorwürfe zur Wehr setzen. Erst jetzt, seit zwei oder drei Jahren, stellen wir fest, dass fast keine negativen Berichte mehr kommen. Und wir wollen hier die positiven Fakten durchaus in der Zukunft stärker herausstellen. Eine Bitte zum Schluss: Wir können uns die Familientrennung als Kulturvolk, als Bundesrepublik Deutschland, gar nicht erlauben. Ich bin nie Sozialexperte gewesen, aber mich haben wiederholt Mütter um Hilfe gebeten, deren Kinder nicht alle einreisen durften – wer eine Familie hat, kann nachvollziehen, was das bedeutet –, hier stimmt etwas nicht!

Ich betrachte die Deutschen aus Russland infolge der Gleichsetzung mit allen anderen Zuwanderern als benachteiligt, denn ihnen wird das Kriegsfolgenschicksal zuerkannt. Es ist gut, dass eine Rückkehr zur positiven Wertschätzung erfolgt und wir besser akzeptiert werden, aber wir können nicht alles einfach hinnehmen. Familientrennungen etwa lassen sich nicht nur durch Härtefallregelungen lösen.

* * *

Alexander Hoffmann zum Thema: „Familiär vermittelte Kenntnisse der deutschen Sprache als Voraussetzung für die Aufnahme als Spätaussiedler".

Da ich kein Jurist bin und die Zusammenhänge nicht so genau kenne, will ich nur meine eigenen Erfahrungen aus meiner Tätigkeit als Pfarrer bei München mitteilen und dann auch das berichten, was mir die Leute mit auf den Weg gegeben haben. Weil immer weniger Deutsche aus den GUS-Staaten kommen, gibt es keine größeren Wohngemeinschaften (Übergangswohnheime) mehr, wo eine größere Zahl von Russlanddeutschen wohnt, sodass in der Schule eine Klasse mit Sprachförderunterricht und mit einer dafür freigestellten Lehrkraft nicht mehr vorhanden ist. Vielmehr tauchen in den Gemeinden vereinzelt Familien mit zwei, drei oder vier Kindern auf. In der Schule, in der ich war, habe ich folgendes beobachten können: Das etwas ältere Kind konnte, weil es mit der Großmutter engen Kontakt hatte, ein bisschen Deutsch. Es ist nach dem fünften Schuljahr sofort aufs Gymnasium gegangen. Die Kleinere, die eher von der Mutter erzogen wurde, konnte kein Deutsch. Das Kind kam in die dritte Klasse der Grundschule. Weil aber das Personal in der Schule so eng bemessen ist, konnte sich keine Lehrkraft dem Kind widmen, sodass es die Sprache nicht erlernen konnte. Das Kind wurde hin und her geschoben, saß im Lehrerzimmer, war bald bei dieser, bald bei jener Lehrerin. Nach zwei Jahren blieb es auf der Hauptschule hängen, wo die Gesamtsituation, zumindest da, wo ich war, desaströs ist. Hier gibt es keine Motivation unter den Schülern mehr, denn alle, die auch nur die geringste Chance haben, versuchen auf die Realschule zu kommen. Wie geht man nun angesichts der zurückgehenden Aussiedlerzahlen mit jenen Kindern um, die keinen Sprachkurs bekommen? Ich plädiere dafür, für die betreffenden Kinder den Förderunterricht zur Pflicht zu machen.

Die Bischöfe aus Russland teilen mir mit, dass die Gesetzgebung bezüglich der Sprachförderung im Herkunftsland realitätsfern ist. Sie sagen, dass die früheren großen Gemeinschaften – manchmal waren ganze Stadtviertel von Deutschen geprägt – nicht mehr da sind. Es kommen nur noch vereinzelt deutsche Familien zum Gottesdienst. Die Gottesdienstsprache ist seit ungefähr zehn Jahren aber Russisch. Für die noch dort verbliebenen Deutschen gibt es eigentlich keinen Raum mehr, wo sie das Deutsche hören und pflegen können. Viele können auch den Sprachkurs aus finanziellen Gründen nicht besuchen, und die weite Fahrt sowie die Abwesenheit von der Familie machen den Kursbesuch schwierig – auch das wird immer wieder beklagt.

Schließlich: Einen Sprachkurs kann sich zum Beispiel in Kasachstan oder auch in Russland nur jemand leisten, der in der Stadt wohnt, gut verdient und jünger ist. Gerade die älteren Menschen, die unter das Kriegsfolgenschicksal in besonderer Weise fallen, können einen Sprachkurs nicht besuchen.

Ich habe in diesem Jahr sehr viele kluge und tüchtige junge Leute aus den Reihen der Russlanddeutschen kennengelernt. Es wäre sehr wichtig, wenn die politischen Parteien, ganz gleich welcher Couleur, so etwas wie ein Coaching anbieten würden. Wir müssen diese begabten Menschen in die Verantwortung für die Gesellschaft einbinden – das wäre ein enormer Schritt für die Integration.

* * *

Klaus Wollenweber zum Thema: „Familiär vermittelte Kenntnisse der deutschen Sprache als Voraussetzung für die Aufnahme als Spätaussiedler".

Knapp die Hälfte der Aussiedler bekennt sich zur Evangelischen Kirche, das ist für die Kirche eine hohe Herausforderung und Verpflichtung. Seit vielen Jahren gibt es deshalb einen Beauftragten des Rates der Evangelischen Kirche in Deutschland für die Fragen der Spätaussiedler und der Heimatvertriebenen, und es gibt auch eine Konferenz für Aussiedlerseelsorge, die von den jeweiligen Beauftragten der 23 Gliedkirchen der EKD gebildet wird. Entscheidend ist aber das Netzwerk in den Kirchengemeinden, das einen nachhaltigen und generationenübergreifenden Beitrag zur Integration der Aussiedler und Spätaussiedler leistet.

Die Integration ist ein langfristiger Prozess, der schon im Herkunftsland beginnt und der eine intensive und längerfristige Begleitung zur Verwurzelung in den jeweiligen Ortsgemeinden erfordert. Seit über 20 Jahren gibt es in der Evangelischen

Kirche mehrtägige unterstützende Integrationsrüsten, in welchen in etwa zu gleichen Teilen Staatsbürgerkunde, Kultur und kirchliches Leben vermittelt werden.

Unsere Leitvorstellung ist, dass Integration keine Einbahnstraße sein darf, sondern von der gegenseitigen Wahrnehmung und Wertschätzung des Miteinanders im Alltag geprägt ist. Deshalb fordert die Evangelische Kirche schon immer, dass Spätaussiedler und Aussiedler mit ihren Angehörigen besser auf die Ausreise und das Alltagsleben in Deutschland vorbereitet werden müssen. Zentral ist, dass wir die Einwanderer willkommen heißen. Das Verwaltungsverfahren müsste so gestaltet werden, dass es motivierend und integrationsfördernd wirkt. Bisher werden die Menschen in dem fünf bis sechs Jahre dauernden Antragsverfahren völlig allein gelassen.

Die Bundesrepublik müsste dafür sorgen, dass im Herkunftsland Vorbereitungskurse für alle einbezogenen Familienangehörigen angeboten und durchgeführt werden. Das Ganze darf nicht auf den Sprachstandstest reduziert werden. Notwendig ist eine Vorbereitung auf das Leben in Deutschland, auch besondere langfristige Sprachlernbegleitung ist ein wesentlicher Faktor einer gelingenden Integration. Zudem sollte mit Hilfe einer Härtefallkommission ein humanitärer Korridor geöffnet werden.

Die Evangelische Kirche kritisiert den Sprachstandstest, durch den deutschrussische Ehen und Familien auf lange Zeit getrennt werden können. Von Seiten der Kirchen weisen wir auf den im Grundgesetz (Artikel 6) verankerten Schutz von Ehe und Familie hin. Dieser ist höher zu bewerten als das Aufenthaltsrecht. Man kann heute nicht mehr davon ausgehen, dass die deutsche Sprache in der jüngeren Generation familiär vermittelt wird. Wir sind jedoch überzeugt, dass sich auseinandergerissene Familien viel schwerer integrieren lassen, zumal häufig für die zurückgelassenen Familienmitglieder das Erlernen der deutschen Sprache erschwert ist. Die Sprachzentren sind oft weit vom Wohnort entfernt, ihr Besuch erfordert hohen persönlichen Aufwand, der angesichts der Tatsache, dass mehrere Arbeitsstellen zum Überleben der Familie notwendig sind, kaum erbracht werden kann.

Die Richtlinien im neuen Merkblatt des Bundesverwaltungsamts zur Einreise von Angehörigen von Spätaussiedlern reichen nicht aus. Was ist zum Beispiel mit Ehegatten, die volljährige Kinder haben? Warum kann der Sprachstandstest zur Einbürgerung im Sinne der Familienzusammengehörigkeit nicht hier in Deutschland nachgeholt werden? Ist es nicht ungerecht, dass Angehörige von Aussiedlern vor ihrer Einreise dasselbe können müssen, was von Ausländern erst nach fünf bis acht Jahren in Deutschland erwartet wird? Wir haben auch grundsätzliche Bedenken, was das Verfahren zur Ermittlung der Sprachkompetenz – Sprechen, Lesen, Schreiben – betrifft, etwa wenn die in Westeuropa üblichen Verfahren wie Multiple Choice angewandt werden, die im osteuropäischen Kontext kaum bekannt sind.

Lassen Sie mich zum Abschluss noch einen anderen Punkt ansprechen: Unter dem Vorwand der Terrorismusabwehr ist eine Regelabfrage bei den deutschen Si-

cherheitsdiensten eingeführt worden, die das Bescheinigungsverfahren für Spätaussiedler erheblich verzögert und dazu führt, dass man sehr lange auf eine Spätaus-
siedlerbescheinigung warten muss. Eine solche ist aber notwendig, um den Famili-
ennachzug zu organisieren, denn dies kann nur ein deutscher Staatsbürger tun.
Insofern wirkt sich auch diese Regelabfrage in der jetzigen Form sehr nachteilig auf
die Familienzusammenführung aus.

Zukunft der Minderheitenförderung –
Perspektiven und Erwartungen

Beiträge

Heinrich Martens zum Thema: „Zur Ausrichtung der Hilfen der Bundesrepublik Deutschland in den Nachfolgestaaten der Sowjetunion".

Der Internationale Verband der deutschen Kultur (IVDK) misst dieser Veranstaltung eine außerordentlich hohe Bedeutung bei und betrachtet sie als eine strategische Plattform für die Erörterung von Perspektiven der weiteren Politik zur Unterstützung der deutschen Minderheiten und als eine Gelegenheit, in der aktuellen Situation neue Akzente zu setzen.

Auch heute sind die Folgen des Zweiten Weltkrieges für uns noch immer nicht überwunden. Infolge von Zwangsumsiedlungen und Unterdrückung sprechen die Russlanddeutschen in den Nachfolgestaaten der Sowjetunion noch immer nicht die deutsche Sprache. Der kulturellen Identität und Zusammengehörigkeit der deutschen Minderheiten der Nachfolgestaaten der Sowjetunion liegen in erster Linie ein gemeinsames Schicksal, ein gemeinsames historisches Gedächtnis, Solidarität und Familientraditionen zugrunde sowie die persönlichen Beziehungen zu Verwandten und Freunden in Deutschland.

Durch die Unterstützung und die Fördermaßnahmen, die den Russlanddeutschen seitens der Bundesrepublik Deutschland zusammen mit den nationalen Regierungen (in erster Linie der Russischen Föderation) gewährt wurden, konnten Startbedingungen geschaffen werden, die für die ethnisch-kulturelle Erneuerung wichtig sind und die die Lage der deutschstämmigen Bevölkerung in ihren heutigen Ansiedlungsorten stabilisiert haben.

Dabei konnte jedoch noch kein entscheidender Erfolg im Hinblick auf Wiederherstellung und selbständige Weiterentwicklung der kulturellen Identität und Gemeinsamkeit der Russlanddeutschen erzielt werden. Deshalb sollten die Fördermaßnahmen unbedingt fortgesetzt werden.

Unter den Bedingungen der zerstreuten Ansiedlung bilden die Begegnungszentren den Rahmen für die ethnisch-kulturelle Entwicklung. Heute spielen gerade sie eine unschätzbare Rolle als Mittelpunkte der ethnischen Konsolidierung der Russlanddeutschen. Gerade dort haben sie und ihre Angehörigen die Möglichkeit, Deutsch zu lernen und sich die deutsche Kultur zu eigen zu machen.

Der IVDK hält die Fördermaßnahmen der deutschen Bundesregierung zugunsten der Russlanddeutschen für außerordentlich wichtig und unterstützt diese in vol-

lem Umfang. Gleichzeitig halten wir bei Berücksichtigung der aktuellen Situation
bestimmte Korrekturen für notwendig:

Erstens: Bei der Spracharbeit in den Begegnungszentren sollten die Akzente auf
den Unterricht für Kinder und Jugendliche von klein auf gesetzt werden. Gleichzeitig sollte die Unterstützung des schulischen Deutschunterrichts in den Siedlungsräu-
men dort, wo Begegnungszentren aktiv sind, verstärkt werden. Dazu halten wir eine
Intensivierung der Zusammenarbeit des Bundesinnenministeriums mit dem Auswärtigen Amt und mit den Fachorganisationen, wie den Goethe-Instituten, dem
Deutschen Akademischen Austauschdienst und der Zentralstelle für das Auslands-
schulwesen, für nötig. Dabei ist es wichtig, dass sich die Zentren in ihren jeweiligen
Regionen als Mittelpunkte für die Verbreitung der deutschen Sprache und der
Kenntnisse über die Geschichte, Kultur und das heutige Leben in Deutschland eta-
blieren.

Zweitens: Die Unterstützung der Kinder- und Jugendarbeit mit Akzent auf der
kulturellen Identität sollte verstärkt werden. Darüber hinaus sollte der Bildung einer
jungen Elite der Russlanddeutschen verstärkte Aufmerksamkeit gewidmet werden.

Drittens: Die weitere Entwicklung im Bereich der Begegnungszentren sollte sich
auf eine Optimierung von deren Tätigkeit beziehen.

Viertens: Ein spürbares Problem stellt die fehlende Einheit der öffentlichen Organisationen der Russlanddeutschen dar. Eine effektive und demokratische Selbstorganisation ist für die Zukunft der deutschen Minderheiten von strategischer Bedeutung. Wir beobachten die stufenweise Entstehung eines neuen Modells der
Selbstorganisation der Russlanddeutschen, das von den Regionen getragen wird.
Selbstverständlich ist dies kein einfacher Prozess, aber man sollte im Dialog mit allen Beteiligten nach neuen Lösungen suchen und dabei konsequent und feinfühlig
vorgehen. Das entstehende System der Selbstorganisation der deutschen Minderheiten in Russland und in anderen Nachfolgestaaten der Sowjetunion bedarf einer
besonderen Fürsorge. In den Förderprogrammen sollte deshalb auf die Entwicklung der Demokratie in den Organisationen der Russlanddeutschen ein Akzent gelegt werden.

Fünftens: Die Beziehungen zwischen der Selbstorganisation der deutschen Minderheiten und der Mittlerorganisation sind reformbedürftig. Die Verantwortung bei
der Projektarbeit sollte von der Mittlerorganisation stufenweise an die Organe der
Selbstorganisation übertragen werden. Wir als deutsche Minderheit fühlen uns verpflichtet und in der Lage, künftig eine größere Verantwortung für unser eigenes
Schicksal zu übernehmen.

Sechstens: Die zerstreute Siedlung und die großen Entfernungen (bis zu Hunder-
ten von Kilometern) zwischen den Begegnungszentren erschweren die Entwicklung
des Zusammengehörigkeitsgefühls und der Solidarität. Vor diesem Hintergrund ist
die Herstellung eines gemeinsamen Informationsraums, die Versorgung der Begegnungszentren mit Medien sowie die Entwicklung eines Internet-Kommunikations-

systems vorrangig. Dafür ist eine Unterstützung auch seitens des Auswärtigen Amtes notwendig.

Siebtens: Partnerschaften der Begegnungszentren mit Kultur-, Jugend- und Bildungsorganisationen Deutschlands und mit der Landsmannschaft der Deutschen aus Russland haben eine Schlüsselstellung. In erster Linie wird Unterstützung und Hilfe beim Jugend- und Schulaustausch benötigt.

Achtens: Wir erwarten eine Fortsetzung der zwischenstaatlichen Zusammenarbeit zugunsten der Russlanddeutschen und der Tätigkeit der deutsch-russischen Regierungskommission unter Beteiligung von Vertretern der deutschen Minderheit. Diese Zusammenarbeit soll auf Grundlage des Rahmenabkommens des Europarates über den Schutz der Rechte nationaler Minderheiten und der Europäischen Charta über den Sprachschutz der nationalen Minderheiten gestaltet werden. Wir erwarten eine Finanzierung auf Paritätsgrundlage.

Die Bundesrepublik Deutschland hat die Verantwortung für die Folgen des Nationalsozialismus und des Zweiten Weltkrieges übernommen und nach dem Fall des Eisernen Vorhangs ihre Solidarität mit den deutschen Minderheiten in den Nachfolgestaaten der Sowjetunion bekundet. Ich möchte mich im Namen vieler Russlanddeutscher bei der deutschen Bundesregierung und beim deutschen Volk für diese Solidarität und langjährige Hilfestellung recht herzlich bedanken.

Im Rahmen der Solidarität des deutschen Staates mit den deutschen Minderheiten und auf Grundlage der zwischenstaatlichen Vereinbarungen rechnen die Russlanddeutschen mit einer Fortsetzung der Förderung, damit die Folgen des Zweiten Weltkrieges und der Massenrepressalien überwunden, die kulturelle Identität der deutschen Minderheiten Russlands und der anderen Nachfolgestaaten der Sowjetunion erhalten und entwickelt sowie die Freundschaft und Zusammenarbeit zwischen unseren Völkern und Ländern ausgebaut werden können.

* * *

Koloman Brenner zum Thema: „Förderpolitik in den mittel- und osteuropäischen Staaten. Spracherhalt und Identität im Mittelpunkt".

Die Anpassung der deutschen Förderpolitik an die veränderten politischen, gesellschaftlichen und ökonomischen Rahmenbedingungen bezieht sich auf zwei Maßnahmenbündel, die einander zweifelsohne bedingen und ergänzen:

a) die direkte staatliche Förderung und
b) die indirekte, in diversen Lebensbereichen aber äußerst wichtige Unterstützung.

Die Bundesregierung und besonders der Beauftragte für Aussiedlerfragen haben
in den letzten zwei Jahrzehnten Maßgebliches auf beiden Gebieten geleistet. Ab
Mitte der 1980er Jahre wurden immer bessere Förderwege ausgelotet. An dieser
Stelle soll daran erinnert werden, dass die erste offizielle deutsche Vereinigung in
Ostmitteleuropa der Lenau-Verein in Ungarn war, der schon einige Jahre vor der allgemeinen politischen Wende mit Unterstützung der Bundesregierung gegründet
werden konnte. Derartige Fördermaßnahmen wurden von Staat zu Staat unterschiedlich aufgenommen und bewertet. Mittlerweile kann berichtet werden, dass sie
von den Titularnationen im allgemeinen als wichtige Teilbereiche der bilateralen Beziehungen akzeptiert und gutgeheißen werden, zumal die bundesdeutsche Seite stets
darauf achtete, dass die Maßnahmen möglichst auch der Mehrheitsbevölkerung zugute kommen.

Wie es der Beauftragte der Bundesregierung für Aussiedlerfragen und nationale
Minderheiten Christoph Bergner in seinem Thesenpapier[1] verlauten ließ, ist die
Nachhaltigkeit einer der wichtigsten Aspekte für die Zukunft der Minderheitenförderung. Es ist selbstverständlich, dass in den ersten Jahrzehnten nach der Wende
grundlegende Verbandsstrukturen, wirtschaftliche Förderung etc. im Mittelpunkt
der Förderpolitik standen. Gemäß der oben angedeuteten veränderten politischen
Situation sollte diese nun tendenziell auch andere Schwerpunkte bekommen. Vor allem die Tatsache, dass die meisten ostmitteleuropäischen Staaten bereits in der erweiterten Europäischen Union vollberechtigte Mitglieder geworden sind, führte zu
Überlegungen, wonach die Förderung der deutschen Minderheiten über andere
Wege erfolgen sollte. Da es allerdings in der Europäischen Union keine offizielle,
einheitliche Minderheitenpolitik, geschweige denn Förderpolitik gibt, muss hier die
Bundesrepublik Deutschland weiterhin die „Solidarität mit den Deutschen, die von
den Folgen von Krieg und Gewaltherrschaft besonders betroffen waren",[2] einhal-
ten, wie dies auch geschieht.

In den Mittelpunkt der bundesdeutschen Förderpolitik sollte nach meiner Ansicht
in Zukunft immer mehr die Unterstützung des Spracherhalts und der Sprachvermittlung rücken. Die sprachliche und kulturelle Assimilation der Angehörigen der
deutschen Minderheiten in Ostmitteleuropa ist stark vorangeschritten, sodass in
manchen Fällen eher von einer Neubelebung der Sprache zu sprechen ist.

Die Schulen in den betroffenen Ländern bieten auch den Angehörigen der deutschen Minderheit Wege zum Erlernen des Deutschen. Allerdings sind diese Einrichtungen nach wie vor recht unterschiedlich, was die Qualität der Erziehung und des
Unterrichts anbelangt. Die Ausgangssituation in der Wendezeit war in manchen
Ländern, wie zum Beispiel in Ungarn, relativ günstig, in anderen Ländern, wie etwa
in Polen, musste Vieles von Grund auf im Unterrichtsbereich neu aufgebaut wer-

---

1 Siehe oben S. 23–30.
2 Siehe oben S. 24.

den. Die Situation ist zum Teil bis heute noch recht uneinheitlich, sogar im Bereich der Terminologie. Begriffe wie Nationalitätenunterricht, Minderheitenunterricht, Sprachunterricht, zweisprachiger Unterricht und andere werden unterschiedlich verwendet und ausgelegt. Hinter den für einige Länder vorliegenden statistischen Zahlen der Ministerien über die Anzahl der Schüler, die an einem deutschen Minderheitenunterricht teilnehmen, verbirgt sich eine kunterbunte Realität. Die meisten Kinder von Angehörigen der deutschen Minderheit besuchen keine Schule und keinen Kindergarten, die ihren spezifischen Ansprüchen entsprechen würden.

Wie erwähnt kann für einige ostmitteleuropäische Länder, besonders in den jüngeren Generationen, von einer Neubelebung der deutschen Sprache gesprochen werden. In diesem Zusammenhang stellt sich die Frage, ob ein solches Unterfangen Erfolg verspricht und ob es Sinn macht. Seitens der Minderheitenforschung wird die These vertreten, dass es Beispiele für gelungene Reaktivierungen von fast schon in Vergessenheit geratenen Sprachen gibt (zum Beispiel Hebräisch oder Katalanisch). Der Erfolg ist vor allem davon abhängig, ob die staatlichen Institutionen diese Aufgabe unterstützen. Die ‚Neubelebungsattitüde‘, also der Wille, seitens der Minderheitengruppe zur Belebung der Sprache, ist unter den deutschen Minderheiten in Ostmitteleuropa (zwar eventuell in unterschiedlichem Ausmaß) nach meiner Einschätzung vorhanden. Die Angehörigen der jeweiligen deutschen Minderheit, die noch eine Restidentität besitzen, sind häufig der Meinung, dass wenigstens ihre Kinder und Enkelkinder Deutsch auf einem guten Niveau beherrschen sollten. Unter den Jugendlichen der Minderheit wirken vor allem die positiven Signale aus der Wirtschaft und der erweiterte europäische Horizont stimulierend. Also eine Neubelebung der deutschen Sprache ist in den meisten Fällen möglich, falls die Rahmenbedingungen entsprechend aussehen.

Die optimale Lösung wäre, wenn die deutschen Minderheiten zur Ausfüllung der sogenannten kulturellen Autonomie selbst die Trägerschaft der kulturellen und schulischen Einrichtungen (Museen, Kulturhäuser, Kindergärten und Schulen) übernehmen könnten, etwa in Polen, der Tschechischen Republik, Ungarn oder Rumänien. Hier gibt es eine entsprechende Anzahl von Angehörigen der Minderheiten und historisch gewachsene Regionen, in denen die Mehrsprachigkeit jahrhundertelang eine alltägliche Erscheinung war. Dies würde auch eine konzentrierte Verwendung der staatlichen Subventionen ermöglichen. Vor allem seit der Osterweiterung der Europäischen Union sind einige Grenzregionen generell im Aufwind, den es auszunutzen gilt. In den – historisch gesehen – wichtigen deutschen Gebieten müsste auf der anderen Seite die Sicherung der übrig gebliebenen Spuren des vormaligen deutschen Kulturerbes gefördert werden. Eine sehr wichtige Angelegenheit ist die Förderung der Medien. In den meisten Fällen kann von einer Diaspora-Situation gesprochen werden, und die meisten Untersuchungen zeigen, dass die elektronischen Medien die Sprach- und Kulturvermittlung in diesen Gemeinschaften unterstützen können. Ein gutes Beispiel ist, wie dies auch Bundeskanzlerin Merkel erwähnte, das gemeinsame Internetportal der deutschen Minderheiten in der Föderalistischen Union europäischer Volksgruppen.[3]

Im Bereich der indirekten Förderungen möchte ich die Stellung der deutschen Sprache in der Europäischen Union an erster Stelle erwähnen. Zweifelsohne sind in den letzten Jahren schon Anstrengungen seitens der Bundesregierung unternommen worden, um den in mehreren Bundestagsbeschlüssen bekräftigten Wunsch, die Präsenz des Deutschen – der meistgesprochenen Muttersprache in Europa – in den EU-Institutionen zu verbessern, in die Wirklichkeit umzusetzen. Dennoch ist die allgemeine Lage immer noch als unbefriedigend zu beurteilen, von den Textproduktionen in der Europäischen Union angefangen bis hin zu dem sprachlichen Verhalten der EU-Angestellten aus Deutschland in diversen Gremien und Verhandlungen. Hier könnten die neuen Mitgliedsstaaten der Europäischen Union, in denen die deutsche Sprache traditionell (noch) eine bedeutende Rolle spielt, wichtige Verbündete sein. Dasselbe gilt für die großen deutschen Wirtschaftsfirmen, die europaweit agieren und deren Manager ohne nachzudenken alles auf Englisch abwickeln wollen. Mittelständische deutsche Unternehmen bieten positive Beispiele dafür, dass es auch andere Wege gibt: Deutsch als ‚Firmensprache' bedeutet letzten Endes immer auch eine Förderung der deutschen Sprache und Kultur, und Sprachenpolitik bedeutet wiederum immer auch Wirtschaftspolitik, wie sie ja auch von anderen europäischen Nationen praktiziert wird.

Zu guter Letzt soll ein schon angedeuteter Punkt als wichtige indirekte Förderung der deutschen Minderheiten angeführt werden: die nachhaltige politische Unterstützung von einheitlichen EU-Standards bezüglich der Rechte der autochthonen nationalen Minderheiten. Die vorhandenen völkerrechtlichen Regelungen, namentlich die Sprachencharta und die Rahmenkonvention des Europarats,[4] sind sogenannte „soft laws", sie beinhalten also keine einforderbaren Minderheitenrechte. Die Föderalistische Union Europäischer Volksgruppen verabschiedete während ihres Kongresses in Bautzen 2006 eine Grundrechtecharta bezüglich der Minderheitenrechte.[5] Des Weiteren wurde in Zusammenarbeit mit der sogenannten Minderheiten-Intergroup des Europäischen Parlaments, also einem Zusammenschluss von Europa-Parlamentariern, die sich für diese Fragen interessieren, ein Dialogforum für Minderheitenrechte[6] gegründet. Dies sind Initiativen, die zum oben angedeuteten Ziel

---

3 Webportal der deutschen Minderheiten in der föderalistischen Union Europäischer Volksgruppen FUEV: <www. agdm.fuen.org./> (abgerufen 30.10.2008).

4 Siehe oben Seite 153–158.

5 Charta der autochthonen, nationalen Minderheiten / Volksgruppen in Europa, Bautzen/Budysin 2006, unter <http://www.fuen.org/pdfs/20060525Charta_DE.pdf> (abgerufen 15.10.2008).

6 Declaration on the foundation of the "European Dialogue Forum of Traditional National Minorities, Constitutional Regions and Regional Languages", unter: <http://www.fuen.org/pdfs/20080424Declaration_EuropeanDialogue_forum.pdf> (abgerufen 15.10.2008).

führen können. Die Bundesrepublik Deutschland könnte so den Status und die Minderheitenrechte der deutschen Minderheiten in einem breiten europäischen Kontext weiter verfolgen.

Zum Schluss ist noch die moralische Unterstützung für die deutschen Minderheiten zu erwähnen. Diese Menschen werden von der Mehrheitsbevölkerung zum Teil bis heute als Deutsche identifiziert und angesehen. Unser Schicksal ist eng mit dem Schicksal von Deutschland verbunden. Deswegen sind politische Gesten zum Beispiel bei hohen diplomatischen Besuchen in den betroffenen Ländern gegenüber den Vertretern der deutschen Minderheit besonders wertvoll.

* * *

Tatjana Ilarionova zum Thema: „Erhaltung autochthoner Minderheiten unter Diasporabedingungen".

Zur Betrachtung des nicht unkomplizierten Themas ‚autochthone Minderheiten‘ sollen zunächst die Termini definiert werden. Weder national noch international bestehen einheitliche Herangehensweisen an die ethnisch-kulturellen Probleme. Der Streit um Worte lässt gesetzgeberische Initiativen scheitern und trägt zur Verwirrung bei Vertretern des Staates und der Bürgergesellschaft bei. Das gilt gerade auch für die Problematik der Autochthonen und für Fragen in Verbindung mit der Diaspora. Bei dem Thema unseres Rundtischgesprächs über „autochthone Minderheiten unter Diasporabedingungen" haben wir es also mit einem ‚Problem im Quadrat‘ zu tun.

Zurück zu den Termini. Autochthone sind Stammvölker, die sich in ihrem Staat befinden und einen untrennbaren Teil dieses Staates repräsentieren. Der Definition nach sind alle Titularvölker Autochthone. Unter den Minderheiten eines Vielvölkerstaates werden jene als Autochthone anerkannt, die bereits seit vorstaatlichen Zeiten auf dem Landesterritorium siedeln und die im Ausland keine ihnen ethnisch verwandten Staatsgebilde besitzen. Doch unter den Bedingungen der andauernden Migration, die ein Attribut des Menschen und der Menschheit ist, kann nur schwer festgestellt werden, ob die vor langer Zeit eingewanderten ethnisch konsolidierten Gemeinschaften Autochthone waren oder nicht.

In mehreren Ländern Mittel- und Südeuropas hat man solche Gemeinschaften durch Gesetzgebung definiert: In den staatlichen Gesetzen Tschechiens und Rumäniens sind all jene Minderheiten aufgezählt, die man zu den Autochthonen rechnet. In der Regel sind das Minderheiten, die seinerzeit aus anderen Staaten hervorgingen, aber ihre Identität, ihre Sprache und Gemeinschaft erhalten konnten. Den gesetzlichen Bestimmungen entsprechend erhalten sie aus den Finanzhaushalten der Staaten, in denen sie jetzt ansässig sind, finanzielle Unterstützung zur Durchführung von kulturellen und öffentlichen Veranstaltungen. Deutschland und die westeuropäischen Länder regeln diese Fragen nur hinsichtlich der kompakt siedelnden Minderheiten im Rahmen der regionalen, nicht aber zentralen (föderalen) Politik. In dieser Richtung entwickeln sich auch die internationalen Maßnahmen: Sie sind ausgerichtet auf die Förderung lokaler Kulturen und regionaler Sprachen. Dabei werden die Einwanderungsgemeinschaften nicht als Objekte dieser Politik betrachtet und folglich auch nicht als Empfänger der Hilfe. Diese Herangehensweise ist verankert in der „Europäischen Charta der Regional- und Minderheitensprachen",[7] die am 5. November 1992 verabschiedet wurde, aber ebenso in dem vom Europarat am 1. Februar 1995 verabschiedeten „Rahmenübereinkommen zum Schutz nationaler Minderheiten"[8].

In diesem Zusammenhang sorgen sich die Staaten des ehemaligen sozialistischen Blocks stärker als ihre westlichen Nachbarn um die Erhaltung ihrer inneren ethnischen und kulturellen Struktur. Aber es gibt auch Gemeinsames: In Europa wünscht man keine territorialen Einheiten der Minderheiten, keine den Volksgruppen – nicht einmal den kompakt siedelnden – zugeordneten eigenen Territorien. Seit Anfang der neunziger Jahre wurden keinerlei Autonomien gegründet. Und in diesem Sinne ist die Unabhängigkeit des Kosovo, des jugoslawischen, von Serbien abgetrennten Autonomiegebiets, ein Phänomen. Weil die Schaffung eigener Territorien zur Lösung ethnisch-kultureller Probleme nicht realisiert wird, bleiben in einer Reihe von Ländern auch die dort vorhandenen Spannungen bestehen – wir sehen das in Belgien und Spanien.

Die Charta der Regional- und Minderheitensprachen umfasst mit ihren Bestimmungen alle wesentlichen und für die Existenz der Minderheiten „unter Berücksichtigung der besonderen Verhältnisse und der geschichtlich gewachsenen Traditionen in den verschiedenen Staaten Europas" (Präambel) bedeutsamen Bereiche: „Bildung", „Justizbehörden", „Verwaltungsbehörden und öffentliche Dienstleistungsbetriebe", „Medien", „Kulturelle Tätigkeiten und Einrichtungen", „Wirtschaftliches und soziales Leben", „Grenzüberschreitender Austausch". Die Charta befasst sich auch ausführlich mit der Tätigkeit von Institutionen, wie sie die gesellschaftlichen Organisationen der Minderheiten, Schulen, Massenmedien und Kirchen repräsentieren. Diese Einrichtungen haben eine Schlüsselrolle für den Spracherhalt, für die Realisierung von Rechten im Kulturbereich und für die Zufriedenheit mit der staatlichen Minderheitenpolitik.

---

7   „Europäische Charta der Regional- und Minderheitensprachen", abgeschlossen in Straßburg am 05.11.1992, Vertragstext unter http://conventions.coe.int/Treaty/ger/Treaties/Html/148.htm> (abgerufen 15.10.2008).

8   „Rahmenübereinkommen zum Schutz nationaler Minderheiten", abgeschlossen in Straßburg am 01.02.1995, Text unter <http://conventions.coe.int/Treaty/ger/Treaties/Html/157.htm> (abgerufen 15.10.2008).

Für eine positive Entwicklung der ethnischen Minderheiten sind folgende Parameter bedeutend:
- ihre numerische Größe;
- der im Ergebnis der Entwicklung erzielte sozial-berufliche Ausgleich der Bevölkerungsstruktur einer bestimmten Nationalität und deren Angemessenheit in Bezug auf Natur- und Klimabedingungen;
- die Geschlossenheit der Siedlung;
- die Legitimität der Pflege ethnischer und nationaler Traditionen (gestützt auf eine verfassungsrechtliche Vereinbarung mit der Titularnation);
- die internationalen Bedingungen, in welchen sich die politische Entwicklung vollziehen kann.

Nun einige Worte zur Diaspora. Diese ist entweder Folge von Einwanderung oder Ergebnis des Zerfalls eines Staates, indem die vorher zusammenlebenden Völker durch neue Binnengrenzen getrennt werden. Für beide Fälle gibt es gegenwärtig viele Beispiele, leider existieren aber keinerlei Regeln zur Lösung der Probleme. Dennoch sehe ich Gesetzmäßigkeiten bei der organisatorischen Entwicklung der Diaspora. Die Sozialisierung von Gruppen in einer neuen Heimat verläuft in mehreren, aufeinander folgenden Etappen:

Anfangs ist das aus der Heimat mitgebrachte kulturelle Potential ausreichend. Es überwiegt das Bestreben, dieses mittels intensiver Kontakte zu den zurückgebliebenen Verwandten und Freunden, zu den staatlichen Organen und gesellschaftlichen Vereinigungen zu erhalten. Es folgt der Übergang zur bikulturellen Prägung durch Erlernen der Amtssprache und durch die Integration in das gesellschaftliche Leben der neuen Heimat. Eine weitere Etappe ist die Bewusstwerdung der eigenen kulturellen Leistung als spezifisches Merkmal der Eigenständigkeit sowie das Bestreben, das Verschwinden von Traditionen zu verhindern. Dies führt zur Herausbildung eigener gesellschaftlicher Organisationen, die sich der Kulturvermittlung und dann möglicherweise auch politischen Aufgaben stellen, und zur Koordinierung der Tätigkeit der gesellschaftlichen Vereinigungen einer Diaspora zur Sicherung der kulturellen Autonomie in der neuen Heimat. In einzelnen Fällen kommt es zur Herausbildung national-territorialer Strukturen mit Organen der Selbstverwaltung als einfachster Stufe von Staatlichkeit.

In jeder Etappe zeigt sich die Selbstorganisation unterschiedlich, wobei das Streben nach bestimmten, ausgesprochenen oder unbewusst bleibenden Gemeinsamkeiten deutlich wird. Dabei kommen auch Rückschritte vor, die zu einem neuen Aufleben des ethnischen Bewusstseins führen können. Aber auch die Assimilation und Verschmelzung mit dem Volk, das die Minderheit aufgenommen hat, ist nicht ausgeschlossen.

Die ethnisch-kulturelle Politik der Staaten gegenüber ihren autochthonen Diaspora-Minderheiten hängt auch von den Adressaten dieser Politik selbst, vom Maß ihrer Integration in die Gesellschaft, von ihrer wirtschaftlichen Aktivität, von ihrer numerischen Größe oder ihrer Mobilität ab.

Russland ist in Bezug auf seine Völker noch immer auf der Suche nach einem eigenen Kurs. Nach den Jahrzehnten der „Völkerfreundschaft", in denen die sozialistische Staatspolitik einen Teil der Völker unterdrückt und gleichzeitig andere Völker idealisiert hat (zum Beispiel die Georgier zu Zeiten der Sowjetunion), hat Russland nun den Weg gewählt, den auch Westeuropa geht. Unser Land versucht nach Jahren der Zuspitzung der nationalen Frage nun alle Bürger gleich zu behandeln.

Bei uns werden drei unterschiedliche politische Richtungen verfolgt: Die erste wird bestimmt durch die Verfassung der Russischen Föderation und den Föderationsvertrag. Er sieht die Existenz national-territorialer Einheiten auf verschiedenen Ebenen vor – von Republiken im Bestand der Russischen Föderation bis hin zu autonomen Gebieten. Hier hat es in den letzten Jahren wesentliche Entwicklungen gegeben: Etwa zehn Gebiete auf der Ebene von nationalen Kreisen wurden administrativ verschmolzen, sodass die ethnischen Bezeichnungen von der Landkarte Russlands verschwanden. Dagegen sträubten sich nur jene nationalen Kreise, die eine starke, meist auf Bodenschätzen wie Erdöl und Erdgas beruhende Wirtschaft besaßen. Deshalb bleiben die ethnischen Bezeichnungen ein Symbol für die eigenständige Entwicklung dieser Völker.

Die zweite Entwicklung betrifft die Diaspora-Völker. Das sind jene Gruppen, die hauptsächlich infolge äußerer wie innerer Migrationsprozesse entstanden sind. Das Gesetz „Über die national-kulturelle Autonomie", das 1996 verabschiedet wurde, legte fest, dass national-kulturelle Autonomie als Möglichkeit der Interessenvertretung für bestimmte Gruppen akzeptiert wird und dass diese Autonomie als Teil der Bürgergesellschaft den föderalen Gesetzen über gesellschaftliche Vereinigungen untergeordnet ist. National-kulturelle Autonomie beinhaltet eine konkrete Struktur. Sie ist Partner der Staatsorgane, aber nicht Klient des Staates, der automatisch die gewünschte Unterstützung gewähren muss.

Und schließlich die dritte Richtung, die sich auf die zahlenmäßig eher geringen Urvölker bezieht. Zum Schutz ihres Wohngebietes, ihrer traditionellen Lebensweise mit der auf Sammeln, Rentierzucht oder Fischfang beruhenden Wirtschaftsform wurde ein Paket föderaler Gesetze verabschiedet. Sie alle sind gemäß den internationalen Konventionen auf den Schutz dieser Minderheiten gerichtet.

Russland überträgt die meisten ethnisch-kulturellen Aufgaben in den Rahmen seiner Regionalpolitik und der lokalen Selbstverwaltung. Allerdings verfügt die Selbstverwaltung kaum über Fördermittel. Außerdem hängt hier vieles, wenn nicht sogar alles, von der jeweiligen Person ab, die vor Ort die Verwaltungsverantwortung innehat.

In Bezug auf die Russlanddeutschen – eine autochthone Minderheit im Diaspora-Zustand – betreibt Russland einen Kurs gemäß dem föderalen Gesetz „Über die national-kulturelle Autonomie". Bei seiner Entwicklung hatte Deutschlands Hilfe eine wesentliche Rolle gespielt.

Die Tätigkeit des Beauftragten der Bundesregierung für Aussiedlerfragen war 20 Jahre lang auf die Unterstützung der Russlanddeutschen in der ehemaligen UdSSR gerichtet. Begegnungszentren, deutschsprachige Presse, Finanzierung von Konferenzen und Rundtischgesprächen, sozialer Projekte, des Bauwesens und des Kleinbusiness – das alles trug dazu bei, dass die Menschen einander kennenlernten, dass sie von gemeinsamen Zielen durchdrungen wurden und eine gemeinsame Sache verfolgten. Wenn es diese Unterstützung durch den Aussiedlerbeauftragten nicht gegeben hätte, so würde heute nicht nur die Lage der Russlanddeutschen, sondern auch insgesamt die russische ethnisch-kulturelle Politik anders aussehen. Dank des Einflusses von außen wurde eine Infrastruktur des kulturellen Lebens geschaffen, obwohl es keine echten Voraussetzungen für die Herausbildung einer nationalen Schule gegeben hat (zumal die Schulpolitik im staatlichen Zuständigkeitsbereich liegt, wo heute ganz andere Prioritäten bestehen). Ebenso bestanden keine echten Voraussetzungen für die Herausbildung einer professionellen Kunst, einer Literatur und insgesamt für ein Leben in deutscher Sprache. Die Unterstützung der Russlanddeutschen wurde sozusagen ein Spielfeld für die Zusammenarbeit Russlands und Deutschlands.

. Leider konnte der Appell „Hilfe zur Selbsthilfe" von Horst Waffenschmidt vorerst noch nicht realisiert werden. Die Russlanddeutschen verbinden ihren Geschäftserfolg (viele sind erfolgreiche Geschäftsleute) noch nicht mit der Unterstützung von deutschen Sprach- oder Kulturinitiativen. Die regionalen Gesellschaften sind noch immer auf die finanzielle Unterstützung durch die beiden Länder angewiesen, um ihre sozialen und kulturellen Vorhaben zu verwirklichen.

In den beiden letzten Jahrzehnten hat sich die Welt stark verändert, damit veränderten sich auch die Arbeitsformen des Aussiedlerbeauftragten. Er besitzt eine eigene Internetseite,[9] die informativ und gut gestaltet ist und auch als Basis für ein neues Netzwerk zur Aufrechterhaltung der deutschen Kultur dienen kann. Interessant ist auch die Internetseite der Russlanddeutschen – des Internationalen Verbandes der deutschen Kultur.[10] Schade, dass hier vorerst noch keine Online-Deutschkurse angeboten werden. Es fehlt auch Werbung für Waren und Dienstleistungen von Betrieben Russlanddeutscher, es gibt noch keine privaten Anzeigen oder Annoncen.

Eine wirksame Unterstützung der autochthonen Diaspora-Minderheiten muss durch eine zielgerichtete staatliche Förderpolitik und den Willen von Vertretern der Minderheit zur Selbsterhaltung und Eigenständigkeit geprägt sein und von der Mithilfe der umgebenden Bürgergesellschaft begleitet werden.

---

9 „Informationsdienst Russland-Deutschland", unter <http://www.ornis-press.ru/> (abgerufen 15.10.2008).

10 „Internationaler Verband der deutschen Kultur", unter <http://www.rusdeutsch.ru/> (abgerufen 15.10.2008).

Es müssen gesetzliche Bedingungen, die eine vollwertige kulturelle Entwicklung ermöglichen, hergestellt werden, ebenso muss auf die gerechte Verteilung der öffentlichen Fördermittel geachtet werden. Priorität hat die Unterstützung der Menschen am Wohnort; erzwungene Umsiedlungen dürfen kein Mittel der Politik mehr sein.

Die Minderheitenvertreter sind der wichtigste Faktor in dieser Politik. Die Menschen müssen aber auch selbst für die Bewahrung ihrer Identität eintreten, sie müssen ein stetiges, aktives Interesse an Sprache, Kultur und wirtschaftlicher Aktivität entfalten, um eine vom Staat unabhängige Basis ihrer Selbstorganisation herzustellen. Schließlich muss die umgebende Bürgergesellschaft auch vom Staat und von den Minderheiten informiert werden. Dies kann nur durch auf Toleranz ausgerichtete, jahrzehntelange gemeinsame Bemühungen erreicht werden; wie die Entwicklung in Russland zeigt, bestehen hier noch große Aufgaben.

Für die autochthonen Diaspora-Minderheiten haben bestimmte kulturpolitische Komponenten grundsätzliche Bedeutung. Die wichtigste ist, dass ein Netzwerk zur Befriedigung der kulturellen Bedürfnisse geschaffen und aufrechterhalten wird. Dafür werden benötigt:

- nach einheitlichen Prinzipien arbeitende Kulturzentren;
- ein System zur Sprachausbildung (Schriftsprache, mündliche Rede, Spracherhalt);
- Jugend-, Familien- und Heiratsannoncen-Projekte für jene, die einander im privaten Bereich finden wollen;
- Zugang zu ,Kulturspeichern', in welchen Literatur zugänglich gemacht wird.

Das alles setzt eine qualitativ neue informationstechnische Dimension in der ethnisch-kulturellen Politik voraus. Für die Diaspora-Minderheiten ist das Untereinander-in-Verbindung-Stehen eine Existenzgrundlage.

* * *

Paul Philippi zum Thema: „Erhaltung autochthoner Minderheiten unter Diasporabedingungen".

Lassen Sie mich meine Überlegungen an vier Begriffen festmachen, die uns durch das Programm vorgegeben worden sind: am Begriff der ,Minderheit', am Begriff des ,Autochthonen', an dem der ,Diaspora' und an dem des ,Aussiedlerbeauftragten'.

,Minderheiten' gibt es – und zu Minderheiten sind wir Autochthone erst geworden! – seit es Mehrheiten gibt, nämlich Mehrheiten als eine politische Qualität, als einen politischen Mehrwert. In der Minder*zahl* waren viele der autochthonen Minderheiten wohl schon Jahrhunderte vorher. Aber das spielte keine politische Rolle, weil Mehrheit im staatsrechtlichen Bereich keinen Mehr*wert* darstellte und die Minder*zahl* keinen Minder*wert*. Die Qualität einer Gruppenexistenz wurde nicht durch Mehrzahl, sondern durch Rechte (einschließlich Pflichten!) gesichert, durch Rechte, die der Gruppe zugemessen und zuerkannt waren, relativ unabhängig von deren Zahl.

Existenzrechte *und* Pflichten: zuerkannt – von wem? Das ist eine Frage, die uns aus einer prinzipiellen und historischen Betrachtung gegebenenfalls weiterführen wird zu Zukunftsaufgaben und zu Chancen.

‚Autochthon' sind Minderheitengruppen jedenfalls dann, wenn ihre Existenz älter ist als das Staatsgebilde, zu dem sie heute gehören. Älter vor allem als der Staat, der sich aufgrund der Mehrheit einer der auf seinem Territorium vorhandenen ethnischen Gruppen zum Nationalstaat gerade dieser einen ethnischen Gruppe erklärt hat. Die uns interessierende Minderheitenfrage gibt es erst, seit es Nationalstaaten gibt, nämlich Nationalstaaten einer sogenannten Titularnation ethnischen Selbstverständnisses. Dass gerade diese – und nicht eine andere der zusammenwohnenden Ethnien – zur Titularnation wurde, ist meist nicht das Verdienst geschichtlicher oder meritorischer Leistungen, sondern schlicht das Resultat ihrer biologischen beziehungsweise sozialen Mehrzahl.

Fallbeispiel: Die Minderheitengruppe der Siebenbürger Sachsen bildet schon Mitte des 12. Jahrhunderts eine gruppenrechtlich definierte Einheit im Rahmen des damaligen ungarischen Königreiches. Die Anfänge eines rumänischen Staates gehen auf die Mitte des 14. Jahrhunderts zurück. Im Rahmen des Staates, zu dem sie gehörten, galten die Siebenbürger Sachsen bis 1876 als ‚Nation', das heißt als ein staatstragender politischer Verband. Zum Territorium Rumäniens wird Siebenbürgen erst im 20. Jahrhundert. Die Siebenbürger Sachsen kamen nicht nach Rumänien. Rumänien kam zu ihnen, wozu sie beigetragen haben. Darum dürfen sie nicht als Gast der Mehrheitsethnie gelten, welche sich erst aufgrund von jüngeren Entwicklungen und Ideologien zur Trägerin eines Nationalstaates erklären konnte und zur ‚Titularnation' des Wohngebietes der Minderheit geworden ist.

Natürlich steht solchen grundsätzlichen Erwägungen die nüchterne Einsicht entgegen, dass diese Entwicklung aus dem Bewusstsein der politischen Entscheidungsträger verdrängt scheint. In der Realpolitik zwischenstaatlicher Beziehungen muss also mit eben jenem Nationalstaatsbewusstsein gerechnet werden, welches auch autochthone Minderheiten als ‚Gäste' der Mehrheitsethnie ansieht.

Mit solchem Nationalstaatsbewusstsein verbindet sich denn auch der Begriff der ‚Diaspora'. Diaspora bedeutet zwar einerseits, dass die Minderheit keine kompakte Einheit (mehr) bildet, andererseits aber bedeutet Diaspora, dass die Minderheit sowohl durch andere als auch durch sich selbst außer im Rahmen des Staates, in dem sie lebt und in dem sie Lebensrecht beansprucht, definiert wird auch durch ihre Beziehung zu einem anderen Staat, einem Staat nämlich, in welchem ihre Ethnie als kompakte Mehrheit existiert. Eine deutschsprachige Minderheit also wird definiert durch ihre Beziehung zu Deutschland.

> „The relational facts of perpetual recollecting identification with a fictious or far away existing geographic territory and its cultural-religious traditions are taken as diaspora constitutive. If this identificational recollection or rebinding is missing, a situation and social form shall not be called 'diasporic'."[11]

Und die Antwort auf die Frage, die unserer Arbeitsgruppe gestellt ist, muss wohl davon ausgehen, dass auch die Bundesrepublik Deutschland uns deutsche Minderheiten aus dem Gesichtswinkel unserer Beziehung zum deutschen Staat betrachtet und gewichtet: Was bedeutet der Bundesrepublik Deutschland diese oder jene autochthone deutsche Minderheit?

Uns alle also verbindet, dass unsere Identität als deutsche Minderheiten sowohl von Deutschland her als auch von der politischen Klasse unserer Heimatstaaten her, ja dass sie auch von uns selbst her durch unsere Beziehung zu Deutschland (mit) definiert wird.

Und das mit unterschiedlichem Recht: Die mit Deutschland gemeinsame *Sprache* zum Beispiel verbindet uns auch mit Österreich und mit der Schweiz. Gemeinsame *geschichtliche* Bindungen führen manche von uns näher an Österreich heran als an Deutschland. Und unsere *Herkunft* weist auf den ganzen deutschen Sprachraum zurück, zum Teil über die Grenzen heutiger deutscher Staatlichkeit hinweg.

Bis zum Ende des 19. Jahrhunderts hat sich die Beziehung autochthoner deutscher Minderheiten nicht auf den politischen Staat Deutschland bezogen, den es bis 1871 noch gar nicht gab, sondern auf den deutschen Sprach- und Kulturraum. Man nannte das die ‚Kulturnation'. Durch die Entwicklung nach dem Ersten Weltkrieg und noch mehr durch den Zweiten Weltkrieg haben die Beziehungen der autochthonen deutschen Minderheiten nicht mehr nur dem deutschen Kulturraum gegolten, sondern sich auch auf den Staat Deutschland bezogen. Parallel dazu sind die deutschen Minderheiten von Deutschland auch politisch massiv in Anspruch genommen, ja auch missbraucht worden. Dadurch sind diese Minderheiten in viel höherem Maße von Deutschland abhängig geworden, als man es wünschen möchte. Diese Abhängigkeit muss heute (vorläufig) als die reale Basis für weitere Überlegungen anerkannt und bejaht werden, und zwar von beiden Seiten her, von Deutschland her wie vonseiten der Minderheiten.

Vonseiten Deutschlands: Als Rechtsnachfolgerin des Deutschen Reiches hat die Bundesrepublik Wiedergutmachungspflichten anerkannt gegenüber Staaten und

---

11 *Martin Baumann:* Diaspora. Genealogics of Semantics and transcultural Comparison, in: Numen. International Review for the History of Religions 47 (2000), S. 327.

Ethnien, die durch den Zweiten Weltkrieg Schaden gelitten haben. Solche Pflichten sind, soweit ich sehe, gegenüber den geschädigten autochthonen deutschen Minderheiten nicht ausdrücklich anerkannt worden, sie werden freilich implizit wahrgenommen durch Hilfsmaßnahmen gerade mittels des Amtes des Aussiedlerbeauftragten. Eine explizite Anerkennung und Ausdehnung der Wiedergutmachungsverpflichtung auch den autochthonen deutschen Minderheiten gegenüber, welche durch Maßnahmen des Deutschen Reiches im Zweiten Weltkrieg geschädigt worden sind, wäre politisch von hoher Bedeutung.

Allerdings gibt es Gründe, mit solchen expliziten oder prinzipiellen Erklärungen in diesem Bereich behutsam umzugehen. Das müssen wir aus der Position der Minderheiten gelten lassen. Eine *Restitutio in integrum* ist in unseren Heimatstaaten aus objektiven Gründen nach 65 Jahren ohnehin nicht möglich, gerade auch wegen der Diaspora-Situation: der Zerstreuung. Dennoch sollten wir von Deutschland Verständnis und politische Rechtshilfe erwarten dürfen, wo es darum geht, Schädigungen oder Benachteiligungen innerhalb unserer Staaten zu überwinden. Rechtshilfe zum Beispiel dadurch, dass wir national wie international als Gruppen anerkannt werden, die zum integralen, zum konstitutiven Bestand unseres Staates gehören, dass wir also nicht als ‚Gäste‘ unserer ‚Titularnationen‘ gelten und dass wir als Autochthone nicht wie Objekte behandelt werden – nämlich nicht als Objekte von Interessen unseres ‚Nationalstaates‘ einerseits und Deutschlands andererseits, sondern als Subjekte eigenen Wertes. Wohl sind wir, nicht nur wegen der Kriegsfolgen, darauf angewiesen und bleibend daran interessiert, ja auch dazu befähigt, hinsichtlich deutschländisch-heimatstaatlicher Beziehungen konstruktiv (mit) zu wirken. Ich verweise auf die oft genannte ‚Brückenfunktion‘. Aber dieses sollten wir, nach Maßgabe unserer Kräfte, als politisch mitwirkende Subjekte tun können.

Um als solche Subjekte wirken zu können, bedarf es in der Diasporasituation der Hilfen zur Festigung unseres eigenen Zusammenhaltes, zum Beispiel durch Profilierung eines deutschsprachigen Schulwesens. Unser Schulwesen – ob staatlich organisiert oder, falls eigenständig, dann staatlich gefördert – ist im Status der Diaspora offen für Mitbürger aller Muttersprachen. Dieses Schulwesen sollte aber, sowohl im Interesse unserer Identität als auch im Sinne unserer Fähigkeit, am zwischenstaatlichen Kulturaustausch mitzuwirken, möglichst muttersprachlich deutsch bleiben oder werden. Das erleichtert oder ermöglicht es erst, mehr zu sein als nur Sprachvermittler, und es trägt dazu bei, dass die Minderheit ihre Rolle als Subjekt wahrnimmt – nutzbringend für alle Seiten. Da die Öffnung der Minderheiten zu den Mitbürgern anderer Sprache heute erfreulicherweise selbstverständlicher geworden ist als früher, muss der Festigung des bewussten Willens zur Gemeinschaft innerhalb der Minderheit vermehrt Sorgfalt zugewendet werden. Die Existenz einer autochthonen Minderheit gibt es nicht als bloße Freizeitgestaltung und Folklore, auch nicht nur als Schönwettererlebnis; sie beruht vielmehr auf freiwillig gelebter Verbindlichkeit und Befindlichkeit. Mit Recht legte daher Horst Waffenschmidt auf Hilfen zur Gemeinschaftsbildung den allergrößten Wert.

Solche Hilfen zur Gemeinschaftsbildung sollten nicht nur Geld bedeuten, auch nicht nur Sprachvermittlung. Der Erfolg guter Sprachvermittlung kann ja für die guten Deutsch-Sprecher eine geglückte Aufnahme in Deutschland bedeuten, was dann für die Gemeinschaft der autochthonen Minderheit ein Verlust wäre, ein Verlust von Elite. Natürlich dürfen wir keine Einschränkung der Aufnahmebereitschaft Deutschlands wünschen. Aber ich habe Horst Waffenschmidt schon in den neunziger Jahren darauf hingewiesen, dass die in seinem Amtstitel vollzogene Ankoppelung der Minderheitenfragen an den ‚Aussiedlerbeauftragten' den – sicherlich nicht erwünschten – Eindruck erwecken konnte, wir autochthone Minderheiten würden in Berlin unter dem Vorzeichen unserer potentiellen, nur noch nicht erfolgten, Aussiedlung betrachtet. Dieser Eindruck aber wirkte sich als ein destabilisierendes Element aus. Wir brauchen die Gewissheit, von der Bundesrepublik ernst genommen zu sein als Partner, auf deren autochthone Stabilität in ihrem Heimatstaat auch von Berlin her Wert gelegt wird. Dafür aber, dass uns die Bundesregierung eine Rolle als Partner wiederholt zugesprochen hat, möchte ich ausdrücklich Dank aussprechen. Somit käme es darauf an, durch gemeinsame Bemühung eine Verbindung etwa folgender Elemente zu erreichen:

a) Die weitere Festigung des Minderheitenrechts in der europäischen Gemeinschaft.

b) Die Hilfe zur inneren Festigung der deutschen Minderheiten in ihrem Heimatstaat mittels schulischer und sonstiger Gemeinschaftsbildung und Gemeinschaftspflege.

c) Die Sicherung einer eindeutig loyalen Position und konstruktiven Einordnung unserer Minderheit in unserem Heimatstaat, in welchem wir uns als deutsch(sprachig)e Gemeinschaft politisch mündig vertreten und einbringen. Zwischen Deutschland und unserem Heimatstaat sollte über uns niemals ohne uns verhandelt werden.

d) Die durch die Kriegs- und Nachkriegsereignisse geschädigte deutsche Minderheit sollte von Deutschland her materiell und spirituell mit dem Ziel gestützt werden, sich in ihrem Heimatstaat selbst artikulieren, behaupten und entfalten zu können.

e) Da die Bundesrepublik heute um qualifizierte Einwanderer wirbt, haben deutschsprachige Minderheitler beste Chancen, durch Migration Bundesrepublikaner zu werden. Dies würde die autochthone Minderheit schwächen, ja gefährden. Also müsste dringend ein Weg gefunden werden, wie die Chance der Zuwanderungsfreiheit bewahrt, aber ergänzt wird dadurch, dass dem Verbleiben in der Heimat Prestige verliehen und der Rückkehr dorthin Perspektiven eröffnet werden. Das erst entspräche der Zielvorstellung vom ‚Haus Europa'.

Dabei sollte vermieden werden, eine Minderheit mit unrealistischen Erwartungen zu belasten. Unter den autochthonen deutschen Minderheiten gibt es auch beachtliche Abstufungen. So sind unterschiedliche Maßstäbe anzulegen bei deutschen Minderheiten, die einmal zu Deutschland gehört haben oder Grenzland-Minderheiten sind; bei Minderheiten, die in ihrem Heimatstaat durch Einzelzuwanderung und ohne den Willen zu einer deutschsprachigen Gemeinschaftsbildung entstanden sind (hier ergeben sich Analogien zur Einwanderung in Amerika!); und bei Minderheiten, die in ihrem Heimatstaat durch Ruf und Rechtszusagen zu geschichtlich formierten Gemeinschaften geworden sind. Für sie alle müssen Rechte und Pflichten so gesichert werden, dass emotionale Willkür einseitiger ethnischer Mehrheitsbeschlüsse sie nicht gefährden können. Denn nicht ethnische Sauberkeit oder Einheitlichkeit sollen die Zukunft von Europas Staaten bestimmen, sondern das gesicherte Recht auf Einheit in Vielfalt und Alterität.

Europäische und deutsche Minderheitenpolitik

Beiträge

Henrik Becker-Christensen zum Thema „Deutsch-dänische Grenzlandminderheiten – die Bonn-Kopenhagener Erklärungen als Vorbild europäischer Minderheitenpolitik".

Am 29. März 2005 wurde der 50. Jahrestag der Unterzeichnung der Bonn-Kopenhagener Erklärungen[1] auf Schloss Sonderburg unter Teilnahme von Ministerpräsident Anders Fogh Rasmussen und Bundeskanzler Gerhard Schröder begangen.

In einer gemeinsamen Verlautbarung äußerten die beiden Regierungschefs, dass die Bonn-Kopenhagener Erklärungen die friedliche Koexistenz zwischen den Minderheiten beiderseits der deutsch-dänischen Grenze gefördert und gewährleistet und den Weg für die Entwicklung freundschaftlicher und enger Beziehungen zwischen Deutschland und Dänemark geebnet haben. Sie verliehen zugleich ihrer Überzeugung Ausdruck, dass die Bonn-Kopenhagener Erklärungen als Anregung zur Lösung von Minderheitenfragen in Europa und anderswo dienen können. In diesem Zusammenhang wurde unter anderem darauf hingewiesen, dass die Bonn-Kopenhagener Erklärungen eine der Quellen für die politischen Kriterien – die sogenannten „Kopenhagener Kriterien" – gewesen waren, die in den 1990er Jahren für die Mitgliedschaft in der Europäischen Union aufgestellt wurden.

Die erwähnten Äußerungen unterstreichen, dass die Bonn-Kopenhagener Erklärungen Teil der modernen Minderheitenpolitik in Europa sind. Obwohl die beiden Erklärungen mit ihren Zusatzprotokollen längst in die Jahre gekommen sind, sind sie weiterhin Vorreiter der Entwicklung in Sachen Minderheitenpolitik.

Aber zunächst einige Worte zu den Ereignissen von 1955. Am 29. März 1955 um 16.30 Uhr trafen sich Ministerpräsident und Außenminister Hans Christian Hansen und Konrad Adenauer in der offiziellen Dienstwohnung des Bundeskanzlers. Im Beisein der Delegationen der beiden Länder und anderer geladener Gäste unterschrieb der Bundeskanzler die deutsche Erklärung, während der dänische Minister-

---

1   Bei den „Bonn-Kopenhagener Erklärungen" handelt es sich um zwei getrennte Regierungserklärungen Deutschlands und Dänemarks, die 1955 die Anerkennung der dänischen Minderheit in Deutschland und der deutschen Minderheit in Dänemark bestätigten. Zwar erhalten die Minderheiten keine Sonderrechte zugestanden, jedoch werden das freie Bekenntnis zur jeweiligen Volkszugehörigkeit sowie die Gleichbehandlung aller Staatsbürger bestätigt. Texte in: Deutsch-dänischer Grenzverein (Hg.): Die Bonn-Kopenhagener Erklärungen von 1955 – Zur Entstehung eines Modells für nationale Minderheiten. Flensburg 1985, S. 122ff., und im Internet unter <http://www.geschichte-s-h.de/vonabisz/bonnkopenhagenererklaerung.htm> (abgerufen 01.11.2008).

präsident die dänische Erklärung unterzeichnete. Nach Abschluss der kurzen Zeremonie wurden mehrere Reden gehalten – zunächst im Beisein der Presse, dann auch bei einem anschließenden Abendessen. Hier betonten beide Regierungschefs, dass die Bonn-Kopenhagener Erklärungen einen Wendepunkt in den Beziehungen zwischen Dänemark und Deutschland bedeuteten und dass sie zugleich auch zu einem Wendepunkt in den Beziehungen zwischen Minderheit und Mehrheit beiderseits der Grenze werden sollten.

So sollte es auch kommen. Außenpolitisch sind Dänemark und Deutschland heute sehr enge Partner. Das gilt für alle Beziehungen zwischen den beiden Staaten. Dementsprechend haben sich auch die Beziehungen zwischen Minderheit und Mehrheit beiderseits der Grenze in den letzten 53 Jahren von – wie wir im Grenzland zu sagen pflegen – einem ‚Gegeneinander‘ über ein ‚Nebeneinander‘ zu einem ‚Mit- und Füreinander‘ entwickelt.

Das ist die kurze Version. Dass es unterwegs Spannungen gegeben hat – und weiterhin geben kann, ist kein Geheimnis. Aber das ändert nichts an der allgemein positiven Entwicklung, die sehr erfreulich ist – das ist auch der einzig gangbare Weg im heutigen Europa.

Die Bonn-Kopenhagener Erklärungen stehen gewiss nicht allein, wenn wir auf die Zeit von 1955 bis heute blicken. Die allgemeine Entwicklung in Westeuropa und jetzt in einem geeinten Europa, die wachsende internationale Zusammenarbeit, die Entwicklung enger Beziehungen innerhalb der NATO und der EU, der gemeinsame Handel, der Tourismus und vieles andere haben jeweils Beiträge dazu geleistet, dass sich das deutsch-dänische Verhältnis heute so grundlegend verändert präsentiert.

Aber die Bonn-Kopenhagener Erklärungen ragen in diesem Zusammenhang hervor und nehmen eine Sonderposition ein, weil sie nicht nur eine außenpolitische Bedeutung bekamen, sondern auch in den Alltag der Grenzlandbevölkerung durch vertrauensbildende Maßnahmen eingriffen. Sie lösten mehrere akute Probleme und schufen die Basis für eine schrittweise Besserung der Beziehungen zwischen Minderheit und Mehrheit beiderseits der Grenze.

Die akuten Probleme waren unter anderem die Anerkennung des Prüfungsrechts der Minderheitenschulen und die Herausnahme des Südschleswigschen Wählerverbandes (SSW) aus der Fünf-Prozent-Sperrklausel des schleswig-holsteinischen Landtagswahlgesetzes. Hinzu kam die ausdrückliche Anerkennung, dass die in den Verfassungen der beiden Staaten verankerten bürgerlichen Freiheitsrechte auch für jeden einzelnen Angehörigen der deutschen beziehungsweise der dänischen Minderheit Geltung besitzen.

Als eine Konsequenz dieser Rechtsprinzipien wurde festgestellt, dass das Bekenntnis zur deutschen oder dänischen Nationalität und Kultur „frei ist und nicht von den Behörden bestritten oder überprüft werden darf".[2] Personen, die den bei-

---

2 Siehe Anm. 1.

den Minderheiten und deren Organisationen angehören, dürfen weder in Schrift noch in Wort daran gehindert werden, diejenige Sprache zu benutzen, die sie vorziehen. Gegenüber den Gerichten und der Verwaltung richtet sich der Sprachgebrauch nach den geltenden Bestimmungen. Die beiden Erklärungen legen ferner das Recht der dänischen und der deutschen Minderheit fest, religiöse, kulturelle und fachliche Beziehungen mit Dänemark beziehungsweise mit Deutschland zu unterhalten, sowie das Recht der Minderheiten, eigene Schulen und Kindergärten einzurichten.

Ferner muss laut den Erklärungen auch der Rundfunk gewisse Rücksicht auf die Minderheiten nehmen, und die Minderheiten sollen öffentliche Bekanntmachungen in eigenen Tageszeitungen veröffentlichen können. Schließlich erhalten die Minderheiten die Zusage, dass ihre Vertretung in kommunalen Ausschüssen nach geltenden Bestimmungen gewährleistet wird und dass bei Vergabe öffentlicher Leistungen in einem unabhängigen Verfahren kein Unterschied gemacht werden darf zwischen Personen, die der Minderheit angehören, und anderen Staatsangehörigen.

Die Bonn-Kopenhagener Erklärungen mit den Zusatzprotokollen sind – wie die Grundgesetze unserer beiden Staaten – weiterhin aktuell und bilden die Richtschnur für die Beziehung zwischen Minderheit und Mehrheit beiderseits der Grenze. Das gilt nicht zuletzt für die Befreiung des Südschleswigschen Wählerverbandes von der Fünf-Prozent-Sperrklausel bei Landtagswahlen. Hier wurden die Bonn-Kopenhagener Erklärungen zum Meilenstein, zumal diese Befreiung eine entscheidende Bedeutung für die Möglichkeit der Vertretung des Südschleswigschen Wählerverbandes im Landtag hat. Die Befreiung wurde zuletzt bei der Landtagswahl 2005 bestätigt. In diesem Zusammenhang sollte daran erinnert werden, dass auch das Bundesverfassungsgericht in einem Urteil ausdrücklich die Befreiung des Südschleswigschen Wählerverbandes von der Fünf-Prozent-Sperrklausel im ganzen Bundesland anerkannt hat. Mit anderen Worten: Die Gültigkeit beziehungsweise Vollwertigkeit der Abgeordnetenmandate kann nicht in Frage gestellt werden.

Dies entspricht der Linie anderer Zusagen, die die Bundesregierung 1955 der dänischen Regierung gab, – nämlich der Aufrechterhaltung einer Bestimmung im Bundestagswahlgesetz zugunsten nationaler Minderheiten. Diese gab – und gibt weiterhin – nationalen Minderheiten die Möglichkeit, auch im Bundestag vertreten zu werden, sofern sie den Durchschnitt an Stimmen pro gewähltem Bundestagsabgeordneten in dem betreffenden Bundesland erzielen, in dem die Minderheit zuhause ist. Dies ist festzustellen vor dem Hintergrund, dass im Landesteil Schleswig immer wieder diskutiert wird, ob der Südschleswigsche Wählerverband zu Bundestagswahlen antreten soll oder nicht.

All diese Ausnahmebestimmungen für nationale Minderheiten sind keineswegs überholt – sie sind vielmehr Teil moderner Minderheitenpolitik in Europa nach 1989. Wir finden Ähnliches auch anderenorts und in unterschiedlichen Zusammenhängen wieder. Zum Beispiel in Polen, wo die deutsche Minderheit ebenfalls von einer Befreiung von der Fünf-Prozent-Sperrklausel des Wahlgesetzes profitiert; auch Ungarn ist ein Vorreiterland. Entsprechend haben andere Staaten jeweils ihre besonderen Regelungen, wenn es um die Pflege der nationalen Koexistenz geht.

In den 1980er Jahren wurden im Minderheitenbereich neue Schritte getan. Für die deutsche Minderheit war von großer Bedeutung, dass mit Unterstützung des dänischen Staates 1983 ein deutsches Sekretariat in Kopenhagen eingerichtet wurde, das den täglichen Kontakt zu Ministerien und zum Folketing wahrnehmen sollte.

Im selben Jahr wurde südlich der Grenze – in den Worten der Minderheitenbeauftragten der Landesregierung Schleswig-Holsteins Renate Schnack – eine „offensive und qualitativ neue schleswig-holsteinische Minderheitenpolitik"[3] eingeleitet. Den Anfang machte Ministerpräsident Uwe Barschel, der in der Mitte der 1980er Jahre die Gleichstellung bei der Schülerkostenbezuschussung für die Schulen der dänischen Minderheit einführte. Es wurde auch beschlossen, dass die Landesregierung in jeder Wahlperiode einen Bericht über die dänische und die deutsche Minderheit erarbeiten sollte. Der erste Bericht wurde 1986 im Landtag vorgestellt und diskutiert. Dementsprechend folgte 1987 ein Bericht über die friesische Sprache und Kultur. Die folgenden Berichte betrafen alle drei Minderheiten im Lande: Hinzu kamen ab 1996 die Sinti und Roma. Die schleswig-holsteinische Minderheitenpolitik sollte sich auf diese vier Gruppen beziehen.

Nachdem Björn Engholm Ministerpräsident geworden war, setzte die Landesregierung 1988 den früheren Landtagsvizepräsidenten Kurt Hamer in das neu geschaffene Amt des „Grenzlandbeauftragten" für den Minderheitenbereich ein. Auf Kurt Hamer folgte 1991 Kurt Schulz. Mit dem Amtsantritt Renate Schnacks im Jahre 2000 wurde die Amtsbezeichnung in „Minderheitenbeauftragte" abgeändert. Diese Position hatte unter anderem dadurch besondere Bedeutung, dass die Amtsinhaberin beziehungsweise der Amtsinhaber ein direktes Bindeglied zwischen dem Ministerpräsidenten und den Minderheiten war. 2005 ging die Funktion auf Caroline Schwarz über. 1988 berief der Landtag auch einen besonderen Kontaktausschuss für Fragen bezüglich des friesischen Bevölkerungsteils.

Dass Bewegung in die Minderheitenpolitik gekommen war, zeigte sich im Jahr 1990 besonders deutlich, als die schleswig-holsteinische Landessatzung revidiert wurde und den formellen Status einer Landesverfassung erhielt. In diesem Zusammenhang wurde der Artikel fünf aus dem Jahr 1949, der festlegt, dass das Bekenntnis zu einer nationalen Minderheit frei ist, jedoch keineswegs von den allgemeinen staatsbürgerlichen Pflichten entbindet, um folgende Absichtserklärung ergänzt:

---

3 *Renate Schnack:* Slesvig-Holsten og mindretallene i 1980érne og 1990érne [Das Land Schleswig-Holstein und die Minderheiten in den 1980er und 1990er Jahren]. In: *Jørgen Kühl* (red.): En europæisk Model? Nationale mindretal i dei dansk-tyske gränseland 1945–2000. Aabenraa 2002, S. 299–316, hier S. 304.

„Die kulturelle Eigenständigkeit und die politische Mitwirkung nationaler Minderheiten und Volksgruppen stehen unter dem Schutz des Landes, der Gemeinden und Gemeindeverbände. Die nationale dänische Minderheit und die friesische Volksgruppe haben Anspruch auf Schutz und Förderung."[4]

In Dänemark bewirkte die 2007 in Kraft getretene Strukturreform, dass die Regierung eine Reihe neuer Wahlbestimmungen zur Sicherung der politischen Vertretung der deutschen Minderheit in den nordschleswigschen Großkommunen einführte. In den Stadträten wurde die Anzahl der Mandate auf 31 erhöht. Sofern die Stimmen der Minderheit nicht für die Nominierung eines Abgeordneten ausreichen, kann sie bei mindestens 25 Prozent der Stimmen für das einfachste Mandat über einen Abgeordneten verfügen. Dieser hat zwar kein Stimmrecht, ist aber mit allen sonstigen Rechten, darunter Rederecht und Recht auf einen Ausschusssitz, versehen. Sofern zwischen 10 und 25 Prozent der für ein Mandat notwendigen Gesamtstimmenzahl erzielt wird, muss ein Ausschuss bestellt werden, der sich mit Fragen bezüglich der deutschen Minderheit beschäftigt. Bei der Kommunalwahl 2005 erzielte die Schleswigsche Partei aus eigener Kraft je ein Mandat in den Stadträten von Sonderburg, Tondern und Apenrade, während die obengenannte 25-Prozent-Regel der Minderheit im Stadtrat von Hadersleben einen Abgeordneten sicherte. In einem europäischen Zusammenhang betrachtet, kann man auch hier von einem bedeutenden Schritt in der Minderheitenpolitik sprechen.

Dementsprechend ist auf kommunaler Ebene vielversprechend, dass der Kreistag Nordfrieslands 2008 einen Vorschlag zum Schutz und zur Förderung der dänischen und friesischen Sprache und der Institutionen der beiden Minderheiten verabschiedet hat.

Zusammenfassend kann gesagt werden, dass durchaus auch ‚Missverständnisse' entstehen können, dass aber die deutsch-dänische Minderheitenpolitik längst ein fester Bestandteil der Beziehung zwischen Minderheit und Mehrheit beiderseits der Grenze geworden ist. Sie hat mit den Worten der Minderheitenbeauftragten Renate Schnack „eine neue Qualität im gegenseitigen Umgang miteinander hervorgebracht"[5] und damit ganz entscheidend zur positiven Entwicklung beigetragen. Die Bonn-Kopenhagener Erklärungen dienen in der Praxis als Richtschnur für ‚good behaviour' im Grenzland, sie entsprechen weiterhin dem Stand des internationalen Minderheitenrechts. Das gilt sowohl bei einem Vergleich mit der „Europäischen Charta der Regional- und Minderheitensprachen"[6] von 1992 als auch einem Ver-

---

4   Verfassung des Landes Schleswig-Holstein vom 13. Dezember 1949 in der Fassung des Gesetzes zur Änderung der Landessatzung für Schleswig-Holstein vom 13. Juni 1990, hier Artikel 5; Text unter <http://www.verfassungen.de/de/sh/schleswig-holstein90.htm> (abgerufen 07.11.2008).
5   *Schnack* (wie Anm. 3), S. 299–304.
6   Siehe oben S. 151f.

gleich mit dem „Rahmenübereinkommen zum Schutze nationaler Minderheiten"[7] des Europarats von 1995, denen Dänemark und Deutschland beigetreten sind. Der juristisch kundige Sten Harck hat zu Recht festgestellt, dass jene, die die Bonn-Kopenhagener Erklärungen verfasst haben, „ihrer Zeit sehr weit voraus waren".[8]

Kann also von einem europäischen Modell die Rede sein? Der Minderheitenforscher Jørgen Kühl hat in mehreren Abhandlungen Elemente bewertet, die Teil des „schleswigschen Modells" sind, und dessen Relevanz im europäischen Kontext beurteilt. Hier hat er Kriterien aufgestellt, die die Regelungen in Schleswig kennzeichnen – unter anderem funktionelle Autonomie, Selbstverständnis, Gegenseitigkeit, Freiwilligkeit, institutionalisierter Dialog, finanzielle Unterstützung und Akzeptanz der Grenze. Da sich Minderheitenkonflikte niemals identisch darstellen, kann man jedoch nicht ohne weiteres Erfahrungen und ‚Instrumente' auf andere Gebiete übertragen. Stattdessen müssen relevante Erfahrungen und Instrumente ausgewählt werden. Das schleswigsche Modell ist laut Jørgen Kühl ein positives Beispiel dafür, dass es gelungen ist, eine dauerhafte Lösung eines heiklen Minderheitenproblems zu finden,[9] die auch für andere Situationen als Anregung dienen kann. Man sollte aber nicht von einem ‚Exportschlager' sprechen, sondern die gefundene Regelung als Beispiel dafür sehen, dass man dauerhafte Lösungen tatsächlich erreichen kann, wenn nur der gute Wille vorhanden ist – und zwar auf beiden Seiten.

∗ ∗ ∗

Heinrich Schulz zum Thema: „Notwendigkeit einer Minderheitenpolitik und -förderung in Europa".

Die Föderalistische Union Europäischer Volksgruppen (FUEV) wird von der Bundesregierung finanziell und ideell unterstützt und arbeitet seit Jahren mit ihr zusammen. Mit 84 Mitgliedsorganisationen in 32 europäischen Ländern ist die FUEV der größte Dachverband der autochthonen nationalen Minderheiten in Europa.

Einleitend möchte ich einen Blick auf die Fakten werfen. Jeder, der sich mit den europäischen Minderheiten beschäftigt, wundert sich, dass so viele Europäer von ihren Nachbarn nichts zu wissen scheinen. Man bezeichnet die Minderheiten in Europa nicht zu Unrecht als eines der am besten gehüteten Geheimnisse des Konti-

---

7   Siehe oben S. 118.

8   *Sten Harck:* Fra Bonn til Strasbourg: Danskernes, tyskernes og frisernes mindretalsrettigheder 1945–2000 [Von Bonn bis nach Straßburg. Die Minderheitenrechte der Dänen, Deutschen und Friesen 1945–2000]. In: *Kühl* (wie Anm. 3) S. 331–349, hier S. 342.

9   *Jørgen Kühl:* Nationale mindretal i dei dansk-tyske grænseland. En Indledning [Nationale Minderheiten im deutsch-dänischen Grenzland. Eine Einführung]. In: *Kühl* (wie Anm. 3) S. 13–73.

nents. Der ehemalige FUEV-Präsident, der Südtiroler Prof. Christian Pan, hat den schwierigen Versuch eines empirischen Überblicks versucht. Laut Pan gibt es in Europa 337 nationale und ethnische Minderheiten mit zusammen 103,5 Millionen Angehörigen. Demnach gehört jeder siebente Europäer einer Minderheit an. Besonders deutlich wird dies bei der Sprachenvielfalt. Nach Berechnungen von Pan gibt es in den 46 zu Europa zählenden Ländern 91 Sprachen. Dabei stehen den 37 Nationalsprachen Europas 54 Sprachen ohne Mutterstaat gegenüber. Diese werden von etwa fünf Prozent der Europäer gesprochen. Dass der Minderheitenschutz in Europa dringend geboten ist, belegt eine Studie der Europäischen Kommission, die zu dem Schluss kommt, dass Sprachen mit weniger als 300.000 Sprechern in ihrem Fortbestand bedroht sind. Nimmt man die Zahlen von Pan als Maßstab, sind rund 30 Prozent der Sprachen Europas und 80 Prozent der europäischen Minderheiten in ihrer Existenz bedroht. Hier sind eine gesamteuropäische Solidarität und ein gemeinsamer Einsatz sowohl der Minderheiten als auch der Mehrheitsbevölkerung notwendig.

Wie sieht es nun mit dem Minderheitenschutz in Europa aus? Ein Abgeordneter des Europaparlaments sagte kürzlich, dass es schon fünf Minuten nach zwölf sei. Damit ist auf die Tatsache hingewiesen, dass die Minderheiten in Europa immer mehr von der politischen Agenda verschwinden. Sie spielen in vielen Reden mit Blick auf Europa als Kontinent der Vielfalt eine Rolle, doch wendet man sich Fragen nach der politischen Bedeutung der Minderheiten zu, ihren Forderungen nach Selbstverwaltung und positiver Diskriminierung, wird meistens schnell abgewinkt. Kein Interesse! Zu kontrovers! Kein Bedarf!

Das war schon anders. Gleich nach der Euphorie über das Ende des Kalten Krieges wurde Europa unfreundlich auf den Boden der nationalstaatlichen Tatsachen zurückgeholt. Die Kriege auf dem Balkan, ebenso die Forderung nach Grenzverschiebungen von neu erstarkten Minderheiten hinterließen auf die Entscheidungsträger in den Nationalstaaten Europas einen großen Eindruck. Es gab Anfang der 1990er Jahre fast keine Sicherheitskonferenz der Europäischen Union, des Europarates, der OSZE oder der UNO, die das Thema Minderheiten nicht ganz oben auf der Agenda stehen hatte. Alle Dokumente, die sich mit dem Minderheitenschutz beschäftigen, auch die beiden grundlegenden Dokumente, die Europäische Sprachencharta und das Rahmenübereinkommen zum Schutz nationaler Minderheiten,[10] sind im Kontext der damaligen europapolitischen Situation zu betrachten. Sogar die Europäische Union, die in den Kopenhagener Mitgliedschaftskriterien einen funktionierenden Minderheitenschutz vorschreibt, war dabei. Durch die Kopenhagener Kriterien wurde erreicht, dass sich die EU-Beitrittsstaaten auf dem Papier einen guten Minderheitenschutz verordnet haben, der zumeist weit über die Regelungen hinausging, die in den alten EU-Staaten vorhanden waren. Deshalb verstehen

---

10 Siehe oben S. 118 und 152.

manche der neuen Mitglieder nicht, warum der Minderheitenschutz zum Beispiel in Frankreich oder Griechenland ganz anders aussieht als im Baltikum.

Anscheinend hat sich niemand darüber Gedanken gemacht, was geschieht, wenn neue Staaten EU-Mitglieder werden. Wer soll sie nun davon abhalten, von den bereits erreichten Standards im Minderheitenschutz wieder abzurücken und sich an Griechenland oder Frankreich zu orientieren. Auch das erleben wir.

Bei der Aufnahme Rumäniens und Bulgariens in die Europäische Union spielte der Minderheitenschutz keine entscheidende Rolle. Die europäischen Staaten tun sich heute schwer, das Thema Minderheiten wieder auf die Agenda zu setzen. Trotz der Intervention eines Ministerpräsidenten in der Bundesrepublik und der Sympathiebekundung der Bundesregierung ist es auch 2007 nicht gelungen, das Thema Minderheiten auf der Agenda der deutschen EU-Ratspräsidentschaft unterzubringen. Man muss unterstreichen, dass die Europäische Union nicht Europa ist. Am besten wird Europa im Europarat repräsentiert, einer Institution, in der 47 Mitgliedstaaten vertreten sind. Aber auch hier ist das Minderheitenthema nicht mehr so stark präsent, wie dies vor fünf bis zehn Jahren noch der Fall gewesen war. Es war der Europarat, der Anfang der 1990er Jahre die beiden genannten, derzeit maßgeblichen Dokumente des Minderheitenschutzes aus der Taufe gehoben hat. Aber das sind im Prinzip ‚Light-Produkte‘, die Messlatte der Minderheitenvertreter und so mancher couragierter Politiker lag damals bedeutend höher.

Eigentliches Ziel war eine Minderheitenkonvention oder ein Zusatzprotokoll zur Europäischen Menschenrechtskonvention, doch die Mitgliedsstaaten einigten sich auf die beiden genannten Dokumente und begruben damit weiterführende Minderheitenregelungen. Generell bleibt festzuhalten, dass in den letzten zehn Jahren mit dem Inkrafttreten der Sprachencharta und des Rahmenübereinkommens keine großen minderheitenpolitischen Anstrengungen oder Initiativen mehr unternommen wurden, weder im Europarat noch in der Europäischen Union.

Dass diese abwartende, ins Ablehnende übergleitende Haltung sehr kurzsichtig, ja gefährlich ist, wird derzeit wieder ins Bewusstsein der Öffentlichkeit zurückkatapultiert. Die Unabhängigkeitserklärung des Kosovo hat einige der Fragen von vor 15 Jahren wieder aufflackern lassen. Mit der Unabhängigkeit wurde zum ersten Mal seit Jahren eine Grenze in Europa neu gezogen. Im Norden des Kosovo ist eine Minderheit entstanden, die sich nicht als solche sieht. Die serbische Bevölkerungsgruppe will zu Serbien gehören, findet sich im neuen Staat Kosovo nicht zurecht und lehnt diesen kategorisch ab.

Minderheitenschutz wurde in diesen Gründungstagen von allen politischen Vertretern laut als die Lösung skandiert. Autonomie und Selbstbestimmung, von den guten Beispielen in Europa lernen, hieß die Devise. Auch der alte Konflikt im Kaukasus in Georgien wird auf dem Rücken beziehungsweise mit den Argumenten der Minderheiten ausgetragen. Wie sieht die Zukunft in Ossetien und Abchasien aus? Die Minderheitenfrage in Europa ist leider wieder aktuell.

Europa ist für die Minderheiten wichtig, egal ob es sich um nationale Minderheiten handelt, die durch Grenzziehung entstanden sind, oder um Völker, die nie einen Staat errichtet haben. Hier suchen sie Verständnis und Unterstützung, die sie im eigenen Land nicht immer finden. Deshalb darf Europa die jeweiligen Nationalstaaten nicht aus der Verantwortung entlassen. Es ist kein Geheimnis, dass die Arbeit der Europäischen Union immer stärkeren Einfluss – nicht zuletzt im Gesetzgebungsverfahren – auf die Politik der jeweiligen Nationalstaaten erhält. Daher vertritt die FUEV den Ansatz einer Doppelstrategie: Die Minderheiten sollen sich auf nationaler Ebene für ihre Belange einsetzen, und in den Fällen, in denen die FUEV helfen kann, zum Beispiel durch direkte Parteinahme oder indirekten Druck über die Medien, wird sie sich auch vor Ort für ihre Mitglieder einsetzen.

Auf europäischer Ebene will die FUEV das Sprachrohr der Minderheiten sein. Unabhängig davon kann die Zusammenarbeit der verschiedenen Akteure für die autochthonen Minderheiten noch verbessert werden. Hier denken wir nicht nur an ein Zusammenspiel zwischen EU-Parlament, Kommission, Ministerrat und den europäischen Minderheiten, es gilt vielmehr alle europäischen Akteure – auch diejenigen vom Europarat und der OSZE – besser zu vernetzen. Ein wichtiger Baustein in der Vernetzung der Minderheitenarbeit ist das europäische Dialogforum. Seit April 2008 haben die FUEV und die Intergruppe für nationale Minderheiten im europäischen Parlament ihre Zusammenarbeit mit der Gründung des europäischen Dialogforums formalisiert. Das Dialogforum soll die engere Koordinierung im Bereich der Minderheiten in Europa angehen, aber vor allem auch den europäischen Minderheiten einen direkten Draht ins Europäische Parlament verschaffen.

Als Vertreter des europäischen Dachverbandes bin ich froh, dass sich jeder Teilnehmer an dieser Podiumsdiskussion für den europäischen Minderheitenschutz einsetzt und die Arbeit der FUEV unterstützt. Eine solche Veranstaltung zeigt das Engagement der Bundesrepublik Deutschland. Gleichzeitig müssen wir als Minderheitenorganisation in Europa natürlich auch deutlich machen, dass wir die Probleme der Minderheiten in Deutschland genau verfolgen. Schaut man sich die Situation der Sorben in der Lausitz an, die sich in einer schwierigen Lage zwischen Bund und Ländern befinden, oder schauen wir uns die Friesen an, die zu Recht seit Jahren um eine bessere Förderung kämpfen, dann muss auch in Deutschland weitergearbeitet werden. Zuversichtlich stimmt uns dabei, dass in Deutschland meist die Probleme gemeinsam zwischen Minderheiten und Staat gelöst werden. Das erhofft sich die FUEV auch für die Zukunft.

Seminarbericht und Präsentation

Olga Silantieva

Herausforderung und Auftrag für die junge Generation – Die Jugend als künftige Identitätsträgerin der deutschen Minderheiten

Dieser Beitrag berichtet über ein Seminar, an dem 30 jugendliche Repräsentanten der deutschen Minderheiten aus neun Ländern Europas und Mittelasiens teilgenommen haben. Das Seminar fand unter dem in der Überschrift formulierten Thema vom 30. August bis zum 3. September 2008 in Berlin statt. Die hier gemeinsam erarbeiteten, im Folgenden zusammengefassten Ergebnisse wurden auf der Fachtagung „Zwei Jahrzehnte Politik für Aussiedler und nationale Minderheiten. Bilanz und Perspektiven" präsentiert.

„Ich fühlte mich wie in einer großen Familie – aber ich habe nicht erwartet, dass wir so verschieden sind", das sagte Anna Skubala aus Polen während dieses Treffens, das mit finanzieller Unterstützung des Instituts für Auslandsbeziehungen (Stuttgart) durchgeführt werden konnte. Das Treffen sollte den oben genannten Repräsentanten der Jugend Gelegenheit bieten, gemeinsam über die Vergangenheit und die Gegenwart zu sprechen, um nach neuen wirkungsvollen Akzenten in der künftigen Arbeit zu suchen und um speziell aus der Sicht der Jugendlichen die Zukunftsvision der deutschen Minderheiten darzustellen.

Die Vergangenheiten der Minderheiten sind unterschiedlich, obwohl viele in ähnlicher Weise jahrhundertelang friedlich in Europa siedelten und in der Mitte des vorigen Jahrhunderts die Deportationen innerhalb der Sowjetunion und die Vertreibungen aus den ostmitteleuropäischen Ländern erlitten haben. Dass sich die Geschichten ‚ihrer' jeweiligen Minderheiten unterscheiden, konnten die Jugendlichen aus Russland, Kasachstan, der Ukraine, Polen, Rumänien, Tschechien, der Slowakei, Ungarn und Dänemark bereits am ersten Abend schon am Sprachgebrauch feststellen:

Im Unterschied zu den Teilnehmern aus den GUS-Ländern unterhielten sich die jungen Leute aus den heutigen EU-Ländern auf Deutsch. Deutsch war ihre Muttersprache, obwohl sie erzählten, dass es ihnen in der Schule „peinlich war, laut zu bekennen, dass ihre Großväter auf der deutschen Seite im Krieg gewesen waren". Ihre Eltern hatten ihnen berichtet, dass sie damals in der Schule wegen „Rechnens auf Deutsch" sogar von einem polnischen Lehrer geschlagen worden waren.

Ebenso unterschiedlich ist die Gegenwart. Die Jugendlichen aus der Ukraine, aus Russland und aus Kasachstan reden über Erleichterungen bei der Erteilung von Visa und über die Bedeutung von Jugendaustauschprojekten mit Gleichaltrigen aus

Deutschland, über Stipendien für Praktika in Europa, über das Studium sowie über das Erlernen der deutschen Sprache.

Die deutschen Jugendlichen aus Polen, Ungarn, Rumänien, Dänemark, der Slowakei und Tschechien, unter denen viele zwei Sprachen beherrschen und zwei Pässe besitzen (einen für die deutsche Staatsbürgerschaft, einen für ihr Heimatland), haben heute mehrere Möglichkeiten, die ihnen als Bürger des vereinten Europa zur Verfügung stehen. Viele von ihnen nutzen diese Möglichkeiten: Die Zahl deutschstämmiger Jugendlicher in Polen, die heute ihre Ausbildung abbrechen und sich einen Job in Deutschland suchen, ist bereits besorgniserregend. Viele Altersgenossen machen sich auch Gedanken wegen der Assimilierungsprozesse, denen die deutschen Minderheiten ausgesetzt sind. Sie wollen die kulturelle Eigenart bewahren und an die nächsten Generationen das weitergeben, was in der Not von Deportation und Vertreibung von den Großeltern gerettet wurde.

Das angestrebte Ideal der Seminarteilnehmer ist aber durchaus einheitlich. Gesa Clausen, eine Vertreterin der deutschen Minderheit in Dänemark, hat es in ihrem Aufsatz beschrieben:

> „Ich spreche zwei Sprachen auf muttersprachlichem Niveau und bin mit den Kulturen zweier Länder vertraut. Mein Blick reicht über die eigene Nationalität hinaus – ich bin anderen Kulturen gegenüber offener und verstehe, wie wichtig diese für die jeweiligen Regionen sind. Jede ist einzigartig, und es sollte alles dafür getan werden, diese Vielfalt in unserem heutigen, immer kleiner werdenden Europa zu bewahren."

In der gemeinsamen Arbeit kam zum Ausdruck, dass sich die Jugendlichen in den GUS-Ländern und in den Staaten Ostmitteleuropas ihrer Identität bewusst und dazu bereit sind, sich aktiv an der Entwicklung der deutschen Ethnie im jeweiligen Land zu engagieren. Dafür reicht aber der gute Wille allein nicht aus. Notwendig ist auch die Unterstützung der Regierungen und der Businesseliten der Länder:

> „Die Tatsache, dass in den 20 Jahren der Hilfenpolitik eine junge Generation herangewachsen ist, der Kultur und Tradition ihrer ethnischen Gruppe am Herzen liegt, lässt große Hoffnungen zu",

sagte Olga Hartmann, Vorsitzende des Jugendrings der Russlanddeutschen, des Dachverbandes der russlanddeutschen Jugendorganisationen. Mit gemeinsamen Zielen lässt sich auch eine gemeinsame Zukunft aufbauen:

> „Die junge kann die ältere und mittlere Generation zusammenbringen, indem sie ihren Eltern hilft, das Werk ihrer Großeltern fortzusetzen. Ob wir das schaffen, wird die Zeit zeigen. Hoffen wir, dass wir in 20 Jahren einen Anlass haben, uns wieder zu treffen und Bilanz zu ziehen."

Die Ergebnisse der Seminararbeit verleihen die Zuversicht, dass es einen solchen Anlass geben wird: Auch in zwei Jahrzehnten werden die Vertreter der deutschen Minderheiten noch zusammenkommen und über deren weitere Entwicklung sprechen.

Die erarbeitete Präsentation basierte nicht nur auf den während des Seminars zusammengetragenen Stellungnahmen und Meinungen, sondern auch auf den Aufsätzen der Jugendlichen, die im Vorfeld der Fachtagung im Rahmen einer Ausschreibung bei den Organisatoren des Seminars eingereicht wurden. In der Ausschreibung waren die Mitglieder der Jugendverbände der deutschen Minderheiten gebeten worden, folgende Fragen zu beantworten:

Wie kann man die spezifische Kultur der Deutschen in der Region erhalten und an die nächsten Generationen weitergeben?

Wie soll die Zukunft der deutschen Minderheit im jeweiligen Land aussehen?

Wie können Deutsche ihre Identität in multikulturellen Staaten bewahren? Müssen sie dies überhaupt tun?

Was macht die junge Generation der Deutschen heute, damit die Traditionen und Kultur ihrer Vorfahren morgen nicht nur noch Teil der Vergangenheit sind?

Was müssen die Regierungen Deutschlands und des Heimatlandes tun, damit ihre langjährige Hilfenpolitik zugunsten der deutschen Minderheit fortbesteht und positive Ergebnisse bringt?

Die Resonanz auf den Aufsatzwettbewerb war unterschiedlich. Aus Russland, Kasachstan und der Ukraine kamen kurzfristig zahlreiche Einsendungen. In Polen, Ungarn, Rumänien, der Slowakei, Tschechien und bei der Jugend der Deutschen in Nordschleswig in Dänemark war die Resonanz verhaltener. Eine der Ursachen für diese unterschiedliche Resonanz waren nach Ansicht der Moderatorin des Seminars Dr. Ljudmila Kopp die unterschiedlichen Ausgangssituationen der Jugendlichen im Hinblick auf ihre Identität. Das zeigen auch die Aussagen der Jugendlichen. Die drei folgenden Beispiele verdeutlichen diese Unterschiede:

„Wenn jemand mich fragt, welche Nationalität ich habe, antworte ich nicht sofort. Denn wirklich – was ist meine Nationalität? Und warum kann ich das nicht gleich sagen? Meine Mutter ist Deutsche, mein Vater ist Ukrainer, ich bin in Kasachstan geboren, und meine Muttersprache ist Russisch. Stimmen Sie mir doch zu, da ist es nicht leicht zu sagen, wer ich bin. In meinem Pass steht „Ukrainerin", doch ich fühle mich als Deutsche. Das habe ich meiner Mutter zu verdanken. Obwohl sie ihre Mutter selbst früh verloren hatte, konnte sie trotzdem viele Traditionen und Bräuche ihres Volkes an mich und meine Geschwister weitergeben. Die Mutter spielt schon eine große Rolle bei der Identitätsbildung, doch das reicht nicht, um die deutsche Identität in einem Vielvölkerstaat zu bewahren" (*Inna Sintschuk [Schneider], 28 Jahre, Petro-pawlowsk, Kasachstan*).

„Ich wusste immer, dass ich zur deutschen Minderheit gehöre. Ich habe deut-sche Vorfahren, ich lebe in einem Dorf, in dem die ungarndeutsche Bevölke-rung in der Mehrheit ist. Schon seit meiner Kindheit nahm ich an allen Festen teil, und dies ist einer der Gründe, warum ich mir ganz früh meiner Identität bewusst geworden bin. Ich war in der deutschsprachigen Gruppe im Kinder-garten, davon haben wir gleich drei mit je vier Gruppen. In der Grundschule kann man sich entscheiden, ob man Deutsch als Muttersprache oder als Fremdsprache lernen will. Ich lernte es natürlich als Muttersprache, und nach der Grundschule besuchte ich einen zweisprachigen Nationalitätenklassen-zug. Diese Fakten spielen eine große Rolle dabei, dass ich ein stabiles Identi-tätsbewusstein habe. Aber die Schule allein ist nicht genug, um eine Minder-heit am Leben zu halten. Zum Glück gibt es Organisationen, deren Ziel es ist, die ungarndeutsche Jugend aufzuwecken und zu aktivieren" (*Anikó Mangold, 20 Jahre, Szederkény, Ungarn*).

„Als ich klein war, habe ich mir nie Gedanken über meine Identität oder na-tionale Zugehörigkeit gemacht. Es war für mich ganz natürlich, in einem bi-kulturellen Umfeld groß zu werden. Meine Eltern sind beide Deutsche und sind vor meiner Geburt nach Dänemark gezogen. Ich spreche zwei Sprachen auf muttersprachlichem Niveau und bin mit den Kulturen zweier Länder ver-traut." *(Gesa Clausen, 20 Jahre, Tingleff, Dänemark).*

Die Präsentation „Herausforderung und Auftrag für die junge Generation – Die Jugend als künftige Identitätsträgerin der deutschen Minderheiten" wurde mit die-sen Darstellungen der unterschiedlichen Situationen eröffnet. Anschließend wurden die Ziele des Seminars sowie der Präsentation genannt. Im Weiteren wurden die identitätsbildenden Faktoren dargestellt – Sprache, Kultur, Wurzeln, Erziehung in der Familie und in der Schule, Kirche und Glaube, gemeinsame Geschichte und historisches Schicksal –, die eine Volksgruppe verbinden und helfen zu verstehen, wie die gegenwärtige Lage entstanden ist und wie sie sich weiterentwickeln wird. Jede Volksgruppe hat Eigenschaften, die sie in ihrer Region zu etwas Besonderem machen, und eine besondere Lebensweise. Ein sehr wichtiger Aspekt der Identität ist das, was man täglich sieht, was einen umgibt. Alle diese Faktoren haben für die jeweiligen deutschen Volksgruppen allerdings ein ganz unterschiedliches Gewicht.

Im Leben der teilnehmenden Jugendlichen haben die oben genannten Faktoren ganz verschiedene Rollen gespielt. Was aber gemeinsam erlebt wurde, war die verän-derte Lage der Minderheitenförderung und die Wiedergeburt-Bewegung nach der Wende in den ostmitteleuropäischen Ländern und in den GUS-Staaten. Die Mehrheit der jungen Teilnehmer hat die Hilfepolitik der Bundesregierung zur Unterstützung der deutschen Minderheiten in Europa und Zentralasien selbst erlebt. Sie konnten Deutsch von Kindheit an lernen und sprechen und an Jugendprojekten im Rahmen der Minderheitenförderung teilnehmen. Sie kennen die Zeiten, in denen all das keineswegs selbstverständlich gewesen war, nur aus den Erzählungen ihrer Eltern und Großeltern.

Die Schwerpunkte der Jugendarbeit in der deutschen Hilfepolitik unterscheiden sich von Land zu Land. Besonders erfolgreich funktionieren: Jugendaustausch und Partnerschaftsprojekte mit Deutschland und den Nachbarländern, Netzwerkarbeit, Modellprojekte zur Elitenförderung, Jugendsprachlager, Sprachkurse und Sonntagsschulen, Sport- und Freizeitmaßnahmen.

Nachdem die Erfolge genannt wurden, sprachen die jungen Leute auch über die Probleme, vor denen ihrer Meinung nach heute die deutschen Minderheiten stehen, und stellten Lösungsansätze zur Diskussion:

1. Die meisten Länder sind mit einer sinkenden Zahl von Angehörigen der jeweiligen deutschen Minderheit(en) konfrontiert und ihrer zurückgehenden Beteiligung an der Kulturarbeit der Minderheitenorganisationen. Wichtig ist deshalb, dass die Vereinsarbeit attraktiv gestaltet und die Öffentlichkeitsarbeit intensiviert wird. Die Veranstaltungen müssen so ansprechend sein, dass Mitarbeit und Aktivität gefördert werden. Mit Hilfe der Medien sollten Informationen über Veranstaltungen und über die jeweiligen Vereine schneller zu den Interessenten gelangen und jederzeit für alle verfügbar sein. Die Medien der Minderheiten sollten gezielt die Jugend ansprechen – sonst bleiben sie für Jugendliche uninteressant. Auf regionaler Ebene müssen die Gemeinschaften wiederaufgebaut und unterstützt werden, sodass Aussiedler auch zur Rückkehr ermuntert werden. Das kulturelle Leben darf nicht einschlafen, denn dann würde das Kulturerbe verloren gehen. Deshalb muss das vorhandene Kulturgut neu belebt und genutzt werden. Für den denkmalgerechten Erhalt des Kulturguts, besonders an den Orten, an denen die Minderheit schwach vertreten ist, sind nationale und internationale Fördervereine sehr hilfreich. Die finanzielle Unterstützung muss rechtzeitig vor dem Verlust kommen, nicht nur aus dem Inland, sondern gegebenenfalls auch aus dem Ausland.

2. Der Zusammenhalt der Gemeinschaften ist durch das Erlöschen von gewachsenen Strukturen und durch die neuen Lebenssituationen mancherorts nur noch eingeschränkt vorhanden. Oft besteht auch kein Interesse mehr an der eigenen Identität, man hat sein Schicksal akzeptiert und sich der Mehrheit angepasst. Die Motivation zu einem Neuanfang, zur Stärkung des Zusammenhalts und zum Bekenntnis zur eigentlichen Identität, fällt schwer – besonders in Polen, wo sich das negative Bild, das die Mehrheitsbevölkerung von der deutschen Minderheit hat, auch auf deren Gemeinschaftsgefühl auswirkt. Um das Gemeinschaftsgefühl und

die Identität zu stärken, müssen die Zusammenarbeit mit anderen deutschen Vereinen und die europaweiten Kontakte zu anderen deutschen Minderheiten intensiviert werden. Außerdem darf die jeweilige Familiengeschichte nicht in Vergessenheit geraten, denn sie trägt zur Identitätsbildung bei. In Ländern wie Rumänien ist die deutsche Sprache und Kultur sehr attraktiv geworden. Auch die Mehrheitsbevölkerung hat zunehmend erkannt, dass die Kenntnis einer zweiten oder gar dritten Fremdsprache hilfreich ist. Deshalb sind die deutschen Schulen in Rumänien sehr gesucht. Diese Entwicklung lässt sich sicher auch auf andere Länder übertragen, soweit Vorurteile abgebaut und der Wunsch zum Erlernen neuer Sprachen geweckt werden kann.

3. Grundlegend für den Erhalt der Identität ist die Beherrschung der deutschen Sprache und der eigenen Dialekte und Mundarten. Ein Schulsystem für deutsche Minderheiten, vom Kindergarten bis zur Universität – wie es schon in einigen Ländern gut funktioniert – fordern wir für alle deutschen Minderheiten. Unser Ziel muss sein, dass Deutsch als Muttersprache überall wieder, auch im Alltag und Zuhause, Gebrauch findet. Wenn dies nicht gegeben ist, nimmt die Bedeutung der deutschen Sprache innerhalb der Minderheit weiter ab. Um das zu verhindern, muss das deutschsprachige Schulsystem über politische Kontakte und durch Heranziehung finanzieller Mittel ausgebaut werden. Über Stipendienangebote kann der Austausch mit deutschen Schulen in den verschiedenen Ländern verstärkt werden.

4. In den meisten Ländern werden die Angehörigen der Minderheit mit der Geschichte der Mehrheit vertraut gemacht, während ihre jeweils eigene Geschichte nicht vermittelt wird. Dieses Defizit könnte man durch einen eigenen Heimatkundeunterricht lösen. In manchen Ländern wurde auch die Geschichtsdarstellung zugunsten der Erstellung eines nationalistischen Bildes der einzelnen Länder politisch beeinflusst. Dies müsste durch objektive wissenschaftliche Arbeit korrigiert werden.

5. Oft sind die Regierungen gegenüber der deutschen Minderheit negativ eingestellt. Manchmal lebt noch immer die sozialistische Vorstellung „eines homogenen Staates", in dem es keinen Raum für Minderheiten gibt, weiter. Infolge derartiger Einstellungen wird die Minderheit weniger unterstützt und die Bewahrung der deutschen Identität erschwert. Dieses wird nicht selten durch die Intoleranz der Mehrheit verursacht und oft von der Politik unterstützt. Eine große Hilfe wäre hier eine verstärkte Lobbyarbeit der Europäischen Union und der Bundesrepublik Deutschland da die Minderheiten in vielen Staaten nicht über das nötige politische Gewicht verfügen, um ohne Hilfestellung mehr Akzeptanz zu erlangen. Notwendig wäre auch eine Aufklärungsarbeit in der Mehrheitsbevölkerung, damit diese toleranter wird.

6. Für die Angehörigen der deutschen Minderheiten in den nicht zur Europäischen Union gehörenden Staaten wird die Einreise nach Deutschland – zum Beispiel zum Verwandtenbesuch – durch hohe Visakosten sehr erschwert. Dies beeinträchtigt die Beziehung zum Herkunftsland und zugleich die Identifikation mit der deutschen Kultur. Zugleich ist auch die Akzeptanz der Minderheiten in Deutschland selbst ein Problem. Hier wäre wieder eine verstärkte politische Bemühung des deutschen Staates um die Unterstützung der Minderheiten in den betroffenen Ländern hilfreich. Zugleich müsste auch in Deutschland selbst Aufklärungsarbeit geleistet werden, damit die Bevölkerung die Probleme der Minderheiten im Ausland kennen und verstehen lernt.

7. Ein weiteres Problem ist die fehlende Kommunikation und Zusammenarbeit zwischen den Jugendverbänden in den verschiedenen Ländern und zugleich die fehlende Kooperation zwischen der Jugend und der älteren Generation. Die Effizienz der eigenen Arbeit und die Nutzung der zur Verfügung stehenden – aber immer noch nicht ausreichenden – finanziellen Mittel müssen verbessert werden. Es sollten auch zukunftsfähige Strategien entwickelt werden, um den Bestand der Minderheiten und ihrer Organisationen auf Dauer sicherzustellen.

8. Zur weiteren Motivation und Stärkung des Selbstbewusstseins der deutschen Minderheiten wollen wir auch eine grenzüberschreitende Zusammenarbeit der Jugendorganisationen voranbringen. Benötigt wird eine engere Zusammenarbeit zwischen den Jugendorganisationen und den Verbänden der älteren Generationen, um eine zukunftsfähige Struktur zu entwickeln. Um die Effizienz der Arbeit und des Einsatzes finanzieller Mittel sicherzustellen, sollten für die Personen in den führenden Positionen unabhängige Arbeitsgruppen organisiert werden, um deren organisatorische Fähigkeiten zu fördern. Es muss nach neuen Wegen der Finanzierung gesucht werden (neue Sponsoren, EU-Mittel, staatliche Förderung). Für die Zukunft müssen realistische kurz- und vor allem langfristige Ziele gesetzt und konsequent umgesetzt werden. Sicher kann das nur durch Einsatz von hauptamtlichen Fachkräften, insbesondere in der Jugendarbeit, erreicht werden.

„Wenn wir diese Aufgaben bewältigen" – zogen die jungen Seminarteilnehmer als Fazit –, „erreichen wir unser Ideal", das Gesa Clausen in ihrem Aufsatz beschreibt:

> „Ich spreche zwei Sprachen auf muttersprachlichem Niveau und bin mit den Kulturen zweier Länder vertraut. Mein Blick reicht über die eigene Nationalität hinaus – ich bin anderen Kulturen gegenüber offener und verstehe, wie wichtig diese für die jeweiligen Regionen sind. Jede ist einzigartig, und es sollte alles dafür getan werden, diese Vielfalt in unserem heutigen, immer kleiner werdenden Europa zu bewahren."

Am Schluss der Präsentation betonten die Seminarteilnehmer, dass die deutsche Kultur und Sprache für sie „ein wertvoller Schatz" sei, „der uns gehört, den wir weitertragen und an unsere Kinder übergeben wollen. Das ist die Herausforderung für uns alle. Der Baum muss gewissenhaft gepflegt werden, wenn er Früchte tragen soll."

„Stellen Sie sich die Welt nur einfarbig vor – wie langweilig sie dann gleich aussehen würde. So ist es auch mit den deutschen Minderheiten – jede hat ihre Geschichte, ihre kulturellen und sprachlichen Besonderheiten. Bei der Deportation und Vertreibung konnten unsere Großeltern keine Bücher, Kleidung oder Gebrauchsgegenstände mitnehmen, doch sie haben etwas viel Wichtigeres und Wertvolleres mitgenommen: ihre Kultur, ihre Eigenart, ihre Sprache. Jetzt ist es unsere Aufgabe, das alles zu bewahren, was in der Not gerettet wurde" *(Veronika Kowsel, 17 Jahre, Petropawlowsk, Kasachstan).*

Schlussfolgernde Anmerkungen zur Tagung

Christoph Bergner

Herausforderungen und Perspektiven zukünftiger Aussiedler- und Minderheitenpolitik

1. Zum Konzept und Anliegen der Aussiedler- und Minderheitenpolitik

„Wir bekennen uns auch weiterhin zu der Verantwortung sowohl für diejenigen Menschen, die als Deutsche in Ost- und Südosteuropa sowie in der Sowjetunion unter den Folgen des Zweiten Weltkrieges gelitten haben und in ihrer jetzigen Heimat bleiben wollen, als auch für jene, die nach Deutschland aussiedeln. Dies gilt insbesondere für die Deutschen in den Nachfolgestaaten der Sowjetunion, bei denen das Kriegsfolgenschicksal am längsten nachwirkt. [....] Angehörigen der deutschen Minderheit in den Herkunftsgebieten der Aussiedler soll über die Gewährung von Hilfen aus Deutschland [...] eine bessere Lebens- und Zukunftsperspektive ermöglicht werden."[1]

Dieses Zitat aus der Koalitionsvereinbarung der Bundesregierung vom 11. November 2005 verdeutlicht die aktuelle Bedeutung des Anliegens der Aussiedlerpolitik. Die Formulierungen belegen, dass dieses Anliegen auch 20 Jahre nach Berufung des ersten Aussiedlerbeauftragten der Bundesregierung noch als Teil der Bemühungen des deutschen Staates um Kriegsfolgenbewältigungen gesehen werden muss. Solidarität mit den Deutschen in Mittelosteuropa und in den Staaten der ehemaligen Sowjetunion bleibt eingebettet in grundsätzliche politisch-moralische Verpflichtungen des deutschen Staates.

Die nationale Verantwortung, die die Bundesrepublik Deutschland nach dem Verbrechen des Nationalsozialismus und den Katastrophen des Zweiten Weltkrieges zu übernehmen hatte, umfasste stets zwei Aspekte:

Zum einen ging es nach dem Zusammenbruch des „Dritten Reiches" vorrangig um Versöhnung und Wiedergutmachung gegenüber den Opfern des nationalsozialistischen Rassenwahns und der Hitlerschen Aggressionskriege.

Neben diesen Versöhnungs- und Ausgleichsbemühungen stand zum anderen unabweislich auch die Herausforderung zur Solidarität und zum Lastenausgleich unter den Deutschen, die von den Kriegsfolgen unterschiedlich hart betroffen waren. Die Deutschen in Mittelosteuropa und in der Sowjetunion hatten meist ein besonders

---

1   Gemeinsam für Deutschland – Mit Mut und Menschlichkeit. Koalitionsvertrag von CDU, CSU und SPD für die 16. Wahlperiode, 11. November 2005.

schweres Kriegsfolgenschicksal zu tragen. Sie büßten mit Flucht und Vertreibung, Enteignung, Deportation, Zwangsarbeit, aber teilweise auch mit jahrzehntelanger Unterdrückung ihrer nationalen Identität für die verbrecherische Politik des nationalsozialistischen Deutschlands.

Aufarbeitung der Folgen der Politik Hitlers bedeutete neben der Aussöhnung und Verständigung mit deren Opfern immer auch Solidarität mit den Menschen, die wegen ihrer deutschen Volkszugehörigkeit für die Politik Hitlerdeutschlands kollektiver Haftung, oft sogar kollektiver Rache ausgesetzt waren.

20 Jahre nach der Berufung des ersten Aussiedlerbeauftragten und 63 Jahre nach Kriegsende stellte sich die Fachkonferenz der Frage nach der weiteren Perspektive einer Politik, die dem ursprünglichen Anliegen der Kriegsfolgenbewältigung zeitgemäß verpflichtet bleiben will. Deshalb lautete die Frage, die über dieser Konferenz stand:

> „Wie können wir es ermöglichen, dass die bisherigen Ergebnisse der Aussiedlerpolitik zu Bausteinen zukunftsweisender Strukturen werden, etwa im Rahmen des europäischen Einigungsprozesses oder bei der Entwicklung zivilgesellschaftlicher Beziehungen zu den Nachfolgestaaten der Sowjetunion?"

Die Beiträge und Diskussionen zeigen: Die Förderung der deutschen Minderheiten in den Herkunftsgebieten der Aussiedler kann einen Beitrag zur Entwicklung solch zukunftsweisender Konzepte leisten. Im Zusammenhang mit dem europäischen Einigungsprozess erscheint es dabei lohnend, auf die Ursprünge europäischer Siedlungsgeschichte zu blicken. Ehe das Fieber des Nationalismus die Staaten Europas befiel und namentlich der deutsche Chauvinismus in die Katastrophen des Zweiten Weltkrieges führte, konnten deutsche Siedlungen vielerorts als Beitrag zur Erschließung des Kontinents und zur Förderung kulturellen Fortschritts gelten. Auch wenn es kaum Möglichkeiten gibt, an diese ursprünglichen Verhältnisse unmittelbar anzuknüpfen, so scheint es dennoch angemessen, wenn das zusammenwachsende Europa sich dieses Erbes aus vornationalistischen Zeiten bewusst bleibt. Hier sind Beispiele von Multinationalität und gewachsener Multikulturalität zu finden, die zur Entwicklung eines europäischen Identitätsverständnisses wertvolle Beiträge leisten können.

Aus diesem Erbe erwächst eine grundsätzliche Verpflichtung zum Schutz und zur Förderung autochthoner Minderheiten in Europa. Insofern war es folgerichtig, die Anliegen der Aussiedlerpolitik und die der Minderheitenförderung zusammenzuführen. Die Verpflichtung zur Unterstützung deutscher Minderheiten in den Herkunftsgebieten der Aussiedler wird so immer mehr zum Bestandteil eines minderheitenpolitischen Grundansatzes, der die vier autochthonen Minderheiten in Deutschland (Dänen, Sorben, Friesen sowie deutsche Sinti und Roma) ebenso einbezieht wie die seit Jahrzehnten erfolgreiche Förderung der deutschen Nordschleswiger in Dänemark.

In diesem Zusammenhang hat die Fachkonferenz die Minderheitenpolitik im deutsch-dänischen Grenzland als vorbildlich für andere europäische Regionen herausgestellt. Hierfür gibt es gute Gründe, insbesondere mit Blick auf die dort praktizierte Erhaltung und Pflege der Mehrsprachigkeit.

Als schwieriges Problem erwies sich die Frage der Unterscheidung zwischen autochthonen und „neuen" Minderheiten und ihre Bedeutung für die Schutz- und Förderverpflichtung des Staates. Es kann als wichtiges Ergebnis der Konferenz gelten, dass die Sonderstellung der siedlungsgeschichtlich „alten" nationalen Minderheiten und Volksgruppen gegenüber den „Immigranten in Gestalt von Wanderarbeitern"[2] (Luchterhandt) gewahrt bleiben muss, wenn das kulturelle Erbe der Autochthonen nicht in den Strudel kurzfristiger migrationspolitischer Erwägungen geraten soll.

Schließlich sei auf die notwendige Abgrenzung der Aussiedleraufnahme und Aussiedlerintegration von den Anliegen der Integration anderer Zuwanderergruppen hingewiesen.

Die Konferenz hat die Sonderstellung der Aussiedlerpolitik innerhalb der Zuwanderungspolitik der Bundesrepublik Deutschland unterstrichen, ein Gesichtspunkt, der nach Inkrafttreten des Zuwanderungsgesetzes im Jahre 2005 durch die weitgehende Zusammenfassung der Integrationsmaßnahmen für Aussiedler und Ausländer häufig übersehen wird.

Die Bundesregierung hat dem Erfordernis der Unterscheidung durch eine Abgrenzung der Aufgabengebiete der Beauftragten für Migration, Flüchtlinge und Integration sowie des Beauftragten für Aussiedlerfragen und nationale Minderheiten Rechnung getragen. Eine klare Differenzierung der Aufgabenfelder und eine eigenständige Bewertung der jeweiligen Handlungserfordernisse scheinen auch für die Zukunft wichtig.

2. Aussiedleraufnahme und Integration

Im Jahre 2008 betrug die Anzahl der aufgenommenen Spätaussiedler 4.362. Der Zustrom der auf aussiedlerrechtlicher Grundlage zu uns kommenden Menschen scheint damit seinen faktischen Abschluss erreicht zu haben, auch wenn für die Deutschen aus den GUS-Ländern die pauschale Kriegsfolgenschicksalsvermutung formal nicht aufgehoben wurde. Für die Fachtagung lagen die Herausforderungen der Zukunft deshalb nicht mehr in der Bewältigung großer Aufnahmezahlen, son-

---

2 Siehe oben S. 133.

dern in verbliebenen Fragen der Integration, in ungelösten humanitären Problemen des Aufnahmeverfahrens und in der Entwicklung des landsmannschaftlichen Selbstverständnisses sowie der Selbstorganisation von Aussiedlern.

Eine eindrucksvolle Bilanz des bisherigen Aufnahme- und Integrationsgeschehens lieferte die Diskussionsgrundlage. Seit Bestehen der Bundesrepublik Deutschland wurden insgesamt 4,5 Millionen Aussiedler aufgenommen. Tabelle 1 gibt einen Überblick über die Verteilung auf die wichtigsten Herkunftsgebiete.

Tabelle 1
Aussiedleraufnahme von 1950 – 2008 nach Herkunftsgebieten
(vgl. ausführliche Übersicht in Anlage 1)

Gesamt	ehemalige UdSSR	Polen	Rumänien	Ehemalige ČSFR	Ehemaliges Jugoslawien	Ungarn	Andere Länder
4.499.301	2.352.044	1.445.030	430.192	104.620	90.370	21.41	55.627

Es wird deutlich, dass die größten Zuwanderungsströme aus der ehemaligen UdSSR, aus Polen und aus Rumänien kamen. Die Integrationsvoraussetzungen waren dabei unterschiedlich. Insbesondere bei den russlanddeutschen Spätaussiedlern führte der weitgehende Verlust deutscher Sprachkenntnisse, der vor allem auf die langjährige Unterdrückung deutscher Sprachvermittlung zurückzuführen ist, zu besonderen Herausforderungen der sprachlichen Integration.

Der Umstand, dass fehlende deutsche Sprachkenntnisse zunehmend zum Aufnahmehindernis von Spätaussiedlern und ihren Angehörigen wurden (Übersicht in Anlage 2), war auf der Fachtagung Gegenstand kritischer Diskussionen.

Es bleibt problematisch, dass der deutsche Sprachverlust, der bei den Russlanddeutschen meist Folge erlittener Repressionen ist, zum Aufnahmehindernis für Menschen werden kann, denen man gerade wegen der erlittenen Repressionen grundsätzlich Aufnahmemöglichkeit in Deutschland und Zugang zur deutschen Staatsbürgerschaft einräumen möchte. Auch wenn in der Debatte Härtefallregelungen für das Aufnahmeerfordernis familiär vermittelter Sprachkenntnisse gefordert wurden, erscheint es unwahrscheinlich, in diesem Punkte Änderungen der Rechtslage zu erreichen. Der Gesetzgeber sieht den Nachweis familiär vermittelter Sprachkenntnisse beziehungsweise die Forderung nach Erwerb deutscher Sprachkenntnisse im Herkunftsgebiet überwiegend unter dem Gesichtspunkt der Integration in Deutschland. Die Debatte lieferte auch wenig Hinweise auf einen praktikablen Ausbau von Härtefallregelungen für das Aufnahmeerfordernis des Spracherwerbs.

Gleichwohl hat die Fachtagung auf weitere Härtefallsituationen im Spätaussiedleraufnahmeverfahren aufmerksam gemacht und eine Bearbeitung durch den Gesetzgeber empfohlen. Hierzu gehören Familientrennungen, die entstehen, weil unmittelbaren Nachkommen von nach Deutschland übergesiedelten Spätaussiedlern eine nachträgliche Aufnahme in den Aufnahmebescheid verwehrt bleibt und sie dadurch selbst nach tragischen familiären Entwicklungen gehindert sind, zu ihren Eltern in Deutschland nachzusiedeln.

Angesichts der insgesamt stark zurückgegangenen Aufnahmezahlen – der Spätaussiedlerzuzug ist innerhalb der Zuwanderungsstatistik inzwischen zu einer nachrangigen Größe geworden – sollten Möglichkeiten gesucht werden, für derartige Fälle humanitäre Erleichterungen bei der Aussiedleraufnahme zu suchen. Insgesamt scheint das Vertriebenenrecht einer Überarbeitung zu bedürfen, um es den aktuellen Handlungserfordernissen anzupassen.

Als gravierendes Defizit bei der bisherigen Aussiedlerintegration wurde die Frage der Anerkennung beruflicher Befähigungsnachweise, die in den Herkunftsgebieten abgelegt oder erworben worden waren, diskutiert. Spätaussiedler haben zwar einen Rechtsanspruch auf ein Anerkennungsverfahren,[3] nicht jedoch ein Recht auf Anerkennung.

Die während der Konferenz erläuterten Vorhaben, zu denen sich das Bundesamt für Migration und Flüchtlinge im Rahmen des Nationalen Integrationsplanes verpflichtet hat, lassen auch für die berufliche Integration der Spätaussiedler Fortschritte erwarten. So wird das Bundesamt ein Konzept zur beruflichen Integration zugewanderter Akademiker erarbeiten und dabei insbesondere auf das Anerkennungsverfahren von Bildungsabschlüssen und auf die fachliche und sprachliche Nachqualifizierung eingehen.

Für die Integration russlanddeutscher Zuwanderer spielt der deutsche Spracherwerb eine Schlüsselrolle. Aus der Perspektive der Spätaussiedler haben sich die Angebote der sprachlichen Integration mit Inkrafttreten des Zuwanderungsgesetzes und der Einführung allgemeiner Integrationskurse zunächst tendenziell verschlechtert (Rückgang des Stundenvolumens von 900 Stunden auf 600 Stunden). Mittlerweile besteht allerdings wieder aufgrund von Wiederholungsmöglichkeiten ein Gesamtpotential von 900 Stunden Sprachkurs. Es wird angesichts geringer Aufnahmezahlen in Zukunft darauf ankommen, auch im Rahmen nachholender Integration mit aussiedlerspezifischen Angeboten wie dem auf der Grundlage von § 9 (4) BVFG entwickelten Konzept „Identität und Integration plus" verbliebene Kommunikationsprobleme mit den Einheimischen zu überwinden.

Da in den zukünftigen Integrationskonzepten den „Migrantenselbstorganisationen" eine bedeutsamere Rolle zugewiesen werden soll, hätten die Strukturen der Landsmannschaften des Bundes der Vertriebenen wie auch Aussiedlervereine und Verbände, die als Aussiedlerorganisationen in Deutschland tätig sind, eine breitere Würdigung während der Fachtagung verdient. Demgegenüber waren die Dachver-

---

3 Bundesvertriebenengesetz (BVFG) § 10, 2.

bände der deutschen Minderheiten weitgehend an der Konferenz beteiligt. Es gab erfreuliche Begegnungsmöglichkeiten zwischen anwesenden Vertretern der Landsmannschaften der Aussiedler und entsprechenden Organisationen der deutschen Minderheiten ihrer Herkunftsgebiete.

Die Partnerschaft zwischen landsmannschaftlichen Aussiedlerorganisationen in Deutschland und den Organisationen der deutschen Volksgruppen in den jeweiligen Herkunftsregionen dürfte für die zukünftige Aussiedler- und Minderheitenarbeit von besonderer Bedeutung sein. Insofern kann die Unterzeichnung von Partnerschaftsdokumenten zwischen der Landsmannschaft der Deutschen aus Russland und dem russlanddeutschen Dachverband IVDK aus der Russischen Föderation am Rande der Tagung als ein zukunftsweisendes Zeichen gelten.

3. Förderung der deutschen Minderheiten in den Herkunftsgebieten der Aussiedler und in Dänemark

3.1 Allgemeiner Vergleich der Förderung deutscher Minderheiten

Das Aufgabengebiet des Beauftragten der Bundesregierung für Aussiedlerfragen und nationale Minderheiten umfasst seit einigen Jahren die Betreuung sowohl der deutschen Minderheiten in den Herkunftsgebieten der Aussiedler (Staaten der ehemaligen Sowjetunion, mittelosteuropäische Staaten) wie auch der deutschen Nordschleswiger in Dänemark. Da in den unterschiedlichen Ländern vergleichbare Anliegen verfolgt werden, ist es naheliegend, auch Art und Umfang der durch den deutschen Staat gewährten Förderung zum Gegenstand vergleichender Betrachtungen zu machen.

Dabei ist die Vorgeschichte der Gewährung von Leistungen des deutschen Staates für die deutsche Minderheit in Dänemark und für die deutschen Minderheiten aus den Aussiedlerregionen jeweils unterschiedlich.

Die Förderung der Deutschen in Dänemark geschieht auf der Grundlage der Bonn-Kopenhagener Vereinbarungen aus dem Jahre 1955 und folgt dem Anliegen des Ausgleichs zwischen den Minderheiten im deutsch-dänischen Grenzland. Dieses Konzept hat sich als so erfolgreich erwiesen, dass es – wie die Bundeskanzlerin betonte – als Vorbild für andere europäische Regionen gelten kann.

Verglichen mit der seit über 50 Jahren praktizierten Förderung der deutschen Minderheit in Dänemark durch die deutsche Regierung und der entsprechenden Förderung der dänischen Minderheit in Deutschland durch die dänische Regierung sind die Unterstützungsleistungen für die Deutschen im Rahmen der Aussiedlerpolitik jüngeren Datums. Dessen eingedenk sollen die aktuellen Förderleistungen verglichen werden. Nachfolgende Tabellen mögen hierzu einen Einblick geben.

Tabelle 2   Anzahl der Angehörigen der deutschen Minderheiten nach Stand der jeweils aktuell-
sten Volkszählung/Schätzung (Stand 31.12.2007)

Deutsche Minderheit	Anzahl
in Dänemark	15.000
in den Nachfolgestaaten der Sowjetunion - Russische Föderation - Kasachstan - Kirgisistan - Usbekistan - Baltikum - Ukraine	 600.000 220.000 15.000 10.000 8.000 30.000
in den mittelosteuropäischen Staaten der EU - Rumänien - Polen - Ungarn - Tschechien - Slowakische Republik	 60.000 300.000 60.000 50.000 15.000

Tabelle 3   Förderung der deutschen Minderheiten durch Mittel des Bundesministeriums des Innern (BMI) und des Auswärtigen Amtes (AA) im Jahre 2007 (Mio. Euro)

Deutsche Minderheit in	Förderung BMI	Förderung AA	Gesamt
Dänemark	11,6	–	11,6
Russische Föderation	9,331	1,154	10,485
Kasachstan	3,279	0,306	3,585
Ukraine	1,271	0,243	1,514
übrige GUS und Baltikum	1,024	0,198	1,222
Rumänien	1,685	0,675	2,360
Polen	0,026	1,589	1,615
Ungarn	0,401	0,411	0,812
Tschechien	0,423	0,110	0,533
Slowakei	0,207	0,019	0,226
Serbien, Kroatien, Slowenien	0,115	0,073	0,188

Bezieht man die in Tabelle 3 ausgewiesenen Förderleistungen für die jeweiligen
Länder auf den zahlenmäßigen Bestand der dort lebenden deutschen Minderheit,
so ergeben sich erhebliche Unterschiede in den Pro-Kopf-Leistungen (zum Beispiel
Dänemark: 773,- Euro pro Person, Polen: 5,38 Euro pro Person im Jahre 2007).

Diese Unterschiede erklären sich teilweise durch unterschiedliche Fördersituationen. So bedarf die Finanzierung des deutschen Schulwesens in Dänemark eines erheblichen Mitteleinsatzes, die deutsche Minderheit in Polen verfügt noch über Vermögensrückflüsse aus der Wirtschaftsförderung der 1990er Jahre. Bei der Bewertung der einzelnen Förderhöhen sind auch die Unterschiede im Niveau der Minderheitenförderung zu berücksichtigen, die die angeführten Staaten selbst leisten.

Aber selbst bei Berücksichtigung aller derartiger Gesichtspunkte ist nicht zu übersehen: Die Förderung der deutschen Minderheit in Dänemark wurde seinerzeit als Daueraufgabe anerkannt und hat damit über die Jahre eine stabile Ausstattung erfahren, deren Anstieg der allgemeinen Kostenentwicklung folgte. Demgegenüber verlief die Förderung der deutschen Minderheiten in den Herkunftsgebieten der Aussiedler, wie die nachfolgende Abbildung (Abbildung 1) zeigt, ohne vergleichbare Kontinuität. Nach den beachtlichen Zuwächsen der ersten Jahre erfolgte nach 1998 ein dramatischer Rückgang. Es verblieb ein Restposten des ursprünglichen Programms, der in der laufenden Regierungsperiode (2006–2008) weitgehend konstant gehalten werden konnte.

Der in Abbildung 1 ausgewiesene Zahlenverlauf lässt sich nicht hinreichend durch die im angegebenen Zeitraum erfolgte Aussiedlung vieler Deutscher erklären. Es kann zwar richtigerweise darauf verwiesen werden, dass der Förderbedarf in wichtigen Bereichen aufgrund der wirtschaftlichen Konsolidierung der Herkunftsstaaten rückläufig war, die Unterschiede zwischen der Höhe des Mitteleinsatzes für

Abbildung 1

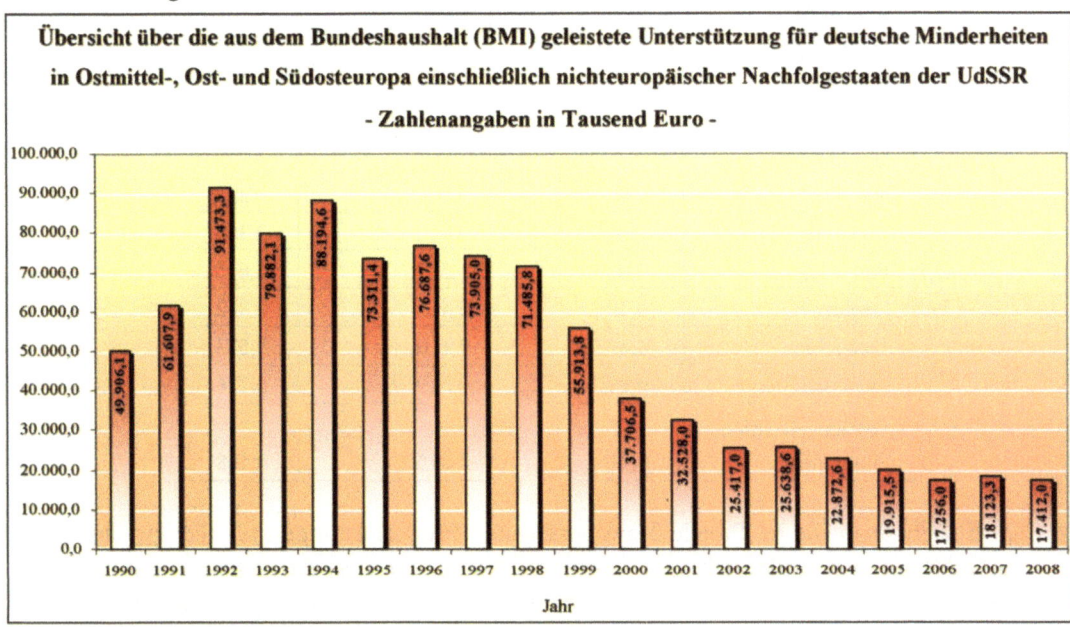

Übersicht über die aus dem Bundeshaushalt (BMI) geleistete Unterstützung für deutsche Minderheiten in Ostmittel-, Ost- und Südosteuropa einschließlich nichteuropäischer Nachfolgestaaten der UdSSR

- Zahlenangaben in Tausend Euro -

die Minderheit in Dänemark einerseits und für die Minderheiten in den osteuropäischen beziehungsweise nachsowjetischen Herkunftsstaaten der Aussiedler andererseits lassen sich aber letztlich nur mit weitgehenden Unterschieden im Selbstverständnis deutscher Minderheitenförderung erklären.

Abbildung 2

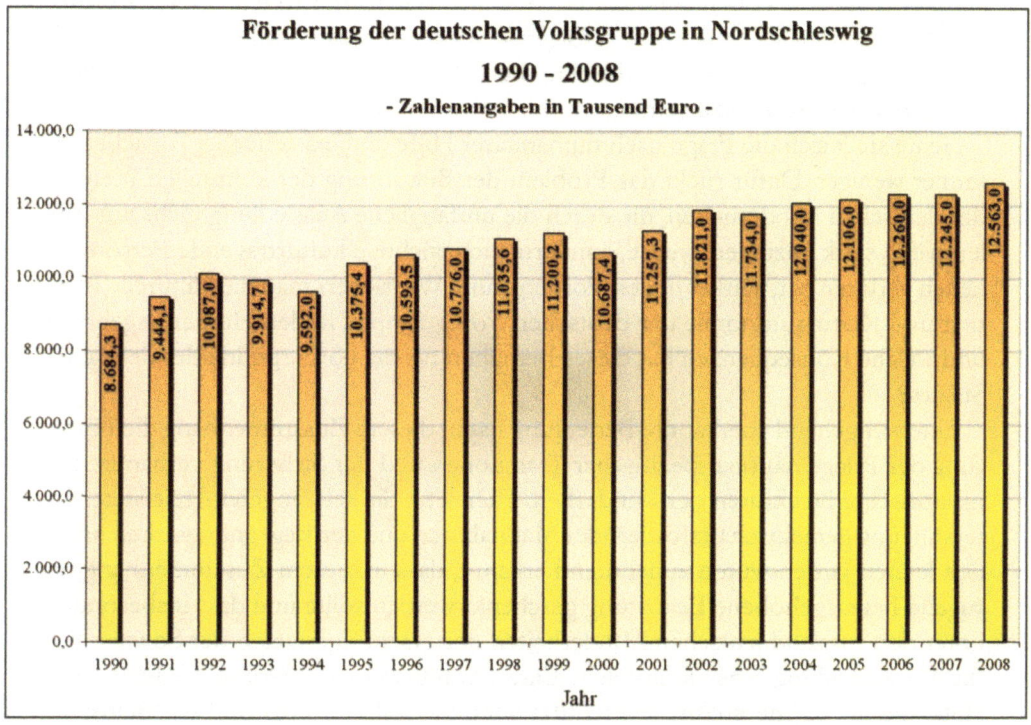

Förderung der deutschen Volksgruppe in Nordschleswig
1990 - 2008
- Zahlenangaben in Tausend Euro -

Während man die Förderung der Minderheiten im deutsch-dänischen Grenzland von Anfang an als eine auf Dauer angelegte Verpflichtung sah (Abbildung 2), wurde die Förderung deutscher Minderheiten im Rahmen der Aussiedlerpolitik über Jahre offenbar nur als zeitlich begrenzte Maßnahme zur vorübergehenden Kompensation unmittelbarer Kriegsfolgen betrachtet. Eine solche Sichtweise scheint im Ergebnis der Fachtagung nicht haltbar.

Wer auf eine nachhaltige Wirkung bisheriger Hilfenpolitik setzt, muss auch am Fortbestand der unterstützten deutschen Volksgruppen ein Interesse haben. Schon deshalb empfiehlt es sich, ein Verständnis deutscher Minderheitenförderung zu entwickeln, das sowohl für die Deutschen in Dänemark als auch für die Deutschen in den Herkunftsgebieten der Aussiedler gilt.

Die verständigungspolitische Bedeutung der deutschen Minderheit in Oberschlesien ist keinesfalls geringer als die der deutschen Nordschleswiger Dänemarks. So stellt sich unabweisbar die Aufgabe, auch eine Vergleichbarkeit der Förderung zu erreichen.

3.2. Von der materiellen Unterstützung zur Identitätserhaltung und Gemeinschafts-förderung – Entwicklung der Hilfenpolitik

Während der vergangenen zwei Jahrzehnte haben sich die Erfordernisse der Hil-fenpolitik für die deutschen Minderheiten in den Herkunftsgebieten der Aussiedler erkennbar verändert. Anfang der 1990er Jahre wurden insbesondere existenzsi-chernde materielle Hilfen benötigt, um den Deutschen vor Ort einen wahrnehmba-ren Ausgleich für erlittenes Kriegsfolgenschicksal zu bieten und in einer Lage, die durch die gesellschaftlichen und politischen Umbrüche jener Zeit gekennzeichnet war, ihren Bleibewillen zu stärken.

Heute stellt sich die Frage nach humanitärer Hilfe und existentieller Absicherung immer weniger. Dafür rückt das Problem der Bewahrung der kulturellen Identität der deutschen Minderheiten, die durch die umfängliche Aussiedlung nicht nur zah-lenmäßig stark dezimiert wurde, sondern auch wichtige kulturtragende Persönlich-keiten verloren hat, stärker in den Vordergrund. Wie sichert man die kulturelle Iden-tität und Kulturautonomie der deutschen Volksgruppen in den Herkunftsgebieten und welche Konsequenzen hat dieses Bemühen für die Förderpolitik des deutschen Staates?

Eine weitgehend anerkannte Bedeutung hat in diesem Zusammenhang die Förde-rung der Pflege nationalspezifischer Traditionen und der Sicherung verbandsorga-nisatorischer Strukturen der Minderheit. Hier setzt die seit längerem geleistete Un-terstützung gemeinschaftsfördernder Maßnahmen und der Begegnungsarbeit an. In den letzten Jahren wurde zunehmend erkannt, dass in diesem Zusammenhang der Jugend herausgehobene Beachtung geschenkt werden sollte und dass insbesondere unter den russlanddeutschen Minderheiten der Nachfolgestaaten der Sowjetunion die Herausbildung einer kulturellen Elite (Avantgarde) Förderung verdient, einer Elite, die die eigene kulturelle Identität wirkungsvoll vertreten und das Selbstver-ständnis der Volksgruppe nachdrücklich entwickeln kann.

Bedeutung der Sprachbindung

Von zentraler Bedeutung für die Erhaltung der kulturellen Identität ist die beson-dere, möglichst muttersprachliche Bindung an die deutsche Sprache (oft in Verbin-dung mit ihren jeweiligen mundartlichen Ausprägungen).

Bezüglich der deutschen Sprachbindung der Minderheiten hat es während der zu-rückliegenden 20 Jahre relativ wenige Fortschritte, aber beträchtliche Verluste gege-ben. Mit dem zahlenmäßigen Rückgang der Angehörigen der Vorkriegsgeneratio-nen verschwinden vielerorts authentische Sprachträger, ohne dass die Chance auf adäquaten Nachwuchs bestände. In der ehemaligen Sowjetunion, aber auch in Polen war eine deutsche Sprachweitergabe im Sinne eines nationalen Identitätsbekenntnis-ses jahrzehntelang unterdrückt beziehungsweise behindert, was zu sprachlicher As-similation führte. Der Versuch, Deutsch als Muttersprache wiederzubeleben und den deutschen Sprachgebrauch zu rehabilitieren, hat in Polen bisher nur völlig unzureichende Ergebnisse gebracht. In Russland und den anderen Nachfolgestaaten der Sowjetunion erscheint jedes Bemühen um ein Wiederherstellen einer deutschen Muttersprachbindung unter den Russlanddeutschen unrealistisch. Die Zahl wirklicher Muttersprachler in der Volksgruppe wäre viel zu gering. Die Russlanddeutschen definieren sich selbst kaum noch als Sprachgemeinschaft, ihr Selbstverständnis wird von der gemeinsamen Herkunft und der gemeinsamen Verfolgungsgeschichte, aber immer weniger durch Sprachbezüge bestimmt.

Für die Russlanddeutschen sollte deshalb nach einem Leitbild für deutsche Sprachbindung gesucht werden, das hinreichende Identitätssicherung ermöglicht, auch wenn es gegenwärtig die Muttersprachlichkeit noch nicht wiederherstellen kann.

In Ungarn und Rumänien ist die Ausgangslage bezüglich Akzeptanz und Sprachbindung für Deutsch immer günstiger gewesen. Dennoch lässt sich selbst in diesen Ländern die Tendenz einer schleichenden sprachlichen Assimilation feststellen, die überwiegend aus den Erfordernissen des modernen Alltags wie Dominanz der Amtssprache und des Berufslebens, Mobilitätsbedürfnisse und anderes mehr folgt.

Es ist deshalb bei allen deutschen Minderheiten wichtig, dass der identitätsstiftende Charakter der deutschen Sprache als unverzichtbar erkannt wird und in den einschlägigen Bildungskonzepten für die nachwachsenden Generationen angemessen Berücksichtigung findet. Dabei ist es für eine deutsche Volksgruppe relativ wenig identitätsfördernd, wenn Deutsch nur als Fremdsprache vermittelt wird und seine Stellung im allgemeinbildenden Schulwesen in Konkurrenz zu anderen Fremdsprachen angeboten, insbesondere zu Englisch, behaupten muss.

Die Vermittlung deutscher Sprache sollte unter den Angehörigen der deutschen Minderheit zuerst als Beitrag zur Identitätspflege wahrgenommen werden können. Das heißt, sie muss alle Bildungsschichten gleichermaßen erreichen, im möglichst frühen Vorschulalter beginnen und auf das Erreichen von Mehrsprachigkeit ausgerichtet sein. Bedauerlicherweise spielt dieses Verständnis deutscher Sprachpflege in unserer Minderheitenförderung eine untergeordnete Rolle. Während Konzepte der Mehrsprachigkeit bei der Integration von fremdsprachigen Zuwanderern in Deutschland zunehmende Beachtung finden, besitzt die Förderung der Mehrsprachigkeit in den Herkunftsgebieten der Aussiedler im Rahmen der auswärtigen Kulturpolitik einen viel zu geringen Stellenwert.

Die Zahl der mehrsprachigen Menschen ist weltweit höher als die der einsprachigen. Auch für das zusammenwachsende Europa prognostizieren Experten eine zunehmende Bedeutung der Mehrsprachigkeit. Deshalb kann Mehrsprachigkeit im vereinten Europa schon heute als besonderer Standortvorteil gelten. Ungeachtet offener Zuständigkeitsfragen sollte die deutsche Sprachförderung im Sinne der Etablierung von Mehrsprachigkeit und der Sicherung kultureller Identität Schwerpunkt zukünftiger Förderung der deutschen Minderheiten sein.

Förderung unter Diasporabedingungen

Das klassische Verständnis nationaler Minderheiten geht von besonderen Siedlungsgebieten aus, in denen die jeweilige Volksgruppe ihre angestammte Heimat
hat. Die Russlanddeutschen sind durch Deportation und Unterdrückung ihrer ursprünglichen Siedlungsgebiete beraubt worden. Auch wenn im Ergebnis neue Orte
verstärkter Siedlungskonzentration entstanden sind, hat unsere Minderheitpolitik
hier von Anfang an Wege suchen müssen, die der weitgehenden Zerstreuung Rechnung tragen. Das System von Begegnungszentren und Begegnungsstätten (allein
450 Begegnungsstätten auf dem Gebiet der Russischen Föderation von Magadan im
Fernen Osten bis nach St. Petersburg und Kaliningrad), das sich in den letzten 20
Jahren dank deutscher Förderung, aber auch auf der Basis der Finanzierung durch
regionale russische Administrationen entwickelt hat, kann als weitgehend beispiello-
ser Ansatz einer Minderheitenförderung unter Diasporabedingungen gesehen werden. Die Probleme des Erhalts und der Steuerung solch dezentraler Infrastrukturen
sind beträchtlich. Gleichwohl sollte die Bedeutung dieses Lösungsansatzes nicht un-
terschätzt werden. In Zeiten allgemeiner Mobilitätserfordernisse wird die ausschließliche Fokussierung der Minderheitenförderung auf bestimmte Siedlungsgebiete zunehmend problematischer. Das Konzept der Begegnungsstätten als
Kristallisationspunkte in der Zerstreuung scheint eine Antwort auf diese Herausforderung. Auch der Schaffung gemeinsamer Informationsräume kommt dabei eine
besondere Bedeutung zu. Hier bieten moderne Kommunikationsmittel, insbesondere das Internet, Möglichkeiten, deren Nutzung zukünftig Förderung und Unterstützung verdient.

Partnerschaften

Für die Erhaltung und Förderung der deutschen Minderheiten in den Herkunftsgebieten der Aussiedler können Partnerschaften nach Deutschland beziehungsweise
in den deutschsprachigen Raum wichtige Beiträge leisten. Hier kommt den Landsmannschaften und Verbänden der Aussiedler eine besondere Bedeutung zu.

Derartige Verbindungen können sowohl in den Herkunftsgebieten wie auch in
Deutschland zum Erhalt und zur Entwicklung der jeweils spezifischen deutschen
Volksgruppenkultur beitragen. Sie können ferner die Brückenfunktion von Aus-
siedlern und deutschen Minderheiten stärken. Die zukünftige Minderheitenförde-
rung sollte deshalb in der Unterstützung derartiger Partnerschaften ein wichtiges
Anliegen sehen.

3.3 Zwischenstaatliche Zusammenarbeit bei der Förderung deutscher Minderheiten

Bereits vor dem Fall des Eisernen Vorhangs konnte die in den Bonn-Kopenhagener Erklärungen von 1955 vereinbarte deutsch-dänische Zusammenarbeit als be-
merkenswertes Beispiel einer zwischenstaatlichen Übereinkunft zur Minderheiten-

politik gelten. Es gehört zu den besonderen Verdiensten der deutschen Politik der 1990er Jahre, dass sie die Solidarität mit den vom Kriegsfolgenschicksal betroffenen Deutschen in der Sowjetunion und in den mittelosteuropäischen Staaten immer im kooperativen Einvernehmen mit den jeweiligen Titularnationen wahrgenommen hat. Das fand seinen Niederschlag in einer Vielzahl von bilateralen Verträgen, Erklärungen und Protokollen. Wichtiger Bezugspunkt dieser Übereinkünfte war zunächst die gemeinsame Überzeugung, dass das Recht nationaler Minderheiten auf Wahrnehmung und Entfaltung ihrer kulturellen Identität untrennbarer Bestandteil des allgemeinen Menschenrechtsverständnisses ist.[4] Auf dieser Grundlage hat auch das Anliegen der Förderung deutscher Minderheiten in unterschiedlicher Form Eingang in verschiedene zwischenstaatliche Übereinkommen gefunden.

Die Tabellen in den Anlagen 3 und 4 geben einen Überblick über die wichtigsten derartigen Vereinbarungen. Ausgewiesen sind darin auch einige Abkommen, bei denen eine besondere Relevanz für die Anliegen deutscher Minderheiten erwartet werden kann, auch wenn dieser Aspekt keine ausdrückliche Berücksichtigung fand. Vergleicht man die vorliegenden Übereinkünfte, so lassen sich neben vielen Gemeinsamkeiten auch charakteristische Besonderheiten feststellen.

Innerhalb der mittelosteuropäischen Staaten fällt Ungarn als ein Vertragspartner auf, mit dem neben den allgemeinen Verpflichtungen nachfolgend konkrete Vereinbarungen zur Sprachförderung der deutschen Minderheit vorliegen und wo die deutsche Minderheit ausdrücklich Erwähnung in dem zweiseitigen Kulturabkommen fand.

Demgegenüber hat in den Beziehungen zu Polen, dem mittelosteuropäischen Staat mit der zahlenmäßig größten deutschen Minderheit, das Anliegen nur im frühen Nachbarschafts- und Freundschaftsvertrag Berücksichtigung gefunden.

Fast alle Vereinbarungen beschränken sich nicht auf die Zusicherung der Bestandsrechte der deutschen Minderheit, sondern betonen auch die Förderpflichten der Titularnation gegenüber ihrer deutschen Minderheit beziehungsweise erkennen ausdrücklich das Recht des deutschen Staates auf Unterstützung der deutschen Minderheit an.

Zur Abstimmung anstehender Fragen und Konzepte auf politischer Ebene konnten mit einigen Herkunftsstaaten gemischte Regierungskommissionen für Angelegenheiten der im Lande lebenden deutschen Minderheiten gebildet werden. Regelmäßige Kommissionssitzungen finden mit den Staaten Russland, Kasachstan und Rumänien statt. Die Regierungskommissionen mit der Ukraine, Kirgisistan und Usbekistan sind aus unterschiedlichen Gründen in jüngerer Zeit selten zusammengekommen.

---

4 Siehe „Dokument des Kopenhagener Treffens der Konferenz über die menschliche Dimension der KSZE" vom 29.06.1990, unter <http://www.osce.org/documents/odihr/1990/06/13992_de.pdf> (abgerufen 25.01.2009).

Zusammenfassend lässt sich feststellen, dass die zwischenstaatliche Kooperation in Angelegenheiten der deutschen Minderheit mit Russland und Kasachstan im GUS-Bereich und mit Ungarn und Rumänien im mittelosteuropäischen Bereich als besonders intensiv gelten kann.

4. Europäische und deutsche Minderheitenpolitik

Die Fachtagung hat die Bedeutung der Zeitenwende 1989/90 für die Minderheitenpolitik in Europa erneut deutlich werden lassen. Die Souveränisierung der Staaten des ehemaligen Ostblocks hat in diesen Ländern auch nationalen Identitätsfragen, die bisher im Schatten der verordneten kommunistischen Staatsideologie standen, neues Gewicht gegeben. So war der Umbruchsprozess der 1990er Jahre mancherorts von erheblichen nationalistisch motivierten Auseinandersetzungen begleitet.

Für die erweiterte Europäische Union entsteht so die Herausforderung, die traditionelle Siedlungsvielfalt des mittelost- und südosteuropäischen Raumes in überzeugender Weise in das europäische Regelungs- und Institutionengefüge einzubauen. In diesem Zusammenhang spielen die Konzepte der Minderheitenpolitik eine entscheidende Rolle.

Die Konferenz hat ferner erkennbar werden lassen, dass für die Entwicklung der europäischen Minderheitenpolitik die Vorbildwirkung nationaler und zwischenstaatlicher Lösungen von entscheidender Bedeutung ist. Aus diesem Grunde erhalten die Bemühungen der deutschen Bundesregierung zur Unterstützung deutscher Minderheiten im Ausland wie auch zur Förderung der vier autochthonen nationalen Minderheiten in Deutschland ein durchaus exemplarisches Gewicht. Die Frage, wie Deutschland die Verantwortung für die deutschen Minderheiten fortschreibt, die es einmal aus Gründen der Kriegsfolgenbewältigung übernommen hat, wird dabei ebenso Aufmerksamkeit verdienen, wie der Umgang des Bundes und der Länder mit den Verpflichtungen des Minderheitenschutzes, die Deutschland im Rahmen der einschlägigen Europaratsübereinkommen eingegangen ist.

Vor diesem Hintergrund verdient das Votum der Minderheitenverbände, die auf der Konferenz einen Bedeutungsverlust der Minderheitenpolitik während der letzten Jahre konstatierten, besondere Beachtung. Ebenso sollte der Hinweis der Minderheitenvertreter ernst genommen werden, dass die Förderungsverantwortung für die autochthonen Minderheiten unseres Landes im Rahmen des Föderalismus eine Fragmentierung erfährt, die vor allem deshalb problematisch wirkt, weil in der Teilung der Zuständigkeiten das politische Verständnis für das Gesamtanliegen der Minderheitenpolitik verloren zu gehen droht.

Die Überwindung dieser Aufgabensplitterung oder zumindest die konzeptionelle Zusammenführung der Verantwortlichkeiten kann deshalb als wichtige Gestaltungsaufgabe der Zukunft gelten.

Anlage 1: Aussiedleraufnahme 1950 – 2008

	Gesamt	ehemalige UdSSR	Polen	Rumänien	ehemalige ČSFR	ehemaliges Jugoslawien	Ungarn	andere Staaten
1950	47.497	0	31.761	13	13.308	179	3	2.233
1951	24.765	1.721	10.791	1.031	3.524	3.668	157	3.873
1952	13.369	63	194	26	146	3.407	30	9.503
1953	15.410	0	147	15	63	7.972	15	7.198
1954	15.422	18	662	8	128	9.481	43	5.082
1955	15.788	154	860	44	184	11.839	98	2.609
1956	31.345	1.016	15.674	176	954	7.314	160	6.051
1957	113.946	923	98.290	384	762	5.130	2.193	6.264
1958	132.233	4.122	117.550	1.383	692	4.708	1.194	2.584
1959	28.450	5.587	16.228	374	600	3.819	507	1.335
1960	19.169	3.272	7.739	2.124	1.394	3.308	319	1.013
1961	17.161	345	9.303	3.303	1.207	2.053	194	756
1962	16.415	894	9.657	1.675	1.228	2.003	264	694
1963	15.483	209	9.522	1.321	973	2.543	286	629
1964	20.842	234	13.611	818	2.712	2.331	387	749
1965	24.342	366	14.644	2.715	3.210	2.195	724	488
1966	28.193	1.245	17.315	609	5.925	2.078	608	413
1967	26.475	1.092	10.856	440	11.628	1.881	316	262
1968	23.397	598	8.435	614	11.854	1.391	303	202
1969	30.039	316	9.536	2.675	15.602	1.325	414	171
1970	18.949	340	5.626	6.519	4.207	1.372	517	368
1971	33.637	1.145	25.241	2.848	2.337	1.159	519	388
1972	23.895	3.420	13.482	4.374	894	884	520	321
1973	23.063	4.493	8.903	7.577	525	783	440	342
1974	24.507	6.541	7.825	8.484	378	646	423	210
1975	19.655	5.985	7.040	5.077	514	419	277	343
1976	44.402	9.704	29.364	3.766	849	313	233	173
1977	54.256	9.274	32.861	10.989	612	237	189	94
1978	58.130	8.455	36.102	12.120	904	202	269	78
1979	54.887	7.226	36.274	9.663	1.058	190	370	106
1980	52.071	6.954	26.637	15.767	1.733	287	591	102
1981	69.455	3.773	50.983	12.031	1.629	234	667	138
1982	48.170	2.071	30.355	12.972	1.776	213	589	194
1983	37.925	1.447	19.121	15.501	1.176	137	458	85
1984	36.459	913	17.455	16.553	963	190	286	99
1985	38.968	460	22.075	14.924	757	191	485	76
1986	42.788	753	27.188	13.130	882	182	584	69
1987	78.523	14.488	48.423	13.994	835	156	581	46
1988	202.673	47.572	140.226	12.902	949	223	763	38
1989	377.055	98.134	250.340	23.387	2.027	1.469	1.618	80

	Gesamt	ehemalige UdSSR	Polen	Rumänien	ehemalige ČSFR	ehemaliges Jugoslawien	Ungarn	andere Staaten
1990	397.073	147.950	133.872	111.150	1.708	961	1.336	96
1991	221.995	147.333	40.131	32.184	927	450	952	18
1992	230.565	195.629	17.749	16.154	460	199	354	20
1993	218.888	207.347	5.431	5.811	136	119	38	6
1994	222.591	213.214	2.440	6.615	101	176	43	2
1995	217.898	209.409	1.677	6.519	62	178	43	10
1996	177.751	172.181	1.175	4.284	18	73	14	6
1997	134.419	131.895	687	1.777	12	34	14	0
1998	103.080	101.550	488	1.005	17	13	4	3
1999	104.916	103.599	428	855	11	19	4	0
2000	95.615	94.558	484	547	18	0	2	6
2001	98.484	97.434	623	380	22	17	8	0
2002	91.416	90.587	553	256	14	3	3	0
2003	72.885	72.289	444	137	2	8	5	0
2004	59.093	58.728	278	76	3	8	0	0
2005	35.522	35.396	80	39	4	0	3	0
2006	7.747	7.626	80	40	1	0	0	0
2007	5.792	5.695	70	21	5	0	1	0
2008	4.362	4.301	44	16	0	0	0	1
1950-2008	4.499.301	2.352.044	1.445.030	430.192	104.620	90.370	21.418	55.627

Anmerkungen:
- Die Daten wurden anhand vorliegender Originaldokumente teilweise korrigiert.
- Seit 1950 wurden zur Ermittlung der Daten unterschiedliche Zählverfahren angewendet, ab 1991 sind nur noch die auf die Bundesländer verteilten Personen erfasst. Bis 1990 gibt es daher Differenzen zu den weiteren statistischen Erhebungen.
- Ab 1991 sind Personen mit Herkunftsstaaten wie „westliches Ausland" oder „Deutschland" dem originären Aussiedlungsgebiet zugeordnet.

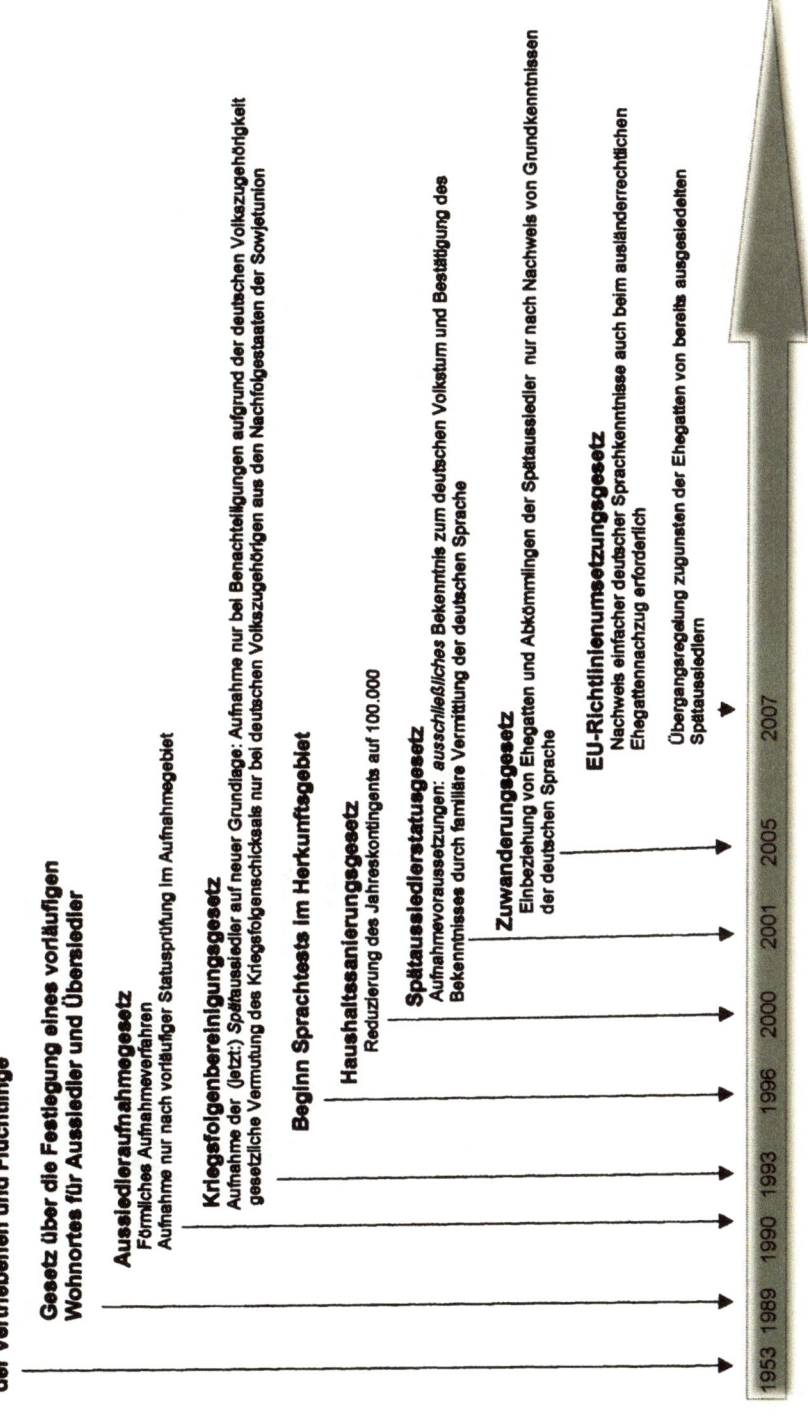

Gesetz über die Angelegenheiten der Vertriebenen und Flüchtlinge

Gesetz über die Festlegung eines vorläufigen Wohnortes für Aussiedler und Übersiedler

Aussiedleraufnahmegesetz
Förmliches Aufnahmeverfahren
Aufnahme nur nach vorläufiger Statusprüfung im Aufnahmegebiet

Kriegsfolgenbereinigungsgesetz
Aufnahme der (jetzt:) *Spätaussiedler* auf neuer Grundlage: Aufnahme nur bei Benachteiligungen aufgrund der deutschen Volkszugehörigkeit gesetzliche Vermutung des Kriegsfolgenschicksals nur bei deutschen Volkszugehörigen aus den Nachfolgestaaten der Sowjetunion

Beginn Sprachtests im Herkunftsgebiet

Haushaltssanierungsgesetz
Reduzierung des Jahreskontingents auf 100.000

Spätaussiedlerstatusgesetz
Aufnahmevoraussetzungen: *ausschließliches* Bekenntnis zum deutschen Volkstum und Bestätigung des Bekenntnisses durch familiäre Vermittlung der deutschen Sprache

Zuwanderungsgesetz
Einbeziehung von Ehegatten und Abkömmlingen der Spätaussiedler nur nach Nachweis von Grundkenntnissen der deutschen Sprache

EU-Richtlinienumsetzungsgesetz
Nachweis einfacher deutscher Sprachkenntnisse auch beim ausländerrechtlichen Ehegattennachzug erforderlich

Übergangsregelung zugunsten der Ehegatten von bereits ausgesiedelten Spätaussiedlern

1953 1989 1990 1993 1996 2000 2001 2005 2007

Anlage 3: Zwischenstaatliche Erklärungen und Vereinbarungen der Bundesregierung betreffend die Belange der deutschen Minderheiten in den mittelosteuropäischen Staaten

	Staat	Vertragswerk/Erklärung	Relevanter Artikel	Datum der Unterzeichnung	Grundaussagen
1	Republik Polen	Vertrag zwischen der Bundesrepublik Deutschland und der Republik Polen über gute Nachbarschaft und freundschaftliche Zusammenarbeit.	Art. 20-22	17. Juni 1991	Die Angehörigen der deutschen Minderheit in Polen, d. h. polnische Staatsangehörige, die deutscher Abstammung sind, sowie deutsche Staatsangehörige, die polnischer Abstammung sind, haben das Recht, ihre ethnische, kulturelle, sprachliche und religiöse Identität zum Ausdruck zu bringen, zu bewahren und weiterzuentwickeln. Schutz der Identität und Schaffung von Bedingungen zur Förderung dieser Identität. Die Vertragsparteien erkennen die besondere Bedeutung einer verstärkten konstruktiven Zusammenarbeit in diesem Bereich an. Förderungsmaßnahmen der anderen Seite zugunsten dieser Personen werden ermöglicht und erleichtert.
2	Republik Ungarn	Vertrag zwischen der Bundesrepublik Deutschland und der Republik Ungarn über freundschaftliche Zusammenarbeit und Partnerschaft in Europa.	Art. 19	6. Februar 1992	Die Angehörigen der deutschen Minderheit in der Republik Ungarn haben das Recht, ihre ethnische, kulturelle, sprachliche und religiöse Identität zum Ausdruck zu bringen, zu bewahren und weiterzuentwickeln. Die Republik Ungarn schützt und stärkt durch konkrete Förderungsmaßnahmen die Identität der deutschen Minderheit. Sie ermöglicht Förderungsmaßnahmen durch die Bundesrepublik Deutschland zugunsten der deutschen Minderheit.
		Abkommen zwischen der Regierung der Bundesrepublik Deutschland und der Regierung der Republik Ungarn über kulturelle Zusammenarbeit.	Art. 13	1. März 1994, Inkrafttreten 7. Juni 2005	Die Vertragsparteien ermöglichen den ständig in ihren Hoheitsgebieten lebenden Staatsangehörigen, die aus Ungarn stammen oder deutscher Abstammung sind, die Pflege der Sprache, Kultur, nationalen Traditionen und freie Religionsausübung. Förderungsmaßnahmen der anderen Seite zugunsten dieser Personen werden ermöglicht und erleichtert.
		Gemeinsame Erklärung zwischen der Regierung der Bundesrepublik Deutschland und der Regierung der Republik Ungarn über die Förderung der deutschen Minderheit und des Unterrichts von Deutsch als Fremdsprache in der Republik Ungarn.	II	25. September 1992	Die auf der Grundlage einer gemeinsamen Erklärung von 1987 ergriffenen Maßnahmen sollen nunmehr besonders auf die Kulturarbeit der deutschen Minderheit, auf ihre Bildungs- und Begegnungsstätten und auf die Rückgewinnung ihrer Muttersprache ausgerichtet werden.
3	Rumänien	Vertrag zwischen der Bundesrepublik Deutschland und Rumänien über freundschaftliche Zusammenarbeit und Partnerschaft in Europa.	Art. 15-17	21. April 1992	Recht der Angehörigen der deutschen Minderheit in Rumänien, ihre ethnische, kulturelle, sprachliche und religiöse Identität zum Ausdruck zu bringen, zu bewahren und weiterzuentwickeln. Rumänien schützt und unterstützt die deutsche Minderheit, insbesondere durch Schaffung günstiger Bedingungen für deutschsprachige

Staat	Vertragswerk/Erklärung	Relevanter Artikel	Datum der Unterzeichnung	Grundaussagen
				Schulen und Kultureinrichtungen. Rumänien ermöglicht und erleichtert Förderungsmaßnahmen durch die Bundesrepublik Deutschland zugunsten der deutschen Minderheit. Vereinbarung von Programmen und Maßnahmen zugunsten der deutschen Minderheit.
4 Tschechische Republik	Vertrag zwischen der Bundesrepublik Deutschland und der Tschechischen und Slowakischen Föderativen Republik über gute Nachbarschaft und freundschaftliche Zusammenarbeit.	Art. 20	27. Februar 1992	Recht der Angehörigen der deutschen Minderheit in der Tschechischen und Slowakischen Föderativen Republik, ihre ethnische, kulturelle, sprachliche und religiöse Identität zum Ausdruck zu bringen, zu bewahren und weiterzuentwickeln. Förderungsmaßnahmen zugunsten der deutschen Minderheit durch die Bundesrepublik Deutschland werden ermöglicht und erleichtert. (Art. 21 sieht entsprechende Rechte für Personen tschechischer und slowakischer Abstammung in Deutschland vor.)
	Deutsch-Tschechische Erklärung über die gegenseitigen Beziehungen und deren künftige Entwicklung.	V	21. Januar 1997	Beide Seiten bekräftigen ihre Verpflichtungen aus den Artikeln 20 und 21 des Vertrages vom 27.02.1992 und sind sich bewusst, dass diese Personen in den beiderseitigen Beziehungen eine wichtige Rolle spielen und deren Förderung auch weiterhin im beiderseitigen Interesse liegt.
5 Slowakische Republik	Vertrag zwischen der Bundesrepublik Deutschland und der Tschechischen und Slowakischen Föderativen Republik über gute Nachbarschaft und freundschaftliche Zusammenarbeit.	Art. 20	27. Februar 1992	Recht der Angehörigen der deutschen Minderheit in der Tschechischen und Slowakischen Föderativen Republik, ihre ethnische, kulturelle, sprachliche und religiöse Identität zum Ausdruck zu bringen, zu bewahren und weiterzuentwickeln. Förderungsmaßnahmen zugunsten der deutschen Minderheit durch die Bundesrepublik Deutschland werden ermöglicht und erleichtert. (Art. 21 sieht entsprechende Rechte für Personen tschechischer und slowakischer Abstammung in Deutschland vor.)
6 Republik Kroatien	Abkommen zwischen der Regierung der Bundesrepublik Deutschland und der Regierung der Republik Kroatien über kulturelle Zusammenarbeit.		26. August 1994, Inkrafttreten 23. Januar 1998	Entwicklung der kulturellen Zusammenarbeit in allen Bereichen, Vermittlung von Kenntnissen der Kunst und Literatur des anderen Landes, Zugang zu Sprache, Kultur und Geschichte des anderen Landes, Ausbau und Verbesserung der deutschen beziehungsweise kroatischen Sprachkenntnisse, Zusammenarbeit in Wissenschaft und Sport, Jugendaustausch, Erleichterung der Gründung und Tätigkeit kultureller Einrichtungen.
7 Republik Slowenien	Abkommen zwischen der Regierung der Bundesrepublik Deutschland und der Regierung der Republik Slowenien über kulturelle Zusammenarbeit.		18. Juni 1993, Inkrafttreten 28. Juni 1994	Entwicklung der kulturellen Zusammenarbeit in allen Bereichen, Vermittlung von Kenntnissen der Kunst und Literatur des anderen Landes, Zugang zu Sprache, Kultur und Geschichte des anderen Landes, Ausbau der Sprachkenntnisse, Zusammenarbeit in Wissenschaft und Sport, Jugendaustausch, Erleichterung der Gründung und Tätigkeit kultureller Einrichtungen.

Anlage 4: Zwischenstaatliche Erklärungen und Vereinbarungen der Bundesregierung betreffend die Belange der deutschen Minderheiten in den Nachfolgestaaten der Sowjetunion

	Land	Abkommen / Erklärung	Relevanter Artikel	Datum der Unterzeichnung	Grundaussagen
1	**Republik Aserbaidschan**	Gemeinsame Erklärung über die Grundlagen der Beziehungen zwischen der Bundesrepublik Deutschland und der Aserbaidschanischen Republik.	Pkt. 15	22. Dezember 1995	Bürgern Aserbaidschans deutscher Abstammung in Aserbaidschan sowie deutschen Staatsangehörigen aserbaidschanischer Abstammung in Deutschland wird die Pflege der Sprache, Kultur, nationalen Traditionen und freie Religionsausübung ermöglicht. Erhaltung der kulturellen Identität und der Lebensrechte dieser Personen hat eine bedeutende Funktion beim Aufbau freundschaftlicher Beziehungen, Förderungsmaßnahmen der anderen Seite zugunsten dieser Personen werden ermöglicht und erleichtert.
		Deutsch-aserbaidschanisches Abkommen über kulturelle Zusammenarbeit.		22. Dezember 1995 Bekanntmachung über die vorläufige Anwendung 16. Dezember 1999	Entwicklung der kulturellen Zusammenarbeit in allen Bereichen, Vermittlung von Kunst und Literatur des anderen Landes, Zugang zu Sprache, Kultur und Geschichte des anderen Landes, Sprachförderung, Zusammenarbeit in Wissenschaft und Sport, Förderung des Jugendaustausches, Erleichterung der Gründung und Tätigkeit kultureller Einrichtungen.
2	**Georgien**	Gemeinsame Erklärung der Bundesrepublik Deutschland und der Republik Georgien über die Grundlagen ihrer Beziehungen.	Pkt. 15	24. Juni 1993	Deutschland begrüßt die Rehabilitierung der Bürger deutscher Abstammung in Georgien; diese Rehabilitierung hilft bei Sicherung einer Zukunftsperspektive.
		Deutsch-georgisches Abkommen über kulturelle Zusammenarbeit.	Art. 13	25. Juni 1993 Bekanntmachung über die vorläufige Anwendung 16. Dezember 1999	Bürgern Georgiens deutscher Abstammung in Georgien sowie deutschen Staatsangehörigen georgischer Abstammung in Deutschland wird die Pflege der Sprache, Kultur, nationalen Traditionen und freie Religionsausübung ermöglicht. Die Erhaltung der kulturellen Identität und der Lebensrechte dieser Personen hat eine bedeutende Funktion beim Aufbau freundschaftlicher Beziehungen; Förderungsmaßnahmen der anderen Seite zugunsten dieser Personen werden ermöglicht und erleichtert.
3	**Republik Belarus**	Gemeinsame Erklärung über die Grundlagen der Beziehungen zwischen der Bundesrepublik Deutschland und der Republik Belarus.	Pkt. 12	25. August 1994	Staatsangehörigen der Republik Belarus mit deutscher Abstammung in Belarus und deutschen Staatsangehörigen belarussischer Abstammung in Deutschland wird die Pflege der Sprache, Kultur, nationalen Traditionen und freie Religionsausübung ermöglicht.

Land	Abkommen / Erklärung	Relevanter Artikel	Datum der Unterzeichnung	Grundaussagen
	Deutsch-belarussisches Abkommen über kulturelle Zusammenarbeit.	Art. 13	3. März 1994 Bekanntmachung über die vorläufige Anwendung 16. Dezember 1999	Die Erhaltung der kulturellen Identität und die Verwirklichung der Menschenrechte dieser Personen hat eine bedeutende Funktion beim Aufbau freundschaftlicher Beziehungen; Förderungsmaßnahmen der anderen Seite zugunsten dieser Personen werden ermöglicht und erleichtert.
4 Republik Estland	Deutsch-estnisches Abkommen über kulturelle Zusammenarbeit.	Art. 13	29. April 1993 Bekanntmachung über die vorläufige Anwendung 16. Dezember 1999	Die Vertragsparteien ermöglichen den ständig in ihren Hoheitsgebieten lebenden Staatsangehörigen, die deutscher Abstammung sind bzw. aus Estland stammen, die Pflege der Sprache, Kultur, nationalen Traditionen und freie Religionsausübung. Förderungsmaßnahmen der anderen Seite zugunsten dieser Personen werden ermöglicht und erleichtert.
5 Republik Lettland	Gemeinsame Erklärung über die Grundlagen der Beziehungen zwischen der Bundesrepublik Deutschland und der Republik Lettland.	Pkt. 14	20. April 1993	Bürgern deutscher Abstammung in Lettland und Bürgern lettischer Abstammung in Deutschland wird die Pflege der Sprache, Kultur, nationalen Traditionen und freie Religionsausübung ermöglicht.
	Deutsch-lettisches Abkommen über kulturelle Zusammenarbeit.	Art. 13	20. April 1993 Bekanntmachung über die vorläufige Anwendung 16. Dezember 1999	Die Erhaltung der kulturellen Identität und der Lebensrechte dieser Personen hat eine bedeutende Funktion beim Ausbau der Beziehungen; Förderungsmaßnahmen der anderen Seite zugunsten dieser Personen werden ermöglicht und erleichtert.
6 Republik Litauen	Gemeinsame Erklärung über die Grundlagen der Beziehungen zwischen der Bundesrepublik Deutschland und der Republik Litauen.	Pkt. 14	21. Juli 1993	Bürgern deutscher Abstammung in Litauen und Bürgern litauischer Anstammung in Deutschland wird die Pflege der Sprache, Kultur, nationalen Traditionen und freie Religionsausübung ermöglicht.
	Deutsch-litauisches Abkommen über kulturelle Zusammenarbeit	Art. 13	21. Juli 1993 Bekanntmachung über die vorläufige Anwendung 2. November 2005	Die Erhaltung der kulturellen Identität und der Lebensrechte dieser Personen hat eine bedeutende Funktion beim Ausbau der Beziehungen. Förderungsmaßnahmen der anderen Seite zugunsten dieser Personen werden ermöglicht und erleichtert.
7 Republik Kasachstan	Deutsch-kasachisches Abkommen über kulturelle Zusammenarbeit.	Art. 14	16. Dezember 1994 Bekanntmachung über die vorläufige Anwendung 16. Dezember 1999	Die Vertragsparteien ermöglichen den ständig in ihren Hoheitsgebieten lebenden Staatsangehörigen, die aus Kasachstan stammen oder deutscher Abstammung sind, die Pflege und Weiterentwicklung der Sprache, Kultur, nationalen Traditionen sowie freie Religionsausübung.

Land	Abkommen / Erklärung	Relevanter Artikel	Datum der Unterzeichnung	Grundaussagen
			Inkrafttreten am 5. Juni 2003	Förderungsmaßnahmen der anderen Seite zugunsten dieser Personen werden ermöglicht und erleichtert.
	Deutsch-kasachische Vereinbarung über die Zusammenarbeit bei der Unterstützung der Bürger deutscher Nationalität der Republik Kasachstan.		31. Mai 1996 Bekanntmachung 11. Oktober 1999 Ratifikation durch Kasachstan steht noch aus	Zusammenarbeit bei der Entfaltung und Aufrechterhaltung der nationalen und kulturellen Identität der kasachischen Bürger deutscher Nationalität - in Übereinstimmung mit den Bestimmungen internationaler Verträge auf dem Gebiet der Menschenrechte, einschließlich der dort enthaltenen Rechte der nationalen Minderheiten; Fortsetzung der Rehabilitierung kasachischer Bürger deutscher Nationalität, Förderung /Unterstützung der kulturellen, sozialen und wirtschaftlichen Entwicklung der kasachischen Bürger deutscher Herkunft und Förderung der Verbreitung der deutschen Sprache als Muttersprache durch kasachische Seite, Hilfsmaßnahmen durch die deutsche Seite, Fragen, die mit der Realisierung dieser Vereinbarung zusammenhängen, werden einer gemischten Kommission für Probleme der Deutschen Kasachstans übertragen, in der auch Repräsentanten der kasachischen Bürger deutscher Nationalität vertreten sind.
	Gemeinsame Erklärung über eine Partnerschaft für die Zukunft zwischen der Bundesrepublik Deutschland und der Republik Kasachstan.	IV.4	3. September 2008 (unterzeichnet, aber noch nicht veröffentlicht)	Förderung der kulturellen Verständigung zwischen den Bürgern beider Staaten unter anderem im Rahmen der deutsch-kasachischen Regierungskommission zu Fragen der in Kasachstan lebenden Deutschen.
8 Kirgisische Republik	Gemeinsame Erklärung über die Grundlagen der Beziehungen zwischen der Bundesrepublik Deutschland und der Republik Kirgisistan.	Pkt. 14	4. August 1992	Deutschland begrüßt die Würdigung des Beitrages der in Kirgisistan ansässigen Deutschen zur Entwicklung der Republik Kirgisistan und die Verfügung, zur Sicherstellung der ethnischen, kulturellen und sprachlichen Eigenständigkeit der Deutschen in Kirgisistan deutsche nationale Kulturbezirke und nationale Produktions- und Handelsstrukturen zu bilden. Bekräftigung des Interesses beider Seiten, den kirgisischen Bürgern deutscher Abstammung eine Zukunftsperspektive in Kirgisistan zu sichern. Den kirgisischen Staatsangehörigen deutscher Abstammung in Kirgisistan und den deutschen Staatsangehörigen kirgisischer Abstammung in Deutschland wird die Pflege der Sprache, Kultur, nationalen Traditionen und freie Religionsausübung ermöglicht.

Land	Abkommen / Erklärung	Relevanter Artikel	Datum der Unterzeichnung	Grundaussagen
	Deutsch-kirgisisches Abkommen über kulturelle Zusammenarbeit.	Art. 13	23. August 1993 Bekanntmachung über die vorläufige Anwendung 25. Juli 2000 Inkrafttreten am 22. Juli 2002	Die Erhaltung der kulturellen Identität und der Lebensrechte dieser Personen hat eine bedeutende Funktion beim Aufbau freundschaftlicher Beziehungen. Förderungsmaßnahmen der anderen Seite zugunsten dieser Personen werden ermöglicht und erleichtert.
9 **Russische Föderation**	Deutsch-russisches Abkommen über kulturelle Zusammenarbeit.	Art. 12	16. Dezember 1992 Bekanntmachung vom 8. Juli 1993 Inkrafttreten 18. Mai 1993	Die Vertragsparteien ermöglichen und erleichtern den ständig in ihren Hoheitsgebieten lebenden Staatsangehörigen, die aus Russland stammen oder deutscher Abstammung sind, die Pflege der Sprache, Kultur, nationalen Traditionen und freie Religionsausübung. Förderungsmaßnahmen der anderen Seite zugunsten dieser Personen werden ermöglicht und erleichtert.
	Protokoll der konstituierenden Sitzung der deutsch-russischen Regierungskommission für Angelegenheiten der Russlanddeutschen.		21.–23. April 1992	Übereinkunft, dass sich die deutsch-russische Regierungskommission nicht nur mit Fragen im Zusammenhang mit der Wiederbegründung der Republik der Wolgadeutschen befasst, sondern mit den Angelegenheiten der Deutschen in der Russischen Föderation insgesamt.
	Protokoll über die Zusammenarbeit zwischen der Regierung der Bundesrepublik Deutschland und der Regierung der Russischen Föderation zur stufenweisen Wiederherstellung der Staatlichkeit der Russlanddeutschen.		23. April 1992	Bekräftigung der Absicht, stufenweise die Republik der Wolgadeutschen wiederzuerrichten. Förderung durch beide Seiten mit dem Ziel, die Verwirklichung der nationalen und kulturellen Identität der Russlanddeutschen zu gewährleisten. Wirtschaftliche und finanzielle Hilfeleistung von deutscher Seite. Die Durchführung des Protokolls und Abstimmung gemeinsamer Vorhaben wird deutsch-russischer Regierungskommission übertragen, an der auf russischer Seite auch Vertreter der Russlanddeutschen beteiligt sind.
	Deutsch-russisches Abkommen über das Erlernen der deutschen Sprache in der Russischen Föderation und der russischen Sprache in der Bundesrepublik Deutschland.		9. Oktober 2003 Bekanntmachung 25. Juli 2007	Förderung des Erlernens und des Unterrichts der deutschen Sprache, Literatur und Kultur in Russland und der russischen Sprache, Literatur und Kultur in Deutschland, Austausch von Fachleuten, Lehrkräften, Studenten, Organisation von Sprachkursen, Erfahrungs- und Informationsaustausch.

	Land	Abkommen / Erklärung	Relevanter Artikel	Datum der Unterzeichnung	Grundaussagen
		Deutsch-russisches Abkommen über jugendpolitische Zusammenarbeit.		21. Dezember 2004 Bekanntmachung 06. Januar 2006 Inkrafttreten 14.Oktober 2005	Förderung allseitiger Verbindungen und freundschaftlicher Beziehungen durch Begegnungen, Jugend- und Schüleraustausch und gemeinsame Veranstaltungen.
10	Republik Tadschikistan	Deutsch-tadschikisches Abkommen über kulturelle Zusammenarbeit.	Art. 12	22. August 1995 Bekanntmachung über die vorläufige Anwendung des Abkommens 16. Dezember 1999	Die Vertragsparteien ermöglichen den ständig in ihren Hoheitsgebieten lebenden Staatsangehörigen, die aus Tadschikistan stammen oder deutscher Abstammung sind, die Pflege der Sprache, Kultur, nationalen Traditionen und freie Religionsausübung. Förderungsmaßnahmen der anderen Seite zugunsten dieser Personen werden ermöglicht und erleichtert.
11	Turkmenistan	Deutsch-turkmenisches Abkommen über kulturelle Zusammenarbeit.	Art. 12	28. August 1997 Bekanntmachung über die vorläufige Anwendung 16. Dezember 1999 Inkrafttreten 19. Juni 2002	Die Vertragsparteien ermöglichen den ständig in ihren Hoheitsgebieten lebenden Staatsangehörigen, die aus Turkmenistan stammen oder deutscher Abstammung sind, die Pflege der Sprache, Kultur, nationalen Traditionen und freie Religionsausübung. Förderungsmaßnahmen der anderen Seite zugunsten dieser Personen werden ermöglicht und erleichtert.
12	Ukraine	Deutsch-ukrainisches Abkommen über kulturelle Zusammenarbeit.	Art. 13	15. Februar 1993, Bekanntmachung 12. August 1993 Inkrafttreten 19. Juli 1993	Den ukrainischen Bürgern deutscher Abstammung in der Ukraine und den deutschen Staatsangehörigen ukrainischer Abstammung in Deutschland wird die Pflege der Sprache, Kultur, nationalen Traditionen und die freie Religionsausübung ermöglicht. Förderungsmaßnahmen der anderen Seite zugunsten dieser Personen werden ermöglicht und erleichtert.
		Deutsch-ukrainisches Abkommen in Angelegenheiten der in der Ukraine lebenden Personen deutscher Abstammung.		3. September 1996 Bekanntmachung 19. Dezember 1997 Inkrafttreten 1. August 1997	Zusammenarbeit bei der Aufrechterhaltung und Bewahrung der nationalen Identität von Personen deutscher Abstammung in der Ukraine. Bestätigung der Verbindlichkeit des 1990 in Kopenhagen niedergelegten Standards zum Schutz nationaler Minderheiten. Förderung der Wiedereingliederung in alle Bereiche des gesellschaftlichen Lebens. Unterstützung durch die deutsche Seite.
13	Republik Usbekistan	Deutsch-usbekisches Abkommen über kulturelle Zusammenarbeit.	Art. 13	28. April 1993 Bekanntmachung über die vorläufige Anwendung 16. Dezember 1999 Inkrafttreten am 20. 2. 2002	Die Vertragsparteien ermöglichen den ständig in ihren Hoheitsgebieten lebenden Staatsangehörigen, die aus Usbekistan stammen oder deutscher Abstammung sind, die Pflege der Sprache, Kultur, nationalen Traditionen und die freie Religionsausübung. Förderungsmaßnahmen der anderen Seite zugunsten dieser Personen werden ermöglicht und erleichtert.

Anhang

Ulrich Reitemeier

Auswahlbibliographie: Aufnahme- und Integrationsprozess von Spätaussiedlern in Deutschland

Zum Aufbau der Bibliographie

In dieser Auswahlbibliographie wurden schwerpunktmäßig Veröffentlichungen zusammengestellt, die in der Zeit von 2000 bis 2008 zum Zuwanderungsprozess von Aussiedlern erschienen sind.[1] Es wurden aber auch Arbeiten älteren Datums berücksichtigt, insbesondere solche, die als richtungsweisend für das Forschungsfeld angesehen werden können. Überwiegend wurden Buch- und Zeitschriftenpublikationen erfasst, außerdem wurden Qualifikationsarbeiten und Online-Publikationen berücksichtigt.[2]

Die Bibliographie ist in folgende Themenblöcke unterteilt:
1. Deutsche im östlichen Europa
2. Aufnahmebedingungen in Deutschland
3. Aspekte der sozialen Integration
4. Sprachliche Integration
5. Integration auf dem Arbeitsmarkt und in Bildungsinstitutionen
6. Lebenssituation der Aussiedlerkinder und -jugendlichen
7. Suchtverhalten / Kriminalitätsentwicklung / Strafverfolgung
8. Aussiedlungserleben in Selbstzeugnissen

Im Themenbereich *(1) Deutsche im östlichen Europa* findet sich eine kleine Auswahl von Studien zur Wanderungsgeschichte sowie zur Lebens- und Sprachsituation der Deutschstämmigen in den ostmittel- und osteuropäischen Herkunftsländern. In dem Themenbereich *(2) Aufnahmebedingungen in Deutschland* wurden Arbeiten zusammengefasst, die die Aufnahme von Aussiedlern als Aufgabe hoheitsstaatlichen Handelns thematisieren und die die Zuwanderung von Aussiedlern im Kontext anderer Zuwanderungsströme behandeln.

Im Themenbereich *(3) Aspekte der sozialen Integration* wurden solche Studien zusammengefasst, die den Integrationsprozess der Zuwanderer unter dem Gesichtspunkt

---

1 Diese Auswahlbibliographie stellt eine Aktualisierung der im Jahr 2002 veröffentlichten Bibliographie zum Thema „Sprachliche Integration von Aussiedlern" des Autors dar. Diese ist veröffentlicht unter <http://www.ids-mannheim.de/prag/aussiedler/biblio.html> (abgerufen 15.01.2009).

2 Die Schreibweise der Titel folgt der Schreibweise im Original und somit den zum Zeitpunkt des Erscheinens geltenden Rechtschreibregeln, daher die uneinheitliche Schreibweise von *Russlanddeutsche* beziehungsweise *Rußlanddeutsche* usw.

des Identitätswandels untersuchen, ferner Beiträge, die nach sozialräumlichen Bedingungen, nach gesundheitlichen Belastungen und auch nach der Bedeutung der Religions- und Geschlechtszugehörigkeit für das Integrationsverhalten fragen. Darüber hinaus finden sich hier solche Arbeiten, die Integration von Aussiedlern als einen Prozess ansehen, der von Angehörigen der aufnehmenden Gesellschaft und von ihren Institutionen mitgestaltet wird.

Die weiteren Themenblöcke beziehen sich auf spezifische Begleiterscheinungen und Folgeprobleme des Integrationsprozesses. Der Themenbereich *(4) Sprachliche Integration* enthält Arbeiten, die sich mit dem Deutscherwerb bei Aussiedlern sowie mit der sprachlichen Ausgangssituation (etwa: russlanddeutsche Dialekte, das Russische als Erstsprache) und ihren Einflüssen auf den Gebrauch der deutschen Sprache befassen. Von zentraler Bedeutung für das Gelingen des strukturellen Integrationsprozesses sind die schulische und berufliche Ausbildung und das Finden eines Arbeitsplatzes. In dem Themenbereich *(5) Integration auf dem Arbeitsmarkt und in den Bildungsinstitutionen* sind Studien verzeichnet, die Integrationsprozesse in diesen Sektoren untersuchen.

Der Themenbereich *(6) Lebenssituation der Aussiedlerkinder und -jugendlichen* enthält Arbeiten, die die Generation der „Mitgenommenen" in das Aufmerksamkeitszentrum stellen. Dies sind teils Untersuchungen, die sich den Kindern und Jugendlichen in entwicklungspsychologischer und pädagogischer Perspektive zuwenden, teils solche Forschungsarbeiten, die die Aussiedlerjugendlichen mit anderen Migrantenjugendlichen vergleichen oder sich für Beziehungen zwischen den ethnisch definierten *peer groups* interessieren. Im Themenbereich *(7) Suchtverhalten / Kriminalitätsent-*
wicklung / Strafverfolgung finden sich Forschungsarbeiten sowie auf Prävention und Behandlung ausgerichtete Beiträge, mit denen auf „Besorgnis erregende Entwicklungen" unter den jüngeren Aussiedlern reagiert wurde. Wie die Betroffenen selbst ihre Erfahrungen in Deutschland verarbeiten, lässt sich an einer kleinen Auswahl von Schrifttum verfolgen, in dem *(8) Aussiedlungserleben in Selbstzeugnissen* dokumentiert ist.

1. Deutsche im östlichen Europa

Berend, Nina (2006): Zur Geschichte und Gegenwart der deutschen Sprachinseln in Russland und der ehemaligen Sowjetunion. In: Berend, Nina / Knipf-Komlósi, Elisabeth (Hg.): Sprachinselwelten – The World of Language Islands. Entwicklung und Beschreibung der deutschen Sprachinseln am Anfang des 21. Jahrhunderts. Frankfurt am Main u. a.: Peter Lang. S. 77–89.

Berend, Nina / Jedig, Hugo (1991): Deutsche Mundarten in der Sowjetunion. Geschichte der Forschung und Bibliographie. Marburg: Elwert.

Berend, Nina / Riehl, Claudia Maria (2008): Russland. Mit einem Anhang von Renate Blankenhorn „Die russlanddeutsche Minderheit in Sibirien" und einem Anhang von Valerij Schirokich „Die russlanddeutsche Minderheit in Baschkirien". In: Eichinger, Ludwig M. / Plewnia, Albrecht / Riehl, Claudia Maria (Hg.): Handbuch der deutschen Sprachminderheiten in Mittel- und Osteuropa. Tübingen: Narr. S. 17–81.

Boldt, Katharina / Piirainen, Ilpo Tapani (1996): Sprache und Kultur der Rußlanddeutschen: Eine Dokumentation anhand von Presseberichten aus den Jahren 1970 bis 1990. Essen: Verlag Die Blaue Eule.

Bosch, Anton (Hg.) (2002–2004): Russlanddeutsche Zeitgeschichte, Bde. 2, 3, 4. Nürnberg: Historischer Forschungsverein der Deutschen aus Russland e. V.

Bruhl, Viktor (Hg.) (2003): Die Deutschen in Sibirien, Bde. 1 und 2. Nürnberg: Historischer Forschungsverein der Deutschen aus Russland e. V.

Dietz, Barbara / Hilkes, Peter (1992): Rußlanddeutsche: Unbekannte im Osten. Geschichte, Situation, Zukunftsperspektiven. München: Olzog.

Eisfeld, Alfred (1992): Die Rußlanddeutschen. München: Langen Müller Verlag. (=Studienbuchreihe der Stiftung Ostdeutscher Kulturrat 2).

Eisfeld, Alfred / Herdt, Victor (Hg.) (1996): Deportation, Sondersiedlung, Arbeitsarmee. Deutsche in der Sowjetunion 1941 bis 1956. Köln: Verlag Wissenschaft und Politik. (=Der Göttinger Arbeitskreis, Veröffentlichung 453).

Fleischhauer, Ingeborg / Jedig, Hugo H. (Hg.) (1990): Die Deutschen aus der UdSSR in Geschichte und Gegenwart. Ein internationaler Beitrag zur deutsch-sowjetischen Verständigung. Baden-Baden: Nomos.

Frank, Helene (1992): Zur sprachlichen Entwicklung der deutschen Minderheit in Rußland und der Sowjetunion. Frankfurt am Main u. a.: Peter Lang. (=Europäische Hochschulschriften, Reihe I, 1323).

Girtler, Roland (1992): Verbannt und vergessen: eine untergehende deutschsprachige Kultur in Rumänien. Linz: Veritas-Verlag.

Hecker, Hans (1994): Die Deutschen im Russischen Reich, in der Sowjetunion und ihren Nachfolgestaaten. Köln: Verlag Wissenschaft und Politik.

Hertel, Otto (1996): Rußlanddeutsche – Volk auf der Wanderschaft. Weg und Schicksal rußlanddeutscher Aussiedler. Hg. von der Evangelischen Kirche von

Westfalen. Bielefeld. (=Materialien für den Dienst in der Evangelischen Kirche von Westfalen, Reihe E: Bildung – Erziehung – Unterricht 17).

Hilkes, Peter (1990): Zur Lage der deutschen Minderheiten in der Sowjetgesellschaft – der Stand der Forschung in der Bundesrepublik und in der UdSSR. Eine Bestandsaufnahme. Hg. vom Osteuropa-Institut. München. (=Forschungsprojekt „Deutsche in der Sowjetunion und Aussiedler aus der UdSSR in der Bundesrepublik Deutschland", Arbeitsbericht 1).

Jewtuch, Wladimir / Suglobin, Sergej / Samborskaja, Janina (1992): Deutsche in der Ukraine: Status, Ethnos und Orientierung. Ergebnisse einer Befragungsstudie. Hg. vom Osteuropa-Institut. München. (=Forschungsprojekt „Deutsche in der Sowjetunion und Aussiedler aus der UdSSR in der Bundesrepublik Deutschland", Arbeitsbericht 7).

Klaube, Manfred (1991): Die deutschen Dörfer in der westsibirischen Kulunda-Steppe. Entwicklung – Strukturen – Probleme. Hamburg: Elwert.

Koch, Kristine (1995): Zur Geschichte der Rußlanddeutschen. In: Deutsch lernen 1 (1995). S. 4–18.

Krieger, Viktor (1992): Deutsche in Kasachstan zur Zarenzeit. München.

Kühl, Jørgen (1990): Die nationale Renaissance und die Autonomiediskussion bei den Deutschen in der Sowjetunion. München.

Kugler, Hartmut (Hg.) (1992): Kulturelle Identität der deutschsprachigen Minderheiten in Russland/UdSSR. Ost-West-Kongreß Kassel, Bd. 2. Kassel: Jenior & Pressler.

Kusterer, Karin (1990): Ethnische Identität bei den Deutschen in der Sowjetunion. Ergebnisse einer Befragungsstudie mit deutschen Spätaussiedlern. Hg. vom Osteuropa Institut. München. (=Forschungsprojekt „Deutsche in der Sowjetgesellschaft", Arbeitsbericht 13).

McArthur, Marilyn (1990): Zum Identitätswandel der Siebenbürger Sachsen: Eine kulturanthropologische Studie. Hg. und eingeleitet von Georg Weber. Mit einem soziologischen Beitrag von Armin Nassehi und Georg Weber: Identität, Ethnizität und Gesellschaft. Köln/Wien: Böhlau.

Meissner, Boris / Neubauer, Helmut / Eisfeld, Alfred (Hg.) (1992): Die Russlanddeutschen. Gestern und heute. Köln: Markus.

Melika, Georg (1994): Spracherhaltung und Sprachwechsel bei der deutschen Minderheit von Transkarpatien. In: Berend, Nina / Mattheier, Klaus J. (Hg.) (1994): Sprachinselforschung. Eine Gedenkschrift für Hugo Jedig. Frankfurt a. M.: Lang. S. 289-301.

Meulen, Hans van der (Hg.) (1994): Anerkannt als Minderheit. Vergangenheit und Zukunft der Deutschen in Polen. Baden-Baden: Nomos.

Nägler, Thomas (1999): Die Rumänen und die Siebenbürger Sachsen vom 12. Jahrhundert bis 1848. (Übersetzung aus dem Rumänischen von Isolde Huber und Rolf Maurer). Hermannstadt u. a.: Hora-Verlag.

Rautenberg, Hans-Werner (1988): Deutsche und Deutschstämmige in Polen? Eine nicht anerkannte Volksgruppe. In: Aus Politik und Zeitgeschichte, Heft B 50 (1988). S. 14–27.

Risse, Stephanie / Roll, Heike (1997): Haben rußlanddeutsche Sprache und Kultur eine Zukunft? Zur Lage der deutschen Minderheiten in den Nachfolgestaaten der Sowjetunion. In: Erfurt, Jürgen / Redder, Angelika (Hg.) (1997): Spracherwerb in Minderheitensituationen. In: OBST (Osnabrücker Beiträge zur Sprachtheorie 54). Osnabrück: Gilles & Francke Verlag. S. 192–217.

Rosenberg, Peter (1999): Die wolgadeutsche Dialektologie und die Kampagne gegen den „Nationalismus". In: Eisfeld, Alfred et al. (Hg.): Deutsche in der Sowjetunion 1929–1941. Beiträge der wissenschaftlichen Fachtagung des Göttinger Arbeitskreises e.V. in Zusammenarbeit mit der Wissenschaftlichen Kommission für die Deutschen in Russland und in der GUS. Göttingen-Bovenden, 30.10.–1.11.1997. S. 372–384.

Rothe, Hans (Hg.) (1996): Deutsche in Rußland. Köln u. a.: Böhlau. (=Studien zum Deutschtum im Osten 27).

Pauli, Ingo-Rudolf (1985): Lübeck – Kronstadt – Saratow. Schicksalsweg der „Wolgadeutschen" 1763–1921. Flensburg: Skandia.

Pinkus, Benjamin / Fleischhauer, Ingeborg (1987): Die Deutschen in der Sowjetunion. Bearbeitet von Karl-Heinz Ruffmann. Baden-Baden: Nomos.

Schipan, Michael / Striegnitz, Sonja (1992): Wolgadeutsche. Geschichte und Gegenwart. Berlin: Dietz.

Schirmunski, Viktor (1992): Linguistische und ethnographische Studien über die alten deutschen Siedlungen in der Ukraine, Rußland und Transkaukasien. Hg. von Claus-Jürgen Hutterer. München: Verlag Südostdeutsches Kulturwerk.

Schulz-Vobach, Klaus-Dieter (1989): Die Deutschen im Osten. Vom Balkan bis Sibirien. München: Goldmann, Hamburg: Hoffmann & Campe.

Stricker, Gerd (Hg.)(1997): Deutsche Geschichte im Osten Europas – Rußland. Berlin: Siedler-Verlag.

Stumpp, Karl (1993): Die Rußlanddeutschen. Zweihundert Jahre unterwegs. Stuttgart: Verlag Landsmannschaft der Deutschen aus Russland.

Trutanow, Igor (1992): Russlands Stiefkinder. Berlin: BasisDruck.

Urban, Thomas (2000): Deutsche in Polen. Geschichte und Gegenwart eine Minderheit. München: Beck.

Warkentin, Johann (Hg.) (1992): Rußlanddeutsche – Woher? Wohin? Berlin: Aufbau.

Weiß, Jörg-Michael (1995): Förderung der Muttersprache oder sprachliche Assimilierung? Die Sprachenpolitik des rumänischen Staates gegenüber seiner deutschen Minderheit in der Zeit von 1945 bis 1989. Universität Oldenburg (Examensarbeit).

Zentralverband Mittel- und Ostdeutscher e. V. (Hg.) (1992): Geschichte der Deutschen in Kyrgystan. Redakteur Harry Sander. Kerpen.

2. Aufnahmebedingungen in Deutschland

Baaden, Andreas (1997): Aussiedler-Migration: historische und aktuelle Entwicklungen. Berlin: Berlin-Verlag (=Schriftenreihe Aussiedlerintegration 1).

Bade, Klaus J. (Hg.) (1990): Neue Heimat im Westen. Vertriebene, Flüchtlinge, Aussiedler. Münster: Westfälischer Heimatbund.

Bade, Klaus J. (Hg.) (1992): Deutsche im Ausland – Fremde in Deutschland. Migration in Geschichte und Gegenwart. München: Beck.

Bade, Klaus (Hg.) (1994): Ausländer – Aussiedler – Asyl. Eine Bestandsaufnahme. München: Beck.

Bade, Klaus (2003): Aussiedler: deutsche Einwanderer aus Osteuropa. Göttingen: V und R Unipress.

Bade, Klaus J. / Oltmer, Jochen (Hg.) (1999): Aussiedler: deutsche Einwanderer aus Osteuropa. Osnabrück: Universitätsverlag Rasch. (=IMIS-Schriften 8).

Bade, Klaus J. / Reich, Hans H. (1999): Migrations- und Integrationspolitik gegenüber „gleichstämmigen" Zuwanderern. Osnabrück: Universitätsverlag Rasch.

Bommes, Michael (2001): Migration und Lebenslauf. Aussiedler im nationalen Wohlfahrtsstaat. In: Sozialwissenschaften und Berufspraxis 23 (I). S. 9–29.

Brommler, Dorothea (2006): Neue Herausforderungen – neue Instrumente? Deutsche Aussiedler-Politik am Scheideweg. In: Ipsen-Peitzmeier, Sabine / Kaiser, Markus (Hg.) (2006): Zuhause fremd. Russlanddeutsche zwischen Russland und Deutschland. Bielefeld: transcript Verlag. S. 109–128.

Däuble, Helmut (2000): Auf dem Weg zum Bundesrepublikaner. Einwanderung – kollektive Identität – politische Bildung. Schwalbach/T: Wochenschau-Verl.

Darieva, Tsypylma (2002): Russkij Berlin. Migranten und Medien in Berlin und London. Münster: Lit.

Delfs, Silke (1993): Heimatvertriebene, Aussiedler, Spätaussiedler. Rechtliche und politische Aspekte der Aufnahme von Deutschstämmigen aus Osteuropa in der Bundesrepublik Deutschland. In: Aus Politik und Zeitgeschichte 48 (1993). S. 3–11.

Gassner, Hartmut (1992): Die Aussiedlerpolitik der Bundesregierung. In: Sozialer Fortschritt 41, Heft 11 (1992). S. 258.

Graudenz, Ines / Römhild, Regina (Hg.) (1996): Forschungsfeld Aussiedler. Ansichten aus Deutschland. Frankfurt am Main u. a.: Peter Lang. (=Europäische Migrationsforschung 1).

Harris, Paul A. (1999): Russische Juden und Aussiedler: Integrationspolitik und lokale Verantwortung. In: Bade, Klaus J. / Oltmer, Jochen (Hg.) (1999): Aussiedler: deutsche Einwanderer aus Osteuropa. Osnabrück: Universitätsverlag Rasch. (=IMIS-Schriften 8). S. 247–263.

Info-Dienst Deutsche Aussiedler (1988–2004). Hg. vom Beauftragten der Bundesregierung für Aussiedlerfragen. Bonn.

Kapinos, Alois (2000): Aktuelles Aussiedlerrecht. Kommentar zum BVFG (2. Auflage). Karlsruhe.

Kind, Hansgeorg / Niemeier, Michael (2002): Das Spätaussiedlerstatusgesetz – eine notwenige Klarstellung. In: Zeitschrift für Ausländerrecht und Ausländerpolitik 5/6 (2002). S. 188–192.

Kleinknecht-Strähle, Ulrike (1998): Deutsche aus der ehemaligen UdSSR: Drei Phasen der Migration und Integration in der Bundesrepublik Deutschland im Vergleich. In: Retterath, Hans-Werner (Hg.) (1998): Wanderer zwischen zwei Welten? Zur kulturellen Integration rußlanddeutscher Aussiedlerinnen und Aussiedler in der Bundesrepublik Deutschland. Freiburg: Johannes-Künzing-Institut für ostdeutsche Volkskunde. S. 39–60.

Kunschner, Friedhelm (2000): Zwischen zwei politischen Kulturen. Aussiedler in der Bundesrepublik Deutschland. Edition aus dem Deutsch-Russischen Zentrum zu Leipzig e.V. Leipzig.

Mirimovitsch, Irina (2003): Ethnische Migration: Heimkehr oder Zuzug von Fremden? Integrationsproblematik der deutschen AussiedlerInnen im nationalstaatlichen Kontext. In: Forum Recht 2 (2003). S. 54–57.

Münz, Rainer / Ohliger, Rainer (1997): Deutsche Minderheiten in Ostmittel- und Osteuropa, Aussiedler in Deutschland. Eine Analyse ethnisch privilegierter Migration. (=Humboldt-Universität: Demographie aktuell 9). Berlin.

Oltmer, Jochen (Hg.) (2003): Migration steuern und verwalten. Deutschland vom späten 19. Jahrhundert bis zur Gegenwart. Göttingen: V&R unipress. (=IMIS-Schriften 12).

Peters, Wilfried (2003): Aussiedlerzuzug – Entwicklung und Perspektiven. In: Zeitschrift für Ausländerrecht und Ausländerpolitik 5/6 (2003). S. 193–197.

Puskeppeleit, Jürgen (1996): Der Paradigmenwechsel der Aussiedlerpolitik – Von der Politik der „nationalen Aufgabe" zur Politik der „Eindämmung der Zu- und Einwanderung und der Konkurrenz- und Neidbewältigung". In: Graudenz, Ines / Römhild, Regina (Hg.) (1996): Forschungsfeld Aussiedler. Ansichten aus Deutschland. Frankfurt am Main u. a.: Peter Lang. (=Europäische Migrationsforschung 1). S. 99–121.

Reitemeier, Ulrich (2004): Russian-German Resettled Persons in Germany: Paradoxical Moments in Their Integration Process. Studia Slavica Finlandensia XXI, Helsinki. S. 107–121.

Roesler, Karsten (2003): Russlanddeutsche Identitäten in der GUS und in Deutschland. Eine Studie zur Förderungs- und Integrationspolitik des Bundes. Frankfurt am Main u. a.: Peter Lang.

Römhild, Regina (1998): Die Macht des Ethnischen: Grenzfall Russlanddeutsche: Perspektiven einer politischen Anthropologie. Frankfurt am Main u. a.: Peter Lang.

Schumann, Rosemarie (2003): Fremde Heimat – Deutsche aus Russland – von der Ansiedlung bis zur Rückwanderung. Berlin: Verlag am Park.

Schwab, Siegfried (1989): Deutsche unter Deutschen. Aus- und Übersiedler in der Bundesrepublik. Pfaffenweiler: Centaurus.

Silagi, Michael (2001): Das Spätaussiedlerstatusgesetz – eine legislatorische Fehlleistung. In: Zeitschrift für Ausländerrecht und Ausländerpolitik 6 (2001). S. 259–263.

Stölting, Wilfried (2005): Staatliche Sprachenpolitik und politische Gegenwehr – der Fall des ‚Sprachtests' für Spätaussiedler. In: Gogolin, Ingrid / Krüger-Potratz, Marianne / Kuhs, Katharina, / Neumann, Ursula / Wittek, Fritz (Hg) (2005): Migration und sprachliche Bildung. Münster / New York / München / Berlin: Waxmann. S. 261–274.

Welt, Jochen (1999): Aussiedlerpolitik 2000: Integration in Deutschland – Hilfen in den Heimatländern. Berlin.

Wendt, Hartmut (Hg.) (1999): Zuwanderung nach Deutschland: Prozesse und Herausforderungen. Wiesbaden: Bundesinstitut für Bevölkerungsforschung beim Statistischen Bundesamt, Heft 94.

Wolf, Adolf (1998): Der Status des Spätaussiedlers nach dem Kriegsfolgenbereinigungsgesetz. Wiesbaden: Kommunal- u. Schul-Verlag.

3. Aspekte der sozialen Integration

Barbasine, Elvira / Brandes, Detlef / Neutatz, Dietmar (Hg.) (1999): Die Rußlanddeutschen in Rußland und Deutschland. Selbstbilder, Fremdbilder, Aspekte der Wirklichkeit. Essen. (=Forschungen zur Geschichte und Kultur der Rußlanddeutschen, 9. Jahrgang, Sonderheft).

Bastians, Frauke (2004): Die Bedeutung sozialer Netzwerke für die Integration russlanddeutscher Spätaussiedler in der Bundesrepublik Deutschland. Bissendorf: Methodos.

Beetz, Stephan / Kapphan, Andreas (1997): Russischsprachige Zuwanderer in Berlin und Potsdam. Migrationsregime und ihr Einfluss auf die Wohnsituation von Zuwanderern. In: Oswald, Ingrid / Voronkov, Viktor (Hg): Post-sowjetische Ethnizitäten. Ethnische Gemeinden in St. Petersburg und Berlin/Potsdam. Berlin: Berliner Debatte Wissenschaftsverlag. S. 160–185.

Bieler, Dobrawa (2003): (Re)Integrationsarbeit mit russischsprachigen Aussiedlern am Beispiel der »Brückenstelle Hameln«. In: DBH-Bildungswerk (Hg.) (2003): Spätaussiedler. Interkulturelle Kompetenz für die Straffälligenhilfe und den Justizvollzugsdienst. Godesberg: Forum Verlag. S. 137–156.

Collatz, Jürgen / Heise, Thomas (Hg.) (2002): Psychosoziale Betreuung und psychiatrische Behandlung von Spätaussiedlern. Berlin: VWB.

Darieva, Tsypylma (2001): Das fremde Eigene. Zur Integration post-sowjetischer Zuwanderer in Berlin. In: Rammert, Werner / Knauthe, Gunther / Buchenau, Klaus / Altenhöner, Florian (Hg.): Kollektive Identitäten und kulturelle Innovationen. Ethnologische, soziologische und historische Studien. Leipzig: Leipziger Universitätsverlag. S. 136–142.

Darieva, Tsypylma (2006): Russlanddeutsche, Nationalstaat und Familie in transnationaler Zeit. In: Ipsen-Peitzmeier, Sabine / Kaiser, Markus (Hg.) (2006): Zuhause fremd. Russlanddeutsche zwischen Russland und Deutschland. Bielefeld: transcript Verlag. S. 349–364.

Dietz, Barbara (1995): Zwischen Anpassung und Autonomie. Rußlanddeutsche in der vormaligen Sowjetunion und in der Bundesrepublik Deutschland. Berlin: Duncker & Humblot. (=Veröffentlichungen des Osteuropa-Institutes in München, Reihe: Wirtschaft und Gesellschaft 22).

Dietz, Barbara (1999): Aussiedlerintegration in Wirtschaft und Gesellschaft. In: Barbasine, Elvira / Brandes, Detlef / Neutatz, Dietmar (Hg.) (1999): Die Rußlanddeutschen in Rußland und Deutschland. Selbstbilder, Fremdbilder, Aspekte der Wirklichkeit. Essen. (=Forschungen zur Geschichte und Kultur der Rußlanddeutschen, 9. Jahrgang, Sonderheft). S. 176–190.

Dietz, Barbara / Hilkes, Peter (1994): Integriert oder isoliert? Zur Situation rußlanddeutscher Aussiedler in der Bundesrepublik Deutschland. München: Olzog. (=Geschichte und Staat 299).

Ferstl, Lothar / Hetzel, Harald (1990): Wir sind immer die Fremden. Aussiedler in Deutschland. Bonn: Dietz.

Fischer, Cornelia (2008): Peer counselling in der psychosozialen Versorgung von Migranten in Ostdeutschland. In: Hunger, Uwe / Aybek, Can M. / Ette, Andreas / Michalowski, Ines (Hg.): Migrations- und Integrationsprozesse in Europa. Vergemeinschaftung oder nationalstaatliche Lösungswege? Wiesbaden: VS Verlag für Sozialwissenschaften. S. 267–286.

Franzke, Daniela / Schönhuth, Michael (Hg.) (2003): Russlanddeutsche. Der Einfluss soziokultureller Faktoren auf den Integrationsprozess von Spätaussiedlern. Saarbrücken: Verlag für Entwicklungspolitik.

Fuchs, Marek (1999): Identifikation und Integration. Zur Lage von Aussiedlern 15 Jahre nach der Einreise. In: Wendt, Hartmut (Hg.) (1999): Zuwanderung nach Deutschland: Prozesse und Herausforderungen. Wiesbaden: Bundesinstitut für Bevölkerungsforschung beim Statistischen Bundesamt, Heft 94. (1999). S. 18-38.

Fuchs, Marek / Schwietring, Thomas / Weiß, Johannes (1999): Kulturelle Identität. In: Silbereisen, Reiner K. / Lantermann, Ernst-Dieter / Schmitt-Rodermund, Eva (Hg.). (1999): Aussiedler in Deutschland. Akkulturation von Persönlichkeit und Verhalten. Opladen: Leske + Budrich. S. 203–232.

Fuchs, Marek / Schwietring, Thomas / Weiß, Johannes (1999): Varianten erfolgreicher Akkulturation. In: Silbereisen, Reiner K. / Lantermann, Ernst-Dieter / Schmitt-Rodermund, Eva (Hg.) (1999): Aussiedler in Deutschland. Akkulturation von Persönlichkeit und Verhalten. Opladen: Leske + Budrich. S. 335–363.

Gövert-Loos, Iris (1994): Verlust kollektiver und individueller Identität durch den

Zerfall einer soziospezifischen ethnischen Kultur: Die Massenauswanderung der Siebenbürger Sachsen aus Rumänien. Eine biographieanalytische Studie. Gesamthochschule Kassel (Fachbereich Sozialwesen, Diplomarbeit).

Golova, Tatiana (2006): Akteure der (extremen) Rechten als Sprecher der Russlanddeutschen? Eine explorative Analyse. In: Ipsen-Peitzmeier, Sabine / Kaiser, Markus (Hg.) (2006): Zuhause fremd. Russlanddeutsche zwischen Russland und Deutschland. Bielefeld: transcript Verlag. S. 241–273.

Gotzes, Andrea (2003): Vermittlung von Spätaussiedler/innen in ehrenamtliche Tätigkeiten: Erfahrungen und Perspektiven. In: Entwicklungsethnologie II, 2 (2003). S. 91–104.

Graudenz, Ines / Römhild, Regina (1995): Deutschsein. Zum Spannungsfeld von Selbst- und Fremdzuschreibung bei Spätaussiedlern aus Polen und der ehemaligen Sowjetunion. In: Sozialwissenschaften und Berufspraxis 18, Heft 2 (1995). S. 100–113.

Graudenz, Ines / Römhild, Regina 1996): Grenzerfahrungen. Deutschstämmige Migranten aus Polen und der ehemaligen Sowjetunion im Vergleich. In: Graudenz, Ines / Römhild, Regina (Hg.) (1996): Forschungsfeld Aussiedler. Ansichten aus Deutschland. Frankfurt am Main u. a.: Peter Lang. (=Europäische Migrationsforschung 1). S. 29–67.

Grothe, Jana. (2008): Psychosoziale Beratung und kulturelle Differenz. Eine qualitative Studie zur Kommunikation zwischen einheimischen Beratern und Migranten aus der ehemaligen Sowjetunion. Hamburg: Verlag Dr. Kovač.

Henkel, Reinhard (1994): Binnenintegration als Faktor für die Eingliederung russlanddeutscher Aussiedler in die Bundesrepublik Deutschland. Das Beispiel zweier Gemeinden in Rheinhessen. In: Domrös, Manfred / Klaer, Walter (Hg.): Festschrift für Erdmann Gormsen zum 65. Geburtstag. Mainz: Geografisches Institut der Johannes-Gutenberg-Universität Mainz. S. 445–458.

Herwartz-Emden, Leonie (1997): Erziehung und Sozialisation in Aussiedlerfamilien. Einwanderungskontext, familiäre Situation und elterliche Orientierung. In: Aus Politik und Zeitgeschichte. Beilage zur Wochenzeitung Das Parlament. B 7 – 8 (1997). S. 3–9.

Herwartz-Emden, Leonie (Hg.) (2003): Einwandererfamilien: Geschlechterverhältnisse, Erziehung und Akkulturation. 2003: V und R Unipress.

Ilyin, Vladimir (2006): Religiosität als Faktor für die Immigrationspraxis ethnischer Deutscher in die Bundesrepublik Deutschland. In: Ipsen-Peitzmeier, Sabine / Kaiser, Markus (Hg.) (2006): Zuhause fremd. Russlanddeutsche zwischen Russland und Deutschland. Bielefeld: transcript Verlag. S. 275–304.

Ingenhorst, Heinz (1997): Die Rußlanddeutschen. Aussiedler zwischen Tradition und Moderne. Frankfurt am Main, New York: Campus Verlag (Campus Forschung 747).

Ipsen-Peitzmeier, Sabine / Kaiser, Markus (Hg.) (2006): Zuhause fremd. Russlanddeutsche zwischen Russland und Deutschland. Bielefeld: transcript Verlag.

Kaiser, Markus (2006): Die plurilokalen Lebensprojekte der Russlanddeutschen im Lichte neuerer sozialwissenschaftlicher Konzepte. In: Ipsen-Peitzmeier, Sabine / Kaiser, Markus (Hg.) (2006): Zuhause fremd. Russlanddeutsche zwischen Russland und Deutschland. Bielefeld: transcript Verlag. S. 19– 59.

Ködderitzsch, Peter (Hg.) (1997): Zur Lage, Lebenssituation Befindlichkeit und Integration der russlanddeutschen Aussiedler in Berlin. Frankfurt am Main u. a.: Peter Lang.

Koptelzewa, Galina (2004): Interkulturelle Kompetenz in der Beratung: strukturelle Voraussetzungen und Strategien der Sozialarbeit mit Migranten. Münster / New York/ München / Berlin: Waxmann.

Kowalzczyk, Monika (1997): Genauso, aber doch anders. Aussiedler-Mädchen zwischen den Kulturen. In: Ehlers, Johanna / Bentner, Ariane / Kowalczyk, Monika (Hg.): Mädchen zwischen den Kulturen. Anforderung an eine Interkulturelle Pädagogik. Frankfurt am Main: IKO – Verlag für Interkulturelle Kommunikation. S. 55–62.

Lachauer, Ulla (2002): Ritas Leute. Eine deutsch-russische Familiengeschichte. Reinbek: Rowohlt.

Lingnau, Susanne (2000): Erziehungseinstellungen von Aussiedlerinnen aus Russland. Ergebnisse einer regionalen empirischen Studie. (=Schriftenreihe des Instituts für Bildung und Kommunikation in Migrationsprozessen an der Carl von Ossietzky Universität Oldenburg 6). Oldenburg: BIS-Verlag.

Mammey, Ulrich (1999): Segregation, regionale Mobilität und soziale Integration von Aussiedlern. In: Bade, Klaus J. / Oltmer, Jochen (Hg.) (1999): Aussiedler: deutsche Einwanderer aus Osteuropa. Osnabrück: Universitätsverlag Rasch. (=IMIS-Schriften 8). S. 107–126.

Marschalk, Peter / Wiedl, Karl Heinz (Hg.) (2001): Migration und Krankheit. (=IMIS-Schriften 10). Osnabrück: Universitätsverlag Rasch.

Masumbuku, Jean R. (1995): Psychische Schwierigkeiten von Zuwanderern aus den ehemaligen Ostblockländern. Weinheim: Dt. Studienverlag.

Meng, Katharina (2002): *wir sind ja deutsche*. Zum kulturellen Selbstverständnis einer russlanddeutschen Aussiedlerin. In: Hartung, Wolfdietrich / Shethar, Alissa (Hg.): Kulturen und ihre Sprachen. Die Wahrnehmung anders Sprechender und ihr Selbstverständnis. Berlin: trafo. (=Abhandlungen der Leibniz Sozietät 7). S. 107–122.

Meng, Katharina / Protassova, Ekaterina (2002): Zum ethnischen Selbstverständnis in einer russlanddeutschen Familie. In: Keim, Inken / Schütte, Wilfried (Hg.): Soziale Welten und kommunikative Stile. Festschrift für Werner Kallmeyer zum 60. Geburtstag. Tübingen: Narr. S. 261–280.

Meng, Katharina / Protassova, Ekaterina (2003): Deutsche, Russlandsdeutsche, Russe-Deutsche, rusaki – Selbstbezeichnungen und Selbstverständnisse nach der Aussiedlung. In: OBST (=Osnabrücker Beiträge zur Sprachtheorie) 65: „Multisprech": Hybridität, Variation, Identität. S. 173–202.

Neebe, Gudrun / Strasser, Gert. (Hg.) (2001): Soziale Arbeit mit Spätaussiedlern. Informationen, Theorien, Praxisbeispiele. Schwalmstadt: Plag.

Nienaber, Ursula (1995): Migration – Integration und Biographie. Biographieanalytische Untersuchungen auf der Basis narrativer Interviews am Beispiel von Spätaussiedlern aus Polen, Rumänien und der UDSSR. Münster / New York: Waxmann-Verlag.

Oberpenning, Hannelore (1999): Zuwanderung und Eingliederung von Flüchtlingen, Vertriebenen und Aussiedlern im lokalen Kontext – das Beispiel Espelkamp. In: Bade, Klaus J. / Oltmer, Jochen (Hg.) (1999): Aussiedler: deutsche Einwanderer aus Osteuropa. Osnabrück: Universitätsverlag Rasch. (=IMIS-Schriften 8). S. 283–313.

Oswald, Ingrid / Voronkov, Viktor (Hg.) (1997): Post-sowjetische Ethnizitäten. Ethnische Gemeinden in St. Petersburg und Berlin/Potsdam. Berlin: Berliner Debatte Wissenschaftsverlag.

Rabkov, Irina (2006): Deutsch oder fremd? Staatliche Konstruktion und soziale Realität des „Aussiedlerseins". In: Ipsen-Peitzmeier, Sabine / Kaiser, Markus (Hg.) (2006): Zuhause fremd. Russlanddeutsche zwischen Russland und Deutschland. Bielefeld: transcript Verlag. S. 321–346.

Reitemeier, Ulrich (2000): Zum interaktiven Umgang mit einbürgerungsrechtlichen Regelungen in der Aussiedlerberatung. Gesprächsanalytische Beobachtungen zu einem authentischen Fall. In: ZBBS (Zeitschrift für Qualitative Bildungs-, Beratungs- und Sozialforschung), Heft 2 (2000). S. 253–281.

Reitemeier, Ulrich (2005): Gute Gründe für schlechte Gesprächsverläufe – SozialarbeiterInnen in der Kommunikation mit Migranten. In: Santos-Stubbe, Chirly dos (Hg.): Interkulturelle Soziale Arbeit in Theorie und Praxis. Aachen: Shaker-Verlag. S. 83–104.

Reitemeier, Ulrich (2006): Aussiedler treffen auf Einheimische. Paradoxien der interaktiven Identitätsarbeit und Vorenthaltung der Marginalitätszuschreibung in Situationen zwischen Aussiedlern und Binnendeutschen. Tübingen: Narr.

Reitemeier, Ulrich (2006): Vermittlungsarbeit und Lernkulturen – kommunikative Strategien für den Umgang mit kulturell Fremden? In: Sprachreport 3 (2006). S. 20–23.

Reitemeier, Ulrich (2006): Im Wechselbad der kulturellen Identitäten. Identifizierungs- und De-Identifizierungsprozesse bei russlanddeutschen Aussiedlern. In: Ipsen-Peitzmeier, Sabine / Kaiser, Markus (Hg.) (2006): Zuhause fremd. Russlanddeutsche zwischen Russland und Deutschland. Bielefeld: transcript Verlag. S. 223–239.

Reitemeier, Ulrich (2007): Kommunikationsethische Prinzipien in der Sozialen Arbeit mit Migranten – und wie es dazu kommt, dass sie unterlaufen werden. In: SI:SO (SIEGEN SOZIAL Analysen – Berichte – Kontroversen) 12, 1 (2007). S. 42–46.

Reitemeier, Ulrich (2007): Verdeckte Fremdheit bei russlanddeutschen Aussiedlern. Zur kommunikativen Wirkungsentfaltung einer problematischen Identitätslage. In: Psychotherapie & Sozialwissenschaft. Zeitschrift für qualitative Forschung und klinische Praxis 9, 2 (2007). S. 65–82.

Retterath, Hans-Werner (Hg.) (1998): Wanderer zwischen zwei Welten? Zur kulturellen Integration rußlanddeutscher Aussiedlerinnen und Aussiedler in der Bundesrepublik Deutschland. Freiburg: Johannes-Künzing-Institut für ostdeutsche Volkskunde.

Resch, Elena (2000): Zwischen Heimweh und Integrationsnotwendigkeit. Die kulturelle Identität der Russlanddeutschen. Universität - Gesamthochschule Siegen (Fachbereich 2 Erziehungswissenschaft - Psychologie, Diplomarbeit).

Retterath, Hans-Werner (2002): Endlich daheim? Postsowjetische Migration und kulturelle Integration Russlanddeutscher in Südbaden. Teil 1. Freiburg. (Schriftenreihe des Johannes-Künzig-Instituts 4).

Retterath, Hans-Werner (2006): Chancen der Koloniebildung im Integrationsprozess russlanddeutscher Aussiedler? In: Ipsen-Peitzmeier, Sabine / Kaiser, Markus (Hg.) (2006): Zuhause fremd. Russlanddeutsche zwischen Russland und Deutschland. Bielefeld: transcript Verlag. S. 129–149.

Riek, Götz-Achim (1999): Die Migrationsmotive der Rußlanddeutschen. Universität Stuttgart (Dissertation).

Roesler, Karsten (2003): Russlanddeutsche Identitäten in der GUS und in Deutschland. Eine Studie zur Förderungs- und Integrationspolitik des Bundes. Frankfurt am Main u. a.: Peter Lang.

Römhild, Regina (1998): Die Macht des Ethnischen: Grenzfall Russlanddeutsche: Perspektiven einer politischen Anthropologie. Frankfurt am Main u. a.: Peter Lang.

Ruttmann, Hermann (1996): Kirche und Religion von Aussiedlern aus den GUS-Staaten. Marburg: Religionswissenschaftlicher Medien- und Informationsdienst. e.V. (=Religionen vor Ort – Religionswissenschaftliche Feldforschungen 4).

Savoskul, Maria (2006): Russlanddeutsche in Deutschland: Integration und Typen der ethnischen Selbstidentifizierung. In: Ipsen-Peitzmeier, Sabine / Kaiser, Markus (Hg.) (2006): Zuhause fremd. Russlanddeutsche zwischen Russland und Deutschland. Bielefeld: transcript Verlag. S. 197–221.

Schönhuth, Michael (2006): Heimat? Ethnische Identität und Beheimatungsstrategien einer entbetteten „Volksgruppe" im translokalen Raum. In: Ipsen-Peitzmeier, Sabine / Kaiser, Markus (Hg.) (2006): Zuhause fremd. Russlanddeutsche zwischen Russland und Deutschland. Bielefeld: transcript Verlag. S. 365–380.

Schulz, Bernhard (2003): Bessere Integration von Spätaussiedlern durch bürgerschaftliches Engagement. In: Entwicklungsethnologie II, 2 (2003). S. 19–24.

Seifert, Thomas (2000): Das Migrationsdilemma junger (Spät-)Aussiedlerinnen. Theoretische Problembeschreibung und praktische Handlungsempfehlungen.

Stuttgart: Süddeutsche Hilfsgemeinschaft der Liga der freien Wohlfahrtsverbände.

Silbereisen, Reiner K. / Lantermann, Ernst-Dieter / Schmitt-Rodermund, Eva (Hg.) (1999): Aussiedler in Deutschland: Akkulturation von Persönlichkeit und Verhalten. Opladen: Leske + Budrich.

Straub, Jürgen / Fischer, Cornelia (2006): Psychotherapie und psychosoziale Beratung als interkulturelle Kommunikation. In: Luif, Vera / Thoma, Gisela / Bothe, Brigitte (Hg.): Beschreiben – Erschließen – Erläutern: Psychotherapieforschung als qualitative Wissenschaft. Lengerich: Pabst Science Publishers. S. 248–275.

Struck-Soboleva, Julia (2003): Communicative aspects of the integration process of Russian Germans in Germany. University of Birmingham, Großbritannien. (Monographie).

Struck-Soboleva, Julia (2006): Controversies surrounding. Language policy and the integration Process of Russian Germans in Germany. In: Language and Intercultural Communication 6, 1 (2006). S. 57–75.

Tröster, Irene (2003): Wann ist man integriert? Eine empirische Analyse zum Integrationsverständnis Russlanddeutscher. Frankfurt am Main u. a.: Peter Lang.

Vogelgesang, Waldemar (2006): Religiöse Segregation und soziale Distanzierung – dargestellt am Beispiel einer Baptistengemeinde zugewanderter Spätaussiedler. In: Ipsen-Peitzmeier, Sabine / Kaiser, Markus (Hg.) (2006): Zuhause fremd. Russlanddeutsche zwischen Russland und Deutschland. Bielefeld: transcript Verlag. S. 151–169.

Weber, Georg / Nassehi, Armin / Saake, Irmhild (2003): Die Emigration der Siebenbürger Sachsen. Opladen: Westdeutscher Verlag.

Weiss, Karin / Thränhardt, Dietrich (Hg.) (2005): SelbstHilfe: wie Migranten Netzwerke knüpfen und soziales Kapital schaffen. Freiburg im Breisgau: Lambertus.

Wenzel, Hans-Joachim (1999): Aussiedlerzuwanderung als Strukturproblem in ländlichen Räumen. In: Bade, Klaus J. / Oltmer, Jochen (Hg.) (1999): Aussiedler: deutsche Einwanderer aus Osteuropa. Osnabrück: Universitätsverlag Rasch. (=IMIS-Schriften 8). S. 265–281.

Wierling, Dorothee (Hg.) (2004): Heimat finden. Lebenswege von Deutschen, die aus Russland kommen. Hamburg: Edition Körber-Stiftung.

Wojciechowski, Anita (2000): Lebenswelten der Aussiedlerfamilien in der Region – Möglichkeiten professioneller Hilfe. In: Deutsche Vereinigung für Jugendgerichte- und Jugendgerichtshilfen e.V., Regionalgruppe Nordbayern. Erlangen. S. 95.

Wroblewska, A. (1998): Die Integration der Russlanddeutschen aus der Sicht einer Forscherin aus einer Drittkultur. In: Retterath, Hans-Werner (Hg.) (1998): Wanderer zwischen zwei Welten? Zur kulturellen Integration rußlanddeutscher Aussiedlerinnen und Aussiedler in der Bundesrepublik Deutschland. Freiburg: Johannes-Künzing-Institut für ostdeutsche Volkskunde. S. 77–91.

Zinn-Thomas, Sabine (2003): Kulturelle Differenzen? Wahrnehmungs- und Identitätsstrategien im Zusammenleben mit russlanddeutschen Aussiedlern am Beispiel einer Hunsrücker Gemeinde. In: Franzke, Daniela / Schönhuth, Michael (Hg.) (2003): Der Einfluss soziokultureller Faktoren auf den Integrationsprozess von Spätaussiedlern. Saarbrücken. (=Entwicklungsethnologie. Zeitschrift der Arbeitsgemeinschaft Entwicklungsethnologie e.V. 11/Heft 2) S. 45–58.

4. Sprachliche Integration

Baur, Rupprecht S. / Bäcker, Iris (2003): Die Integration russlanddeutscher Aussiedler als Aufgabe der Ausbildungsinstitutionen. In: Reitemeier, Ulrich (Hg.) (2003): Sprachliche Integration von Aussiedlern im Internationalen Vergleich. Mannheim: Institut für Deutsche Sprache: (= amades – Arbeitspapiere und Materialien zur deutschen Sprache 2/03). S. 81–108.

Baur, Rupprecht S. / Chlosta, Christoph / Krekeler, Christian / Wendereott, Claus (1999): Die unbekannten Deutschen. Ein Lese- und Arbeitsbuch zu Geschichte, Sprache und Integration rußlanddeutscher Aussiedler. Baltmannsweiler: Schneider-Verlag Hohengehren.

Berend, Nina (1998): Sprachliche Anpassung: eine soziolinguistisch-dialektologische Untersuchung zum Rußlanddeutschen. Tübingen: Narr.

Berend, Nina (2003): Zur Dynamik von Sprachveränderungsprozessen in gesellschaftlichen Umbruchssituationen. In: Reitemeier, Ulrich (Hg.) (2003): Sprachliche Integration von Aussiedlern im Internationalen Vergleich. Mannheim: Institut für Deutsche Sprache. (=amades – Arbeitspapiere und Materialien zur deutschen Sprache 2/03). S. 21–36.

Biehl, Jürgen (1996): Sprachprobleme von Spätaussiedlern. Sprachkenntnisse und Sprachprobleme der Spätaussiedler zum Zeitpunkt der Einwanderung. In: Graudenz, Ines / Römhild, Regina (Hg.) (1996): Forschungsfeld Aussiedler. Ansichten aus Deutschland. Frankfurt am Main u. a.: Peter Lang. (=Europäische Migrationsforschung 1). S. 175–187.

Biehl, Jürgen (2003): Soziolinguistischer Vergleich verschiedener Zuwanderergruppen in Deutschland – Aspekte der Theoriebildung in der soziolinguistischen Mehrsprachigkeitsforschung. In: Reitemeier, Ulrich (Hg.) (2003): Sprachliche Integration von Aussiedlern im Internationalen Vergleich. Mannheim: Institut für Deutsche Sprache: (=amades – Arbeitspapiere und Materialien zur deutschen Sprache 2/03). S. 165–181.

Dederichs, Teresa (1997): „Weltansicht" – Ein semantisch-konnotativer Vergleich zwischen westdeutschen und rußlanddeutschen Jugendlichen. Münster: Waxmann-Verlag.

Fennell, Barbara A. (2003): How (not) to speak German: „Gastarbeiterdeutsch" und „Aussiedlerdeutsch" In: Reitemeier, Ulrich (Hg.) (2003): Sprachliche Integration von Aussiedlern im Internationalen Vergleich. Mannheim: Institut für Deutsche

Sprache: (=amades – Arbeitspapiere und Materialien zur deutschen Sprache 2/03). S. 183–199.

Goldbach, Alexandra (2005): Deutsch-russischer Sprachkontakt. Deutsche Transferenzen und Code-switching in der Rede Russischsprachiger in Berlin. Frankfurt am Main u. a.: Peter Lang.

Khuen-Belasi, Lena (2003): Wieviel Sprache(n) braucht man in Deutschland? Anregungen und Fragen aus der Praxis an Wissenschaft und Politik. In: Reitemeier, Ulrich (Hg.) (2003): Sprachliche Integration von Aussiedlern im Internationalen Vergleich. Mannheim: Institut für Deutsche Sprache (=amades – Arbeitspapiere und Materialien zur deutschen Sprache 2/03). S. 109–136.

Kourilo, Olga (2006): Russlanddeutsche als Vermittler im interkulturellen Dialog. In: Ipsen-Peitzmeier, Sabine / Kaiser, Markus (Hg.) (2006): Zuhause fremd. Russlanddeutsche zwischen Russland und Deutschland. Bielefeld: transcript Verlag. S. 381–405.

Meng, Katharina (2001): Russlanddeutsche Sprachbiografien. Untersuchung zur sprachlichen Integration von Aussiedlerfamilien. Tübingen: Narr.

Meng, Katharina (2003): Sprachliche Integration von Aussiedlern – einige Ergebnisse, einige Probleme. In: Reitemeier, Ulrich (Hg.) (2003): Sprachliche Integration von Aussiedlern im Internationalen Vergleich. Mannheim: Institut für Deutsche Sprache (=amades – Arbeitspapiere und Materialien zur deutschen Sprache 2/03). S. 37–57.

Meng, Katharina (2006): Russischsprachige Eltern und deutsche Kindergärten. In: INTERKULTURELL und GLOBAL. Forum für Interkulturelle Kommunikation, Erziehung und Bildung 1/2 (2006). S. 69–87.

Oxen, Valentina (1995): Affektive Faktoren im Kontext der Psychogenese der unmittelbaren Vor- und Nach-Aussiedlungsphase: der gesteuerte Deutscherwerb erwachsener Aussiedlerinnen und Aussiedler aus den Nachfolgestaaten der Sowjetunion. In: Zeitschrift für Fremdsprachenforschung (ZFF) 6, 1 (1995). S. 11–68.

Protassova, E. (1996): The russian-german bilingualism in Germany. In: Sociolinguistic problems in various regions of the world. Moscow.

Reitemeier, Ulrich (2003) (Hg.): Sprachliche Integration von Aussiedlern im internationalen Vergleich. Mannheim: Narr (=amades – Arbeitspapiere und Materialien zur deutschen Sprache 2/03).

Rösch, Olga (1995): Deutsch-Deutsches. Rußlanddeutsche in Berlin. In: Scharnhorst, Jürgen (Hg.) (1995): Sprachsituation und Sprachkultur im internationalen Vergleich. Frankfurt am Main u. a.: Peter Lang. S. 227–250.

Roll, Heike (2003): Jugendliche Aussiedler sprechen über ihren Alltag: Rekonstruktionen sprachlichen und kulturellen Wissens. München: Iudicium.

Schnar, Natalie (2007): Sprache als Kriterium ethnischer Identität – eine empirische Studie zum Stellenwert des Russischen im Ethnizitätskonzept russlanddeutscher

Jugendlicher in der Diaspora Deutschland. Humboldt-Universität Berlin. (Magisterarbeit)

Stölting, Wilfried (2003): Selektion und Rücksprachung: die Deutschtests für Spätaussiedler. In: Reitemeier, Ulrich (Hg.) (2003): Sprachliche Integration von Aussiedlern im Internationalen Vergleich. Mannheim: Institut für Deutsche Sprache (=amades – Arbeitspapiere und Materialien zur deutschen Sprache 2/03). S. 137–163.

Strasser, Gert (Hg.) (1999): Diskussionsbeiträge zur Integration von Russlanddeutschen = Sprechen Sie doch Deutsch [Hessisches Diakoniezentrum e. V., Geschäftsbereich Aus-, Fort- und Weiterbildung], Akzente 4. Schwalmstadt-Treysa: Hephata, Hess. Diakoniezentrum.

Uhlisch, Gerda (1995): Schwierigkeiten beim Lernen und beim Gebrauch der deutschen Sprache bei Aussiedlern mit russisch als dominanter Sprache – Sprachkontrastive Betrachtungen. In: Deutsch lernen 1 (1995). S. 19–29.

Wegener, Heide (1994): Der Einfluß des Augsburger Dialekts auf den Erwerb der Morphosyntax des Deutschen durch Grundschulkinder aus Polen, Rußland und der Türkei. In: Burger, Harald / Häcki Buhofer, Anneliese (Hg.): Spracherwerb im Spannungsfeld von Dialekt und Hochsprache. Bern: Peter Lang (=Züricher Germanistische Studien 38).

Wiens, Peter (2003): Mundart und interkulturelle Kommunikation: Die Niederdeutsch-Variante „Plattdietsch" als starke Brücke bei der Integration von Aussiedler/innen in Deutschland und weltweit. In: Entwicklungsethnologie II, 22 (2003). S. 131–137.

Worbs, Michael (1995): Zum Zweitspracherwerb bei jüngeren Aussiedlerinnen und Aussiedlern. In: Muttersprache 1 (1995). S. 55–65.

5. Integration auf dem Arbeitsmarkt und in Bildungsinstitutionen

Bartz, Brunon / Jahn, Gerhard (1996): Aspekte der beruflichen Eingliederung von Aussiedlern. In: Graudenz, Ines / Römhild, Regina (Hg.) (1996): Forschungsfeld Aussiedler. Ansichten aus Deutschland. Frankfurt am Main u. a.: Peter Lang. (=Europäische Migrationsforschung 1). S. 189–194.

Greif. S. / Gediga, G. / Janikowski, A. (1999): Erwerbslosigkeit und beruflicher Abstieg von Aussiedlerinnen und Aussiedlern. In: Bade, Klaus / Oltmer, Jochen (Hg.) (1999): Aussiedler: deutsche Einwanderer aus Osteuropa. Osnabrück: Universitätsverlag Rasch. (=IMIS-Schriften 8). S. 81–106.

Kaiser, Astrid (1989): Aussiedeln, umsiedeln, ansiedeln – einsiedeln. Pädagogisches Tagebuch über eine Anfangsklasse mit Kindern aus Osteuropa, Kirgisien und Kasachstan. Heinsberg: Agentur Dieck.

Kaiser, Astrid (1991): Pädagogische Probleme der Geschlechterdifferenz bei Aussiedlerkindern. In: Neue deutsche Schule 43, 2 (1991). S. 21–23. Und in: Renate Luca u. a. (Hg.) (1992): Frauen bilden – Zukunft planen. Bielefeld. S. 178–184.

Kestermann, Maria (1998): Schulische Situation jugendlicher Aussiedler. In: Forschungsinstitut der Friedrich-Ebert-Stiftung, Abt. Arbeit und Sozialpolitik (1998). S. 53ff.

Koller, Barbara (1993): Aussiedler in Deutschland. Aspekte ihrer sozialen und beruflichen Eingliederung. In: Aus Politik und Zeitgeschichte 48 (1993). S. 12–22.

Koller, Barbara (1997): Aussiedler der großen Zuwanderungswellen – was ist aus ihnen geworden? Die Eingliederungssituation von Aussiedlerinnen und Aussiedlern auf dem Arbeitsmarkt in Deutschland. In: Mitteilungen aus der Arbeitsmarkt- und Berufsforschung 30 (1997). S. 766–789.

Kuhnke, Ralf / Schreiber, Elke (2008): Projekt „Inklusionsstrategien für junge Aussiedler im Übergang Schule – Beruf“. Zu den Lebenslagen und Bewältigungsstrategien von Aussiedlerjugendlichen. Zwischenbericht. Deutsches Jugendinstitut e.V. (DJI) Forschungsschwerpunkt „Übergänge in Arbeit“. <http://www.dji.de/inklusion/Zwischenbericht_Inklusionsstrategien.pdf> (abgerufen 27.10.2008)

Kühn, Günter (Hg.) (1995): Umschulung von Aussiedlern. Ergebnisse eines Modellversuchs. (=Bundesinstitut für Berufsbildung. Materialien zur beruflichen Bildung Erwachsener 12).

Lex, Tilly (2007): Migrantenjugendliche auf dem Weg von der Schule ins Arbeitsleben: AussiedlerInnen, Jugendliche türkischer sowie Jugendliche deutscher Herkunft im Vergleich. In: Jugend Beruf Gesellschaft 1 (2007). S. 30–40.

Michel, Manuela / Steinke, Jutta (1996): Arbeitsmarktintegration von Spätaussiedlerinnen und Spätaussiedlern in NRW. (Im Auftrag des Ministeriums für Arbeit, Gesundheit und Soziales des Landes Nordrhein-Westfalen). Bad Salzuflen: Kirchhofer.

Reißig, Birgit / Gaupp, Nora / Lex, Tilly (2004): Hoffnungen und Ängste – Jugendliche aus Zuwandererfamilien an der Schwelle zur Arbeitswelt. Längsschnittstudie zum Übergang Schule-Beruf. In: DJI Bulletin 69 (2004). S. 4–7.

Schafer, Andrea / Schenk, Liane / Kühn, Günter (1995): Arbeitslosigkeit, Befindlichkeit und Bildungsbereitschaft von Aussiedlern. Eine empirische Studie. Frankfurt am Main u. a.: Peter Lang.

Schmidt-Bernhardt, Angela (2008): Jugendliche Spätaussiedlerinnen. Bildungserfolg im Verborgenen. Marburg: Tectum.

Seifert, Wolfgang (1996): Neue Zuwanderergruppen auf dem westdeutschen Arbeitsmarkt. Eine Analyse der Arbeitsmarktchancen von Aussiedlern, ausländischen Zuwanderern und ostdeutschen Übersiedlern. In: Soziale Welt 2 (1996). S. 180ff.

Söhn, Janina (2008). Bildungschancen junger Aussiedler(innen) und anderer Migrant(inn)en der ersten Generation. Ergebnisse des DJI-Jugendsurveys zu den

Einwandererkohorten seit Ende der 1980er Jahre. WZB Discussion Paper SP I 2008–503. Berlin: Wissenschaftszentrum Berlin für Sozialforschung.

Ulrich, Joachim (2005): Ausbildungschancen von Jugendlichen mit Migrationshintergrund: Ergebnisse aus der BIBB-Berufbildungsforschung. In: INBAS (Hg.): Werkstattbericht 2005. Frankfurt am Main: INBAS.

Westphal, Manuela (1999): Familiäre und berufliche Orientierungen von Aussiedlerinnen. In: Bade, Klaus J. / Oltmer, Jochen (Hg.) (1999): Aussiedler: deutsche Einwanderer aus Osteuropa. Osnabrück: Universitätsverlag Rasch. (=IMIS-Schriften 8). S. 127–149.

Westphal, Manuela (2002): Aussiedlerinnen. Geschlecht, Beruf und Bildung unter Einwanderungsbedingungen. Bielefeld: Kleine Verlag.

Wolterhoff, Luidger (1998): Berufliche Situation von jugendlichen Aussiedlern. In: Forschungsinstitut der Friedrich-Ebert-Stiftung, Abt. Arbeit und Sozialpolitik (1998). S. 43.

6. Lebenssituation der Aussiedlerkinder und -jugendlichen

Andres-Wilhelm, Katharina (1994): Soziale Ängste und Unsicherheiten jugendlicher Spätaussiedler – Ergebnisse einer psychologischen Studie. Zur Situation der jugendlichen Spätaussiedler in den 90er Jahren. In: Sozialpädagogik 5 (1994). S. 215–217.

Arbeitsstelle Kinder- und Jugendkriminalitätsprävention (Hg.) (2002): Die mitgenommene Generation. Aussiedlerjugendliche – eine pädagogische Herausforderung für die Kriminalitätsprävention. München: Deutsches Jugendinstitut.

Babka von Gostomski, Christian (2003): Gewalt als Reaktion auf Anerkennungsdefizite? Eine Analyse bei männlichen deutschen, türkischen und Aussiedler-Jugendlichen im IKG-Jugendpanel 2001. In: Kölner Zeitschrift für Soziologie und Sozialpsychologie (KZfSS) 55, Heft 2 (2003). S. 253–277.

Baerwolf, Astrid (2006): Identitätsstrategien von jungen „Russen" in Berlin. Ein Vergleich zwischen russischen Deutschen und russischen Juden. In: Ipsen-Peitzmeier, Sabine / Kaiser, Markus (Hg.) (2006): Zuhause fremd. Russlanddeutsche zwischen Russland und Deutschland. Bielefeld: transcript Verlag. S. 197–221.

Bahlmann, Mechthild (2000): Aussiedlerkinder – ein (sonder-)pädagogisches Problem? Münster: Lit-Verlag.

Bayer, Manfred (1996): Bedingungen der Eingliederung von Aussiedlerkindern seit Anfang der 90er Jahre. Auswertungen eines empirischen Forschungsvorhabens. In: Graudenz, Ines / Römhild, Regina (Hg.) (1996): Forschungsfeld Aussiedler. Ansichten aus Deutschland. Frankfurt am Main u. a.: Peter Lang. (=Europäische Migrationsforschung 1). S. 147–174.

Brüss, Joachim (2003): Soziale Nähe und Distanz zwischen deutschen, türkischen und Aussiedler-Jugendlichen. In: Axel Groenmeyer / Jürgen Mansel (Hg.): Die Ethnisierung von Alltagskonflikten. Opladen: Leske und Budrich. S. 109–134.

Brüss, Joachim (2006): Miteinander oder Nebeneinander? Zum Einfluss von Akkulturationspräferenzen und Eigengruppenfavorisierung auf die Kontakte zwischen deutschen, türkischen und Aussiedler-Jugendlichen. In: Ipsen-Peitzmeier, Sabine / Kaiser, Markus (Hg.) (2006): Zuhause fremd. Russlanddeutsche zwischen Russland und Deutschland. Bielefeld: transcript Verlag. S. 63–86.

Buber, Sigrid / Lisci, Mario / Seibold, Claudia (1992): Die Eingliederung junger Aussiedlerinnen und Aussiedler. Probleme – Lösungsalternativen. In: Sozialpädagogik 4 (1992). S. 159–163.

Dietz, Barbara (1997): Jugendliche Aussiedler. Ausreise, Aufnahme, Integration. Berlin: Verlag Arno Spitz.

Dietz, Barbara (1999): Jugendliche Aussiedler in Deutschland: Risiken und Chancen der Integration. In: Bade, Klaus J. / Oltmer, Jochen (Hg.) (1999): Aussiedler: deutsche Einwanderer aus Osteuropa. Osnabrück: Universitätsverlag Rasch. (=IMIS-Schriften 8). S. 153–176.

Dietz, Barbara / Roll, Heike (1998): Jugendliche Aussiedler, Porträt einer Zuwanderergeneration. Frankfurt am Main, New York: Campus Verlag.

Eckert, Roland / Reis, Christina / Wetzstein, Thomas. A. (1999): Bilder und Begegnungen: Konflikte zwischen einheimischen und Aussiedlerjugendlichen. In: Bade, Klaus J. / Oltmer, Jochen (Hg.) (1999): Aussiedler: deutsche Einwanderer aus Osteuropa. Osnabrück: Universitätsverlag Rasch. (=IMIS-Schriften 8). S. 191–205.

Forschungsinstitut der Friedrich-Ebert-Stiftung, Abt. Arbeit und Sozialpolitik (1998): Deutsch sein und doch fremd sein. Lebenssituation und -perspektiven jugendlicher Aussiedler. Bonn: Gesprächskreis Arbeit und Soziales 84.

Gallius, Saskia (2003): Was will ich? Was kann ich bewirken? Über politische Orientierungen und Verhaltensweisen jugendlicher Aussiedler und die Jugendorganisation „Deutsche Jugend aus Russland e. V." In: Archiv der Jugendkulturen (Hg.): Zwischenwelten. Russlanddeutsche Jugendliche in der Bundesrepublik. Berlin: Archiv der Jugendkulturen. S. 88–97.

Meister, Dorothee M. (1997): Zwischenwelten der Migration. Biographische Übergänge jugendlicher Aussiedler aus Polen. Weinheim, München: Juventa.

Neeliplakal, Lissia (1993): Zur psychosozialen Situation junger Aussiedler und Flüchtlinge. In: Boteran, Norbert (Hg.) (1993): Interkulturelles Verstehen und Handeln. Beiträge aus Erziehungs-, Sozial- und Sprachwissenschaften. Pfaffenweiler: Centaurus Verlagsgesellschaft. S. 144–158.

Rabe, Uwe (2005): Spätaussiedlerjugendliche. In: Deinet, Ulrich / Sturzenhecker, Benedikt (Hg): Handbuch Offene Kinder- und Jugendarbeit. Wiesbaden: VS, Verlag für Sozialwissenschaften.

Rakhkochkine, Anatoli (1997): Neue Heimat – neue Zukunft. Eine soziologisch-pädagogische Studie über die Integration der Kinder der Aussiedler aus den GUS-Staaten. In: Aus Politik und Zeitgeschichte. Beilage zur Wochenzeitung Das Parlament. B 7 – 8 (1997). S. 10–16.

Retterath, Hans-Werner (1998): Russlanddeutsche Aussiedlerjugendliche zwischen allen Stühlen? Zum Jugendbild älterer russlanddeutscher Aussiedler und Aussiedlerinnen. In: Retterath, Hans-Werner (Hg.) (1998): Wanderer zwischen zwei Welten? Zur kulturellen Integration rußlanddeutscher Aussiedlerinnen und Aussiedler in der Bundesrepublik Deutschland. Freiburg: Johannes-Künzing-Institut für ostdeutsche Volkskunde. S. 107–126.

Schäfer, Heiner (2002): Junge Russen in Deutschland – Aussiedler verloren zwischen Herkunft und Zukunft. In: Arbeitsstelle Kinder- und Jugendkriminalitätsprävention (Hg.) (2002). S. 12–67.

Schmitt-Rodermund, Eva (1997): Akkulturation und Entwicklung. Weinheim: Psychologie Verlags Union.

Schmitt-Rodermund, Eva (2003): Gibt es gravierende psychosoziale Probleme bei der Integration von jugendlichen Aussiedlern? In: DBH-Bildungswerk (Hg.) (2003). S. 71–86.

Schmitt-Rodermund, Eva / Roebers, Claudia, M. (1999): Akkulturation oder Entwicklung? Veränderungen von Autonomieerwartungen bei Einheimischen und Kindern aus Aussiedlerfamilien. Psychologie in Erziehung und Unterricht, 46. S. 161–176.

Schmitt-Rodermund, Eva / Silbereisen, Rainer K. (1996): „... meine erste Freundin? Ich glaub’, die habe ich so mit 20“. Entwicklungsorientierungen jugendlicher Aussiedler. In: Graudenz, Ines / Römhild, Regina (Hg.) (1996): Forschungsfeld Aussiedler. Ansichten aus Deutschland. Frankfurt am Main u. a.: Peter Lang. (=Europäische Migrationsforschung 1). S. 85–95.

Schmitt-Rodermund, Eva / Silbereisen, Rainer K. (2002): Psychosoziale Probleme bei jungen Aussiedlern – Eine Längsschnittstudie. Zeitschrift für Entwicklungspsychologie und Pädagogische Psychologie 34 (2002). S. 63–71.

Schmitt-Rodermund, Eva / Silbereisen, Rainer K. / Wiesner, Margit (1996): Junge Aussiedler in Deutschland: Prädikatoren emotionaler Befindlichkeit nach der Immigration. In: Zeitschrift für Entwicklungspsychologie und pädagogische Psychologie 4 (1996). S. 357–375.

Seifert, Thomas (2000): Das Migrationsdilemma junger (Spät-)Aussiedlerinnen. Theoretische Problembeschreibung und praktische Handlungsempfehlungen. Stuttgart: Süddeutsche Hilfsgemeinschaft der Liga der freien Wohlfahrtsverbände.

Strobl, Rainer (2006): Chancen und Probleme der Integration junger Aussiedler aus der früheren Sowjetunion. In: Ipsen-Peitzmeier, Sabine / Kaiser, Markus (Hg.) (2006): Zuhause fremd. Russlanddeutsche zwischen Russland und Deutschland. Bielefeld: transcript Verlag. S. 87–107.

Strobl, Rainer / Kühnel, Wolfgang (2000): Dazugehörig und ausgegrenzt. Analysen zu Integrationschancen junger Aussiedler. Weinheim, München: Juventa Verlag

Struck-Soboleva, Julia (2008): Zum Einfluss ethnischer Freundschaftsnetzwerke von Aussiedlerjugendlichen auf ihre Integrationschancen. Eine diskursanalytische Studie. <http://www.intern.dji.de/bibs/FoBer_Struck-Soboleva.pdf> (abgerufen 27.10.2008).

Süss, Wladimir (1995): Zur psychosozialen Situation der Aussiedlerkinder und -jugendlichen. In: Sozialwissenschaften und Berufspraxis 18, 2 (1995). S. 131–146.

Vogelgesang, Waldemar (2008): Jugendliche Aussiedler. Zwischen Entwurzelung und Integration. Weinheim, München: Juventa Verlag.

Wehmann, Mareike (1999): Freizeitorientierung jugendlicher Aussiedler und Aussiedlerinnen. In: Bade, Klaus J. / Oltmer, Jochen (Hg.) (1999): Aussiedler: deutsche Einwanderer aus Osteuropa. Osnabrück: Universitätsverlag Rasch. (=IMIS-Schriften 8). S. 207–226.

Wildemann, Victoria (2001): Praktische Erfahrungen bei der Integration von deutschen Aussiedler-Jugendlichen. In: IZA – Zeitschrift für Migration und Soziale Arbeit, Heft 2 (2001). S. 44–47.

Zdun, Steffen (2007): Ablauf, Funktion und Prävention von Gewalt. Eine soziologische Analyse gewalttätiger Verhaltensweisen in Cliquen junger Russlanddeutscher. Frankfurt am Main u. a.: Peter Lang.

7. Suchtverhalten / Kriminalitätsentwicklung / Strafverfolgung

Barth, Wolfgang / Schubert, Christine (2002): Migration – Sucht - Hilfe: junge Migranten und Migrantinnen aus der GUS in den Systemen Suchthilfe und Migrationsberatung. Nürnberg: Emwe–Verl.

Bartylla, Tanja (1999): Suchtproblematik bei Spätaussiedlern am Beispiel des Alkohols. Fachhochschule Magdeburg (Diplomarbeit).

Braun, Andreas (1998): Methodische Gesichtspunkte der Diagnostik und Therapie bei rauschmittelabhängigen Aussiedlern. In: Czycholl, Dietmar (Hg.): Sucht und Migration. Spezifische Probleme in der psychosozialen Versorgung suchtkranker und gefährdeter Migranten. Berlin: VWB. S. 106–112.

Czycholl, Dietmar (2002): Jugendliche Aussiedler im System der Suchthilfe. In: Wolfgang Barth / Christine Schubert (Hg.) (2002): Migration – Sucht - Hilfe: junge Migranten und Migrantinnen aus der GUS in den Systemen Suchthilfe und Migrationsberatung. Nürnberg: Emwe–Verl. S. 11-20.

Czycholl, Dietmar (2003): Rauschmittelprobleme bei Aussiedlern. In: DBH-Bildungswerk (Hg.) (2003): Spätaussiedler. Interkulturelle Kompetenz für die Straffälligenhilfe und den Justizvollzugsdienst. Godesberg: Forum Verlag. S. 157–167.

DBH-Bildungswerk (Hg.) (2003): Spätaussiedler. Interkulturelle Kompetenz für die Straffälligenhilfe und den Justizvollzugsdienst. Godesberg: Forum Verlag.

Grübl, Günter / Walter, Joachim (1999): Russlanddeutsche im Jugendstrafvollzug. In: Bewährungshilfe 4 (1989). S. 360–375.

Grundies, Volker (2000): Kriminalitätsbelastung junger Aussiedler. Ein Längsschnittsvergleich mit in Deutschland geborenen jungen Menschen anhand polizeilicher Registrierungen. In: Monatsschrift für Kriminologie und Strafrechtsreform (MschrKrim) 5 (2000). S. 290–305.

Haug, Sonja / Baraulina, Tatjana / Babka von Gostomski, Christian (unter Mitarbeit von Stefan Rühl und Michael Wolf) (2008): Kriminalität von Aussiedlern – eine Bestandsaufnahme. Nürnberg: Bundesamt für Migration und Flüchtlinge. <http: //www.bamf.de/cln_011/nn_442016/SharedDocs/Anlagen/DE/Migration/Publikationen/Forschung/WorkingPapers/wp12-kriminalitaet-aussiedler,templateId=raw,property=publicationFile.pdf/wp12-kriminalitaet-aussiedler.pdf).> (abgerufen 11.11.2008)

Heidebrecht, Helmut (1998): Deutsche aus Russland. Lebens- und Migrationserfahrungen. In: Czycholl, Dietmar (Hg.): Sucht und Migration. Spezifische Probleme in der psychosozialen Versorgung suchtkranker und gefährdeter Migranten. Berlin: VWB. S. 49–73.

Kawamura, Gabriele (2001): Kriminalität und Kriminalisierung junger Aussiedler. In: IZA – Zeitschrift für Migration und Soziale Arbeit, Heft 2 (2001). S. 48–53.

Kawamura-Reindl, Gabriele / Keicher, Rolf / Krell, Wolfgang (Hg.) (2002): Migration, Kriminalität und Kriminalisierung – Herausforderung an Soziale Arbeit und Straffälligenhilfe. Freiburg: Lambertus Verlag.

Krüger-Potratz, Marianne (2003): Kriminal- und Drogenprävention am Beispiel jugendlicher Aussiedler. Göttingen: V und R Unipress.

Lindinger, Gerhard (2000): Jugendliche Aussiedler im Jugendstrafvollzug. In: Deutsche Vereinigung für Jugendgerichte und Jugendgerichtshilfen e.V., Regionalgruppe Nordbayern. Erlangen. S. 141ff.

Luff, Johannes (2000): Kriminalität von Aussiedlern. Polizeiliche Registrierungen als Hinweis auf misslungene Integration? München: Bayerisches Landeskriminalamt.

März, Nadja (2000): Migration und Jugendkriminalität – Aussiedler. In: Deutsche Vereinigung für Jugendgerichte- und Jugendgerichtshilfen e.V., Regionalgruppe Nordbayern. Erlangen. S. 107ff.

Naplava, Thomas (2003): Delinquenz einheimischer und immigrierter Jugendlicher im Vergleich. Sekundäranalayse von Schulbefragungen der Jahre 1995–2000. Soziale Probleme 14, 1 (2003). S. 67–96.

Olbricht-Sonderhaus, Eberhard (2000): Junge Aussiedler – Jugendhilfe/Jungendgerichtshilfe. In: Deutsche Vereinigung für Jugendgerichte- und Jugendgerichtshilfen e.V., Regionalgruppe Nordbayern. Erlangen. S. 171ff.

Osterloh, Kay (2000): Junge russlanddeutsche Spätaussiedler und Drogen. In: Deutsche Vereinigung für Jugendgerichte- und Jungendgerichtshilfen e. V., Regionalgruppe Nordbayern. Erlangen. S. 159ff.

Osterloh, Kay (2002): Arbeit mit illegal Suchtmittel konsumierenden Migranten und Migrantinnen aus der GUS am Beispiel der Mudra Drogenhilfe Nürnberg. In: Wolfgang Barth / Christine Schubert (Hg.) (2002): Migration – Sucht – Hilfe: junge Migranten und Mitgrantinnen aus der GUS in den Systemen Suchthilfe und Migrationsberatung. Nürnberg: Emwe–Verl. S. 43–58.

Otto, Manfred / Pawlik-Mierzwa, Krystyna (2001): Kriminalität und Subkultur inhaftierter Aussiedler. DVJJ-Journal 2, Nr. 171 (2001). S. 124–132.

Pawlik-Mierzwa, Krystyna / Otto, Manfred (2000): Wer beeinflusst wen? Über die Auswirkungen subkultureller Bindungen auf die pädagogische Beziehung und Lernprozesse bei inhaftierten Aussiedlern. In: Zeitschrift für Strafvollzug und Straffälligenhilfe 49 (2000). S. 227–230.

Reich, Kerstin (2005): Integrations- und Desintegrationsprozesse junger männlicher Aussiedler aus der GUS. Eine Bedingungsanalyse auf sozial-lerntheoretischer Basis (=Kriminalwissenschaftliche Schriften 5). Münster: Lit Verlag.

Reich, Kerstin / Weitekamp, Elmar G. M. / Kerner, Hans-Jürgen (1999): Jugendliche Aussiedler – Probleme und Chancen im Integrationsprozess. In: Bewährungshilfe – Fachzeitschrift für Bewährungshilfe, Gerichtshilfe und Straffälligenhilfe 46 (1999), Heft 4. S. 335–359.

Sasse, Georg (1999): Integrationsprobleme jugendlicher Aussiedler. Eine höchst aktuelle gesamtgesellschaftliche Aufgabe. In: Kriminalistik, Nr. 4 (1999). S. 225–231.

Schmitt-Rodermund, Eva / Silbereisen, Rainer K. (2004): „Ich war gezwungen, alles mit der Faust zu regeln" – Delinquenz unter jugendlichen Aussiedlern aus der Perspektive der Entwicklungspsychologie. In: Neue Kriminalsoziologie. (=Sonderheft der Kölner Zeitschrift für Soziologie und Sozialpsychologie) 43 (2003). S. 240–263.

Wagner, Hartmut (2002): Wie ist die Situation von Jugendlichen aus der GUS in den Justizanstalten. In: Barth, Wolfgang / Schubert, Christine (2002): Migration – Sucht - Hilfe: junge Migranten und Migrantinnen aus der GUS in den Systemen Suchthilfe und Migrationsberatung. Nürnberg: Emwe–Verl. S. 87–101.

Walter, Joachim (2003): Junge russischsprachige Aussiedler als Klientel in den Justizvollzugsanstalten. In: DBH-Bildungswerk (Hg.) (2003): Spätaussiedler. Interkulturelle Kompetenz für die Straffälligenhilfe und den Justizvollzugsdienst. Godesberg: Forum Verlag. S. 87–120.

Walter, Joachim / Grübl, Günter (1999): Junge Aussiedler im Jugendstrafvollzug. In: Bade, Klaus J. / Oltmer, Jochen (Hg.) (1999): Aussiedler: deutsche Einwanderer aus Osteuropa. Osnabrück: Universitätsverlag Rasch. (=IMIS-Schriften 8). S. 177–189.

Zinn-Thomas, Sabine (2006): Kriminelle, junge Spätaussiedler – Opfer oder Täter? Zur Ethnisierung des Sozialen. In: Ipsen-Peitzmeier, Sabine / Kaiser, Markus (Hg.) (2006): Zuhause fremd. Russlanddeutsche zwischen Russland und Deutschland. Bielefeld: transcript Verlag. S. 307–320.

8. Aussiedlungserleben in Selbstzeugnissen

Autorenkreis der Landsmannschaft der Deutschen aus Russland (Hg.) (1998): Wir selbst. Russlanddeutsche Literaturblätter. Stuttgart: Autorenkreis.

Baerwolf, Astrid (1998): ...das Leben ist hier. Junge Russlanddeutsche erzählen. Club Dialog e. V. Jugendzentrum Schalasch (Hg.): Berlin.

Bartelt, Klaus (Hg.) (1996): „Jetzt sind wir hier!" Aussiedler aus der Vorklasse und dem Berufsschuljahr berichten. Adolf-Kolping-Schule. Münster.

Becker-Hock, Christhild (1991): Gespräche mit Aussiedlern aus Rußland und Polen über Erfahrungen der Migration. In: Hessische Blätter für Volksbildung 41 (1991), Heft 1. S. 56–65.

Brake, Klaus (1998): Lebenserinnerungen rußlanddeutscher Einwanderer. Zeitgeschichte und Narravistik. Berlin: Reimer.

Bruns, Ingeborg (1992): „Manchmal bin ich nichts". Gespräche jugendlicher Aussiedler aus Polen und Rußland. Hg. von Wolfgang Lanquillon im Auftrag des Diakonischen Werkes der EKD. Referat Aussiedler. Stuttgart.

Daichendt, Heidelore (1991): Deutschland (k)ein Traumland. Erlebnisberichte Deutscher aus Rumänien. Marburg: Elwert.

Diener, Irina (2003): Muttersprache – Lernerfahrungen einer russlanddeutschen Mutter und Lehrerin in Deutschland. In: Reitemeier, Ulrich (Hg.) (2003): Sprachliche Integration von Aussiedlern im Internationalen Vergleich. Mannheim: Institut für Deutsche Sprache (=amades – Arbeitspapiere und Materialien zur deutschen Sprache 2/03). S. 269 – 276.

Khuen-Belasi, Lena (Hg.) (2003): Ankunft einer Generation. Integrationsgeschichten von Spätaussiedlern. Karlsruhe: Info-Verlag.

Müller-Wille, Christina (2002): Das Ankommen. Mit sprachlosem Heimweh neue Wurzeln fassen. Osnabrück: Ekkart.

Reinelt, Kurt (2004): Lebenserzählung von „Tante" Emma Wetsch. In: Bosch, Anton (Hg): Russlanddeutsche Zeitgeschichte. Nürnberg: Historischer Forschungsverein der Deutschen aus Russland e. V. S. 459–485.

Tegtmeier-Breit, Annegret (1997): „...daß ich aus Rußland komme..." Frauengeschichtsladen Lippe e.V (Hg.): Aussiedlerfrauen in Lippe. Detmold..

Anna Mergner, Christiane Simone Stadie

Auswahlbibliographie: Nationale Minderheiten in Deutschland

Die in der folgenden Auswahlbibliographie verzeichnete Literatur soll den Einstieg in die Auseinandersetzung mit der Geschichte, Kultur, Sprache und der aktuellen Situation der vier autochthonen Minderheiten in Deutschland erleichtern. Sie ist gegliedert in die Abschnitte

1. Allgemeine Literatur
2. Dänen
3. Friesen
3. 1 Nordfriesen
3. 2 Saterfriesen
4. Sinti und Roma
5. Sorben

1. Allgemeine Literatur

Blumenwitz, Dieter (1992): Minderheiten- und Volksgruppenrecht. Aktuelle Entwicklung. Bonn: Kulturstiftung der deutschen Vertriebenen. (=Forschungsergebnisse der Studiengruppe für Politik und Völkerrecht 15).

Bundesministerium des Innern (Hg.) (2006): Nationale Minderheiten in Deutschland. Berlin: Bundesministerium des Innern, 2. Auflage.

Hahn, Hans Henning / Kunze, Peter (Hg.) (1999): Nationale Minderheiten und staatliche Minderheitenpolitik in Deutschland im 19. Jahrhundert. Berlin: Akademie Verlag.

Hahn, Michael J. (1993): Die rechtliche Stellung der Minderheiten in Deutschland. In: Frowein, Jochen A. / Hofmann, Rainer / Oeter, Stefan (Hg.): Das Minderheitenrecht europäischer Staaten. Teil 1. Berlin u. a.: Springer Verlag. (=Beiträge zum ausländischen öffentlichen Recht und Völkerrecht 108). S. 62–107.

Hinderling, Robert / Eichinger, Ludwig M. (Hg.) (1996): Handbuch der mitteleuropäischen Sprachminderheiten. Tübingen: Narr.

Klein, Friedrich (2003): Minderheitenschutz für die „Neuen Minderheiten" in Deutschland? Berlin: dissertation.de – Verlag im Internet GmbH.

Murswiek, Dietrich (1994): Minderheitenschutz – für welche Minderheiten? Zur Debatte um die Einfügung eines Minderheitenartikels ins Grundgesetz. Bonn: Kulturstiftung der deutschen Vertriebenen. (=Deutschland und seine Nachbarn 8, Sonderheft).

Pallek, Markus (2001): Der Minderheitenschutz im deutschen Verfassungsrecht. Eine analytische Untersuchung des Begriffs sowie der bundes- und landesverfassungsrechtlichen Stellung der ethnischen, nationalen, sprachlichen, kulturellen und religiösen Minderheiten in der Bundesrepublik Deutschland vor dem Hintergrund der völker- und europarechtlichen Rahmenbedingungen. Hg. v. Dieter Blumenwitz. Frankfurt am Main u.a.: Peter Lang. (=Schriften zum Staats- und Völkerrecht 92).

Palt, Beatrix / Reuter, Lutz R. / Witte, Alexander (1998): Schulbildung für Migrantenkinder und Kinder autochthoner Minderheiten in der Bundesrepublik Deutschland. Eine Synopse schulrechtlicher Bestimmungen. Hg. v. Lutz R. Reuter und Gerhard Strunk. Hamburg: Universität der Bundeswehr, Fachbereich Pädagogik. (=Beiträge aus dem Fachbereich Pädagogik der Universität der Bundeswehr Hamburg 2).

Siegert, Anja (1999): Minderheitenschutz in der Bundesrepublik Deutschland. Erforderlichkeit einer Verfassungsänderung. Berlin: Duncker & Humblot. (=Schriften zum Öffentlichen Recht 774).

2. Dänen

Berdichevsky, Norman (2002): The Danish-German Border Dispute, 1815–2001. Aspects of Cultural and Demographic Politics. Bethesda: Academica Press, LLC.

Bohn, Robert / Danker, Uwe / Kühl, Jørgen (Hg.) (2001): Zwischen Hoffnung, Anpassung und Bedrängnis. Minderheiten im deutsch-dänischen Grenzraum in der NS-Zeit. Bielefeld u.a.: Verlag für Regionalgeschichte. (=Institut für schleswig-holsteinische Zeit- und Regionalgeschichte - Schriftenreihe 4).

Bohnen, Klaus / Schlosser, Jan T. (Hg.) (2004): Übersetzung als Kulturvermittlung im deutsch-dänischen Kontext. Vorträge des Symposiums vom 2.–3. Oktober 2003 am Center für Deutsch-Dänischen Kulturtransfer an der Universität Aalborg. Kopenhagen/München: Text & Kontext/Fink. (=Text & Kontext: Sonderreihe 48).

Dansk Generalsekretariat for Sydslesvig og de danske sekretariater. En arkivfortegnelse [Archivverzeichnis des Dänischen Generalsekretariates für Südschleswig]. Flensborg: Dansk Centralbibliotek for Sydslesvig. (=Arkivserien 9).

Hoppe-Kossak, Andrea (1993): Aufgaben und Möglichkeiten der nationalen Minderheiten im deutsch-dänischen Grenzraum aus historischer und aktueller Sicht. Flensburg: Institut für Regionale Forschung und Information im Deutschen Grenzverein e. V.

Institut für Regionale Forschung und Information im Deutschen Grenzverein e.V. (Hg): Bd. 1 (1984): Der nationale Gegensatz 1800–1864 = De nationale modsætninger. Bearb. von Henrik Fangel und Gerhard Kraak, Bd. 3 (1996): 1864–1914. Bearb. von Henrik Fangel und Gerhard Kraak, Bd. 4 (2001): 1914–1933. Bearb. von Erich Hoffmann. Flensburg: Institut für Regionale Forschung und Information im Deutschen Grenzverein e.V. (=Quellen zur Geschichte der deutsch-dänischen Grenzregion 1, 3, 4).

Klatt, Martin / Kühl, Jørgen (1999): SSW – Minderheiten- und Regionalpartei in Schleswig-Holstein. Flensborg: Studieafdelingen ved Dansk Centralbibliotek for Sydslesvig. (=Studieafdelingen ved Dansk Centralbibliotek for Sydslesvig, Nr. 39).

Komine, Soichiro (2007): Die „Dänen" in Deutschland. Jens Nydahl (1883–1967) und das Schulrecht für die dänische Minderheit in Schleswig-Holstein während der Nachkriegszeit. Tokio: Gakubunsha-Verlag.

Kühl, Jørgen (Hg.) (2006): Die Rechte der nationalen Minderheiten im deutsch-dänischen Grenzland – Ausgewählte Dokumente. Aabenraa: Institut for Grænseregionsforskning.

Kühl, Jørgen (2005): Die Bonn-Kopenhagener Erklärungen zu den Rechten der nationalen Minderheiten im deutsch-dänischen Grenzland 1955–2005. In: Europa Etnica 62 (2005), Nr. 1/2, S. 39–49.

Kühl, Jørgen (2003): The National Minorities in the Danish-German Border Region. The Case of the Germans in Sønderjylland/Denmark and the Danes in Schleswig-Holstein/Germany. Aabenraa: Institut for Grænseregionsforskning. (=Border Region Studies 3).

Kühl, Jørgen / Bohn, Robert (Hg.) (2005): Ein europäisches Modell? Nationale Minderheiten im deutsch-dänischen Grenzland 1945–2005. Bielefeld u. a.: Verlag für Regionalgeschichte. (=Institut für schleswig-holsteinische Zeit- und Regionalgeschichte - Schriftenreihe 11).

Kühl, Jørgen (2006): Vom nationalen Konflikt zur friedlichen Koexistenz und Kooperation. Nationale Minderheiten und grenzüberschreitende Zusammenarbeit in der deutsch-dänischen Grenzregion. Aabenraa: Institut for Grænseregionsforskning. (=Notat/Institut Grænseregionsforskning 84).

Kühl, Jørgen (2004): Ein nachhaltiges Minderheitenmodell. Deutsche und dänische Minderheiten beiderseits der Grenze. In: Aus Politik und Zeitgeschichte 47 (2004), S. 22–27.

Kühn, Angelika (1991): Die Privilegierung nationaler Minderheiten im Wahlrecht der Bundesrepublik Deutschland und Schleswig Holsteins. Frankfurt am Main u. a.: Peter Lang. (=Rechtshistorische Reihe 82).

Loxtermann, Thomas (2004): Das deutsch-dänische Grenzgebiet als Modell nationalstaatlicher Minderheitpolitik? Die Minderheitenfrage in Schleswig von den Bonn-Kopenhagener Erklärungen von 1955 bis zum Beitritt Dänemarks zur EWG 1973. Münster u. a.: Lit Verlag. (=Geschichte der internationalen Beziehungen nach 1945 3).

Pedersen, Karen Margrethe (2000): Dansk sprog i Sydslesvig. Det danske sprogs status inden for det danske mindretal i Sydslesvig [Dänische Sprache in Südschleswig. Der Zustand der dänischen Sprache bei der dänischen Minderheit in Südschleswig]. Bd. 1 und 2. Aabenraa: Institut for Grænseregionsforskning.

Pieroth, Bodo / Aubel, Tobias (2001): Der Begriff der dänischen Minderheit im Schleswig-Holsteinischen Landeswahlrecht. In: NordÖR. Zeitschrift für Öffentliches Recht in Norddeutschland 4 (2001), S. 141–147.

Simoleit, Julia (2007): Der Südschleswigsche Wählerverband. In: Dossier Parteien der Bundeszentrale für politische Bildung in Zusammenarbeit mit dem Institut für Politikwissenschaft der Universität Münster (ifpol). <http://www.bpb.de/themen/RKIOM9,0,Der_S%FCdschleswigsche_W%E4hlerverband.html> (abgerufen 06.12.2008).

Storm, Sabine (2003): Dänisch als Minderheitensprache in Deutschland. München u. a.: GRIN Verlag. Onlinedokument/E-Book (Hauptseminararbeit Universität Flensburg): <http://www.hausarbeiten.de/faecher/vorschau/36498.html> und <http://www.grin.com/e-book/36498/daenisch-als-minderheitensprache-in-deutschland> (abgerufen 06.12.2008).

3. Friesen

3.1 Nordfriesen

Bericht der Landesregierung Schleswig-Holstein. Umsetzung der Europäischen Charta der Regional- oder Minderheitensprachen in Schleswig-Holstein – Sprachenchartabericht 2007. <http://www.schleswig-holstein.de/STK/DE/Schwerpunkte/ Minderheitenpolitik/Sprachenchartabericht/SprachenchartaberichtDownload,templateId=raw,property=publicationFile.pdf> (abgerufen 06.12.2008)

Nordfriisk Instituut (Hg.): Geschichte Nordfrieslands. Bd. 1 (2003): Bantelmann, Albert: Nordfriesland in vorgeschichtlicher Zeit (3., neu bearb. u. erg. Auflage). Durchgesehen und ergänzt von Martin Segschneider. Bd. 2 (2004): Panten, Albert: Die Nordfriesen im Mittelalter (3., neu erarb. u. erg. Auflage). Bd. 3 (2007): Kuschert, Rolf: Nordfriesland in der frühen Neuzeit (Neuausg.). Neu bearbeitet von Martin Rheinheimer. Bd. 4 (2005): Steensen, Thomas: Im Zeichen einer neuen Zeit. Nordfriesland 1800 bis 1918 (3., neu bearb. u. erg. Auflage). Bd. 5 (2006): Steensen, Thomas: Geschichte Nordfrieslands von 1918 bis in die Gegenwart (Neuausg.). Bräist/Bredstedt: Nordfriisk Instituut. (=Nordfriisk Instituut 173, 176, 195, 184, 190).

Holander, Reimer Kay / Steensen, Thomas (1991): Friesen und Sorben. Beiträge zu einer Tagung über zwei Minderheiten in Deutschland. Bräist/Bredstedt: Nordfriisk Instituut. (=Nordfriisk Instituut 105).

Interfriesischer Rat e.V. (Hg.) (2001): Die Friesen – ein Volk für sich? Beiträge über Geschichte, Sprache und Gegenwart zum Friesenkongress 2000 in Jever/Friesland. Aurich: Ostfriesische Landschaftliche Verlags- und Vertriebsgesellschaft.

Kunz, Harry (1998): Wegweiser zu den Quellen der Haus- und Hofgeschichte Nordfrieslands. Bräist/Bredstedt: Nordfriisk Instituut. (=Nordfriisk Instituut 146).

Kunz, Harry / Steensen, Thomas (2005): Was ist friesische Identität? Bräist/Bredstedt: Nordfriisk Instituut. (=NF-Texte aus dem Nordfriisk Instituut 5).

Riecken, Claas (2000): Nordfriesische Sprachforschung im 19. Jahrhundert (1817–1890). Ein Beitrag zur Geschichte der friesischen Philologie und der deutsch-dänisch-friesischen Nationalitätenfrage in Schleswig-Holstein. Bräist/Bredstedt: Nordfriisk Instituut. (=Nordfriisk Instituut 163).

Steensen, Thomas (Hg.) (2006): Die Frieslande. Bräist/Bredstedt: Nordfriisk Instituut. (=Nordfriisk Instituut 187).

Steensen, Thomas (1986): Die friesische Bewegung in Nordfriesland im 19. und 20. Jahrhundert (1879–1945). Neumünster: Wachtholtz. (=Quellen und Forschungen zur Geschichte Schleswig-Holsteins 89).

Wilts, Ommo / Fort, Marron Curtis (1996): Nordfriesland und Saterland. Friesisch zwischen Meer und Moor. Brüssel: Europäisches Büro für Sprachminderheiten. (=Europäische Sprachen 3).

3. 2 Saterfriesen

European Bureau for Lesser Used Languages (EBLUL) / Komitee für die Bundesrepublik Deutschland (Hg.) (2001): Wanderer in zwei Sprachen. Unbekannte Sprachen Deutschlands = Rejsende i to sprog. Aurich: Ostfriesische Landschaft/Plattdütskbüro.

Fort, Marron Curtis (Hg.) (1985): Saterfriesisches Volksleben. Texte und Zeugnisse aus dem friesischen Saterland mit hochdeutscher Übersetzung. Rhauderfehn: Ostendorp.

Fort, Marron Curtis (2001): Das Saterfriesische. In: Munske, Horst Haider (Hg.) (2001): Handbuch des Friesischen = Handbook of Frisian studies. Tübingen: Niemeyer. S. 409–422.

Fort, Marron Curtis (1988): Die ferläddene Suun. Der bisher älteste saterfriesische Text. In: Jahrbuch für das Oldenburger Münsterland (1988). Vechta: Heimatbund für das Oldenburger Münsterland. S. 25–33.

Fort, Marron Curtis (1990): Saterfriesische Stimmen: Texte und Zeugnisse aus dem friesischen Saterland mit hochdeutscher Übersetzung. Rhauderfehn: Ostendorp.

Fort, Marron Curtis (2000): Dät Näie Tästamänt un do Psoolme in ju aasterlauwersfräiske Uurtoal fon dät Seelterlound, Fräislound, Butjoarlound, Aastfräislound un do Groninger Umelounde = Das Neue Testament und die Psalmen in der osterlauwersfriesischen Ursprache des Saterlandes, Frieslands, Butjadingens, Ostfrieslands und der Groninger Ommelanden. Oldenburg: Bis-Verlag.

Heese, Annette (1988): Das Saterland. Ein Streifzug durch die Geschichte. Saterland: Gemeinde Saterland – Der Gemeindedirektor.

Klöver, Hanne (1998): Spurensuche im Saterland. Ein Lesebuch zur Geschichte einer Gemeinde friesischen Ursprungs im Oldenburger Land. Norden: Soltau-Kurier.

Mahrenholtz, Hans (1963): Schrifttum über das Saterland. Versuch einer bibliographischen Zusammenstellung. Hannover-Kirchrode: Selbstverlag.

Stellmacher, Dieter (1998): Das Saterland und das Saterländische. Oldenburg: Isensee. (=Vorträge der Oldenburgischen Landschaft 30).

Terheyden, Klaus (2001): Das Saterland. Vergangenheit und Gegenwart. In: Friesische Blätter, Nr. 4–12/2000 und Nr. 1–3/2001.

Wilts, Ommo / Fort, Marron Curtis (1996): Nordfriesland und Saterland. Friesisch zwischen Meer und Moor. Brüssel: Europäisches Büro für Sprachminderheiten. (=Europäische Sprachen, Heft 3).

4. Sinti und Roma

Awosusi, Anita (Hg.) (1998): Stichwort: Zigeuner. Zur Stigmatisierung von Sinti und Roma in Lexika und Enzyklopädien. Heidelberg: Wunderhorn. (=Schriftenreihe des Dokumentations- und Kulturzentrums Deutscher Sinti und Roma 8).

Bonillo, Marion (2001): „Zigeunerpolitik" im Deutschen Kaiserreich 1871–1918. Frankfurt am Main u. a.: Peter Lang. (=Sinti- und Romastudien 28).

Boretzky, Norbert / Igla, Birgit (2004): Kommentierter Dialektatlas des Romani. Wiesbaden: Harrassowitz.

Djuriç, Rajko (2002): Die Literatur der Sinti und Roma. Berlin: Edition Parabolis.

Djuriç, Rajko / Becken, Jörg / Bengsch, A. Bertolt (2002): Ohne Heim – Ohne Grab. Die Geschichte der Roma und Sinti. Berlin: Aufbau-Taschenbuch-Verlag.

Engbring-Romang, Udo (2001): Die Verfolgung der Sinti und Roma in Hessen zwischen 1870 und 1950. Hg. v. Adam Strauß. Frankfurt am Main: Brandes & Apsel.

Fey-Dorn, Ulrike / Ficowski, Jerzy (Hg.) (1994): Kindermärchen der Sinti und Roma. (Übersetzung aus dem Polnischen von Karin Wolff). Gütersloh: Gütersloher Verlagshaus.

Fings, Karola / Sparing, Frank (2005): Rassismus, Lager, Völkermord. Die nationalsozialistische Zigeunerverfolgung in Köln. Köln: Emons. (=Schriften des NS-Dokumentationszentrums der Stadt Köln 13).

Freund, Florian / Gerhard Baumgartner / Harald Greifeneder (2004): Vermögensentzug, Restitution und Entschädigung der Roma und Sinti. Wien u. a.: Oldenbourg. (=Veröffentlichungen der Österreichischen Historikerkommission 23/2).

Giere, Jacqueline (Hg.) (1996): Die gesellschaftliche Konstruktion des Zigeuners. Zur Genese eines Vorurteils. Frankfurt am Main u. a.: Campus Verlag. (=Wissenschaftliche Reihe des Fritz Bauer Instituts 2).

Hedemann, Volker (2007): „Zigeuner!" – Zur Kontinuität der rassistischen Diskrimierung in der alten Bundesrepublik. Münster u. a.: LitVerlag. (=Politikwissenschaft 148).

Koch, Ute (2005): Herstellung und Reproduktion sozialer Grenzen. Roma in einer westdeutschen Großstadt. Wiesbaden: VS Verlag für Sozialwissenschaften.

Krokowski, Heike (2001): Die Last der Vergangenheit. Auswirkungen nationalsozialistischer Verfolgung auf deutsche Sinti. Frankfurt am Main u. a.: Campus Verlag.

Luchterhandt, Martin (2000): Der Weg nach Birkenau. Entstehung und Verlauf der nationalsozialistischen Verfolgung der „Zigeuner". Lübeck: Schmidt-Römhild. (=Schriftenreihe der Deutschen Gesellschaft für Polizeigeschichte e.V. 4).

Margalit, Gilad (2001): Die Nachkriegsdeutschen und „ihre Zigeuner". Die Behandlung der Sinti und Roma im Schatten von Auschwitz. (Übersetzung aus dem Hebräischen von Matthias Schmidt und David Ajchenrand). Berlin: Metropol. (=Reihe Dokumente, Texte, Materialien 36).

Marten-Gotthold, Dörte (1998): Der Schutz der Sinti und Roma in der Bundesrepublik Deutschland als Ethnische Minderheit gemäß Art. 3 ABS. 3 GG. Frankfurt am Main u. a.: Peter Lang. (=Studien zur Tsiganologie und Folkloristik 25).

Matras, Yaron / Winterberg, Hans / Zimmermann, Michael (Hg.) (2003): Sinti, Roma, Gypsies. Sprache – Geschichte – Gegenwart. Berlin: Metropol.

Matter, Max (Hg.) (2005): Die Situation der Roma und Sinti nach der EU-Osterweiterung. Göttingen: V & R unipress. (=Beiträge der Akademie für Migration und Integration 9).

Opfermann, Ulrich Friedrich (2007): „Seye kein Ziegeuner, sondern kayserlicher Cornet". Sinti im 17. und 18. Jahrhundert. Eine Untersuchung anhand archivalischer Quellen. Berlin: Metropol. (=Reihe Dokumente, Texte, Materialien 65).

Reemtsma, Katrin (1996): Sinti und Roma. Geschichte, Kultur, Gegenwart. München: Beck. (=Beck'sche Reihe 1155).

Rose, Romani (Hg.) (1995): Der nationalsozialistische Völkermord an den Sinti und Roma. Heidelberg: Weber.

Rose, Romani (2007): Roma and Sinti. Human rights for Europe's largest minority. Heidelberg: Documentation and Cultural Centre of German Sinti and Roma.

Ruch, Martin (1986): Zur Wissenschaftsgeschichte der deutschsprachigen „Zigeunerforschung" von den Anfängen bis 1900. Freiburg i. Breisgau: Universität Freiburg (Dissertation).

Sandner, Peter (1998): Frankfurt. Auschwitz. Die nationalsozialistische Verfolgung der Sinti und Roma in Frankfurt am Main. Hg. v. Adam Strauß / Verband Deutscher Sinti und Roma, Landesverband Hessen. Frankfurt am Main: Brandes & Apsel. (=Hornhaut auf der Seele. Dokumentationen der Verfolgung von Sinti und Roma in hessischen Städten und Gemeinden 4).

Schenk, Michael (1994): Rassismus gegen Sinti und Roma. Zur Kontinuität der Zigeunerverfolgung innerhalb der deutschen Gesellschaft von der Weimarer Republik bis in die Gegenwart. Frankfurt am Main u.a.: Peter Lang. (=Studien zur Tsiganologie und Folkloristik 11).

Simhandl, Katrin (2007): Der Diskurs der EU-Institutionen über die Kategorien „Zigeuner" und „Roma". Die Erschließung eines politischen Raumes über die Konzepte von „Antidiskriminierung" und „sozialem Entschluss". Baden-Baden: Nomos. (=Demokratie, Sicherheit, Frieden 183).

Solms, Wilhelm (2008): „Kulturloses Volk"? Berichte über „Zigeuner" und Selbstzeugnisse von Sinti und Roma (2. Auflage). Seeheim: I-Verb.de. (=Beiträge zur Antiziganismusforschung 4).

Stauber, Roni (2007): The Roma. A Minority in Europe. Historical, Political and Social Perspectives. Budapest: Central European University Press.

Tcherenkov, Lev / Laederich, Stéphane (2004): The Roma. Otherwise known as Gypsies, Gitanos, Gyphtoi, Tsiganes, Tigani, Çingene, Zigeuner, Bohémiens, Travellers, Fahrende, etc. Bd. 1 und 2. Basel: Schwabe.

Tebbutt, Susan (Hg.) (2001): Sinti und Roma in der deutschsprachigen Gesellschaft und Literatur. Frankfurt am Main u.a.: Peter Lang. (=Forschungen zur Literatur- und Kulturgeschichte 72).

Weyrauch, Walter O. (2002): Das Recht der Roma und Sinti. Ein Beispiel autonomer Rechtsschöpfung. Frankfurt am Main: Klostermann. (=Studien zur europäischen Rechtsgeschichte 154).

Winckel, Änneke (2002): Antiziganismus. Rassismus gegen Roma und Sinti im vereinigten Deutschland. Münster: Unrast.

Wippermann, Wolfgang (2005): „Auserwählte Opfer?" Shoah und Porrajmos im Vergleich. Eine Kontroverse. Berlin: Frank und Timme. (=Geschichtswissenschaft 2).

Wippermann, Wolfgang (1993): Geschichte der Sinti und Roma in Deutschland. Darstellung und Dokumente. Hg. v. Pädagogischen Zentrum Berlin. Berlin: Pädagogisches Zentrum.

Wippermann, Wolfgang (1997): „Wie die Zigeuner". Antisemitismus und Antiziganismus im Vergleich. Berlin: Elefanten-Press.

Zimmermann, Michael (1996): Rassenutopie und Genozid. Die nationalsozialistische „Lösung der Zigeunerfrage". Hamburg: Christians. (=Hamburger Beiträge zur Sozial- und Zeitgeschichte 33).

5. Sorben

Alisch, Cathrin Carmen (2003): HochZeit unterm Abendrot der Sorben in der Lausitz. Musik, Magie und Minderheit im Spiegel der Kultursemiotik. Münster: Lit Verlag. (=Semiotik der Kultur 2).

Balke, Lotar / Lange, Albrecht (2002): Sorbisches Trachtenbuch (2., bearb. Auflage). Bautzen: Domowina-Verlag.

Barker, Peter (2000): Slavs in Germany – the Sorbian Minority and the German State Since 1945. Lewiston u.a.: Edwin Mellen Press. (=Studies in German Thought and History 20).

Bayer, Markus (2006): Sprachkontakt deutsch-slavisch. Eine kontrastive Interferenzstudie am Beispiel des Ober- und Niedersorbischen, Kärntnerslovenischen und Burgenlandkroatischen. Frankfurt am Main u.a.: Peter Lang. (=Berliner slawistische Arbeiten 28).

Brězan, Simon (1993): Deutsche Aufklärung und sorbische nationale Wiedergeburt. Eine literaturgeschichtliche Studie zur deutsch-sorbischen Wechselseitigkeit. Bautzen: Domowina-Verlag. (=Schriften des Sorbischen Instituts 4).

Eine Kirche – zwei Völker. Bd. 1 (2003): Deutsche, sorbische und lateinische Quellentexte und Beiträge zur Geschichte des Bistums Dresden-Meißen. Von der Wiedererrichtung 1921 bis 1929. Hg. v. Daniel Fickenscher und Dieter Grande. Bd. 2 (2008): 1930 bis 1945. Deutsche und sorbische Quellentexte zur Geschichte des Bistums Dresden-Meißen. Hg. v. Konrad Zdarsa. Bautzen/Leipzig: Domowina-Verlag/St.-Benno-Verlag.

Geschichte der Sorben. Bd. 1 (1977): Von den Anfängen bis 1789. Hg. v. Jan Brankačk und Frido Mětšk. Bd. 2 (1974): Von 1789 bis 1917. Hg. v. Jan Šolta und Hartmut Zwahr. Bd. 3 (1976): Von 1917 bis 1945. Hg. v. Martin Kasper. Bd. 4 (1979): Von 1945 bis zur Gegenwart. Hg. v. Klaus J. Schiller und Manfred Tiemann. Bautzen: Domowina-Verlag. (=Schriftenreihe des Instituts für sorbische Volksforschung 39–42).

Geske, Anja / Schulze, Jana (1997): Das Sorbische als Minderheitensprache. Probleme des Spracherwerbs. In: OBST (Osnabrücker Beiträge zur Sprachtheorie 54: Spracherwerb in Minderheitensituationen). S. 128–164.

Holander, Reimer Kay / Steensen, Thomas (1991): Friesen und Sorben. Beiträge zu einer Tagung über zwei Minderheiten in Deutschland. Bräist/Bredstedt: Nordfriisk Instituut. (=Nordfriisk Instituut 105).

Jodlbauer, Ralph / Spieß, Gunter / Steenwijk, Han (2001): Die aktuelle Situation der niedersorbischen Sprache. Ergebnisse einer soziolinguistischen Untersuchung der Jahre 1993–1995. Bautzen: Domowina-Verlag. (=Schriften des Sorbischen Instituts 27).

Kasper, Martin (2000): Die Lausitzer Sorben in der Wende 1989/1990. Ein Abriss mit Dokumenten und einer Chronik. Bautzen: Domowina-Verlag. (=Schriften des Sorbischen Instituts 28).

Keller, Ines (2000): Sorbische und deutsch-sorbische Familien. Drei Generationen im Vergleich. Bautzen: Domowina-Verlag. (=Schriften des Sorbischen Instituts 25).

Koschmal, Walter (Hg.) (1993): Perspektiven sorbischer Literatur. Köln u.a.: Böhlau. (=Schriften des Komitees der Bundesrepublik Deutschland zur Förderung der Slawischen Studien 19).

Koschmal, Walter (1995): Grundzüge sorbischer Kultur. Eine typologische Betrachtung. Bautzen: Domowina-Verlag. (=Schriften des Sorbischen Instituts 9).

Kotsch, Detlef (Hg.) (2000): Minderheitenpolitik in der SBZ/DDR nach dem Zweiten Weltkrieg. Die Sorben, sowjetische Besatzungsherrschaft und die staatliche Sorbenpolitik. Potsdam: Verlag für Berlin-Brandenburg. (=Veröffentlichung des Brandenburgischen Landeshauptarchivs Potsdam 37).

Kowalczyk, Tomasz (1999): Die katholische Kirche und die Sorben 1919–1990. Bautzen: Domowina-Verlag. (=Schriften des Sorbischen Instituts 23).

Kunze, Peter (2004): Geschichte und Kultur der Sorben in der Oberlausitz. Ein kulturhistorischer Abriß. In: Bahlcke, Joachim (Hg.) (2004): Geschichte der Oberlausitz. Herrschaft, Gesellschaft und Kultur vom Mittelalter bis zum Ende des 20. Jahrhunderts (2., durchges. u. erw. Auflage). Leipzig: Leipziger Universitäts-Verlag, S. 267–314.

Kunze, Peter (2002): Sorbisches Schulwesen. Dokumentation zum sorbischen Elementarschulwesen in der sächsischen Oberlausitz des 18./19. Jahrhunderts. Bautzen: Domowina-Verlag. (=Schriften des Sorbischen Instituts 31).

Kunze, Peter (2008): Kurze Geschichte der Sorben. Ein kulturhistorischer Überblick (4., erw. u. durchges. Auflage). Bautzen: Domowina-Verlag.

Marti, Roland (1990): Probleme europäischer Kleinsprachen. Sorbisch und Bündnerromanisch. München: Sagner. (=Vorträge und Abhandlungen zur Slavistik 18).

Matschie, Jürgen / Fascyna, Hanka (2006): Sorbische Bräuche (3., überarb. Auflage). Bautzen: Domowina-Verlag.

Mětšk, Frido (1981): Studien zur Geschichte sorbisch-deutscher Kulturbeziehungen. Bautzen: Domowina-Verlag. (=Schriftenreihe des Instituts für sorbische Volksforschung 55).

Neumann, Martin (2007): Sorben/Wenden als Akteure der brandenburgischen Bildungspolitik. Berlin: Dietz. (=Reihe Manuskripte der RLS 71).

Norberg, Madlena / Kosta, Peter (Hg.) (2008): Sammelband zur sorbischen/wendischen Kultur und Identität. Potsdam: Universitätsverlag. (=Potsdamer Beiträge zur Sorabistik 8).

Pastor, Thomas (1997): Die rechtliche Stellung der Sorben in Deutschland. Bautzen: Domowina-Verlag. (=Schriften des Sorbischen Instituts 15).

Pech, Edmund (2008): Minderheiten und Bildung in Deutschland (1871–1990). Das sorbische Schulwesen im Vergleich. Bautzen: Domowina-Verlag. (=Schriften des Sorbischen Instituts 48).

Pech, Edmund / Scholze, Dietrich (Hg.) (2003): Zwischen Zwang und Beistand. Deutsche Politik gegenüber den Sorben vom Wiener Kongress bis zur Gegenwart. Bautzen: Domowina-Verlag. (=Schriften des Sorbischen Instituts 37).

Pech, Edmund (1999): Die Sorbenpolitik der DDR 1949–1970. Anspruch und Wirklichkeit. Bautzen: Domowina-Verlag. (=Schriften des Sorbischen Instituts 21).

Prunitsch, Christian (2001): Sorbische Lyrik des 20. Jahrhunderts. Untersuchungen zur Evolution der Gattung. Bautzen: Domowina-Verlag. (=Schriften des Sorbischen Instituts 29).

Šatava, Leoš (2005): Sprachverhalten und ethnische Identität. Sorbische Schüler an der Jahrtausendwende. Bautzen: Domowina-Verlag. (=Schriften des Sorbischen Instituts 39).

Schaarschmidt, Gunter (1998): The Historical Phonology of the Upper and Lower Sorbian Languages. Heidelberg: Winter. (=Historical Phonology of the Slavic Languages 6).

Scholze, Dietrich (Hg.) (2003): Im Wettstreit der Werte. Sorbische Sprache, Kultur und Identität auf dem Weg ins 21. Jahrhundert. Bautzen: Domowina-Verlag. (=Schriften des Sorbischen Instituts 33).

Scholze, Dietrich (Hg.) (1993): Die Sorben in Deutschland. Sieben Kapitel Kulturgeschichte = Serbja W Nemskej. Bautzen: Lusatia-Verlag.

Scholze, Lenka (2008): Sorbisch als Umgangssprache. Eine Untersuchung in der katholischen Region. Bautzen: Domowina-Verlag. (=Schriften des Sorbischen Instituts 45).

Schurmann, Peter (1998): Die sorbische Bewegung 1945–1948 zwischen Selbstbehauptung und Anerkennung. Bautzen: Domowina-Verlag. (=Schriften des Sorbischen Instituts 18).

Schurmann, Peter (2003): Zur Geschichte der Sorben (Wenden) in der Niederlausitz im 20. Jahrhundert. Eine Dokumentenauswahl = K stawiznam Serbow w Dolnej Łužycy]. Cottbus: Arbeitsstelle Bildungsentwicklung Cottbus.

Schuster-Šewc, Heinz (1967): Sorbische Sprachdenkmäler, 16.–18. Jahrhundert. Bautzen: Domowina-Verlag. (=Schriftenreihe des Instituts für sorbische Volksforschung 31).

Schuster-Šewc, Heinz (2000): Das Sorbische im slawischen Kontext. Ausgewählte Studien. Bautzen: Domowina-Verlag. (=Schriften des Sorbischen Instituts 24).

Šołta, Jan (1990): Wirtschaft, Kultur und Nationalität. Ein Studienband zur sorbischen Geschichte. Bautzen: Domowina-Verlag. (=Schriftenreihe des Instituts für sorbische Volksforschung 58).

Stone, Gerald (1972): The smallest Slavonic nation. The Sorbs of Lusatia. London: Athlone Press.

Urban, Rudolf (1980): Die sorbische Volksgruppe in der Lausitz 1949–1977. Ein dokumentarischer Bericht. Marburg/Lahn: Herder-Institut Verlag.

Wippermann, Wolfgang (1996): Sind die Sorben in der NS-Zeit aus „rassischen" Gründen verfolgt worden? In: Lětopis 43 (1996), 1. Bautzen: Domowina-Verlag, S. 32–38.

Witaj-Sprachzentrum (Hg.) (2004): Das sorbische Schulwesen als Minderheiten-schulwesen im Kontext europäischer Übereinkommen. Bautzen: Lausitzer Druckhaus.

Zwahr, Hartmut (1998): Die Sorben. Geschichte einer Selbstbehauptung zwischen Reformation und Erstem Weltkrieg. In: Herbergen der Christenheit. Jahrbuch für deutsche Kirchengeschichte 21/22 (1997/98). Hg. v. Günther Wartenberg. Leipzig: Evangelische Verlagsanstalt. (=Beiträge zur deutschen Kirchenge-schichte 22). S. 49–68.

Verzeichnis der Personen und Orte mit Ortsnamenkonkordanz

Das Register bezieht sich nur auf die Texte (ohne Anmerkungen). Nicht erfasst werden die sehr häufig vorkommenden Bezeichnungen „Deutschland" und „Europa".

Autorinnen und Autoren der Beiträge

Generalkonsul des Königreichs Dänemark, *Prof. Dr. Henrik Becker-Christensen,* Nordergraben 19, 24937 Flensburg.

Parlamentarischer Staatssekretär *Dr. Christoph Bergner,* Mitglied des Bundestags, Beauftragter der Bundesregierung für Aussiedlerfragen und nationale Minderheiten, Bundesministerium des Innern, Alt-Moabit 101 d, 10559 Berlin.

Dr. Koloman Brenner, Vorsitzender der Arbeitsgemeinschaft Deutscher Minderheiten in der Föderalistischen Union europäischer Volksgruppen, Loránd-Eötvös-Universität Budapest, Germanistisches Institut, Rákóczi Str. 5, 1088 Budapest, Ungarn.

Oliver Dix, Mitglied des Präsidiums des Bundes der Vertriebenen, Ostermannstr. 7, 30171 Hannover.

Pfarrerin *Dr. Elfriede Dörr,* Piata Huet 1, 550187 Sibiu / Hermannstadt, Rumänien.

Dr. Alfred Eisfeld, Leiter der Abteilung Göttingen des Instituts für Kultur und Geschichte der Deutschen in Nordosteuropa, Calsowstr. 54, 37085 Göttingen.

Otto Engel, Vereinigung zur Integration der russlanddeutschen Aussiedler e. V., Seumannstr. 9, 45326 Essen.

Adolf Fetsch, Vorsitzender der Landsmannschaft der Deutschen aus Russland e. V., Raitelsbergstr. 49, 70188 Stuttgart.

Rudolf Friedrich, Beauftragter der Hessischen Landesregierung für Heimatvertriebene und Spätaussiedler im Sozialministerium des Landes Hessen, Dostojewskistr. 4, 65187 Wiesbaden.

Jochen-Konrad Fromme, Mitglied des Bundestags, Vorsitzender der Gruppe der Vertriebenen, Flüchtlinge und Aussiedler der CDU/CSU-Bundestagsfraktion, Platz der Republik 1, 11011 Berlin.

Bernard Gaida, Vizevorsitzender der Sozial-Kulturellen Gesellschaft der Deutschen im Oppelner Schlesien, ul. M. Konopnickiej 6, 45-004 Opole / Oppeln, Polen.

Dr. Jürgen Hensen, Präsident des Bundesverwaltungsamtes, Bundesverwaltungsamt, 50728 Köln.

Pfarrer *Dr. Alexander Hoffmann*, Visitator der Seelsorgestelle für die deutschen Katholiken aus den GUS-Staaten, Kaiser-Friedrich-Str. 9, 53113 Bonn.

Prof. Dr. Tatjana Ilarionova, Russische Akademie für öffentliche Verwaltung beim Präsidenten der Russischen Föderation und Generaldirektorin des Instituts Wissenenergie, Kutusowskij pr. 27/1., kw. 39, 121151 Moskva / Moskau, Russland.

Thomas Kufen, Integrationsbeauftragter der Landesregierung Nordrhein-Westfalen, Ministerium für Gesundheit, Soziales, Frauen und Familie, Horionsplatz 1, 40213 Düsseldorf.

Prof. Dr. Otto Luchterhandt, Universität Hamburg, Fakultät für Rechtswissenschaft, Direktor der Abteilung für Ostrechtsforschung, Schlüterstr. 28, 20146 Hamburg.

Heinrich Martens, Vorsitzender des Internationalen Verbandes der deutschen Kulturen, Malaja Pirogowskaja Str. 5, 119435 Moskva / Moskau, Russland.

Anna *Mergner*, Studentin des Faches Osteuropäische Geschichte, Christian-Albrechts-Universität Kiel, Christian-Albrechts-Platz 4, 24118 Kiel.

Bundeskanzlerin *Dr. Angela Merkel*, Mitglied des Bundestags, Bundeskanzleramt, Willy-Brandt-Straße 1, 10557 Berlin.

Erzbischof *Prof. Dr. Alfons Nossol*, Bischof von Opole / Oppeln, Kuria Diecezjalna, ul. Książąt Opolskich 19, 45-005 Opole / Oppeln, Polen.

Prof. Dr. Stefan Oeter, Universität Hamburg, Fakultät für Rechtswissenschaft, Institut für Internationale Angelegenheiten, Schlüterstr. 28, 20146 Hamburg.

Prof. Dr. Paul Philippi, Ehrenvorsitzender des Demokratischen Forums der Deutschen in Rumänien, General Magheru 1-3, 550185 Sibiu / Hermannstadt, Rumänien.

Thomas Puhe, Rechtsanwalt, Fachanwalt für Verwaltungsrecht und Sozialrecht, Jahnstraße 17, 60318 Frankfurt/Main.

Dr. Ulrich Reitemeier, Wissenschaftlicher Mitarbeiter in der Abteilung Pragmatik im Institut für Deutsche Sprache, Postfach 10 16 21, 68016 Mannheim.

Dr. Peter Rosenberg, Europa-Universität Viadrina Frankfurt/Oder, Kulturwissenschaftliche Fakultät, Große Scharrnstraße 59, AM 135, 15230 Frankfurt/Oder.

Dr. Wolfgang Schäuble, Bundesminister des Innern, Mitglied des Bundestags, Alt-Moabit 101, 10559 Berlin.

Dr. Albert Schmid, Präsident des Bundesamtes für Migration und Flüchtlinge, 90461 Nürnberg.

Heinrich Schultz, Vizepräsident der Föderalistischen Union Europäischer Volksgruppen, Schiffbrücke 41, 24939 Flensburg.

Dr. Olga Silantieva, Stellvertretende Chefredakteurin Moskauer Deutsche Zeitung, Malaja Pirogowskaja Str. 5, 119435 Moskva / Moskau, Russland.

Christiane Simone Stadie, Studentin der Fächer Geschichte und Slawistik, Carl von Ossietzky Universität Oldenburg, Ammerländer Heerstraße 114-118, 26129 Oldenburg.

Dr. Jens Stüben, Leiter des Wissenschaftsbereichs Literatur und Sprache des Bundesinstituts für Kultur und Geschichte der Deutschen im östlichen Europa, Johann-Justus-Weg 147 a, 26127 Oldenburg.

Prof. Dr. Matthias Weber, Direktor des Bundesinstituts für Kultur und Geschichte der Deutschen im östlichen Europa, Johann-Justus-Weg 147 a, 26127 Oldenburg.

Bischof *Klaus Wollenweber,* bis 2007 Beauftragter des Rates der Evangelischen Kirche in Deutschland für die Fragen der Spätaussiedler und der Heimatvertriebenen, Kessenicher Str. 241, 53129 Bonn.

Bei Fragen zur Produktsicherheit wenden Sie sich bitte an:
If you have any questions regarding product safety,
please contact:

Walter de Gruyter GmbH
Genthiner Straße 13
10785 Berlin
productsafety@degruyterbrill.com